공공관리학

김민주 저

PUBLIC MANAGEMENT

박영사

머리말

"정부의 관리 역량이 뛰어나면 사람들도 잘 살아갈 수 있다."

사람들은 누구나 잘 살고 싶어 한다. 열심히 배우고 일하는 것도 잘 살기 위해서다. 그렇다면, 열심히 배우고 일하는 모든 사람들이 잘 살고 있을까? 그렇지 않다. 누구보다도 열심히 배우고 일했지만 여전히 더 열심히 배우고 일해야 하는 처지에 놓여 있는 사람들이 훨씬 많다.

사실, 잘 사는 문제는 개인의 문제에 국한되지 않는다. 사회적 존재로서 인간의 삶은 다양한 요인들에 의해 영향을 받기 때문에 개인이 잘한다고 해서 무조건 잘 살 수 있는 것은 아니다. 개인들 간에 서로 도움이 필요하기도 하고, 개인의 도움을 훨씬 뛰어넘는 더 큰 도움이 필요하기도 하다. 특히, 생활 여건과 사회적 기반이 마련되어 있지 않다면, 무조건 열심히 배우고 일한다고 해도 잘 살아 가지 못하는 경우가 많다. 바로 이 점에서 잘 사는 문제는 개인의 범위를 넘어 더 큰 영역의 역할이 필요하다는 사실을 알 수 있다.

그 영역이 바로 국가 운영의 권력체로서 정부가 존재하는 공공영역이다. 전 세계적으로 볼 때 한 국가의 정부 규모보다 더 큰 규모의 기업이나 비정부기구가 있을 수 있지만, 한 사회 속에서 사람들이 살아가는 데 필요한 여러 생활 여건과 사회적 기반을 담당하는 가장 큰 규모의 주체는 바로 공공영역의 정부이다. 따라서 결국, 한 국가의 국민으로서 잘 살아가기 위해서는 개인의 노력과 역량도 중요하지만 정부가 중심된 공공영역의 역할도 매우 중요하다는 것을 알 수 있다.

공공영역의 역할은 곧 정부의 관리 역량으로 구현된다. 그래서 이런 결론이 가능하다. "정부의 관리 역량이 뛰어나면 사람들도 잘 살아갈 수 있다." 우리가 정부의 관리 역량에 관심을 두는 것이 바로 이 때문이다. 뛰어난 역량으로 좋은 관리를 하는 정부가 존재하고 있으면 내가 잘 살고 내 친구도 잘 살아갈 수 있다.

공공관리학은 정부의 관리 역량을 향상시키기 위한 노력의 일환으로 등장하였다. 그런 점에서 공공관리학은 나와 우리가 잘 살아가는 데 기여하는 학문이라고 할 수 있다. 공공영역의 핵심이자 중심 주체로서 정부가 어떻게 하면 관리를 잘 해서 사람들에게 좋은 영향을 줄 것인가를 고민하고 연구한 결과물들이 바로 공공관리학인 것이다.

따라서 이 책은 공공관리에 관한 전반적인 내용을 다루면서, 궁극적으로는 정부가 뛰어난 관리 역량으로 좋은 관리를 하면서 좋은 정부가 되어 모든 사람들이 잘 살아갈 수 있는 방법을 제시하는 것을 목적으로 하고 있다. 그래서 이 책은 별도의 전공에 한정되어 있지 않다. 행정학을 비롯한 사회과학 전공자는 물론이고 인문학이나 예술학이나 자연과학 전공자에게도 모두 유익할 수 있다.

이 책이 나오기까지 가족을 포함해서 주위의 많은 분들의 격려가 있었다. 모두에게 감사의 마음을 전한다. 그리고 출판에 도움을 주신 박영사 임직원분들께도 감사의 마음을 전한다.

2019년 2월 연구실에서
저자 김민주(金玟柱)

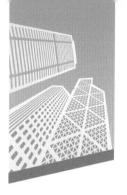

차 례

제1장   공공관리의 의미와 기본 입장

제1절 공공관리의 의미 ·· 1
  1. 생활 언어 속의 공공관리 ·· 1
  2. 공공관리의 기본 의미 ·· 3
제2절 공공관리의 기본 입장과 등장의 성격 ························· 6
  1. 공공관리의 6가지 기본 입장(전제) ······························ 6
  2. 공공관리 등장의 성격 ··· 14
제3절 공공관리와 관련된 용어: 공공행정, 신공공관리 ············· 17
  1. 공공행정과 공공관리의 관계 ······································ 17
  2. 공공관리와 신공공관리의 관계 ···································· 19

제2장   공공관리의 등장 배경

제1절 효율적 재원 사용의 당위성과 의미 ·························· 25
  1. 납세의 불가피성: 전략적 게임의 결과 ····························· 25
  2. 효율적 재원 사용의 현실적 의미 ································· 30
제2절 행정의 비효율성 이론과 현상 ······························· 31
  1. 관료의 예산극대화와 관청형성에 따른 비효율성 ·················· 31
  2. 업무량에 상관없는 인원증가에 따른 비효율성: 파킨슨의 법칙 ····· 37
  3. 이익집단과 결탁: 포획과 철의 삼각 ······························ 40
  4. 지대추구 행위 ··· 42

5. 선거를 의식한 비효율: 정치적 경기순환과 로그롤링 ···················· 45
6. 무능력 양산 시스템의 비효율: 피터의 법칙과 딜버트의 법칙 ······ 48
7. 대리인 문제와 부정부패에 따른 비효율 ································· 51
8. 경로의존성에 따른 비효율 ··· 55

제3장 공공관리의 사상적 기초

제1절 공공관리와 사상 ·· 59
제2절 정치사상적 기초: 권력체의 외부메커니즘 수용의 여지 ············ 61
1. 권력체의 절대적 권력: 마키아벨리와 홉스 ··························· 62
2. 권력체의 제한된 권력: 로크와 몽테스키외와 루소 ················ 67
제3절 경제사상적 기초: 시장메커니즘의 효용성 ··························· 74
1. 고전적 자유주의 시장메커니즘: 스미스와 마셜 ··················· 75
2. 신자유주의 시장메커니즘: 하이에크 ································· 84
3. 질서자유주의적 시장메커니즘: 오이켄 ······························ 89

제4장 관리이론의 발달

제1절 과학적 분석을 시도한 관리법 ·· 93
1. 테일러의 과학적 관리 ··· 93
2. 포드의 포디즘 ··· 96
제2절 관리 분야를 제시한 관리법 ··· 97
1. 페이욜의 주요 관리 분야 ··· 97
2. 귤릭의 주요 관리 분야 ··· 99
제3절 관료제에 의한 관리 ·· 100
1. 관리방식으로서 관료제의 기본 의미 ································· 100
2. 베버의 이념형 관료제의 관리법 ······································· 102
제4절 인간과 환경을 고려하는 관리법 ······································ 105
1. 메이요의 인간관계론 ··· 105
2. 셀즈닉의 외부 환경을 고려한 관리 ·································· 107
제5절 전략을 고려하는 관리법 ·· 110
1. 앤소프의 4가지 전략을 통한 관리 ···································· 110
2. 챈들러의 전략과 조직에 대한 새로운 관점 ······················ 112

3. 험프리와 앤드루스의 내부·외부요인을 고려한 전략 ················· 114

4. BCG의 시장 성장·점유율 간 전략에 의한 관리 ·················· 115

5. 하멜과 프라할라드의 핵심역량 전략 ···························· 117

제5장 시장지향적 공공관리

제1절 시장의 속성 ·· 121

　　1. 시장의 개념과 발전 ·· 121

　　2. 문제해결방법과 시장 ······································ 125

제2절 시장작동의 기본 ·· 127

　　1. 가격 ·· 127

　　2. 경쟁 ·· 129

　　3. 자유 ·· 131

　　4. 계약 ·· 133

제3절 시장지향적 공공관리의 적용 ·································· 135

　　1. 민영화: 매각과 계약 ······································ 135

　　2. 민간활용 인사제도: 개방형직위제도와 민간근무휴직제도 ········· 144

　　3. 서비스 선택권 보장: 바우처 ································ 150

제6장 성과지향적 공공관리

제1절 성과 개념의 차원과 정당성 ··································· 155

　　1. 성과 개념의 차원 ··· 155

　　2. 성과의 정당성 ··· 160

제2절 성과지향의 기본 ·· 163

　　1. 성과측정과 지표 ··· 163

　　2. 분석과 평가 ··· 167

　　3. 환류 ··· 169

제3절 성과지향적 공공관리의 적용 ································· 171

　　1. 정부업무평가와 성과관리 ·································· 171

　　2. 목표에 의한 관리(목표관리제, MBO) ······················ 177

　　3. 균형성과표(BSC) ··· 183

제7장   고객지향적 공공관리

제1절   고객과 국민 ··· 191
    1. 고객의 속성 ··· 191
    2. 인식의 전환: 국민에서 고객으로 ································ 193
제2절   고객지향의 기본 ··· 196
    1. 고객의 구분: 내부고객과 외부고객 ···························· 196
    2. 고객의 만족과 불만족 ·· 198
    3. 고객의 경험 ·· 200
제3절   고객지향적 공공관리의 적용 ··································· 202
    1. 고객만족도 조사와 CS 교육 ······································ 202
    2. 고객헌장 ·· 210
    3. 총체적품질관리와 정책품질관리 ································ 217
    4. 전자정부 ·· 226

제8장   분권지향적 공공관리

제1절   집권과 분권 ·· 231
    1. 집권적 의사결정의 한계 ·· 231
    2. 분권과 규모 ·· 233
제2절   분권지향의 기본 ··· 235
    1. 권한부여 ·· 235
    2. 참여 ·· 237
    3. 보충성의 원칙 ··· 238
제3절   분권지향적 공공관리의 적용 ··································· 239
    1. 책임운영기관 ·· 239
    2. 총액인건비제도 ··· 243
    3. 수평적 조직구조 ··· 245
    4. 주민(시민)참여 제도 ··· 250
    5. 다면평가 ·· 259

제9장 기업가적 공공관리

제1절 공공영역과 기업가 ·· 263
    1. 기업가의 의미 ·· 263
    2. 공공영역에서 기업가와 혁신 ································ 269
제2절 기업가적 혁신창출의 기본 ···································· 273
    1. 창조적 파괴 ·· 273
    2. 재설계 ·· 274
    3. 자율성 ·· 276
    4. 숨은 손 ·· 277
    5. 혁신문화 ··· 280
제3절 기업가적 공공관리의 적용 ···································· 283
    1. 정부혁신을 위한 계획수립 ································ 283
    2. 아이디어 제안제도 ··· 287
    3. 혁신전담 조직: 스컹크 조직 ······························ 291
    4. 혁신을 위한 문제제기 ······································ 295
    5. 주니어들의 혁신활동: 주니어보드 ····················· 303

제10장 공공관리 비판론

제1절 다차원성과 시간성 ·· 307
    1. 다차원성 ··· 307
    2. 시간성 ·· 309
제2절 가외성과 비가시성 ·· 310
    1. 가외성 ·· 310
    2. 비가시성 ··· 311
제3절 비가격성과 정치성 ·· 312
    1. 비가격성 ··· 312
    2. 정치성 ·· 313

참고문헌 ·· 315

찾아보기 ·· 327

표 차례

〈표 1-1〉 공공관리의 의미 ··· 5

〈표 1-2〉 용어 설명 ··· 10

〈표 1-3〉 공공관리의 6가지 기본 입장 ··· 13

〈표 2-1〉 자발적 기여에 따른 전략적 게임 ·· 28

〈표 3-1〉 공공관리의 핵심내용과 사상 ·· 61

〈표 3-2〉 자생적 질서와 계획된(인위적) 질서 ···································· 88

〈표 4-1〉 앤소프의 4가지 전략 ·· 111

〈표 4-2〉 험프리와 앤드루스의 내부·외부요인을 고려한 전략(SWOT) ········· 114

〈표 4-3〉 BCG의 시장 성장·점유율 간 전략 ···································· 116

〈표 5-1〉 서울시 민간위탁 사례 ··· 141

〈표 5-2〉 중앙행정기관의 민간위탁 현황 ·· 142

〈표 5-3〉 개방형직위 내·외부 임용현황 ··· 147

〈표 5-4〉 중앙행정기관의 개방형직위 민간인 채용현황 ························ 148

〈표 6-1〉 논리모형에 기초한 성과 개념의 차원 ································· 159

〈표 6-2〉 성과관리계획 체계의 주요 용어 ·· 175

〈표 6-3〉 BSC 개발 단계 ·· 187

〈표 7-1〉 이행표준 측정과 결과공표 예시 ·· 212

〈표 7-2〉 고객헌장의 제정절차 ·· 213

〈표 7-3〉 정책품질관리 단계별 점검사항 ·· 223

〈표 7-4〉 정권별 전자정부의 주요 목표와 대표과제(2000년 이후) ·········· 229

〈표 7-5〉 UN의 전자정부 평가의 한국 순위 ····································· 230

〈표 8-1〉 연도별·부처별 책임운영기관 지정 현황 ……………………………………… 241

〈표 8-2〉 유형별 책임운영기관의 현황 ………………………………………………… 242

〈표 8-3〉 총액인건비제 시행 전후 비교(일부) ……………………………………… 244

〈표 8-4〉 중앙행정기관 팀제 도입 현황(2005년 당시) ……………………………… 248

〈표 8-5〉 주민투표 운용 현황 ……………………………………………………………… 252

〈표 8-6〉 주민소환 운용 현황 ……………………………………………………………… 254

〈표 8-7〉 주민소송 운용 현황 ……………………………………………………………… 256

〈표 8-8〉 참여예산사업 편성 결과 사례 …………………………………………………… 259

〈표 8-9〉 업무유관자 선정 기준(예시) …………………………………………………… 262

〈표 9-1〉 기업가의 의미 ……………………………………………………………………… 267

그림 차례

〈그림 2-1〉 예산극대화 현상과 산출량 ·· 33

〈그림 6-1〉 성과관리계획의 체계 ··· 173

〈그림 6-2〉 목표관리제의 목표설정표 양식 ·· 183

〈그림 6-3〉 균형성과표 ·· 185

〈그림 6-4〉 균형성과표와 전략 ·· 186

〈그림 7-1〉 IPA 분석에 따른 4가지 영역 ··· 208

〈그림 7-2〉 고객헌장의 구성 ··· 212

〈그림 8-1〉 국·과제와 본부·팀제의 결재 단계(기획예산처 사례) ············· 249

〈그림 9-1〉 문화이론에 기초한 문화유형 ·· 281

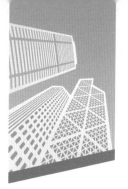

사례 차례

〈사례 5-1〉 민간위탁 운영 부실 사례 ·· 143

〈사례 5-2〉 개방형직위 공개모집 공고 예시(일부) ······························· 146

〈사례 5-3〉 바우처 부정수급 사례 ··· 152

〈사례 6-1〉 정부업무평가의 결과 사례(일부) ··· 176

〈사례 7-1〉 유형별 고객만족도 조사 설문지 예시 ································· 204

〈사례 7-2〉 IPA 설문지 예시 ··· 207

〈사례 7-3〉 CS 교육 내용 예시 ··· 209

〈사례 7-4〉 고객헌장 전문 사례 ··· 214

〈사례 7-5〉 핵심서비스 이행표준 사례(일부) ·· 215

〈사례 7-6〉 고객응대 이행표준 사례 ·· 216

〈사례 7-7〉 정책품질관리카드 양식(예시) ·· 225

〈사례 9-1〉 정부혁신 종합 추진계획 예시 ·· 284

〈사례 9-2〉 정부혁신을 위한 사업목록 ··· 285

〈사례 9-3〉 행정안전부의 정부혁신 실행계획의 예시 ···························· 286

〈사례 9-4〉 혁신사례 ·· 287

〈사례 9-5〉 중앙우수제안 사례 ·· 290

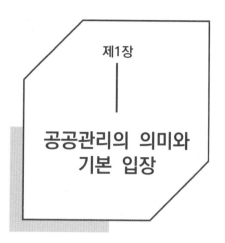

제1장

공공관리의 의미와
기본 입장

1. 생활 언어 속의 공공관리

공공관리(public management)란 무엇인가? 공공관리라는 말이 친숙한 사람도 있을 것이고 처음 듣는 사람도 있을 것이다. 정부나 공공영역에서 일을 하고 있거나 사회과학 전공자 혹은 그중에서도 행정학을 전공했다면 최소한 번쯤은 들어봤을 것이다. 단번에 정확한 뜻을 말하지는 못하더라도 일단 익숙할 것이다. 그러나 그 이외의 배경을 지닌 사람들에게는 다소 생소한 용어라고 할 수 있다.

사람들이 지닌 배경을 떠나 일단 직관적으로 보면, 공공관리는 '공공(public)'과 '관리(management)'라는 두 단어의 합성어다. 그런 점에서 대략의 의미가 무엇인지 전혀 감을 잡지 못할 정도의 용어는 아니다. '공공'은 공적인 그 무엇을 말하는 것 같고, '관리'는 사적 활동의 비즈니스적인 그 무엇을 말하는 것 같은 느낌이 든다.

그런데, 이 느낌이 다시 약간의 혼란을 야기한다. 공공은 공적인 것이고 관리가 사적 활동의 비즈니스라면 둘의 의미는 서로 반대의 의미를 나타내는 것일 텐데, 함께 사용되고 있는 점이 혼란스럽다. 그렇게 보면 공공관리라는 말이 오히려 더 단번에 와닿지 않을 수도 있다. "공공을 관리한다는 말인가?", "그렇다면, 공공을 관리한다는 말은 또 무엇인가?", "관리면 관리이지 공공은 왜 붙어 있는 것인가?" 등등의 많은 의문이 들기 시작한다.

이처럼 공공관리라는 말이 흔하거나 인기 있는 사회과학 용어도 아니고 더욱이 일상의 용어라고 볼 수도 없기 때문에 일부를 제외한 많은 사람들에게 생소한 것이 사실이다. 그런데, 이런 말은 들어 봤을 것이다. "시청이 기업 같았으면 그렇게 하지 않았을 것이다.", "기업이 정부처럼 그렇게 했으면 벌써 망했다.", "구청이 기업처럼 해야지 그렇지 않고 저러고 있으니 세금만 축낸다고 욕을 먹지." 등의 말들이다. 이 말들은 모두 정부를 두고 하는 말이다. 정부가 어떤 일을 하거나 일을 한 결과를 두고 비판할 때 흔히 듣는 말이다. 그래서 또 이런 말도 한다. "거봐 저 일은 기업처럼 하니깐 훨씬 효율적으로 일을 처리하게 된 거야.", "진작 민간의 기업처럼 그렇게 했어야 했어. 그러니 이렇게 신속하고 친절하게 서비스를 제공해 주잖아. 이제는 주민센터를 이용하는 것이 정말 편하고 좋아.", "아무리 그래도 시청이 기업과는 다른 곳인데, 너무 손해니 이익이니 낭비니 이런 말만 하면서 지원금을 줄이려는 것은 너무해." 이 역시 정부를 두고 하는 말이다. 이 말들은 우리가 일상에서 자주 들을 수 있는 말들이다.

사실, 이 말들 속에 공공관리의 의미가 이미 들어있다. 그 의미가 무엇인지는 이어서 살펴볼 것이다. 이렇게 본다면 설사 공공관리라는 용어 자체는 생소하다고 해도, 우리는 공공관리의 영향을 받고 있고 또 공공관리를 경험하고 있는 것이 된다. 생활 언어 속에서 이미 사용되고 있는 공공관리라면 우리가 알아야 하고 이해해야 할 충분한 이유가 된다. 그것은 우리 생활 자체를 이해하는 길인 동시에 그 언어를 사용하면서 생활하는 우리를 이해하는 것이 되기 때문이다.

2. 공공관리의 기본 의미

공공관리는 1980년대 이후부터 영미 계통의 국가에서 상당한 관심을 불러온 하나의 새로운 정부관리 시스템 및 운영 방식이자 이념이자 패러다임이다. 그 어느 것으로 불리건 공공관리는 정부 관료제의 개혁과 변화를 그 중심에 두고 있다. 그래서 공공관리에서는 정부가 과거처럼 관료제(bureaucracy)에만 기초해서 국정관리를 하기 보다는 좀 더 민간기업의 관리 방식처럼(business-like) 운영될 필요가 있다는 점을 강조한다.

이와 같은 강조를 하게 된 이유는 그동안의 정부 관료제가 어떤 문제를 발생시켰기 때문이다. 혹은 정부 관료제의 직접적인 문제는 아니더라도 관료제에서 비롯된 문제이거나, 아니면 대외적 문제에 대해 정부 관료제가 잘 대응하지 못했기 때문이다. 이 문제들은 이 책의 제2장(공공관리의 등장 배경)에서 자세히 살펴볼 것인데, 가장 핵심적인 문제는 '정부 관료제의 비효율적 운영'과 경기침체 및 비대한 재정 규모 그리고 세수감소 등에 따른 '정부의 재정문제'였다. 특히 정부의 재정 소요가 많아지면서 적자가 발생되었는데 이 적자는 하나의 원인으로서 관료제의 비효율적 운영이 문제였기 때문이었고, 다른 한편으로는 적자문제를 극복하려고 하는데 관료제의 비효율적 운영이 다시 걸림돌로 존재했던 것이었다. 서로 간 얽히고설킨 문제가 불거진 것이다. 그러다 보니 정부의 변화와 개혁의 필요성도 더 커지게 된 것이다.

그런 점에서 공공관리는 공공성을 우선적으로 추구하는 공공조직이 공공성을 추구하는 과정에서 생긴 오류를 최소화하기 위한 노력이라고 볼 수 있다. 그 오류는 관리의 결과로 나타나며, 더 직접적으로 드러난 결과가 재정적자였던 것이다. 물론 재정적자가 발생해도 그것을 훨씬 상회하는 또 다

른 공적인 성과가 있을 수 있다. 공공영역에서는 더욱 그렇다. 그래서 공공
영역에서는 적자가 발생한다고 해서 공공서비스를 당장 그만둘 수는 없다.
모든 것이 재정적자로만 이해되거나 해석되지 않기 때문이다. 먼 미래의 교
육을 위한 투자가 적자라고 그만두는 것은 옳지 않은 일이며, 취약계층 지원
에 따른 성과가 미흡하다고 해서 지원금을 줄이는 것도 바람직하지 않다. 하
지만, 보다 근본적으로 볼 때 재정적자 문제는 조직의 존폐와 밀접한 관련이
있어서 마냥 그냥 둘 수도 없는 문제이다. 최소한 조직의 생존과 존속 가능
한 정도의 유지는 되어야 한다. 이러한 중요성에 따라 공공성을 추구하는 공
공조직에 '관리'의 역할과 기능을 더 보완하여 재정적자라는 결과와 같은 공
공성 추구 과정에서 생기는 오류와 문제를 최소화하는 차원에서 강조된 것
이 공공관리다.

　　그래서 공공영역에서는 다소 모호한 단어로서 '공공관리(public manage-
ment)'라는 말이 유행하게 되었다. 즉, 정부와 공공서비스에 대한 특별한 지
식과 실천기술(정치적 복합성 등) 등이 필요하다고 생각 들게 하는 '공공
(public)'이라는 단어와 수익중심의 관리기법 등을 다루는 생산 공학적인 측
면이 부각되는 '관리(management)'라는 단어가 합쳐져서 공공관리라는 말로
사용되기 시작한 것이다.[1]

　　앞서 언급했듯이 공공관리는 다소 모호하게 느껴지고 상충되는 말로 들
릴 수 있는데, 그렇다고 해서 전혀 이해되지 않는 것은 아니다. 그동안 정부
관료제에 대한 비판에 우리가 충분히 익숙해져 있고, 또 그 비판에 대한 대
응을 정부 이외의 영역에서 찾았던 작업을 꾸준히 해왔기 때문이다. 정부 이
외의 영역이란 시장 중심의 민간 기업들이 활동하는 영역이다. 정부를 비판
할 때 기업과 비교하면서 말하는 방식이 바로 그에 해당한다. 그래서 정부
관료제의 문제에 대해 비판할 때 기업과 비교하고, 그 해결책도 기업에서 찾
았던 우리들의 생활 언어 모습에서 이미 공공관리에 대한 어렴풋한 관념은

---

1 Hood, Christopher(1998). *The Art of The State: Culture, Rhetoric, and Public Management*,
　Oxford: Oxford University Press, pp. 3-4.

형성되어 있다고 볼 수 있다.

그리고 우리는 공공과 관리의 개념이 반드시 서로 간 상대적인 의미로만 사용되는 것은 아니라는 점도 충분히 생각해 볼 수 있는 여지를 지니고 있다. 공공선의 한 특징으로서 공공성(publicness)은 롤즈의 정의론에서도 언급했듯이 많은 사람들이 이용할 수 있다는 것을 나타내는 말이다.[2] 그런 점에서 바로 이 공공성이라는 것이 반드시 정부조직에만 해당되는 것은 아니며, 절대적인 성질도 아니며, 상대적인 정도(degree)의 문제라고 할 수 있다.[3] 그래서 애초에 공공이라는 말은 더 포괄적으로 사용될 수 있는 것이어서 관리라는 말과 완전히 어색한 것도 아니다. 단지 정도의 문제인 것이다.

이 책에서 규정한 공공관리의 기본 의미는 다음과 같다. '공공관리는 정부가 효율성과 성과 향상을 위해 시장메커니즘 기반의 관리방식 및 기법을 적극적으로 도입하는 새로운 패러다임이다.' 이러한 공공관리에 대한 의미는 이어서 살펴볼 '공공관리의 기본 입장'과 '공공행정과 공공관리의 관계'를 통해 보다 구체적으로 이해될 것이다.

〈표 1-1〉 공공관리의 의미

공공관리는 정부가 효율성과 성과 향상을 위해 시장메커니즘 기반의 관리방식 및 기법을 적극적으로 도입하는 새로운 패러다임이다.

---

2 장동익(2005). 롤즈 정의론, 『철학사상』, 별책 제5권 제14호, 서울대학교 철학사상연구소, p. 247.

3 Bozeman, B.(1984). Dimensions of 'publicness': An approach to public organization theory, In B. Bozeman, and J. Straussman(Eds.), *New Directions in Public Administration*, Monterey, CA: Brooks-Cole, pp. 46-62.

제2절 공공관리의 기본 입장과 등장의 성격

1. 공공관리의 6가지 기본 입장(전제)

공공관리는 크게 6가지 기본 입장을 지니고 있다. 이는 공공관리가 어떤 인식 토대에서 논의되고 실행되는지를 보여주는 전제가 된다. 그리고 논의되는 영역이 어디까지 제한되어 있는가를 보여주는 것이기도 하다.

1) 기본 입장 ①

첫째, 공공관리는 기본적으로 정부에 대해 맹목적인 불신을 하거나 정부는 필요하지 않다거나 하는 등의 부정적인 시각을 지니고 있지 않다. 오히려 공공관리에서는 정부가 사회에 존재하는 여러 공동문제를 해결할 때 하나의 메커니즘이 되어 중요한 역할을 한다고 강하게 믿고 있다. 범죄, 빈곤, 마약, 문맹, 독극물 방출, 지구온난화 등 사회문제 해결을 위해 사용되는 핵심적인 메커니즘으로서 역할을 하는 것이 정부라는 것이다. 뿐만 아니라 정부는 사람들이 살아가는 데 필요한 기본적이고 중요한 여러 서비스들도 제공해 준다는 점에서 필요한 존재이다. 설사 어떤 분야의 서비스 제공 행위를 민간부문에서 담당하도록 할 수는 있지만, 정부 고유의 통치 행위에 관해서는 그렇게 할 수 없다는 것이 공공관리의 기본 입장이다. 정부가 여전히 잘 할 수 있는 일이 있고, 민간기업(방식)이 잘 할 수 있는 일이 있고, 또 한편으로는 제3부문이 잘 할 수 있는 일이 각각 있다는 것이다.[4]

그런 점에서 공공관리에서는 정부가 과거에도 물론이고 지금 이 순간에도 우리가 살아갈 때 발생하는 공동문제를 해결해주는 중요한 역할을 하고

---

4 Osborne, David and Ted Gaebler(1994). 삼성경제연구소 옮김, 『정부 혁신의 길: 기업가 정신이 정부를 변화시킨다』, 삼성경제연구소, p. 11, pp. 70-71.

있다는 사실을 기본 전제로 여기고 있다. 흔히 정부의 필요성으로 언급되는 시장실패 요인들(독과점, 외부효과, 공공재, 정보비대칭 등)이나 갈등 및 낙오의 문제 등을 볼 때도 정부라는 실체는 우리 사회에서 필수적이다.5 공공관리도 이 점을 받아들이고 있다. 공공관리가 등장할 때 전통적인 공공행정의 부작용을 강조하고 비판하다 보니 마치 정부를 부정적으로 여긴다고 생각하는 경우가 있는데, 전혀 그렇지 않다. 공공관리에서도 정부의 존재를 중요하게 여기며 필요한 역할과 기능에 신뢰를 보내고 있다.

2) 기본 입장 ②

그리고 두 번째로 공공관리에서는 정부에서 일하는 사람 그 자체가 문제라기보다는 사람들이 일하는 시스템이 문제라고 생각한다. 많은 공무원들이 그들의 창의성을 무시하고 정열을 소진시키는 낡은 시스템에 묶여서 지내지만, 사실 그들은 책임감과 재능을 지니고 있고 또 헌신적인 사람들이다. 정도의 차이는 있겠지만, 적어도 그러한 자세와 태도를 지니고 있는 이들이 공직자들이다. 공직 진출을 위한 시험의 타당성 여부를 논외로 할 때 어쨌든 공직자들은 사회적으로 공인된 시험을 통해 검증된 이들이다. 실제로 연구에 따르면 공직자들이 상대적으로 민간에서 근무하는 사람들보다는 공공의 이익을 더 중시하는 마음을 지니고 있기도 하다.6 이는 사후적으로 생겨난 마음일 수도 있지만 중요한 것은 공공관리가 사람 자체에 대한 문제에 초점을 두지 않는다는 점이다.

그래서 공공관리에서는 만일 낡은 시스템이 변화된다면 공직자가 열정을 가지고 대중에게 봉사하는 능력이 적극적으로 발휘될 것으로 믿고 있다. 문제를 지니고 있는 시스템을 변화시키면 그 속에 있는 사람에게도 변화를

---

5 김민주(2017). 『정부는 어떤 곳인가: 행정학의 이해와 활용』, 대영문화사, pp. 43−59.

6 Houston, David J.(2006). "Walking the Walk" of Public Service Motivation: Public Employees and Charitable Gifts of Time, Blood, and Money, *Journal of Public Administration Research and Theory*, 16(1): 67−86.

유발할 수 있다는 신념이다. 그래서 다음과 같은 질문을 주로 한다. "동기부여가 제대로 되고 있는가? 결과에 대해 책임을 지는가? 지나친 규제중심의 규칙과 규율로부터 자유로운가? 권위가 분권화되어 있으며 적절한 유연성을 허용하는가? 보상은 업무 성과의 질을 반영하는가?"7 이처럼 공공관리는 기본적으로 시스템 변화에 따라 정부에서 일하는 사람들의 발전적인 변화에 기대감을 가지고 있다.

3) 기본 입장 ③

세 번째 기본 입장은, 공공관리에서는 정부가 어떤 일을 할 것인가에 대한 고민과 함께 정부가 어떻게 일을 해야 할 것인가에 대한 방안을 시장메커니즘을 활용해서 찾고 있다. 정부가 해야 하는 일이 당연히 주어져 있다고 생각하는 것이 아니라, 정말 정부가 해야 할 일인지에 대해 검토해 보고 정부가 굳이 하지 않아도 되는 일이라면 정부의 저편에 있는 시장 쪽으로 고개를 돌려서 그 일을 어떻게 하는 것이 적절한가에 대한 방법을 고민한다. 그리고 정부가 해야만 하는 일이라면 그 일을 더 잘 하기 위해서는 어떻게 하는 것이 좋은가에 대해서도 민간기업 혹은 시장을 참고해서 고민한다. 이처럼 공공관리에서는 정부가 하는 일에 대한 범위와 방법을 재검토해서 시장메커니즘을 통해 대안을 제시한다.

그런 점에서 세 번째 기본 입장은 두 번째 기본 입장의 구체적 내용이라 할 수 있다. 즉, 공공관리가 정부의 일하는 시스템에 대한 문제와 개선에 초점을 두고 있다는 앞의 두 번째 기본 입장에 대한 보다 구체적인 방법으로서 시장메커니즘을 활용한다는 것이 여기서 말하는 세 번째 기본 입장이 된다. 한 가지 언급해 둘 것은, 일부에서는 공공관리와 관련하여 마치 정부개입의 최소화가 전부인 것처럼 언급하는 경우가 있는데, 정부개입을 무조건 최소화한다는 의미보다는 정부가 개입을 하되 필요한 부분에서는 시장메커니

---

7 Osborne, David and Ted Gaebler(1994). 삼성경제연구소 옮김, 『정부 혁신의 길: 기업가 정신이 정부를 변화시킨다』, 삼성경제연구소, p. 12, p. 72.

즘을 적극적으로 활용하는 것이 공공관리다. 공공관리라고 하면 곧바로 '최소정부'나 '작은 정부'를 떠올리는 사람도 있는데 그것도 적절하지 못하다. 공공관리를 단순히 정부 개입의 다소(多少) 여부로만 볼 수는 없기 때문이다.

4) 기본 입장 ④

그리고 네 번째 기본 입장은, 공공관리에서는 거의 모든 정부활동에서 정부가 보유한 자원이 충분하지 않다는 점을 전제하면서 한정된 자원을 잘 사용하되 반드시 인지할 수 있는 일정한 수행 실적 혹은 결실인 성과를 도출해야 한다고 여긴다. 성과는 투입(input) 행위가 완료된 것을 의미할 수도 있고, 산출(output)이 될 수도 있고, 결과(outcome)가 될 수도 있다. 과거에도 정부가 사용하는 자원이 충분하지 않아서 자원 절약을 위한 노력은 있어 왔다. 하지만 과거에는 주로 투입 행위가 완료된 것에 초점을 두고 있었던 반면, 공공관리에서는 투입보다는 산출에 더 관심을 가지고 있고, 나아가 그보다는 결과에 더 많은 관심을 가지고 있다. 즉, 공공관리는 활동에 따른 인지적 수행 실적 혹은 결실로서 결과 중심의 성과를 도출하는 것이 한정된 자원을 잘 사용하는 것이라고 여기고 있다. 그래서 공공관리에서는 정부가 하는 일의 거의 모든 부문에서 결과 중심의 성과를 도출하는 것이 가장 기초적이고 기본적인 활동으로 전제되어 있다.

이와 관련해서 공공관리에서는 '투입', '산출', '결과', '효율성', '효과성', '생산성', '경제성', '성과' 등에 대한 용어들이 자주 사용된다. 그래서 이들 용어에 대한 개념을 미리 이해할 필요가 있다. 〈표 1−2〉를 참고하면 도움이 된다. 학문과 상황 및 맥락에 따라 다소 의미상 차이가 있긴 하지만 적어도 공공관리나 공공부문에서는 〈표 1−2〉와 같은 의미로 주로 사용되므로 반드시 이해할 필요가 있다.

〈표 1-2〉 용어 설명

용 어	설 명
투입(input)	활동을 위해 필요한 유·무형의 인적·물적·기타 자원을 사용하는 것을 의미한다.
산출(output)	투입된 자원이 사용되고 난 후에 생산되는 유·무형의 생산물을 의미한다.
결과(result or outcome)	산출로 인해 대상(집단)에게 나타나는 변화를 의미한다. 이때 변화는 의도한 변화일 수도 있고 의도하지 않은 변화일 수도 있다. 그에 따라 결과의 질은 달리 판단될 수 있다.
효율성(efficiency)	투입 대비 산출의 비를 의미한다. 능률성으로도 불리며 과거에는 효율성과 생산성을 함께 사용했지만, 오늘날에는 구분해서 사용한다.
효과성(effectiveness)	목표달성도를 의미한다. 해야 할 것 혹은 하기로 한 것을 얼마나 이루어냈는가를 나타낸다.
생산성(productivity)	효율성에 질(quality)적 개념이 내포된 의미이다. 생산성은 효율성과는 달리 단순히 양적 측면만을 고려해서 투입과 산출을 조정하는 것이 아니다. 만일 투입의 경우 줄여야 한다면 적절하고 적합한 것을 대상으로 제대로 줄여야 하고, 산출의 경우 결과(result or outcome)에 기반한 실질적인 산출 증가여야 한다는 것이다. 투입과 산출의 질을 고려해서 효율성을 높였다면 이것이 생산성이 된다. 과거의 생산성은 효율성과 같은 개념이었지만 오늘날에는 질적 요소가 추가되었다는 점에서 효율성과 구분해서 사용한다.
경제성(economy)	계획된 투입과 실제 투입을 비교하는 것이다. 어떤 하자(瑕疵)나 문제를 발생시키지 않는 상황에서 계획대비 실제의 사용량이 줄어들었다면 경제성이 높다는 의미이다.
성과 (performance)	달성하고자 하는 목표를 위한 활동의 인지적인 수행 실적(결실)을 의미한다. 활동의 실적으로서 성과는 투입(input)이 완료된 것일 수도 있고, 추진과정(process)의 실행이 될 수도 있고, 산출(output)이 될 수도 있고, 결과(outcome)가 될 수도 있다. 투입 활동의 완료 실적, 추진 과정의 실행 실적, 산출 도출의 실적, 결과 도출의 실적이 모두 일종의 성과가 될 수 있지만, 상황에 따라 성과의 의미에 더 잘 부합되는 정도는 각각 다르다. 가장 일반적인 의미의 성과란 '결과' 실적에 초점을 둔 인지적 수행 실적 혹은 결실을 말한다. 즉, 궁극적으로 이루고자 하는 바에 대한 성과를 달성했는가를 나타내는 것이 중요해진 오늘날에 성과의 의미는 주로 결과(outcome)에 초점을 두고 있다. 결과 중시의 성과가 주로 사용되는 것이다. 특히 공공관리에서는 더욱 그렇다. 그래서 많은 분야에서 거의 대부분 성과라고 하면 결과에 기반 한 활동의 실적을 의미한다. 성과에 대한 구체적인 내용은 이 책의 제6장에서 다시 구체적으로 설명한다.

5) 기본 입장 ⑤

다섯 번째 기본 입장은, 공공관리는 관료제를 비판하면서 변화시키려고 하되 관료제 자체를 버리지는 않는다는 점이다. 일상에서 '관료(bureaucrat)', '관료적(bureaucratic)', '관료제(bureaucracy)'라는 단어들은 부정적인 의미에서 비판하는 말로 종종 사용된다.8 정부가 곧 관료제의 대명사나 마찬가지가 될 정도가 된 현실에서 정부 그 자체나 정부활동의 제반 모습을 비판할 때 관료제를 그 대상으로 삼고 비판하곤 한다. 특히 공공관리가 등장하면서 기존의 정부 운영에 대한 비판은 주로 정부의 관료제적 행태를 비판하는 것들이어서, 공공관리가 관료제를 상당히 부정적으로 생각하고 있다고 여기게 된 면이 있다. 그렇지만 공공관리에서는 정부가 관료제 시스템을 버려야 한다고 말하지는 않는다. 대신, 관료제로부터 만들어지는 정책으로 모든 것을 다 할 수 있고, 또 관료제 혹은 그 속의 관료가 모든 것에 대해 잘 알고 있다고 생각해서 그것으로만 사회를 이끌어가려는 행태와 그 행태를 낳는 관료제 시스템을 비판한다. 겸손하지 못한 오만한 정부 관료제를 비판하는 것이다.9 즉, 관료제로부터 비롯되는 문제점들을 비판하면서 관료제 시스템을 수정 및 보완 그리고 변형을 통해 문제를 개선하려고 할 뿐이지 관료제를 완전히 없애버려야 한다는 주장을 하지는 않는다. 앞서 공공관리의 세 번째 기본 입장에서 밝힌 바와 같이 공공관리에서는 관료제의 문제점들은 시장메커니즘의 활용으로 많은 것들을 해결할 수 있다고 여긴다. 하지만, 특정 분야에 시장메커니즘이 기여한다고는 해도 그렇다고 해서 시장이 정부를 대체하는 것은 아니라는 점을 공공관리를 주장하는 많은 학자들도 분명히 밝히고 있다.10

---

8 von Mises, Ludwig(2012). 황수연 옮김, 『관료제』, 지식을만드는지식, p. 17.

9 Crozier, Michel(1998). 박기찬 옮김, 『국가경영 혁신전략』, 서울경제경영, pp. 12-15.

10 Levin, Martin A. and Mary Bryna Sanger(1996). 이언오·김선빈 옮김, 『선진행정의 길: 공공적 책임을 효율적으로 달성하는 행정』, 삼성경제연구소, p. 16.

그런 점에서 공공관리의 첫 번째 입장이 정부 자체에 대한 불신이나 불필요에 대한 것이었다면, 다섯 번째 이 입장은 정부의 가장 대표적인 운영 시스템이라고 할 수 있는 관료제에 대한 것이다. 따라서 공공관리는 정부에 대해 완전히 불신하고 있거나 필요 없다고 생각하지도 않으며(첫 번째 입장), 동시에 정부 운영의 기본 시스템으로 자리 잡고 있는 관료제에 대해서도 부정하거나 필요 없다는 입장을 지니고 있는 것도 아니다(다섯 번째 입장).

6) 기본 입장 ⑥

마지막으로 공공관리는 어디까지나 정치적 행위라는 점이다. 정치적 행위란 곧 가치배분의 행위를 말한다. 정치라고 하면 국회의원들이나 정당 간 갈등과 싸움만 떠올리면서 부정적으로 생각하는 경향이 있는데, 사실 정치는 올바르다고 판단되는 가치를 지향하기 위해 자신의 목소리(voice)를 내는 활동이다.[11] 여기서 가치는 무형의 것일 수도 있고 유형의 것일 수도 있다. 그 가치는 보다 현실적으로 희소한 자원으로 구체화되면서, 정치는 곧 희소한 자원을 배분하는 활동이 된다. 이때 정치활동의 결과를 수용할 수 있는 정당성이 확보되었다면 정치는 희소한 자원의 권위적 배분이 된다.[12] 공공관리도 네 번째 기본 입장에서 밝힌 바와 같이 결국은 공공업무를 위한 희소한 자원 배분의 활동을 하는 것이다. 이 배분 활동은 정부활동의 정당성으로 인해 권위를 갖는 배분으로 나타난다. 그래서 실제로 정부 운영에서 행정업무는 언제나 정치와 떨어질 수가 없다. 아무리 시장메커니즘을 활용하는 업무 방식 혹은 시스템을 도입한다고 하더라도 정당성을 갖는 자원의 권위적 배분인 정치적 통제가 영향을 준다.

자원과 가치를 배분하는 공공관리 행위 자체도 정치적 행위이지만, 그

---

11 그래서 정치는 누구나 할 수 있는 것이고 또 해야 하는 것이다. 사회적 동물로서 인간이라면 마땅히 그렇다.

12 Easton, David(1965). *Asystems Analysis of Political Life*, New York: John Wiley and Sons, p. 50.

이전에 공공관리의 기법이나 방식을 도입한다는 것도 정치적 활동의 결과에
서 비롯된 것이라 할 수 있다. 많은 공공관리 기법들이 정치적 입법 활동에
서 비롯된 법적 근거에 의해서 시행되기 때문이다. 따라서 공공관리라고 하
면 시장메커니즘을 강조하기 때문에 정치와 분리된 활동으로 생각할 수 있
지만, 그렇지 않다. 같은 맥락에서 볼 때 공공관리의 방식이 객관적이고 가
치중립적이고 과학적인 방법에 기초하고 있다고 생각해서도 안 된다. 공공
관리도 정치적 행위로서 존재하기 때문에 공공관리 학자들도 "기차가 제 시
간에 달리게 하는 것(혹은 빨리 달리게 하는 것)도 중요하지만 더 중요한 것은
그 기차가 올바른 방향으로 가고 있는지를 항상 유의해야 한다."라고 강조한
다.13 정부가 추구하는 가치가 기본이 된 상태에서 공공관리도 이루어지는
것이다. 이는 공공관리가 관리(management) 활동에만 치중하다가 자칫 공공
(public)의 가치를 간과해버리는 우를 범하지 않도록 경계하는 말이다. 한편,
〈표 1-3〉은 지금까지 살펴본 공공관리의 6가지 기본 입장을 정리한 것이다.

〈표 1-3〉 공공관리의 6가지 기본 입장

기본 입장	내용
기본 입장 ①	공공관리는 정부에 대해 맹목적인 불신을 하거나 정부는 필요하지 않다거나 하는 등의 부정적인 시각을 지니고 있지 않다.
기본 입장 ②	공공관리에서는 정부에서 일하는 사람 그 자체가 문제라기보다는 사람들이 일하는 시스템이 문제라고 생각한다.
기본 입장 ③	공공관리에서는 정부가 어떤 일을 할 것인가에 대한 고민과 함께 정부가 어떻게 일을 해야 할 것인가에 대한 방안을 시장메커니즘을 활용해서 찾고 있다.
기본 입장 ④	공공관리에서는 한정된 자원을 잘 사용하되 반드시 인지할 수 있는 일정한 수행 실적 혹은 결실인 성과를 도출해야 한다고 여긴다.
기본 입장 ⑤	공공관리에서는 관료제를 비판하면서 변화시키려고 하되 관료제 자체를 버리려고 하지는 않는다.
기본 입장 ⑥	공공관리는 어디까지나 정치적인 행위에 해당한다.

13 Levin, Martin A. and Mary Bryna Sanger(1996). 이언오·김선빈 옮김, 『선진행정의 길: 공
공적 책임을 효율적으로 달성하는 행정』, 삼성경제연구소, p. 21.

2. 공공관리 등장의 성격

공공관리는 '정부가 효율성과 성과 향상을 위해 시장메커니즘 기반의 관리방식 및 기법을 적극적으로 도입하는 새로운 패러다임'이라고 했다. 수식어를 더 첨가해서 좀 더 구체적으로 나타내면 '정부가 국정운영에서 효율성을 높이고 결과 중심의 성과를 향상시키기 위해서 행정에 시장메커니즘 기반의 민간 관리방식 및 기법을 적극적으로 도입한 새로운 패러다임'이다. 여기서 공공관리의 의미를 패러다임으로 규정하다보니 공공관리의 등장에 대해 다소 오해가 생길 수 있다. 패러다임이라는 용어 때문이다.

패러다임이라는 용어는 토마스 쿤(Thomas S. Kuhn)의 『과학혁명의 구조』에서 널리 알려졌다.[14] 패러다임이란 한 시대 사람들의 사고나 의견 및 견해를 규정하는 인식체계 혹은 사물에 대한 이론적인 틀이나 체계를 말한다. 과학발전은 바로 이러한 패러다임 전환에 의해 혁명적으로 일어난다는 것이 토마스 쿤의 주장이다. 즉, 과학혁명이란 하나의 패러다임이 양립 불가능한 새로운 패러다임에 의해 전체 혹은 부분적으로 대체되는 과학적 발전을 말한다. 그동안의 과학 역사를 보면, 과학의 발전은 벽돌을 차곡차곡 쌓으면서 건물 하나를 짓는 과정이 아니라 어느 날 굴삭기로 건물을 밀어버리고 그 옆에 새 건물을 짓는 것과 비슷했다는 것이다. 그래서 토마스 쿤에 의하면 한 시대를 이끄는 정상과학이 더 이상 현상을 제대로 설명할 수 없게 되면 위기가 발생하고, 이때 기본과는 전혀 다른 이론이나 표준 및 모형이 등장한다고 했다. 이 패러다임에 의해 형성된 새로운 정상과학이 기존의 정상과학으로 불린 과학을 대체하게 된다.

물론 패러다임이 수용되고 받아들여지는 것이 쉽지만은 않다. 그래서 토마스 쿤은 새로운 진리는 반대자들을 이해시켜서 승리하는 것이 아니라 반대자들이 죽고 새로운 진리를 신봉하는 세대가 주류가 되기 때문에 승리

---

14 Kuhn, Thomas S.(1992). 김명자 옮김, 『과학혁명의 구조』, 동아출판사.

한다고 했다. 그런 만큼 패러다임 간 변화는 점진적이라기보다는 단절적이다. 새로운 패러다임에 따라 이론이 바뀌면 동일한 현상도 완전히 다른 방식으로 설명되는 모습이 이를 잘 말해준다. 토마스 쿤의 이런 주장은 비단 과학 분야뿐 아니라 인문과 사회과학분야에 이르기까지 널리 받아들여졌다. 지금도 그렇다.

하지만 공공관리의 등장이 비록 하나의 패러다임 혹은 패러다임의 등장으로 불리긴 해도, 이를 두고 토마스 쿤이 설명하는 과학혁명에서의 패러다임 변화라고 이해해서는 안 된다. 과학발전에서는 패러다임 전환에 의해 단절적으로 혁명적 변화가 생긴다고 볼 수 있어도, 국정운영에서 패러다임의 전환 혹은 변화는 반드시 단절적으로 보기 힘들기 때문이다. 즉, 국정운영의 패러다임 전환은 단절적 혁명이라기 보다는 점진적이다. 누적되고 축적된 지식과 기술이 패러다임의 변화 모습을 이끄는 것이지 토마스 쿤의 설명처럼 양립 불가능한 패러다임에 의해 단절적으로 발생하지는 않는다.

아무리 정권이 바뀌어서 국정운영의 기조와 방식이 달라져도 모든 부문이 완전히 달라지기는 어렵다. 정부라는 실체 속에 제도와 시스템 및 행태의 경로의존(path dependency)적 속성도 있고, 시장과 정부라는 두 영역의 공통분모도 존재하기 때문에 공공관리를 독립적이고 단절적인 완전한 새로운 패러다임의 등장으로 보기는 어렵다. 공공관리하에서도 여전히 전통적 공공행정의 모습이 존재하고 있고 때에 따라서는 전통적인 공공행정의 방식이 더 중요하게 여겨지기도 한다. 따라서 공공관리의 등장은 하나의 인식체계나 이론적 틀로서 패러다임인 것은 맞지만 혁명적이라기보다는 점진적이라고 할 수 있다. 공공관리를 혁명적으로 여겨서 이를 받아들이게 되면, 정부가 지니고 있는 고유한 속성에서 기인하는 문제점들이 속출하게 된다.

관리의 변화가 급진적으로 일어나는 것이 문제가 될 수 있다는 점은 비단 공공분야에만 해당되는 것은 아니다. 공공분야가 더 조심스럽게 접근해야 하는 것은 맞지만 민간영역에서도 관리의 변화는 상당히 위급한 상황이 아니라면 급격한 변화는 최소화해야 한다. 특히 의도적인 변화를 가하기 위해서는 더욱 그렇다. 무엇보다도 기존의 조직이 어떤 종류의 관리 변화를 감당할 수 있는지 아니면 감당할 수 없는지를 분명하게 파악하는 일이 중요하다.

이를 파악하기 위한 한 방법은 조직의 역량(조직이 할 수 있는 것과 할 수 없는 것)에 영향을 주는 세 요인을 살펴보는 것이다. 세 요인에는 자원, 프로세스, 가치가 해당된다. 자원은 조직이 지니고 있는 유·무형의 자원을 의미하고, 프로세스는 상호작용, 조정 및 조율, 의사소통, 의사결정 방식을 말하며, 가치는 조직구성원들이 여러 활동을 하는 가운데 판단의 근거가 되는 핵심 기준을 의미한다.[15] 이 세 요인들은 상호작용하며 조직의 역량에 영향을 주고, 동시에 그에 따라 조직의 변화 가능성을 판단하게 해준다.[16] 이는 곧 이 세 요인에 변화를 가하는 것이 조직의 역량 변화는 물론이고 조직 자체의 변화 가능성에도 영향을 주는 것을 의미한다. 그런 점에서 어쩌면 관리의 변화는 이 세 부분에서 주로 일어나는 것일 수도 있다. 더 세분화된 부분들이 있을 수 있지만 크게 보면 이 세 요인이다.

이 세 요인에 변화를 가할 때는 위기상황이 아니라면 동시 다발적이기 힘들고 급진적이지도 않다. 조직 자체와 관련자들의 저항과 무질서로 인해 더 혼란해질 수 있기 때문이다. 공공영역이나 민간영역이나 모두 마찬가지다. 그런 점에서 공공영역의 관리에 변화를 주는 것도 이 세 요인에 주는 변화들이며 그 변화는 점진적으로 이루어진다. 공공관리의 등장은 분명 하나의 새로운 패러다임이지만 단절적인 완전한 새로움으로 급진적으로 도래했다기보다는 점진적으로 나타난 것이다.

---

15 Christensen, Clayton M. and Michael Overdorf(2015). 피터 드러커 외, 이한나·오재현 외 옮김, '전복적 변화에 대처하기', 『하버드 머스트 리드 에센셜』, 매일경제신문사, pp. 11−16.

16 물론 Christensen and Overdorf의 말처럼 이 세 요인은 시간과 시기에 따라 그 경중이 달라지기는 한다. Christensen, Clayton M. and Michael Overdorf(2015). 피터 드러커 외, 이한나·오재현 외 옮김, '전복적 변화에 대처하기', 『하버드 머스트 리드 에센셜』, 매일경제신문사, pp. 20−23.

제3절 공공관리와 관련된 용어: 공공행정, 신공공관리

1. 공공행정과 공공관리의 관계

공공행정과 공공관리의 관계는 공공관리의 등장을 어떻게 바라볼 것인가를 통해 알 수 있다. 여기에는 크게 두 입장이 있다. 첫째, 공공관리의 등장은 좁고 제한된 기능을 하는 '행정(administration)'에서 행정 기능을 포함한 더 넓은 기능을 하는 '관리(management)'로의 전환으로 보는 입장이다. 쉽게 말해 공공관리의 등장은 정부운영의 패러다임이 '공공행정'에서 '공공관리'로 전환되는 혁신적 대변환이라는 것이다. 여기서 행정은 행정가(administrator)로 불리는 이들이 대중들에게 봉직하는(serving) 활동을 말한다. 이때 행정가로서 공무원(public servants)은 주로 절차나 과정에 초점을 두고 정책을 구현하는 역할을 한다. 이와 비교해서 관리란 관리자가 결과 달성(achieving results)과 결과를 위한 책임성(responsibility)에 초점을 두고 행하는 활동이다. 관리를 담당하는 관리자는 단순한 지시(orders)에 따른 활동을 하는 것이 아니라 결과를 보이고 그에 따른 책임을 지는 존재로 여겨진다.[17] 이렇게 보면 공공관리에 대한 강조는 국정운영에서의 패러다임이 공공행정에서 공공관리로 전환된다는 것이다. 단순한 패러다임의 전환을 넘어 기존의 공공행정은 이제 공공관리로 불리며, 공무원들은 행정가 대신 관리자로 지칭된다. 실제로 영미계통의 국가들에서는 대학의 교육과정이나 논문이나 저서 및 저널과 컨퍼런스 등에서 기존의 공공행정을 공공관리로 바꾸어서 명명(明命)하기도 하였다.[18] 이는 특히 지식정보사회에 대응하기 위한 관리 방식의 중요성을

---

17 Hughes, Owen E.(2003). *Public Management and Administration*, third edition, New York: Palgrave Macmillan, pp. 6-7.

18 Hood, Christopher(1998). *The Art of The State: Culture, Rhetoric, and Public Management*, Oxford: Oxford University Press, p. 3.

강조하면서 공공부문과 민간부문 간 경계가 흐릿해지는 것에 지지를 보내는 입장과도 맥이 닿아 있다.19 물론 민간부문 중심의 관리로 나아가는 것을 말한다. 공공행정의 특수성을 강조하는 입장에서는 이 관점은 '큰 변화'에 해당된다.

둘째, 행정과 관리는 정부와 시장(기업)이라는 구분된 영역에서 각각 작동되는 활동으로서 서로 교차되는 부분이 있기도 하고 또 배타적인 속성을 지닌 부분도 있는 상황에서, 행정이 관리의 기술적인 부분을 받아들이는 것이 공공관리라고 보는 입장이다. 기업의 관리 기법 중 정부가 행정활동에서 벤치마킹 할 수 있는 부분을 도입하는 것이 공공관리라는 것이다. 여기서는 '공공'영역에 민간의 '관리' 기법 및 방법을 도입하는 것을 공공관리로 보기 때문에, 공공관리는 공공행정의 한 부분으로 여겨진다.20 주로 민간영역의 기법을 활용한다는 점에서 공공행정의 기술적 하위 영역(a technical sub-field of public administration)으로도 본다.

이처럼 공공관리의 등장을 어떻게 볼 것인가에 대한 두 입장이 존재하는데, 학자마다 동의하는 정도가 다를 것이다. 공공관리의 등장이 '행정'에서 '관리'로의 패러다임 전환과 같은 것으로 보는 첫 번째 입장은 비교적 '큰 변화'로 볼 수 있고, 민간영역의 기법 도입으로 보는 입장은 비교적 '작은 변화'로 볼 수 있다.

첫 번째 입장에서 정부운영의 패러다임 전환이라는 의견에 대해서는 많은 사람들이 동의하고 있다. 그런데, 그것이 '행정'에서 '관리'로의 완전한 전환으로 의미를 갖는가에 대해서는 의문을 제기한다. 다시 말해, 행정을 버리고 관리를 택하는 것이 공공관리인 것은 아니라는 것이다. 행정 고유의 성격과 기능을 지닌 활동은 여전히 존재하며, 아무리 관리라는 것이 우수한 방식

---

19 Cleveland, Harlan(1985). *The Knowledge Executive: Leadership in an Information Society*, New York: Truman Tally Books.

20 Ott, J. Steven, Albert C. Hyde, and Jay M. Shafritz(eds.)(1991). *Public Management: The Essential Readings*, Chicago: Lyceum Books.

이라고 하더라도 관리가 행정을 대체해버리거나 정부와 시장 영역을 포괄적으로 모두 아우를 수 있는 것은 아니기 때문이다. 그래서 첫 번째 입장에 대해 약간의 수정을 더하면 이렇게 말할 수 있다. "정부의 행정활동에서 새로운 측면(시장중심의 기제들)에 적극적인 관심을 보이는 패러다임의 등장이 공공관리라고 할 수 있다."

두 번째 입장에서는, 정부가 민간영역의 관리 기법을 벤치마킹하는 것처럼 도입한 것이 공공관리라고 할 때 '도입의 적극성'을 부각할 필요가 있다. 정부나 기업이나 운영상 서로 벤치마킹할 부분은 언제나 있었다. 하지만 정부가 보다 적극적으로 그리고 광범위하게 민간의 기법을 학습해서 적용하는 경우는 공공관리의 등장에서 선명히 나타나고 있다. 그래서 첫 번째 입장에서 말하는 패러다임 변화 수준에 걸맞게 민간기법 도입의 적극성이 고려될 필요가 있다.

이와 같은 공공행정과 공공관리의 관계 규명을 통해 앞서 제시한 공공관리의 의미를 더 잘 이해할 수 있다. 공공행정과 공공관리에 대한 입장을 수정해서 반영한 것이 바로 공공관리의 의미(정부가 효율성과 성과 향상을 위해 시장메커니즘 기반의 관리방식 및 기법을 적극적으로 도입하는 새로운 패러다임)인 것이다. 제1절의 마지막에서 언급했듯이 공공관리의 의미는 지금까지 살펴본 '공공관리의 기본 입장'과 '공공행정과 공공관리의 관계'를 통해 보다 더 구체적으로 이해된다. 이는 공공관리의 의미를 이해하는 데 도움이 되는 맥락들이다.

2. 공공관리와 신공공관리의 관계

공공관리(public management)는 신공공관리(new public management)와는 어떤 관계에 놓여 있을까? 이 의문은 행정학이나 정책학 혹은 정치학 및 사회학 등 사회과학 전공자라면 오히려 공공관리라는 말보다 신공공관리라는 말을 더 자주 듣는 데서 비롯된다. 특히 신공공관리가 하나의 유행으로 등장하면서 어느 때부터인가 신공공관리라는 말이 더 자주 사용되고 있기 때문이다. 그래서 공공관리와 신공공관리가 서로 명확히 이해되지 않고 단순히 관념상으로 혼용하거나 때로는 불명확하게 구분하면서 사용되는 경우가 많다. 그러다 보니 의사소통에 혼란이 야기되기도 해서, 이 두 관계에 대한 이해가 필요하다.

공공관리와 신공공관리의 관계는 대체로 네 가지 입장으로 나누어진다. 여기에는 '둘을 엄격히 구분해서 사용하는 입장', '신공공관리의 새로움이 현재화되어 공공관리로 사용되는 입장', '공공관리가 신공공관리 등 유사개념을 대표해서 사용되는 입장', '신공공관리가 공공관리를 대표해서 사용되는 입장'이 있다.

1) 둘을 엄격히 구분해서 사용하는 입장

첫 번째 입장은 정부조직관리의 시대적 구분에 기초해서 공공관리와 신공공관리를 구분하는 것이다. 이 입장에서 공공관리는 1900년대 초 테일러리즘(Taylorism)과 페이욜리즘(Fayolism) 등에 의해 제시된 효율성 중심의 조직관리 기법을 중요시 여긴 관련 활동을 말한다. 특히 테일러의 과학적 관리론(scientific management theory)은 정부 조직 운영에서도 효율성이라는 가치와 그에 따른 조직관리기법 도입에 많은 영향을 주었다.[21]

이와 구분해서 신공공관리는 1970년대 정부의 재정위기(fiscal crisis) 극복을 위해 제시된 관리 기법 등이 강조된 활동을 말한다. 효율성 강조라는 측면에서 볼 때 정부운영 및 행정 발달 과정에서 공공관리와 신공공관리는 유사점을 지니면서도 시대적 상황과 환경 등에 따라 차이점도 있기 때문에, 용어에 '신(new)'을 더해서 구분하는 것이다. 신공공관리의 변화를 이끈 대표적인 나라가 영국이었고, 1970년대 후반 당시 영국은 민간부문의 경영 기법과 조직의 분산, 그리고 경쟁과 평가 강조, 업무진행보다는 결과 중시

---

21 여기에 대해서는 이 책의 제4장(관리이론의 발달)에서 자세히 다룬다.

등을 통해 공공관리의 변화를 추구하였다.22 그래서 정부는 관리적 고용주
(managerial employer)로 역할을 하는 것으로 여겨졌다.

　　실제로 그 이전의 공공관리와 신공공관리의 차이가 적지만은 않다. 무
엇보다도 등장배경이 달랐는데, 공공관리는 산업화에 따른 거대해진 조직의
효율적 관리 차원에서 등장하였고 신공공관리는 재정위기에 따라 본격적으
로 논의되었다. 그리고 공공관리가 등장한 1900년대 초에는 조직 내부 중심
의 효율성 향상 방식에 초점을 두었다면, 신공공관리가 등장한 1970년대에
는 조직 내부와 함께 외부 환경과의 적극적인 대응에도 관심을 두고 있다.
공공관리와 신공공관리 간 이러한 구분은 행정조직관리의 발달과정 혹은 변
천사를 살펴볼 때 그 맥락과 흐름을 이해하는 데 많은 도움을 준다.

2) 신공공관리의 새로움이 현재화되어 공공관리로 사용되는 입장

　　두 번째 입장은 시대적 구분에 따른 첫 번째 입장을 새로움이 현재화된
현시점에 비추어서 수정한 것이라고 할 수 있다. 공공관리와 신공공관리를
첫 번째 입장처럼 구분한다고 해도, 이제는 신공공관리가 더 이상 '새로운
(new)' 것이 아닐 정도로 보편화되었다는 점을 인정하지 않을 수 없다는 것
이다. 그래서 흔히 신공공관리론 등으로 불리는 것을 굳이 신공공관리라고
할 필요가 없이 그냥 공공관리라고 불러도 같은 의미라는 입장이다. 그리고
핵심적인 변화는 공공부문에서 '행정'과 '관리'의 관계이기 때문에 공공관리
와 신공공관리의 구분은 큰 실익이 없고, 행정과 관리의 구분만 드러나면 된
다는 것이다. 그래서 공공관리라는 말 속에 행정과는 구분되는 관리가 잘 나
타나기 때문에 굳이 공공관리와 신공공관리를 구분하기 보다는 시간이 꽤나
흐른 지금은 더 이상 새롭다고 보기 힘든 신공공관리보다는 공공관리로 부
르면 된다는 주장이다.23

---

22 Hood, Christopher(1991). A Public Management for All Season?, *Public Administration*, 69(1): 3-19.

23 Hughes, Owen E.(2003). *Public Management and Administration*, third edition, New

새롭다는 것은 시간의 영향을 많이 받기 때문에 현 시점에서 새로운 것
이 되려면 그것이 출현한지 얼마 지나지 않아야 한다. 아주 먼 미래에서 지
금을 본다면 시대적 구분에 따른 1900년대 초나 1970년대나 큰 시대적 차이
가 아니다. 따라서 보다 큰 차원에서 보자면, 과거의 공공관리와 비교되는
새로움이 점차 일반화되어 가기 때문에 신공공관리가 별도로 사용되기 보다
는 큰 맥락에서 공공관리로 불러도 된다는 것이다.

3) 공공관리가 신공공관리 등 유사개념을 대표해서 사용되는 입장

세 번째 입장은 공공관리가 신공공관리를 대표해서 사용하는 것이다.
국정운영에서 시장중심적인 메커니즘을 사용하는 경향 혹은 그 주장이 여러
용어들로 표현되는데, 이것들을 대표하는 한 용어가 공공관리라는 것이다.
예컨대, 신공공관리론(new public management), 시장지향적 정부(market-
based public administration), 기업가적 정부(entrepreneurial government) 등은
민간기업의 관리방식을 정부부문에 도입하고자 하는 주장들로서, 이것들은
정부부문의 성과와 실적을 중시하고 관리자의 개인적 책임을 강조하는 공공
관리의 의미와 거의 유사한 내용을 담고 있다. 그래서 사실 이 용어들은 공
공관리의 또 다른 명칭들이라는 것이다.[24]

큰 맥락에서 보면 결국은 공공관리라는 보다 대표성을 띤 용어로 표현
될 수 있는 것이지, 굳이 미묘한 차이를 극대화해서 서로 구분된 용어로 표
현할 실익이 그리 크지는 않다는 입장이다. 그런 점에서 앞서 첫 번째 입장
처럼 신공공관리를 공공관리와 엄격히 구분하는 입장과도 차이가 있고, 두
번째 입장처럼 새로움의 현재화라는 시간적 흐름을 고려해서 굳이 신공공관
리가 아닌 공공관리로 사용하는 것이 더 적절하다는 입장과도 차이가 있다.
세 번째 입장은 공공관리의 의미와 유사한 여러 용어 및 개념들 간에 하나

York: Palgrave Macmillan, p. 8.
24 유훈(1995). 공공관리론의 의미와 전략관리, 『행정논총』, 33(1): 19-35, p. 20.

의 대표적 용어로서 공공관리의 위치를 강조하고 있다. 이론에서도 여러 분파가 있지만 대표적인 용어가 그 이론을 대표해서 지칭되듯이 여기서도 대표성의 문제로 접근하는 것이다.

4) 신공공관리가 공공관리를 대표해서 사용되는 입장

네 번째 입장은 신공공관리가 공공관리를 대표해서 사용하는 입장이다. 세 번째 입장과는 반대의 입장이다. 현시대를 기준으로 볼 때 공공관리는 곧 신공공관리다. 1900년대 초반의 공공관리와 구분하기 위해 1970년대 이후에 등장한 현시대의 공공관리를 어쩔 수 없이 신공공관리로 부르기는 하지만, 지금 이 시점에서 공공관리를 한다는 것은 곧 신공공관리를 적용하는 것을 말한다. 따라서 지금 이 순간의 공공관리는 신공공관리이므로 현재의 시점을 고려할 때는 신공공관리가 과거의 공공관리보다는 더 대표성을 갖는 용어가 된다는 입장이다. 1970년대 이후에 나타난 시장지향적 정부나 기업가형 정부 등도 모두 신공공관리론의 또 다른 용어들이므로 신공공관리가 그것들을 대표한다는 것이다. 비록 학술용어로서 역사성을 고려해서 붙여진 '신'공공관리이지만 만일 그렇지 않다면 지금의 신공공관리는 공공관리로 불릴 것이다. 그만큼 지금 시점에 적용되는 공공관리의 의미를 더 강조하는 입장이 네 번째 입장이다.

5) 이 책의 입장

이 책에서는 어느 한 입장에 완전히 동의하지는 않는다. 네 입장 모두 공공관리라는 의미를 규정하고 인식하는 데 나름대로의 의의를 지니고 있기 때문이다. 하지만 이 책의 제목이 이미 공공관리학이라고 명명해 놓은 것처럼 이 책은 공공관리라는 말을 신공공관리 혹은 그와 유사한 맥락으로 쓰이는 다른 용어들 보다 더 대표성을 지닌 표현으로 여긴다. 따라서 이 책에서는 공공관리의 본 뜻에 그대로 따라서 정부가 국정 관리를 할 때 시장메커니즘 기반의 민간 관리방식 및 기법을 적극적으로 도입하였다면 그것을 모두 통칭해서 '공공관리'로 부르기로 한다. "공공관리인가? 신공공관리인가?" 라는 용어상 구분은 시대적 구분에서는 필요하다면 그 구분이 유익할 수 있지만, 이 책에서는 이 둘의 구분이나 혼용 여부는 크게 중요하지 않다고 여긴다. 다시 한번, 간결하게 정리하자면 국정운영에서 효율성과 성과 향상을 위해 시장메커니즘을 기반으로 하는 민간의 관리방식이나 기법을 적극적으로 도입하였다면 공공관리라고 한다.

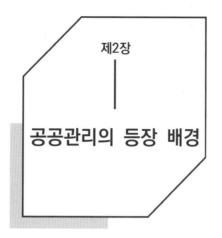

제2장

공공관리의 등장 배경

제1절 효율적 재원 사용의 당위성과 의미

1. 납세의 불가피성: 전략적 게임의 결과

정부예산이 낭비되어서는 안 된다는 당위론적 생각은 누구나 하고 있다. 예산이라는 자원은 한정되어 있고 그 원천이 납세자에 의한 납세 행위이기 때문이다. 적어도 이 이유는 효율적 재원 사용의 정당성을 제공해준다. 국민이 납부하는 세금으로 운영되는 정부는 국민들로부터 낭비 없이 효율적으로 예산을 사용하도록 정당한 요구를 받고 있는 것이다.

그렇다면 만일 정부예산이 납세에 의한 것이 아니라면 어떨까? 납세가아닌 제3의 곳으로부터 정부예산이 100% 충당된다면 효율적 재원 사용에 대한 당위론적 주장은 훨씬 줄어들 것이다. 국민 입장에서는 내 돈이 아닌 돈에 대해서 효율적으로 사용하라고 요구할 필요성은 그렇게 크게 느끼지 못할 것이다. 따라서 효율적 재원 사용의 당위성은 강제력에 기반한 국민들로부터의 납세에서 비롯된 것이다. 이 말은, 강제력에 기초한 납세가 정부재정의 원천인 이상 효율적으로 예산을 사용해야 한다는 것을 의미한다. 공공재를 공급하는 정부가 세금을 징수하기 때문에 대다수의 국민들이 비효율적인 정부 운영에 대해 비판을 하고 그 대안을 찾도록 요구하는 것이다.

여기서, 근본적인 의문이 들 수 있다. 강제력에 기초한 납세가 꼭 필요할까? 공공재 중심의 재화와 서비스를 공급하는 정부가 그 재원 마련을 위해 꼭 징세를 해야만 하는 것일까? 공공관리는 그 의미에서도 알 수 있듯이 정부의 비효율성과 저조한 성과가 문제였다. 그리고 그것을 향상시키기 위해 시장메커니즘 기반의 관리방식 및 기법을 적극적으로 도입하려는 노력이다. 이는 정부 재원이 납세에 의한 재원이므로 효율적으로 사용해야 한다는 점을 전제하고 있으며, 동시에 강제력 기반의 납세가 불가피하다는 점도 전제하고 있다. 따라서 공공관리의 배경이 되는 정부의 비효율성에 관한 논의에 앞서, 우선 정부 재원 마련이 납세에 의할 수밖에 없다는 점을 보면서 효율적 재원 사용이 강조된 이유를 이해하기로 한다.

이에 대해서는 전략적 게임의 논리를 활용해서 주로 공공재에 초점을 두고 살펴보기로 한다. 정부가 제공하는 가장 기본적인 재화가 공공재이기 때문이다. 많은 경우 공공재는 그 규모가 크기 때문에 어느 한 사람이 전적으로 충당할 수 없을 만큼 재원도 많이 필요해서 정부가 주로 담당하게 된다. 그렇다면, 공공재 생산과 공급을 위한 돈은 어디에서 비롯될까? 사실, 정부재정의 원천은 다양하다. 하지만 가장 큰 비중을 차지하는 것은 국민들의 세금이다. 물론 세금의 종류와 성격과 여러 세외수입과 공공투자 방식 등을 세부적으로 고려한다면, 이때 말하는 세금이 단일적 모습만은 아닐 것이고 또 세금만이 공공재 생산 비용의 유일한 재원이라고도 할 수 없다. 하지만 여기서는 정부가 공공재가 중심이 된 재화를 공급하기 위해서는 강제력 기반의 납세 의무 부과가 반드시 필요하다는 점을 이해하는 것이 목적이므로 편의상 일괄적으로 세금으로 지칭하기로 한다.

만일 정부가 세금이 아니라 국민들의 자발적인 기여금으로 공공재를 생산한다고 가정해보자. 공공재의 비배제적이고 비경합적인 특성으로 인해 비록 어떤 사람이 기여금을 내지 않더라도 기여금을 낸 다른 사람들에 의해 공공재가 생산된다면, 기여금을 내지 않은 사람도 무임승차를 통해 공공재를 이용할 수 있는 상황이라고 하자. 이는 모든 사람들에게 적용되기 때문에 모든 사람들이 기여금을 내지 않는다면 공공재가 생산되지 않을 것이지만, 비록 내가 내지 않더라도 다른 사람들이 낸다면 나는 그것을 무임승차로 이용할 수 있다는 의미다. 모든 사람들이 이와 같은 조건에 놓여 있다.

구체적인 상황은 다음과 같다. 자발적으로 공공재 생산에 기여하게 되는 기여금은 5이고, 만일 기여금을 납부했다면 다시 돌려받지 못하도록 되어 있다. 만약 자발적으로 기여금을 낸 사람의 수가 일정 수 이상이 되면 공공재는 생산되고 그 공공재로 인해 나에게는 200의 가치를 준다고 가정하면, 내가 기여금을 낸 상태에서는 나에게 발생되는 순 가치는 195(200-5= 195)가 된다. 하지만 공공재를 생산할 만큼의 기여금이 모이지 않게 되면, 공공재도 생산되지 못하게 되고 내가 기여금을 낸 5도 돌려받지 못하게 되므로 나에게는 -5(0-5=-5)만큼의 가치가 발생하게 된다. 반면, 나는 기여금을 내지 않았으나 다른 많은 사람들이 공공재가 생산될 수 있을 만큼의 기여금을 낸 경우라면 나는 성공적인 무임승차가 가능하므로 이때 발생되는 가치는 200(200-0=200)이 된다. 하지만 다른 사람들도 역시 기여금을 모두 내지 않게 되면 공공재가 만들어지지 않게 되므로 이때 나에게 발생되는 가치는 0이다.[1] 이를 정리한 표가 〈표 2-1〉이다.

〈표 2-1〉를 보면, 총 네 가지 경우에 따라 가치 발생의 정도도 다르다는 것을 알 수 있다. 중요한 것은 내가 어떤 선택을 하는가의 문제다. 내 선택은 다른 사람들의 선택을 고려해서 결정하게 된다. 다른 사람들의 전략을

---

1 소병희(2008). 『재정학』, 박영사, p. 46.

〈표 2-1〉 자발적 기여에 따른 전략적 게임[2]

다른 사람들의 행동 나의 행동	자발적으로 기여금 제공	기여금 제공하지 않음
자발적으로 기여금 제공	A전략 • 공공재가 생산됨. • 나에게 195의 가치 발생 • 만일 총 금액이 공공재 생산에 미달되면 공공재가 생산되지 않을 가능성도 있음.	B전략 • 공공재가 생산되지 않음. • 나에게 -5의 가치 발생 • 매우 희박한 가능성이지만 나의 기여금이 공공재 생산을 할 정도로 충분하다면 공공재가 생산될 수도 있음.
기여금 제공하지 않음	C전략 • 공공재가 생산됨. • 나에게 200의 가치 발생 • 만일 총 금액이 공공재 생산에 미달되면 공공재가 생산되지 않을 가능성도 있음.	D전략 • 공공재가 생산되지 않음. • 나에게 0의 가치 발생

* 나와 다른 사람들의 기여금으로만 공공재가 생산된다고 가정.

주어져 있는 것으로 예상하면서 자신의 이익을 최대화하려는 내쉬 균형 (Nash Equilibrium)의 방법으로 자신의 전략을 선택하는 것이다. 이를 위해서 각 경우별로 어떤 선택이 자신의 이익을 최대화하는지를 비교하게 된다. 그 결과는 다음과 같다.

만일 다른 사람들이 자발적으로 기여금을 낸다고 하면, 내가 선택할 수 있는 것은 나도 자발적으로 기여금을 내든가 아니면 기여금을 내지 않는 행동이다. 이는 〈표 2-1〉에서 A전략과 C전략을 비교하는 경우다. 다른 사람들이 자발적으로 기여금을 낼 때 나도 자발적으로 기여금을 내는 A전략을 선택하게 되면 나에게는 195만큼의 가치가 발생될 것이고, 그렇지 않고 기여금을 제공하지 않는 C전략을 선택하게 되면 200만큼의 가치가 발생하게 될 것이다. 이 둘을 비교하면, 내 이익을 최대화하는 전략은 5만큼의 가치가 더 많은 C전략을 선택하는 것이다. 따라서 C전략에 따라 나는 기여금을 제공하지 않기로 결정한다.

---

2 소병희(2008). 『재정학』, 박영사, p. 47의 내용 수정 및 보완.

또 다른 경우로서 만일 다른 사람들이 기여금을 제공하지 않는다면, 이 역시 내가 선택할 수 있는 것은 자발적으로 기여금을 내든가 아니면 나 또한 기여금을 내지 않는 행동을 하는 것이다. 〈표 2-1〉에서 B전략과 D전략을 비교하는 경우다. 다른 사람들이 기여금을 내지 않을 때 나는 자발적으로 기여금을 내는 B전략을 선택하게 되면 -5만큼의 가치가 발생되는데 이는 가치가 마이너스(-)이므로 손해에 해당한다. 그렇지 않고 나 역시 기여금을 제공하지 않는 D전략을 선택하게 되면 0만큼의 가치를 발생하게 해준다. 이익도 아니고 손해도 아니다. 이런 경우에 내 이익을 최대화하는 전략은 D전략이다. 손해가 발생하는 B전략보다는 이익은 없어도 손해는 없는 D전략이 더 합리적이기 때문이다.

그렇다면 최종적으로 어떤 선택을 하게 될까? 두 경우에서 선택된 전략은 각각 C와 D이므로 다른 사람이 자발적으로 기여금을 내건 기여금을 내지 않건 상관없이 나는 기여금을 내지 않는 전략을 선택하게 된다. 그것이 가장 나의 이익을 최대화하는 방법이다. 합리적인 경제적 인간으로서 이익추구를 전제한 인간이라면 이와 같은 선택을 하게 된다.

바로 이 점이 공공재 생산을 위한 강제력에 기초한 납세의 불가피성을 말해준다. 모든 사람들이 전략적 게임으로 자신의 이익을 극대화한다고 하면 그 누구도 기여금을 자발적으로 내려고 하지 않을 것이기 때문이다. 공공재는 우리가 살아갈 때 중요한 재화에 해당된다는 것을 재차 강조할 필요가 없다. 그런데 그런 공공재를 생산할 재원이 마련되지 않으면 개인은 물론이고 사회 전체적으로 문제가 된다. 그래서 방법은, 강제력에 기초한 납세부담을 지우는 것이다. 납세를 의무로 만드는 것이다. 그렇기 때문에 정부는 국민들로부터 납세에 의해 거두어들이는 재원에 대한 효율적 사용을 요구받게 되는 것이다. 국민들은 강제적이고 의무적으로 납부한 세금이라면 당연히 잘 사용할 것이라는, 혹은 그렇게 해야만 하는 것이라는 생각을 지니게 된다.

물론 현실에서는 세금 이외의 재원 마련도 가능하고, 또 반드시 다른 사람의 전략을 고려해서 내가 이익을 최대화시키려고만 하지도 않는다. 그리고 공공재만이 중요한 재화인 것도 아니다. 그렇지만 납세의 불가피성에 대해서는 이러한 전략적 게임의 결과로도 설명이 가능함을 알 수 있다.

2. 효율적 재원 사용의 현실적 의미

납세의 원천인 재정을 효율적으로 사용해야 한다는 강조는 정부가 여러 시도들을 하도록 하는 이유가 된다. 그렇다면 효율적으로 재원을 사용한다는 의미는 무엇일까? 효율성의 개념에 비추어보면, 크게 5가지로 구분할 수 있다.

효율성을 높이기 위해 우선 ① 투입은 줄이고 산출은 늘리면 된다. 아니면 ② 산출은 기존의 수준을 유지하면서 기존 보다 투입만 줄여도 효율성은 높아진다. ③ 반대로 투입은 기존의 수준을 유지하면서 기존 보다 산출을 더 늘려도 효율성은 향상된다. 혹은 ④ 투입이나 산출이 어쩔 수 없이 늘어난다면 산출의 증가폭이 투입의 증가폭을 훨씬 상회할 때인데, 이때는 이전의 투입 대비 산출의 비보다 더 큰 비가 되는 값을 도출할 수 있을 만큼 산출의 증가폭이 커야 한다. 그리고 ⑤ 투입과 산출이 모두 줄어들 때 산출의 감소폭이 투입의 감소폭보다 작을 때에도 효율성은 높아지는데, 이때도 이전의 투입 대비 산출의 비보다 더 큰 비가 되는 값을 도출할 수 있을 만큼 산출의 감소폭이 작아야 한다.

그런데, 사회가 복잡해지고 그에 따라 해결해야 할 문제도 많아지는 등 정부가 해야 할 일들이 점점 더 늘어나는 현대 사회에서 정부재정이 투입되어야 할 곳은 더 많아지기 때문에 투입을 줄이는 것은 매우 어렵다. 오히려 투입을 더 늘려야 할지도 모른다. 오늘날 매년 정부재정이 점점 증가하고 있는 상황을 봐도 그렇다. 그러나 투입을 늘리는 데에는 한계가 있다. 무한정 증세할 수도 없을 뿐 아니라 증세 자체가 쉽지 않다. 유권자인 국민을 의식할 수밖에 없는 정치인들에게 증세는 어려운 선택이기 때문에 다른 방법을 찾게 된다. 그들이 제시하는 방법으로 대표적인 것이 바로 시장메커니즘을 공공부문에 도입하는 것이다. 시장메커니즘이 작동되는 시장(기업)에서는 적은 돈, 심지어는 감축을 통해서도 더 많은 제품을 만들어내고 있다는 사실을 보고 이를 공공부문에서도 활용할 수 있다고 여기는 것이다.[3] 즉, 공공부문에서도 시장메커니즘으로 세금 인상을 최소화할 수 있고(어쩌면 나중에 세금을 줄일 수도 있고) 산출은 더 많이 낼 수 있을 것이라고 기대하는 것이다. 공공관리 자체가 정치적인 행위일 뿐 아니라 공공관리를 도입하는 것도 정치적인 행위라고 할 때, 정치인들의 이런 생각은 실제 공공관리가 도입되는 데 일정한 영향을 주었다.

이처럼 공공관리에서 현실에 기초한 재원사용의 효율성의 의미는 시장메커니즘을 활용해서 현실적으로 늘어나는 재정(투입)의 폭을 최소화하되 산출은 더 많이 발생되게 하려고 하는 위에서 말한 ④의 방법에 가깝다. 물론 분야마다 투입과 산출의 조정 상황은 다양하기 때문에 효율성의 의미는 나머지 ①, ②, ③, ⑤에도 해당될 수 있으나, 재정확대와 증가 현상을 고려하면 전반적으로는 ④의 방법에 따라 재원 사용의 효율성을 높이려고 하는 경우가 많은 것이 현실이다.

제2절 행정의 비효율성 이론과 현상

1. 관료의 예산극대화와 관청형성에 따른 비효율성

1) 관료의 예산극대화

행정의 비효율은 곳곳에 있을 수 있다. 하지만 가장 쉽게 생각할 수 있는 것이 정부 예산과 관련된 분야다. 예산 사용이 비효율적일 수도 있고 예산 배분이 비효율적일 수도 있고 애초에 불필요한 예산을 책정한 것도 비효

---

3 Micklethwait, John and Adrian Wooldridge(2000). 박병우 옮김, 『누가 경영을 말하는가』, 한국경제신문, p. 488.

율적일 수 있다. 사실, 정부예산은 정부가 운영되기 위한 피(blood)와 같은 원동력이기 때문에 항상 필요하지만, 언제나 비효율의 문제가 함께 지적되어 왔던 분야다. 특히 사회가 복잡해짐에 따라 예산 규모가 점점 증가하면서 그에 대한 우려와 걱정이 함께 있어 왔다. 물론 사회가 복잡해진 만큼 정부가 해야 할 일도 많아져서 예산이 증가하게 된 것은 합당한 이유가 될 수도 있다. 그런데, 만일 그 이유보다는 다른 이유로 예산이 비대해졌다면 어떨까?

니스카넨(William Niskanen)은 정부예산이 비대해지는 이유에 대해 관료의 합리적 행동의 결과로 설명한다. 관료도 효용을 극대화하려는 개인이라는 관점에서 볼 때, 관료는 자신이 속해 있는 조직이나 부서에 가급적이면 많은 예산이 편성되기를 바라는 동기를 지니고 있다. 그것이 자신의 효용을 높이는(극대화하는) 방법이 되며, 이는 경제인의 관점에서 보면 합리적이다. 관료들에게 효용으로 다가오는 동기는 예산을 많이 가지게 됨으로써 함께 생기는 권력과 지위와 평안과 안전과 명성과 수입과 변화의 용이성과 관리의 용이성 등이다. 예산이 곧 권력이고 힘이라는 말처럼 정부관료 중에서 예산이 많이 편성되어 많은 예산을 사용할 수 있는 재량과 권한을 가지게 된 관료는 그렇지 않은 관료보다 더 큰 효용을 누릴 가능성이 크다. 그래서 가급적이면 관료들은 자신이 속한 부처나 부서 및 조직의 예산을 극대화(budget maximization)하려고 한다.[4]

사실 관료들은 예산을 극대화하기에 유리한 조건에 위치해 있다. 예산 편성의 권한을 지닌 그들은 예산을 직접 사용하는 집행기관에 속해있다. 그래서 관료는 예산안을 심의하는 국회의원들 보다 예산 사용의 필요성 주장에 대한 뒷받침의 근거를 더 많이 가지고 있고 또 알고 있다. 그것들을 이용해서 예산이 필요한 이유를 구체적으로 말하면서 예산 증액을 적극적으로 요구할 수 있다. 그리고 관료들은 정치인들이 공약으로 내세운 정책들을 활용해

---

4 Niskanen, William A.(1971). *Bureaucracy and Representative Government*, Chicago: Aldine－Atherton.

〈그림 2-1〉 예산극대화 현상과 산출량

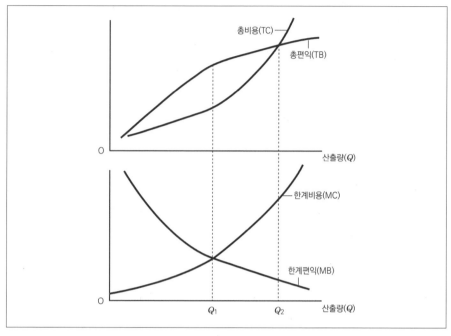

서 그것을 기회로 삼아 예산극대화를 추구하기도 한다.5 실제로 관료들은 의회와의 관계를 염두에 두고 자신들의 효용을 극대화시키는 예산 증액을 위한 노력을 한다. 이는 관료의 예산극대화 행동에 기회이자 동시에 하나의 제약이기도 하다. 그런 점에서 어쩌면 관료들에게 중요한 대상(고객)은 시민이 아니라 예산결정자가 된다.6 그들이 관료들의 효용 정도를 결정해주기 때문이다.

관료들의 예산극대화는 늘어나는 예산에 초점을 두기 때문에 최적산출량에는 관심이 적다. 예산을 늘리는 것 자체가 목적이기 때문에 사무실의 크기나 비품 등을 통한 위신과 체면과 권한이 더 우선인 것이다. 예산극대화가 최적산출물이 되지 않는다는 점은 〈그림 2-1〉을 보면 더 잘 이해할 수 있다.

최적의 산출물 양은 총편익(Total Benefit: TB)과 총비용(Total Cost: TC)

5 김민주(2017). 『정부는 어떤 곳인가: 행정학의 이해와 활용』, 대영문화사, p. 240.

6 Stiglitz, Joseph E.(1988). *Economics of the Public Sector*, second edition, New York: W. W. Norton & Company, Inc., pp. 205−206.

의 차이가 가장 클 때이다. 〈그림 2-1〉에 있는 2개의 그래프 중에서 위에 있는 그래프에 해당된다. 직관적으로 생각해보면 이 말의 의미가 어렵지 않게 이해된다. 총편익과 총비용의 차이가 가장 커야 가장 많은 이익이 생기게 되는 것은 당연하다. 바로 이 지점에서의 산출량인 Q_1이 최적의 산출량이 된다. 〈그림 2-1〉의 아래 그래프는 이와 같은 내용을 한계편익(Marginal Benefit: MB)과 한계비용(Marginal Cost: MC)으로 나타낸 것이다. 일반적으로 최적의 공급 수준은 이 둘이 만나는 지점이다. 다시 말해, 한 단위가 추가적으로 생산될 때, 추가적으로 드는 편익과 추가적으로 드는 비용이 일치하는 점이 가장 효율적인 생산이 된다. 그 지점을 넘어서게 되면 추가적으로 드는 비용이 추가적으로 드는 편익보다 더 많기 때문에 최적 상태의 효율적 산출량이 되지 못한다. 물론 한계편익과 한계비용이 일치되기 이전의 지점도 최적 상태의 효율적 산출량이 되지 못한다. 더 효율성을 낮을 수 있는 여지가 존재하기 때문이다. 따라서 최적 산출량 Q_1는 한계편익과 한계비용이 만나는 지점이고, 이는 총편익과 총비용의 차이가 가장 큰 곳에서의 최적 산출량과도 같은 지점이다. 〈그림 2-1〉에서 두 그래프를 동시에 연결해서 그린 이유도 이를 보여주기 위한 것이다.

그런데, 관료들은 한계편익과 한계비용이 일치하는 지점에서 멈추지 않고 예산을 더 증대시키기 위해 산출량을 더 늘리려고 한다. 한계편익과 한계비용이 일치하는 지점을 넘어선 지점까지 산출물을 만들려고 하는 것이다. 그래야 최대치의 예산을 확보할 수 있기 때문이다. 그들은 총편익과 총비용이 일치하는 지점까지 산출물을 늘려서 그에 따른 예산극대화를 이루려고 한다. 이것이 가능한 이유는 총편익과 총비용이 일치하는 지점의 산출량 Q_2까지는 적자가 아니기 때문이다. 단지 추가적인 생산에 따른 추가적인 편익이 추가적인 비용보다 적을 뿐이지 적자는 아니다. 이 지점을 넘어서면 적자가 된다. 공공서비스를 제공할 때 총편익보다 총비용이 초과되지만 않으면 된다는 생각으로 최적의 효율적인 자원배분이 아니라, 단지 적자가 아닌 자원배분을 하게 되는 것이다. 결국 Q_1과 Q_2 간 차이는 비효율적 산출량이라고 볼 수 있다. 단순히 사무실을 크게 하거나 비품 등에 사용하면서 자신들의 위신을 높이는 데 활용되는 비효율적 산출량들인 것이다.

기업처럼 이윤의 극대화가 목적이라면 이런 현상은 발생되지 않겠지만, 정부는 이윤극대화가 아니라 공익추구 목적에서 가급적 국민들에게 공공서비스를 제대로 잘 제공하는 것이 중요하다. 그래서 때로는 감당할 수 있는 비용, 즉 지나친 적자만 아니라면 최대한 많은 공공서비스를 제공하는 것이 더 적절하다고 생각하기도 한다. 그렇게 되면 관료들이 총비용과 총편익이 일치하는 Q_2까지 공공서비스를 제공하면서 예산을 확보하는 것이 정당성을 가지기도 쉽다.

하지만 중요한 것은 많은 경우 예산극대화 현상이 최적산출량을 낳지 못하는 비효율적 자원배분이 되는 결과를 낳는다는 사실이다. 즉, 예산극대화로 늘어나는 예산이 관료 자신들의 위신과 권력과 체면과 명성 등을 위해 사용되는 것이다. 이처럼 관료의 예산극대화 문제는 예산극대화를 통해서 관료 자신들의 효용을 극대화시켜서 생겨나는 산출물 규모의 적정성과 관련된 문제이다.

2) 관료의 관청형성

그러나 관료가 언제나 예산을 극대화하려는 동기를 지니고 있지 않을 수도 있다. 관료가 자신의 이익을 추구하려는 사람인 것은 맞지만, 반드시 예산과 같은 금전적인 편익에 따른 이익추구적인 행태만을 보이지는 않을 수도 있다는 것이다. 오히려 업무의 성격과 업무환경이나 업무가 주는 영향력 등을 고려해서 자신들의 효용을 더 증가시키려고 한다. 실제로 현실에서는 예산이 삭감되는 경우도 있다.

이와 관련하여 던리비(Patrick Dunleavy)는 니스카넨(William Niskanen)의 예산극대화 현상에 대해 다른 시각을 제시한다. 관료가 자신들의 이익추구를 위해 항상 예산극대화만을 추구하지는 않는다는 주장이다.[7] 특히 고위직

---

7 Dunleavy, Patrick(1991). *Democracy, Bureaucracy and Public Choice: Economic Explanation in Political Science*, London: Prentice Hall; Dunleavy, Patrick(1985).

과 하위직 간의 효용 극대화의 동기가 다를 수 있는데, 하위직의 경우 권력이나 위신보다는 예산확대 등이 강한 동기가 될 수 있지만 고위직은 예산확대보다는 지위나 위신이나 영향력이나 업무의 중요성 등을 통해 자신의 효용을 더 높이려 한다는 것이다. 그래서 고위직 관료들은 예산과 인원의 규모를 늘려서 이익을 추구하려고 하는 것이 아니라 관청의 형태를 자신의 선호에 맞도록 형성(bureau-shaping)해서 이익을 추구하려고 한다.

관청, 즉 기관의 형태 중 자신의 효용을 극대화시키는 방향은 대체로 예산은 적더라도 핵심 권력에 가까우면서 영향력이 큰 기관(중앙에 위치한 소규모 핵심권력기관)이 되도록 하는 것이다. 다시 말해, 단순하고 반복적이고 일상적이고 번잡한 업무는 별도의 조직으로 이관시키고 자신의 기관은 핵심적인 기능으로 영향력과 권력이 큰 기관으로 만드는 것이다. 그래서 단순 반복적인 기능을 하면서 많은 예산을 가지는 것에 대해 고위직의 위치에서는 그렇게 선호되지 않는다는 것이다.

관청형성의 전략에는 다섯 가지가 있다. 내부 조직개편을 통해 정책결정기능과 수준을 강화하되 일상적인 업무는 분리하고 이전시키는 것, 내부적인 업무실행의 변화를 통해서 정교한 관리체계와 정책분석을 하는 전문직 중심의 참모형 기관이 되는 것(자동화 등으로 단순 업무는 최소화), 외부 파트너(하위 공공기관, 계약자, 피규제자, 이익집단 등)와 관계를 조합주의적 관계로 전환하여 정책적인 통제를 높이는 대신 일상적인 업무는 줄이는 것, 비슷한 지위의 다른 기관과 경쟁하여 보다 유리한 기관형태(재량권 확대와 영향력 확대 등)로 전환하며 그 과정에서 번거로운 일은 다른 조직으로 이관시키는 것, 민영화나 계약 등을 통해서 단순 반복적이고 일상적이고 번잡한 일들은 하위정부나 준정부기관으로 이전시키는 것 등이 그에 해당한다. 이러한 전략을 통해 이익과 선호를 지닌 관료들 중에서 적어도 고위관료들은 예산극대화라는 동기보다는 자신의 선호(권력과 영향력 향상 등)에 부합하는 형태의

Bureaucrats, Budgets and the Growth of the State: Reconstructing an Instrumental Model, *British Journal of Political Science*, 15: 299-328.

관청을 형성하려는 동기를 실현하려고 노력한다는 것이다.

그렇다면 관료들의 관청형성 행태는 비효율적인 것이 아닌가? 예산확대 보다는 오히려 예산축소를 한다는 점에서 더 효율적이라고 봐야 하는 것인가? 비록 불필요한 예산 확대에 따른 비효율성은 최소화된다고는 할 수 있지만, 관료가 자신들의 권력과 영향력 확대를 위해 일상적이고 번잡스러운 일을 다른 기관으로 이관시키는 것은 반드시 효율적인 행태라고는 볼 수 없다. 더 잘하는 기관으로 이관시키기 보다는 권력추구에서 별 도움이 되지 않거나 특히 번잡스러운 일로 여겨져서 그것을 대신해 줄 적당한 하위기관 등으로 이관해버리는 것이므로 이를 효율적인 조치라고 볼 수 없다. 그리고 업무를 이관받는 기관은 더 가중된 업무로 인해 효율성이 낮아질 수도 있다. 앞서 살펴본 효율성의 의미 중에서 투입을 줄인다면 산출을 늘리거나 혹은 함께 줄어드는 산출의 폭이 더 적어야 하는데, 자칫 더 낮은 산출을 낳을 수도 있다. 특히 관청형성 과정에서 일반적으로 고위관료들은 대민접촉을 하면서 산출물을 직접 생산하는 기관형태를 꺼려한다. 이를 두고 효율적인 자원배분의 모습이라고 할 수 있을까? 관청형성 이론이 예산극대화 이론으로는 설명되지 않았던 관료들의 동기를 분석하면서 표면적으로는 예산의 축소 등을 보여주고 있으나, 그렇다고 해서 그 자체가 행정의 효율성을 높인 결과라고는 볼 수 없다. 오히려 행정의 또 다른 비효율적 행태의 하나로 볼 수 있다.

2. 업무량에 상관없는 인원증가에 따른 비효율성: 파킨슨의 법칙

흔히 조직에서 직원들의 숫자가 증가하는 것은 조직이 담당해야 할 일이 많기 때문이라고 생각한다. 정부조직에서도 어떤 부서의 공무원 숫자가 늘어나는 것은 해야 될 일이 많아서 그렇다고 생각 할 수 있다. 필요하다면 인원을 늘리는 것이 잘못된 것은 아니다. 그런데, 정말 그럴까? 만일 그렇지 않다면, 즉 불필요한 증가라면 이것은 비효율성이 된다.

파킨슨의 법칙(Parkinson's Law)은 해야 될 일이 많아서 공무원 숫자가 늘어나는 것이 아니라는 점에 대해 설명하고 있다. 비록 파킨슨(Northcote Parkinson)은 자신의 연구가 정부부서 규모의 확대에 의문을 제기하려는 의도도 없고 정치적인 가치도 없을 것이고 식물학자가 잡초 뽑는 일이 소관이 아니라 그저 잡초가 얼마나 빨리 자라는지만 말해주면 된다는 것과 같은 의미를 지닌다고 했지만, 실제 그의 연구결과가 갖는 의미는 결코 적지 않다.[8]

정부 규모 증가는 다양한 측면에서 볼 수 있다. 인력 증가와 예산 증가와 조직 및 기구 증가 등이 그렇다. 특히 인력의 증가는 가시성이 더 높다. 파킨슨의 법칙에서는 이러한 인력의 증가에 대해 그 원리를 다음과 같이 간단히 정리해서 제시하고 있다. "직원(공무원) 수와 업무량은 아무 관련이 없다." 흔히 공무원 수가 많아지는 만큼 업무량도 당연히 늘어난 것이라고 생각하는 믿음과는 배치되는 말이다. 일명 파킨슨의 법칙이다. 전체 공무원 수의 증가는 이러한 파킨슨의 법칙에 따른다는 것이 파킨슨이 제시한 연구결과다. 즉, 공무원 수는 업무량이 늘어나건 줄어들건 아니면 아예 없어지건 상관없다는 것으로, 오히려 업무량과는 다른 요인에 의해 공무원의 수가 증가하게 된다는 내용이다.

그렇다면 이 법칙에서 말하는 직원 증가의 요인은 무엇인가? 크게 두 가지다. 하나는, 관리자는 부하직원을 늘리려 하는 반면에 경쟁자가 늘어나는 것은 바라지 않는다는 점이다. 또 다른 하나는, 관리자는 서로를 위해 일을 만들어내는 경향이 있다는 점이다. 하나의 예를 들면 다음과 같다.

공무원 A는 많은 일을 처리하고 있다. 많은 일이라고 해서 정말 그 일이 가중한 업무 부담인지는 여기서 중요하지 않다. 어쨌든 A가 많은 일로 인한 어려움에서 벗어나기 위해 선택하는 방법 중 하나는 부하직원을 두는 방법이다. 사표를 내고 퇴직할 수도 있고 동료인 공무원 B에게 협조를 구할 수도 있으나, 사표는 연금을 받을 생각을 하면 선택하기 어렵고 B에게 협조

---

8 Parkinson, Northcote(2010). 김광웅 옮김, 『파킨슨의 법칙』, 21세기북스, p. 36.

를 구하게 되면 상관이 퇴직해서 생기는 승진 자리가 났을 때 B는 자신과 같은 처지에 놓이게 되는 경쟁자가 되기 때문에 불편하다. 그래서 부하직원을 두게 되는 방법을 선택하게 되는데, 이때도 1명의 부하직원이 아니라 2명의 부하직원 C와 D를 둔다. 그렇게 하면 1명을 부하직원으로 둘 때 보다는 자신의 지위가 더 확고해지고, 또 업무 분담이 2명에게 이루어지기 때문에 두 가지 업무를 모두 잘 알고 있는 유일한 사람이 된다는 지위도 얻게 된다. 그리고 만약 C만을 고용하게 되면 A는 C하고만 업무를 분담하게 되므로 사실상 C는 동료이자 잠재적인 경쟁자인 B와 비슷한 상대가 되고 만다. 그렇기 때문에 2명의 부하직원을 두어서 서로 간 견제를 하게 해서 자신보다 낮은 서열체계에 확실히 위치하도록 한다. 그래서 A는 2명의 부하를 두게 되는데, 이제는 C가 업무가 많다고 일의 분담을 요구하게 된다. A는 C의 업무를 보조할 사람을 다시 2명을 두도록 허락한다. C는 애초에 A가 가졌던 생각과 동일하게 2명의 부하직원 E와 F를 둔다. C는 D와 불화가 생기는 것을 막기 위해 D에게도 자신처럼 2명의 부하직원 G와 H를 고용하라고 한다. 결국 A의 부하직원은 C, D, E, F, G, H로 늘어나게 되고, 많은 부하직원을 둔 A의 승진은 수월해진다. 애초에 A가 혼자 하던 일을 이제는 7명이 함께 하게 된 것이다.[9] 관리자는 부하직원을 늘리려 하는 반면에 경쟁자가 늘어나는 것은 바라지 않는다는 첫 번째 요인은 바로 이런 과정에 따라 나타나게 된다.

여기에 두 번째 요인인 관리자는 서로를 위해 일거리를 만들어내는 상황도 생긴다. 사람이 있는 만큼 그 사람이 하는 일도 만들어내는 것이다. 그런 가운데 A는 부하직원이 생겼다고 여유만을 부리면서 있지는 않다. 7명은 서로를 위해 해야 할 일거리를 만들어내서 모두가 충분한 업무를 맡게 되므로 그것을 확인하는 A는 더 열심히 일을 할지도 모른다. A의 일은 부하들의 일들을 확인하고 결재하는 등의 업무들로 채워진다. 사실, A가 혼자 했을 때의 일의 결과와 똑같은 결과가 이제는 훨씬 더 많은 사람(7명)의 손과 더 많

---

9 Parkinson, Northcote(2010). 김광웅 옮김, 『파킨슨의 법칙』, 21세기북스, pp. 26－27.

은 시간을 거쳐서 만들어지게 되는 것이다. 그 누구도 빈둥거리는 사람은 없
다. 하루면 끝낼 일을 일주일이 걸릴 수도 있게 된 것이다. 파킨슨의 말처럼
일은 그것을 처리하는 데 쓸 수 있는 시간만큼 늘어나기 마련인 것이다.[10]

파킨슨은 영국 해군의 세입세출 예산자료를 통해 이에 대한 실제 사례
를 제시하기도 한다. 1914년과 1928년의 영국 해군 본부의 통계에 따르면,
두 기간 동안 함정 숫자는 62척에서 20척으로 줄어들었는데도 불구하고 사
무원과 관리자 수는 증가하였다. 특히 해군본부 관리자 수는 2,000명에서
3,569명으로 약 78%가 증가하였다. 이 증가는 업무량의 증가와 아무 관련이
없었다. 그리고 영국은 관할하던 식민지가 자치 정부를 수립하는 등의 이유
로 점차 줄어들었는데도 불구하고 식민지를 관리하는 직원을 오히려 꾸준히
증가시키기도 했다. 1935년에 식민지관리청의 행정직원 수가 372명이었는
데 줄어드는 식민지와는 반대로 1954년에는 행정직원이 1,661명이었다. 파
킨슨은 수식을 통해 증가하는 직원은 업무량의 변화와는 아무 상관없이 매
년 5.17%와 6.56% 사이의 수치로 증가한다는 결과를 제시하기도 했다.[11]

3. 이익집단과 결탁: 포획과 철의 삼각

1) 포획

정부의 비효율성은 이익집단을 비롯한 외부집단과의 결탁에 의해 생기
기도 한다. 여러 결탁의 형태들이 있으나 그중 하나가 정부규제 사례로 설명
되는 포획(capture)현상이다. 규제는 규제를 가하는 자가 규제를 받는 자에게
재산권 행사와 행동의 자유에 제약을 가하는 것을 말한다. 그런데, 규제를
하는 자(집단)가 오히려 규제를 받는 피규제자(집단)의 의도대로 움직인다면
어떨까? 피규제자가 규제자의 움직임을 조정할 정도라면 어떨까? 언뜻 생각

---

10 Parkinson, Northcote(2010). 김광웅 옮김, 『파킨슨의 법칙』, 21세기북스, pp. 28-29.
11 Parkinson, Northcote(2010). 김광웅 옮김, 『파킨슨의 법칙』, 21세기북스, pp. 30-35.

하기 어려울 수도 있으나 현실에서 엄연히 나타나고 있는 상황이다. 규제를 받는 집단이 자신들의 이익을 위해 오히려 규제를 이용하는 경우인데, 피규제자가 그들에게 유리한 규제를 규제자들이 만들도록 하는 사례들이 그에 해당된다. 이는 규제자가 피규제자에게 포획된 상황이다. 이에 대해 설명하는 것이 포획이론(capture theory)이다.[12] 규제자가 포획되었다는 것은 여러 가지 형태와 이유에서 비롯된 것일 수 있으나, 기본적으로 규제자가 피규제자의 의도에 부합하는 것이 더 유리하다는 판단 때문이다. 또는 그에 상응하는 이득을 피규제자로부터 얻었기 때문일 수도 있다.

규제자와 피규제자 모두 단순한 이익집단으로만 생각하면 이러한 모습이 그렇게 새롭지는 않다. 그럴 수도 있다고 여겨진다. 그런데 규제라는 것은 이익집단끼리의 문제가 아니다. 일반적으로 사회에서 규제자는 정부나 관료들이고, 피규제자는 기업이나 이익집단들이다. 그렇다면 포획이론에서 말하는 포획은 정부가 이익집단에게 포획되었다는 것을 의미한다. 정부가 규제를 해야 할 대상에게 포획되었다는 것은 정부가 행하는 규제 역할의 비효율성을 의미한다. 정부가 규제 정책 등을 수행하면서 사용되는 자원이 제대로 기능하지 않았다는 점에서 분명 비효율적 행태다. 여기서 더 나아가 포획이론에 따르면 규제자 역시 이익집단처럼 이익을 추구하는 집단으로 본다. 단순히 비효율적 행태가 포획에 따른 수동적인 결과라기보다는 포획된 규제자의 이익 추구가 반영된, 보다 적극적인 비효율의 발생이라고 볼 수 있다. 실제로 연구에 따르면 규제자가 피규제자에게 포획되면서 취하려고 하는 이익 중에는 선거에서 유권자들로부터 과반수 이상의 득표를 받는 것 등이 포함된다.[13]

---

12 Stigler, Gorge(1971). The Theory of Economic Regulation, *Bell Journal of Economics and and Management Science*, 2(1): 3−21.

13 Peltzman, S.(1976). Toward a More General Theory of Regulation, *Journal of Law and Economics*, 19: 211−240.

2) 철의 삼각

결탁에 따른 정부의 비효율 발생은 철의 삼각(iron triangle) 현상에서도 목격된다. 철의 삼각은 철처럼 매우 단단한 동맹을 말하는데, 동맹자들은 이익집단과 정부관료 조직과 의회이다. 3자간 동맹으로도 불리는 이 세 주체는 특정 정책분야에서 두드러지게 상호 긴밀히 존재할 가능성이 높다. 많은 경우 특정한 정책은 그 정책과 관련된 이익집단과 그 정책의 도입을 가능하게 하는 입법권을 지닌 의회(특히 관련 소관 상임위원회)와 그 정책을 집행하는 담당 관료조직에 의해 이루어진다. 반드시 이 세 주체만 관련된다고는 볼 수 없지만 많은 정책들에서 각각의 정책분야별로 이 세 주체가 상당한 영향을 미치는 것이 현실이다. 그래서 이를 두고 '하위 정부(subgovernment)'라고도 부른다.

철처럼 단단히 동맹을 한 이들은 서로가 서로에게 이득이 되기 때문에 좀처럼 깨지기가 쉽지 않다. 이익집단은 로비 자금이 들긴 해도 자신들에게 더 큰 이익이 되는 정책이 만들어져서 좋고, 의회의 국회의원들은 입법권을 행사해서 이익집단을 도와주는 대신 지지세력과 정치후원금 등을 얻게 되어서 좋고, 관료조직도 의회와 우호적인 관계를 두면서 정부 외부에는 이익집단이라는 지지 세력을 두게 되어 퇴직 후 경력 연장의 기회도 가질 수 있어서 좋다. 하지만 이는 세 주체들에게는 좋겠지만 사회적 차원에서 볼 때 효율적인 자원 배분이 아니다. 국민들의 세금이 바람직하지 않은 방법으로 사용되는 결과를 낳아서 손실을 야기하기 때문이다. 즉, 불필요한 정책과 규제와 법이 계속 존속하게 되거나 연장되기도 하고 필요한 정책 등이 생기지 못하기도 한다. 행정의 비효율성을 낳는 또 다른 현상인 것이다.

4. 지대추구 행위

정부 외부의 개인이나 집단에 의한 지대추구 행위는 정부에 의한 비효율성 발생의 또 다른 현상이다. 지대추구 행위를 이해하기 위해서는 먼저 지대의 개념을 이해할 필요가 있다. 지대(rent)의 원래 뜻은 토지 사용에 대한 사용료의 의미로서 쉽게 말하면 임대료다. 이러한 지대는 모든 토지에서 동일하지는 않다. 토지의 질에 따라 토지에서 생산되는 생산물이 달라지듯이 토지가 갖는 생산능력의 차이 때문이다. 이는 지대 차이가 발생되는 이유가 된다.

지대는 원래의 뜻으로만 사용되지는 않는다. 특히 경제적 행위에서 나타나는 지대의 개념은 정상적인 경쟁 수준을 초과하는 수입으로 정의되기도 한다. 당연히 토지에만 한정되지 않고 다양한 대상으로도 확대되어 사용된다. 토지와 구분된다는 점에서 준지대(quasi-rent)라는 용어도 등장하여 내구적 자본설비(공장, 기계 장치 등)나 특수기술이나 특허권 등에서 발생하는 초과이윤 등에도 사용되고 있다.

그래서 지대추구 행위에서 말하는 지대도 원래 뜻과는 다소 차이가 있고 그 범위가 시장영역에만 머물지 않는다. 시장영역과 정부영역과의 상호작용에서도 적용되기 시작했는데, 특히 정부의 비효율성을 설명할 때 사용되는 지대추구 행위는 정부의 승인이나 개입에 따라 얻게 되는 이익이라는 의미로 사용된다. 즉, 정부의 규제나 보호 및 개입이나 중재를 통해 독점에 가까운 이권을 확보해서 얻게 되는 이익을 지대(rent)라고 한다. 따라서 지대추구 행위(rent seeking)란 이러한 이권을 위해 전개하는 제반 노력이나 로비 등의 행위를 말한다. 그런 점에서 지대추구 행위는 시장에 있는 기업이나 개인이나 집단들이 정부를 상대로 벌이는 자원 낭비 현상인 것이다.

경제활동의 주체들이 경쟁적으로 벌이는 이러한 지대추구 행위는 사회 전체적인 측면에서 볼 때는 비생산적인 경쟁에 해당된다. 정부가 승인해주는 이권(잠재적인 이득)이 워낙 커서 정상적인 경쟁이 아니라 불필요한 시간과 노력과 돈이 로비로 사용되기 때문이다. 사실, 한 기업이 정부로부터 독과점적인 지위를 얻게 되면 큰 노력 없이도 초과 이윤을 얻을 수 있기 때문에 상당히 매력적이다.14 그래서 지대추구 행위는 언제나 유혹으로 다

---

14 Tullock, Gordon(1967). The Welfare Cost of Tariffs, Monopoly, and Theft, *Western Economic Journal*, 5(3): 224-232.

가온다.

　　문제는 이렇게 해서 얻게 되는 지대가 당사자에게는 큰 이득을 주기 때문에 좋을지 몰라도 사회적으로 볼 때는 최적의 자원 배분이 아닌 자원을 낭비하는 일이라는 점이다. 특정 세력에게만 독점 이익을 주게 되어 독점 행위가 낳는 사회적 손실인 하버거의 삼각형(Harberger's Triangle)이 발생되고, 지대를 얻기 위한 경쟁으로 인해 음성적인 자원이 투입되기도 하고, 그러한 음성적인 자원을 보상받기 위해 지대를 얻은 경제 주체가 질 낮은 공급을 하게 되어 총체적으로 비효율성이 발생된다. 예컨대, 만일 치열한 지대추구 행위의 결과로 위탁을 맡게 되어 공공서비스를 제공하기로 한 민간 업체가 있다면 자칫 질은 낮지만 비싼 비용(세금)이 투입된 공공서비스가 공급될 우려도 있는 것이다. 그리고 독점이나 이권 확보로 이미 지대 혜택을 보는 집단은 경쟁적인 또 다른 지대추구 집단에 대응하기 위해 추가적인 지대추구 노력(더 많은 로비 등)을 하면서 사회적 비효율성을 더 높이기도 한다.

　　이러한 지대추구 행위는 결국 정부와 관료가 초래하는 부정적인 행위를 이끈다. 독점으로 인해 불필요하고 비효율적인 정부 지출을 하게 되는 결과를 낳고, 또 독점이나 이권 보장을 위해 적절하지 못한 규제와 법을 양상하거나 유지하게 된다. 그리고 더 큰 문제는 규제 기관으로서 정부가 규제를 받는 기관으로부터 포획을 당하게 된다. 앞서 설명한 포획 현상이 여기서도 발생될 수 있다. 지대를 추구하기 위한 경제주체들의 로비는 정부를 포획해 버림으로써 정부실패(government failure)를 야기하는 것이다. 그럼에도 불구하고 과거 연구결과에 따르면 특정 국가의 경우 수입면허에 의한 지대가 GNP의 15%를 차지할 정도인 경우도 있었던 만큼 경제주체들의 지대추구 행위가 끊이지 않고 있다.[15] 그만큼 상당한 이익을 주는 것이 독점과 이권에서 발생되는 지대이다. 그러나 지대추구 행위는 정부의 경제적인 비효율성은 물론이고 정치질서의 왜곡도 초래하기 때문에 경계해야 한다.

---

15 Krueger, Anne O.(1974). The Political Economy of the Rent–Seeking Society, *American Economic Review*, 64(3): 291–303.

5. 선거를 의식한 비효율: 정치적 경기순환과 로그롤링

1) 정치적 경기순환

정부조직은 정치적 중립을 유지해야 하는 공무원들과 함께 정치적 주장과 이념에 기초해서 활동하는 정치인들이 공존하는 조직이다. 비록 정치인들이 정부조직으로 입각(內閣)하면 정치적 중립을 위반하는 행위가 최소화되지만, 일반적으로 정부조직은 집권 여당과 긴밀한 관계를 유지한다. 정부와 집권 여당 간 이루어지는 당정협의가 하나의 예가 될 수 있다. 그래서 많은 경우 정치적 리더들의 영향에 의해 미래의 정권 획득과 집권 유지를 위한 노력이 정부정책에 반영된다. 정책을 통해 지지를 얻어서 다음 선거에서도 당선(표 획득)되기 위해 노력하는 것이다.

정책 중에서도 경제정책이 여기에 많이 기여한다. 국민들이 정권에 대해 느끼는 체감은 경제상황에서 비롯되기 때문이다. 이는 곧 선거 결과로 이어진다. 실제로 과거 1865년에서 1945년 사이에 있었던 미국 대통령 선거들을 분석해 보면 불경기에 있었던 대통령 선거에서는 집권당이 바뀌게 되었고 경기가 좋았던 시기에 선거가 실시되었던 해에는 집권당의 후보가 대통령으로 당선되었다. 총 20번의 선거 중 16번이 여기에 부합되었다.[16]

그래서 정부와 여당은 지향하고자 하는 이념과 더불어 정부지출 등을 통해 경기확장정책을 편다. 필요하다면 지향하는 이념과 반대가 되는 정책이라고 할지라도 선거에 도움이 된다면 적극적으로 도입한다. 조세부담이나 경제성장이나 실업 등에서 체감되는 경기는 선거에 직접적인 영향을 주기 때문에 그에 대한 정책수단을 적극 활용한다. 주로 조세부담을 낮추고 실업률을 낮추기 위해 재정지출을 확대하는 모습으로 나타난다.[17] 특히 정부는 여당과 함께 다음 연도에 선거가 예정되어 있다면 선거 이전 해인 올해에 이 정책수

---

16 Akerman, Johan(1974). *Political Economic Cycles*, Kyklos 1: 107－117.

17 Gordon, Robert(1975). The Demand for and Supply of Inflation, *American Journal of Political Science*, 24: 698－714.

단들을 적극적으로 시행한다. 그래서 선거 이전에는 정부지출의 확대와 관련된 정책들이 나타나게 된다. 현 정부에서 경제가 좋다는 생각이 들어야 유권자들은 또 표를 줄 것이기 때문이다. 그리고 선거가 끝나면 선거 전에 이루어진 경기부양책들로 인해 높아진 물가와 악화된 재정적자 등의 문제를 해결하기 위해 긴축적 재정정책을 시행하게 된다. 선거를 기점으로 경기부양정책과 긴축정책이 주기를 지니게 되는 것이다. 이를 경제적 경기순환(economic business cycle)과는 다른 정치적 경기순환(political business cycle)이라고 한다.18

정치적 경기순환은 정부의 비효율적 자원 사용뿐 아니라 비효율적인 운영을 야기한다. 경제가 아닌 선거에 의해 경기가 조정되면 중장기적인 정부지출 계획은 무의미하게 되고, 재정적자와 긴축재정 등에 대응하기 위한 비정상적인 재정수입과 지출 행태를 지속적으로 낳게 한다. 그리고 시장과 정부에 대한 신뢰가 동시에 떨어지는 문제를 발생시키기도 한다.

2) 로그롤링

선거를 의식한 정부의 비효율성은 로그롤링(log-rolling) 현상으로도 나타난다. 로그롤링은 일종의 정치적 교환행위를 말한다. 두 사람이 통나무 위에 올라가서 통나무를 굴린다면 서로 발을 잘 맞춰야 한다. 그것을 빗댄 것이 로그롤링이다. 정치인들이 서로가 자신들의 지역구에 유리한 법안을 통과시키기 위해서 상호지원을 하는 것을 말한다. 투표를 정치적 교환행위로 여겨서 거래를 하고 담합을 하는 행위인 것이다. 서로가 찬성표를 던져주면서 서로에게 유리한 결과를 얻기 때문에 손해 볼 것이 없다. 그리고 때로는 자신의 지역구를 위해 통과한 법안이나 정책이 야기하는 문제에 대한 책임을 분산하기에도 유리하다. 로그롤링이 비단 정치인들 사이에만 존재하는 것은 아니다. 내각의 장관은 정부 내에서 입법 제안을 할 때 자기 부서의 입법 제안의 성공을 위해 다른 장관이 속한 부서의 입법 제안을 지지하고 찬

---

18 Nordhaus, William(1975). The Political Business Cycle, *Review of Economic Studies*, 42: 169-189.

성해주기도 한다.

문제는, 이런 정책들이 제대로 검증될 기회를 잃게 되면서 발생되는 비효율적 재원 배분의 결과를 낳는다는 점이다. 예를 들면, 총편익이 6만 원인 어떤 사업이 투표를 앞두고 있다고 하자. 총 9명의 투표자가 있고 이 사업이 결정되기 위해서는 과반수의 찬성이 필요하다. 그런데 이 사업이 결정되면 9명의 투표자는 각각 1만 원의 세금을 납부해야 한다. 단순히 따지면 총편익이 6만 원인 사업이 시행되기 위해서는 9만 원의 비용이 드는 셈이다. 만일 9명의 투표자 중 한 명이 이 사업이 자신의 이익과 관련되기 때문에(예, 국회의원의 경우 지역구 사업) 반드시 통과되어야 한다는 결연한 의지를 지니고 있다면 어떻게 될까? 최소 4명에게 투표 거래를 약속하고 이 사업을 통과시킬 수 있다. 그렇게 되면 6만 원의 편익을 위해 9만 원의 세금이 투입되는 사업이 결정되는 결과를 낳게 된다. 비효율성은 여기서 그치는 것이 아니라 투표 거래를 약속한 4명의 사람들이 제안하는 또 다른 사업, 즉 비용보다 편익이 더 적은 다른 사업들도 결정될 가능성이 높아지는 것으로 이어진다.

실제로 미국에서는 2008년 부실 은행을 구제하기 위한 긴급 조치 법안이 최초에는 얼마 되지 않는 분량이었는데 로그롤링의 결과로 451페이지의 분량을 가진 법안이 된 적도 있었다. 그 법안을 지지해주면 그것을 대가로 자신들에게 유리한 것들을 요구할 수 있다는 사실을 안 의원들이 자신들의 이익에 해당되는 내용들을 반영시켰기 때문이다.[19] 로그롤링으로 인해 불필요한 재원사용의 여지를 늘려주는 결과를 낳았던 것이다. 각 부처별 정부 관료들이 자신들의 부처에 관련된 법안 통과를 위해 의회의 상임위원들을 상대로 설득할 때도 이와 비슷한 현상은 발생할 수 있다. 상임위원들의 찬성 대가는 해당 부처가 상임위원들의 지역구에 이익이 되는 정책을 제안하게 될 여지를 만들어 주는 것이기 때문이다. 로그롤링은 지역구에 낭비적인 예산이 드는 사업을 유치하는 포크 배럴 정치(pork barrel politics)와도 관련된

---

19 Butler, Eamonn(2012). *Public Choice*, London: The Institute of Economic Affairs.

다. 이 역시 선거에서 표를 의식한 데서 비롯된 비효율적 행위들로서 정부의
재원이 낭비되는 결과를 낳고, 그로 인해 오히려 더 필요한 곳에 예산이 사
용되지 못하게 한다.

6. 무능력 양산 시스템의 비효율: 피터의 법칙과 딜버트의 법칙

1) 피터의 법칙

조직의 역량은 인적자원에 영향을 받는다. 유능한 인재가 자원 사용의
효율성을 이끌기도 하겠지만, 한편으로는 유능하지 못한 인재, 즉 무능한 인
재가 있다면 그에게 투입되는 자원 그 자체가 비효율이기도 하다. 무능력은
무능력 행위에서 비롯되는 여러 비효율성도 만만치 않지만 사실 그 존재 자
체가 비효율일 수도 있다는 것이다. 이는 인간 존중의 사상과는 별개의 문제
로 조직 관리의 효율성만을 두고 논의하는 것이기 때문에 다른 오해는 없도
록 유념할 필요가 있다.

정부나 기업을 막론하고 조직 내에서 사람들은 대개 자신의 무능력이
드러날 때까지 승진한다. 이것이 피터의 법칙(Peter's Principle)이다. 피터의
법칙은 승진의 속성에서 비롯된다. 통상적으로 승진은 자신이 맡았던 일에
서 능력을 잘 발휘하기 때문에 이루어진다. 일반적으로 조직에서 승진을 시
킬 때는 승진이 될 직책에서 필요한 능력보다는 지금까지 그가 수행한 업무
실적과 능력을 보고 평가하게 된다. 그러다 보니 승진을 하게 되는 순간 그
는 새로운 일에는 무능력한 사람이 된다. 지금까지 능력을 보였던 일과는 다
른 업무 수준과 책임을 요하는 자리이기 때문이다. 무능력은 곧 비효율의 발
생이 된다. 이처럼 승진은 그 속성상 자신이 능력 발휘를 잘 하는 직위에서
잘 하지 못하는 직위로 옮겨진 결과인 것이다.[20] 그래서 열심히 일을 배워서

---

[20] Peter, Laurence J. and Raymond Hull(1968). *Peter Principle: Why Things Always Go Wrong?*, New York: William Morrow.

다시 능력 발휘를 잘 하면 다시 무능력이 확인되는 자리로 승진되고, 그러면 다시 무능력에 의해 일의 효율성이 떨어지는 결과를 낳게 되는 것이다.

문제는 수직적인 조직 구조에서 주로 나타나는 이러한 승진체계는 결과적으로 많은 부분에서 무능력한 사람들로 채워지게 된다는 점이다. 관료제 중심의 위계조직이면서 승진 시기가 고정적인 정부조직에서는 이런 일이 주기적이고 대규모로 발생된다. 승진 시기가 오면 대규모 인사가 단행되고 무능력한 사람들이 자리에 위치하게 되면서 일정한 기간 동안은 비효율이 발생된다. 순환보직제도로 인해 이 주기가 그리 길지도 않다. 더 큰 문제는 정부와 같은 수직적 계층을 지닌 조직에서는 중요한 의사결정을 하는 고위직들이 모두 무능력한 사람들로 채워지게 되는 결과가 양산된다는 점이다.

정부 관료들은 결국 자신의 능력을 초과하는 데까지 승진하게 되면서 무능력한 사람이 되어 비효율적 행위와 그 결과를 양산하는 원인 제공자가 되는 것이다. 사실 피터의 법칙은 조직 구성원들의 무능력을 비판하는 것이라기보다는 무능력을 양산하는 시스템의 문제에 초점을 두고 있다. 특히 수직적인 계층 구조에서 더욱 그러하다. 그래서 어쩌면 무능력의 원인은 사람 그 자체가 아닌 시스템에서 비롯된 것일 수도 있다. 원래의 일에서는 유능했지만 승진으로 인해 무능력한 사람이 되기 때문이다. 그런 점에서 정부조직의 시스템에 기초한 행정의 비효율성이 비판의 대상이 된다.

2) 딜버트의 법칙

딜버트의 법칙(Dilbert's Principle)도 조직에서 일어나는 승진의 속성에서 비롯된 비효율성을 말해주고 있다. 딜버트라는 만화 주인공의 이름을 딴 이 법칙은 조직에서 가장 무능력한 사람이 가장 먼저 승진하게 되는 현상을 설명하고 있다. 이러한 현상이 발생하는 이유는 가장 무능력한 사람이 조직에 가하는 타격이 가장 적기 때문이다.[21] 이는 조직이 변화를 꺼리고 싫어하는

---

21 Adams, Scott(1996). *The Dilbert Principle*, New York: HarperCollins.

데서 발생되는 문제이다. 혁신과 개혁보다는 현실의 안주를 더 우선시하기 때문에 별로 튀지 않고 상사의 말을 고분고분 잘 듣는 사람이 먼저 승진하면서 나타나게 된 결과이다. 그런데 이런 사람들은 어쩌면 조직 발전에 크게 기여하지 못하는 무능한 사람들일 수도 있다. 더 유능하고 창의적인 사람은 순종적이고 고분고분한 사람보다는 끊임없이 새로운 아이디어를 제시하는 사람들이다. 하지만 이들은 대개 조직 입장에서는 귀찮은 사람들일 수도 있다. 새로운 아이디어는 변화를 야기할 수 있고 귀찮은 새로운 일들을 만들어내기 때문이다. 천재적인 엔지니어인 만화 주인공인 딜버트가 그랬지만 그는 얼간이로 불렸다.

명령계통이 확실한 수직적 조직 구조라면 이런 현상은 더 잘 발생한다. 현명하고 창의적인 직원보다는 조직에 별로 이익을 가져다주지 못하는 직원이 오히려 중간 경쟁도 없이 조직 내에서 더 성공적인 승진 경로를 걷게 되는 모습을 볼 수 있다. 그렇게 되면 결국은 무능력하고 비효율적인 직원들만 승진하게 되면서 이들로만 가득 찬 조직이 된다. 이 조직은 지속적인 비효율적 결과만을 낳게 된다. 그런 점에서 정부 관료제의 수직적인 지휘계통체계 속에서 잘 적응해서 승진한 사람이 곧 유능한 사람이라고는 볼 수 없다. 물론 이 역시 사람 자체의 무능함 보다는 수직적 계층에서 나타나는 승진 시스템의 특성으로 인한 비효율적 현상이다.

피터의 법칙과 딜버트의 법칙에 기초한 판단에 의해 승진한 모든 사람들이 무능하다는 것을 일반화해서는 안 된다. 다만, 조직의 시스템이 무능력한 사람들이 승진해서 오히려 그들로 채워질 수 있는 가능성을 알려주는 것으로 보면 된다. 특히 정부 관료제와 같이 안정성이 높고 변화의 속도와 정도가 상대적으로 적은 조직에서 주의해야 할 사항이다. 실제로 피터의 법칙과 딜버트의 법칙은 행정의 비효율성의 한 측면으로서 쉽게 간과할 수 없는 현상이다.

7. 대리인 문제와 부정부패에 따른 비효율

1) 대리인 문제

정보는 힘이 될 수 있다. 만일 정보 비대칭의 관계에 놓인 두 사람이 있다면 정보를 더 많이 가지고 있는 사람이 덜 가지고 있는 사람보다 유리한 위치를 점하게 된다. 주인과 대리인의 관계에서 이러한 모습은 종종 목격된다. 주인 대리인 이론(principal–agent theory)으로 불리는 이 관계에 대한 분석은, 어떤 분야에 지식과 정보가 부족한 주인이 그 분야에 전문성을 지닌 대리인에게 일을 맡기게 될 때 발생하는 현상에 관한 것이다. 주인이 자신이 원하는 것을 취득하기 위해 대리인과 계약을 맺으면서 주인과 대리인이라는 관계는 시작된다.

그런데 여기서 두 가지의 이유로 문제가 발생하게 된다. 두 가지 이유란 보유하고 있는 지식과 정보의 양이 서로 다른 두 사람은 정보 비대칭(asymmetry of information)의 상태에 놓여 있다는 점과 서로의 이익을 추구하는 두 사람의 이익의 방향이 항상 일치되지 않는다(difference in interest)는 점이다. 이로부터 발생하는 문제는 역선택(adverse selection)과 도덕적 해이(moral hazard)의 문제이다.[22]

대리인은 일을 맡기는 주인에게 모든 정보를 제공하려고 하지 않는다. 특히 자신에게 유리한 정보만 제공하고 불리한 정보는 제공하지 않음으로써, 일을 맡게 되면서 받을 대가를 굳이 낮추게 될 가능성을 키우지 않는다. 주로 처음 둘의 관계가 형성(계약)될 때 이러한 현상이 나타난다. 결과적으로 정보가 적은 주인은 최선의 선택이 되지 못할 수도 있다. 주인 입장에서는 자신의 이익을 최대한 낮게 해줄 능력을 지닌 대리인을 선택하지 못할

---

22 Arrow, Kenneth(1963). Uncertainty and the Welfare Economics of Medical Care, *American Economic Review*, 53(5): 941–973; Akerlof, George(1970). The Market for 'Lemons': Quality Uncertainty and the Market Mechanism, *Quarterly Journal of Economics*, 84(3): 448–500.

수도 있는 것이다. 이를 역선택이라고 한다. 중고 자동차 시장에서 충분한 정보가 없어서 결함 있는 차를 선택하는 것도 이러한 역선택의 사례가 된다. 그 외에도 고용주와 고용인의 관계나 보험에서 보험사와 보험계약자의 관계에서도 이런 일은 발생한다. 정보 비대칭과 행위자들의 이익 추구의 방향 불일치로 인해 잘못된 선택은 곳곳에서 일어난다.

도덕적 해이는 일을 맡긴 대리인의 업무 태만과 관련된다. 주인과 대리인은 정보가 비대칭할 뿐 아니라 이익의 방향도 다르기 때문에, 대리인 입장에서는 정보가 부족한 주인을 속여서 자신의 이익을 더 챙기려고 한다. 주인이 알지 못하는 지식과 정보를 이용해서 비용을 더 청구할 수도 있고, 비용만큼 제대로 일을 처리하지 않을 수도 있고, 불필요한 일을 하면서 시간을 보낼 수도 있다. 이는 주인의 감시가 소홀할수록 더 심해지는데, 이를 도덕적 해이라고 한다. 그렇다고 주인 입장에서 무작정 대리인을 감시할 대책을 마련하는 것도 쉽지 않다. 기존 대리인을 감시하기 위해 어떤 장비를 사거나 새로운 감시인을 두는 것은 추가 비용이 들기 때문이다. 그리고 새로운 감시인을 두는 것은 주인과 새로운 감시인 간의 관계가 또 다른 주인-대리인 관계가 되어 여기서도 도덕적 해이가 발생될 수도 있다.

주인과 대리인 관계를 확장해 보면 국민과 공무원의 관계로도 볼 수 있다. 주인인 국민이 시간과 여유와 지식과 정보가 부족해서 공직을 더 잘 수행할 것으로 기대되는 공무원을 대리인으로 고용한 것과 같다. 그런데 애초에 공직을 잘 수행할 것으로 생각한 공무원이 아닌 사람을 선발했다면 이는 역선택의 문제가 발생한 것이고, 임용한 공무원이 제대로 일을 잘 처리하지 않고 나태하고 자신의 이익 추구를 위해 국민들을 속이는 행위를 한다면 이는 도덕적 해이가 발생한 것이 된다. 이 모두 행정의 비효율을 증가시키는 원인이 된다. 실제 연구에 따르면 시민과 정부의 관계를 주인과 대리인의 관계로 이미지화해서 여기는 정도가 강하게 나타나고 있다.[23] 그런 만큼 공직

---

23 김민주(2016a). 시민과 정부는 어떤 이미지로 존재하고 있는가?, 『한국행정연구』, 25(3): 1-32.

사회에서 발생될 수 있는 대리인 문제에 대해서도 다른 비효율성의 현상과 함께 인지하고 있어야 한다.

2) 부정부패

대리인의 문제가 심각해지면 부정부패로 발전하게 된다. 물론 모든 부정부패가 대리인의 문제에서 비롯되는 것은 아니지만 많은 경우 관련된다. 부정부패는 관료가 개인의 사적인 이익을 위해서 자신이 속한 조직 내에서 위치하고 있는 직위로부터 비롯되는 공권력을 위법적으로 사용하는 것을 말한다.[24] 이러한 부정부패가 정부영역에서 나타나는 것은 바로 자원의 희소성과 관료의 재량권 때문이다.[25]

실제로 정부기관이 지니고 있는 자원은 민간영역에서는 가지고 있지 못하는 경우가 많고, 그러한 자원을 정부가 재량을 가지고 운용한다. 특히 관료가 그 재량권 행사의 주체가 된다. 따라서 희소한 자원과 재량을 가지고 그 누구도 대체하기 어려운 일을 하는 것은 분명 하나의 이점으로 작용되기 때문에 민간 영역으로부터 부정부패의 손길이 정부에게 닿게 된다. 물론 반대로 관료가 민간영역에게 손길을 먼저 내밀기도 한다. 그래서 정부는 다양한 방향에서 반부패 대책을 마련해 두고 그 효과 등을 평가하고 있다.[26]

다양한 반부패 대책이 있는 만큼 부정부패의 종류도 다양한데, 크게 세 가지 유형으로 구분될 수 있다. 백색부패(white corruption), 흑색부패(black corruption), 회색부패(gray corruption)가 그것이다.[27] 백색부패는 상대적으로

---

24 Nas, Tevfik F., Albert C. Price, and Charles T. Weber(1986) A Policy-Oriented Theory of Corruption, *American Political Science Review*, 80(1): 107-119.

25 Rose-Ackerman, Susan(1999). *Corruption and Government: Causes, Consequences, and Reform*, Cambridge: Cambridge University Press.

26 김민주(2014a). 정책평가의 방법론으로서 퍼지집합이론의 적용 가능성: 반부패성과 사례를 중심으로, 『한국사회와 행정연구』, 24(4): 313-338.

27 Heidenheimer, Arnold J.(1989). "Perspectives on the Perception of Corruption", In A. J. Heidenheimer, Micheal Johnston, and V. T. Levine(eds.). *Political Corruption: A Handbook*, Transaction, pp. 161-165.

경미한 정도의 부패를 말한다. 그 정도는 한번쯤 봐줄 수 있다고 생각되는 수준의 부정부패를 말한다. 부패라고 생각해도 처벌까지는 굳이 필요하지 않다고 여겨지는 경우다. 길을 잃고 헤매고 있던 아이를 발견한 공무원이 자신의 권한을 남용해서 그 아이의 부모 전화번호(개인정보 등)를 허락 없이 조회한 경우 등이다. 개인정보 열람이 문제가 되지만 잃어버린 아이를 찾기 위한 것이었다면 많은 사람들이 그 공무원의 권한 남용에 대해 심각하게 생각하지 않을 수 있다.

흑색부패는 가장 정도가 심한 부패로서 누구나 잘못한 일이라고 여기는 부정부패다. 강력한 처벌이 당연하다는 사회적 공감대도 존재하는 정도의 부정부패다. 우리가 흔히 심각한 부패로 지목되어 뉴스에 오르내리는 것들이 거의 대부분 여기에 해당된다. 명백하고 심각한 부패 사건인 것이다.

회색부패는 백색부패와 흑색부패의 경계에서 판단이 다소 불명확하게 자리 잡고 있는 부정부패다. 사회의 일부 사람들은 어떤 행위를 부정부패로 보는 반면, 또 다른 일부 사람들은 부정부패로 보지 않는 경우다. 그래서 어떤 사람들은 그 행위에 대해 처벌을 원하고 또 다른 사람들은 처벌까지는 원하지 않기도 한다. 한편에서는 "그 정도쯤이야 우리가 관례적으로 해오던 건데 뭐." 라고 하지만 다른 한편에서는 "그 정도도 문제가 충분히 될 수 있어."라고 하는 것이다. 이는 그 사회의 문화와 관습에 기인하는 경우가 많다. 제도화된 부패라고도 불리는데, 잠재적으로 흑색부패의 가능성을 지니고도 있다. 엄격하게 본다면 잘못된 것인데 이를 당연한 것으로 받아들이는 일상화된 부패라고 할 수 있다. 회색부패가 지나치게 광범위하게 자리 잡고 있으면 올바른 규범이 오히려 예외가 되어버릴 수도 있다. 만연된 회색부패는 발견이 어렵다는 특징도 있다.

그 어떤 유형의 부패가 되었건 기본적으로 부정부패는 자원 사용의 왜곡을 가져온다. 정말 필요한 곳이 아닌 곳에 사용될 뿐 아니라 사기 저하와 국가 경쟁력 저하와 투자 감소 등으로 그 부정적인 파급효과가 상당하다. 그리고 무엇보다도 부패는 정부의 정당성을 약화시키는 요인이 되기도 한다.28 부정부패가 만연한 정부를 신뢰하고 따를 국민은 거의 없다. 그래서 그 존재를 인정하지도 않게 된다. 비록 연구에 따라서는 개발도상국 등에서 부패의 순기능이 없는 것도 아니라고는 하지만,29 근본적으로 부정부패는 국가 전체의 비효율을 야기하는 것이다.

8. 경로의존성에 따른 비효율

새로운 제도나 정책을 만들기는 어렵지만, 한 번 만들어진 제도나 정책은 없애기가 어렵다. 이는 제도나 정책의 경로의존적인 속성 때문이다. 경로의존성(path dependency)이라는 개념은 다양한 수준에서 사용된다. 넓은 의미로는 "과거의 선택이 역사발전이나 미래의 선택에 제약을 가하는 현상" 혹은 "시간적으로 먼저 발생한 사건이 이후에 발생하는 일련의 사건의 결과에 영향을 미치는 것" 등을 말한다. 좁은 의미에서는 "사회현상이 어떤 경로를 선택하게 되면 다른 경로로 전환하는 데 소요되는 비용이 많이 들고 또 시간이 지나면 지날수록 점점 더 커지기 때문에 그 경로로부터 이탈하기가 더욱 어려워지는 현상"을 의미한다. 비록 다른 대안적인 경로가 발견되고 심지어 그 경로가 장기적인 측면에서는 더 효율적이라고 해도 이미 선택해서 이어져 오는 경로에서 벗어나기 어렵게 되어 계속 유지되는 상황을 일컫는다.30 경로의존성은 일종의 수확체증(increasing returns)의 과정을 거치는 현상이라고 볼 수 있는데, 이는 곧 자기강화적 전개(self-reinforcing sequences) 현상 이라고도 볼 수 있다.

한 번 경로가 만들어지면 비효율적이라고 해도 쉽사리 바뀌지 않고 자기강화적 전개가 되면 이는 곧 비효율성의 문제가 된다. 문제가 있거나, 심

28 Rose-Ackerman, Susan(1999). *Corruption and Government: Causes, Consequences, and Reform*, Cambridge: Cambridge University Press, p. 26.
29 Nye, J. S.(1967). Corruption and Political Development: A Cost-Benefit Analysis, *American Political Science Review*, 61(2): 417-427.
30 하연섭(2011). 『제도분석』, 다산출판사, pp. 181-182.

지어 심각하다는 것을 알고 있으면서도 경로의존적인 속성으로 인해 당장 해결하지 않게 되면 알면서도 자원 왜곡을 지켜볼 수밖에 없게 된다. 더 심각한 것은 애초에 적절하지 않거나 바람직하지 않은 제도나 정책이 경로의존적 속성에 따라 아주 먼 미래로까지 계속 유지된다는 점이다. 이렇게 되면 비효율성 문제 이상의 또 다른 문제를 야기하게 된다.

그렇다면 경로의존성은 왜 나타나는 것일까? 크게 여섯 가지를 들 수 있다. 첫째, 대규모 설치비용 또는 고정비용(large set-up or fixed costs) 때문이다. 설치비용이나 고정비용이 많이 들거나 혹은 대규모의 초기 투자비용을 지불 하면 쉽게 다른 선택으로 바꾸기가 어렵다. 적어도 비용회수를 위해서라도 기존의 선택을 계속 유지하게 된다. 둘째 학습효과(learning effects) 때문이다. 학습은 행위의 계속을 낳게 된다. 어떤 일에 경험이 쌓이게 되고 효과적이고 효율적인 방법을 익히게 되고 그에 대한 지식과 정보를 얻게 되면 다른 일로 바꾸는 것이 쉽지 않게 된다. 그래서 학습해서 익숙해진 것에 지속적인 투자를 하게 된다. 새로운 것보다는 이미 해오는 일에 대해 가장 잘 알고 있기 때문이다. 셋째, 연계효과(coordination effects) 때문이다. 어떤 일을 선택했을 때 얻게 되는 이익은 다른 사람들도 같은 선택을 하게 되면 더 커지게 되는 현상이 연계효과이다. 특히 서로 연계된 일이 있다면 어느 한쪽에 대한 투자는 연계된 다른 곳의 투자도 늘리고 이익 증가도 함께 가져올 수 있다. 투자액이나 투자자가 많아질수록 연계된 서로 간에 더 큰 이익을 가져온다면 계속 그 규모를 증가시키고 유지시키게 된다. 넷째, 적응적 기대(adaptive expectation) 때문이다. 이는 기대를 지닌 상태에서 일종의 적응을 하면서 따르는 현상을 말한다. 즉, 특정 경로를 따르는 것에 대한 기대가 있으면 다른 사람들도 같은 기대 혹은 뒤처지지 않기 위해서라도 그 특정 경로를 따르면서 적응하는 것을 말한다.31 다섯째, 기득권의 정책독점(policy monopoly) 때문이다. 정책독점은 주로 기득권층에 의해 형성되어 있

---

31 Pierson, Paul(2000). Increasing Returns, Path Dependence, and the study of Politics, *American Political Science Review*, 94(2): 251-267.

는데, 한 번 형성된 정책독점은 그들에게 유리한 정책결정이나 예산배분이 변함없이 지속되도록 하는 강력한 힘을 지니고 있다. 이들의 정책독점이 쉽사리 깨지지 않기 때문에 그들에 의해 만들어진 것은 오랫동안 유지된다.[32] 여섯째, 관성(inertia)의 영향 때문이다. 으레 하던 그대로 하는 것을 아무런 비판 없이 수용하는 태도이다. 특별한 이유가 있다기보다는 단지 관례적이고 관습적이어서 계속 유지하고 따르는 것이다. 특히 관례와 관습을 따르는 것은 편하고 효율적이고 수월하며 갈등을 최소화시켜주기 때문에 현 상태를 유지하는 것이 더욱 더 선호된다.

이러한 경로의존적 속성은 사회의 여러 분야에서 목격할 수 있지만 정부영역에서 유독 그로 인한 비효율적인 문제가 극명히 나타난다. 그것은 정책과 제도가 형성될 때 보여지는 특징 때문이다. 정책이나 제도는 가치개입적인 활동의 결과이기 때문에 형성되는 과정에 여러 이해관계자들이 관련될 수밖에 없다. 이해관계자들의 갈등과 조정과 협의와 협상에 따른 결과가 제도와 정책이 되는데, 이 과정 자체가 쉽지 않게 이루어진다. 우여곡절 끝에 만들어지는 제도와 정책은 서로가 용인된 수준의 이득이나 비용부담을 나름대로는 인정한 결과다. 그런 상태에서 해당 정책이나 제도에 대해 대대적인 수정을 하려고 하거나 심지어 없애려고 하는 것은 상당한 저항을 초래할 수 있다. 그래서 더욱 더 정부 영역에서는 경로의존적인 속성이 강하게 나타날 가능성이 있다.

---

32 김민주(2014b). 『원조예산의 패턴』, 한국학술정보, p. 72.

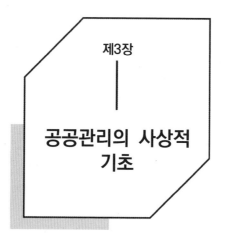

제3장

공공관리의 사상적 기초

　　사회는 사상가들의 사유와 상상력에 의해 만들어져 왔다. 사상가들의 사상에 의해 제도와 정치시스템이 만들어지고 그 아래에서 우리가 살아가고 있다. 때로는 새로운 사상이 현실을 바꾸기도 하는 등 사상은 사회 현실을 만드는 데 결정적인 영향을 미쳐왔다. 그런 점에서 사회적 존재의 원천을 사상에 두기도 한다.1 어쩌면 보이지 않지만 보이는 실체를 낳게 한 것은 바로 사상에 의해서라고 할 정도다. 경제사상이건 정치사상이건 그것이 옳건 그르건 일반인들이 생각하는 것보다 더 큰 영향을 우리에게 미치는 것이 사상이다. 자신은 그 어떤 지적인 영향을 받지 않았다고 자부하는 현실적인 사람도 사실은 이미 사망한 사상가들의 사상적 영향으로부터 자유로울 수 없다.

---

1 Montgomery, Scott L. and Daniel Chirot(2018). 박중서 옮김, 『현대의 탄생』, 책세상, pp. 16－17.

이를 두고 사상가들의 정신적 노예라고도 표현하기도 한다.[2]

그 정도의 표현까지는 아니더라도, 사상은 우리의 사고방식을 결정하기도 하고 우리의 행동을 제약하기도 하고 가시적인 산출물들을 만들어내는데 많은 영향을 준다. 그런 점에서 사상에 대한 이해는 눈에 보이는 현실에 대한 이해를 위한 가장 기초라고도 할 수 있다. 공공관리에 대한 이해를 위해서도 사상적 배경은 도움을 준다. 복잡해 보이는 공공관리라고 해도 그 기초에는 사상이 자리 잡고 있고 또 그 이면에서 여전히 영향을 미치고 있기 때문이다.

그래서 공공관리의 등장이 비록 개념상으로는 하나의 패러다임으로 지칭되지만 단절적이라기보다는 점진적이면서 축적에 의한 변화라고 할 때, 이 변화를 이끈 여러 사상들이 존재한다. 행정의 비효율성을 설명하는 이론(제2장의 제2절)과 함께 몇몇의 사상은 공공관리의 등장에 영향을 주었다. 물론 그 범위는 매우 넓을 수 있다. 공공의 영역이 매우 넓은 것처럼 다방면의 사상들이 여기에 해당될 수 있다. 그렇지만 여기서는 공공관리의 의미에 비추어 볼 때 크게 두 가지 핵심 내용에 대한 이론적 사상의 뒷받침이 존재한다는 것에 초점을 둔다.

그에 해당하는 공공관리의 핵심 내용으로서, 하나는 국정운영에 외부메커니즘을 도입했다는 점에 대한 사상적 뒷받침이고, 다른 하나는 그렇게 도입한 외부메커니즘으로서 시장메커니즘이 효용성이나 유용성을 지니고 있다는 점에 대한 사상적 뒷받침이다. 첫 번째는 정치사상에 기초한 내용으로서, 공공관리의 주체로서 하나의 권력체가 통치 과정에서 외부메커니즘(시장메커니즘)을 도입할 정도의 여지를 허용 및 인정한다는 점에 관한 사상이 된다. 두 번째는 경제사상에 기초한 내용으로서, 권력체가 허용하거나 인정하는 그 여지에 시장메커니즘을 도입했다는 점에서 시장메커니즘의 효용성 및 유용성에 관한 사상이 된다. 따라서 공공관리의 등장에 대한 사상적 배경은 두

---

2 Heilbroner, Robert L.(2008). 장상환 옮김, 『세속의 철학자들』, 이마고, p. 16.

차원으로 나누어 볼 수 있다.

〈표 3-1〉 공공관리의 핵심내용과 사상

공공관리의 핵심내용	사상적 뒷받침의 내용	사상의 종류
국정운영에 외부메커니즘(시장메커니즘)의 도입	권력체가 통치 과정에 외부메커니즘을 도입할 정도의 여지를 허용 및 인정하는 사상	정치사상: 마키아벨리, 홉스, 로크, 몽테스키외, 루소
시장메커니즘의 효용성과 유용성 인정	시장메커니즘의 효용성 및 유용성에 관한 사상	경제사상: 스미스, 마셜, 하이에크, 오이켄

제2절 　정치사상적 기초: 권력체의 외부메커니즘 수용의 여지

　　사회는 권력체를 필요로 한다. 인간은 개별적인 존재인 동시에 집단적인 존재다. 제한된 합리성(bounded rationality)을 지닌 인간은 이성을 지닌 개별존재로서 하나의 주체로 상정되지만 모든 문제를 혼자서 해결할 수는 없다. 그래서 서로 의존하고 도움을 청하며 집단이라는 무리를 만들게 된다. 그런데 집단이라는 무리가 존재하고 제 기능을 발휘하려면 규칙이나 규정이나 질서가 필요하다. 단순히 모두 모였다고 집단이 되지는 않는다. 중구난방으로 혼란만 가중될 수 있기 때문이다. 그래서 무리 속에 개인들은 개인 스스로는 할 수 없었던 문제를 해결하는 데서 오는 혜택, 즉 집단이 주는 혜택을 위해서라도 공통의 규칙을 만든다. 그런데 이때의 규칙은 정당한 권위가 있어야 제대로 기능을 하게 된다. 권위가 없고 힘이 없는 규칙을 따를 사람은 거의 없다. 그래서 규칙에 권위를 부여하는 것이 필요하게 되어 권위 부여를 위한 정당성 기반의 권력체가 등장한다.[3] 그 대표적인 형태가 바로 정부가 된다. 그런 점에서 정부도 하나의 권력체인 것이다. 공공관리도 이 권

---

3 김민주(2017). 『정부는 어떤 곳인가: 행정학의 이해와 활용』, 대영문화사, pp. 16-17.

력체에 의해 이루어진다. 이때 중요한 것은, 공공관리를 하는 이 권력체는
절대적 권력을 지니고 있지는 않다는 점이다.

　　다시 말해, 공공관리는 시장메커니즘과 같은 외부메커니즘을 적극적으
로 도입하여 활용한다는 점에서 권력체의 절대성을 인정하지 않는다. 절대
권력은 영역이 확고하여 또 다른 통제 및 통치 기법이나 방법을 쉽게 허용
하지 않는다. 권력의 절대성은 권력을 흉내 내는 것조차도 허용하지 않고 사
전에 그렇게 할 수 있는 여지조차 없도록 강력한 장치도 마련해 두고 있다.
예컨대 절대왕정에서는 부국강병을 위한 군사력이 중요하게 여겨지기 때문
에 부국강병을 위한 강력한 장치를 두고 있고, 그로 인해 절대 권력은 더 강
화된다. 그래서 절대 권력 이외의 통치 행위도 손쉽게 차단할 수 있다. 그와
달리 공공관리는 권력체의 통치 행위에서 일정한 영역을 시장메커니즘에 양
보하고 있다. 이는 권력체의 절대성을 인정하지 않는다는 것을 의미한다. 따
라서 공공관리의 사상적 기초는 권력체의 존재는 인정하지만 그 권력체의
절대 권력은 인정하지 않는 것에 대한 논의들이 된다.

1. 권력체의 절대적 권력: 마키아벨리와 홉스

1) 마키아벨리의 권력체

　　니콜로 마키아벨리(Niccolò Machiavelli)는 강력한 권력체의 존재가 필요
하다는 주장을 한 대표적인 사상가다. 때로는 신의와 자비와 종교적 신념까
지도 고려하지 않을 정도의 강력한 힘이 중요할 때가 있다고 주장하며 권력
체의 절대성을 강조했다. 그는 현실적으로 국가가 시민의 자유를 지킬 수 있
는가가 중요하기 때문에 그것을 지킬 만한 힘이 없다면 올바른 국가라고 할
수 없다고 했다. 군주는 국가가 위급하고 위태롭다면 필요에 따라서는 악하
다고 할 수 있는 행동도 해야 한다는 입장이었다. 위급한 상황에서 군주가
도덕에 얽매여서 오히려 나라 전체가 파멸되어버리는 것 보다는 비록 오명

(汚名)을 입더라도 강력한 무력을 사용해서 나라를 구하는 것이 더 바람직하다고 했다. 그렇게 해야 시민들의 자유와 평화도 보장된다고 보았다. 따라서 군주가 중심이 된 권력체는 절대적인 힘을 가지고 현실적인 이유로 그 힘을 행사하게 된다.4

마키아벨리의 이런 주장은 당시 도시국가들의 혼란한 정세로부터 영향을 받았기 때문이다. 당시에 도시국가들은 외세의 간섭에 시달렸고 위기가 발생할 때면 존립 자체가 위태롭기도 했다. 특히 마키아벨리가 살았던 피렌체 역시 내분도 겪고 외세의 침략과 지도자들의 개인적인 이익추구 행동과 약탈 등으로 혼란한 상황이었다. 그래서 마키아벨리는 외세의 침략을 막지도 못하고 시민들의 안전도 못 지키는 정부는 현실적으로 의미도 없다고 여겼다. 실제로 그는 국가가 제대로 역할을 하지 못해서 시민들이 고통을 받고 심지어 죽어가는 것도 목격하면서 이런 생각을 더 강하게 지니게 되었다. 그래서 마키아벨리는 강력한 국가의 힘이 필요하고 그것은 군주에 의해 실현되어야 한다고 했다. 마키아벨리에게 군주는 국가의 의인화로서도 의미를 지닌다.

물론 그렇다고 군주가 아무 이유 없이 무지막지하게 무력을 사용하는 것을 허용하는 것은 아니다. 반드시 긴급한 상황에서 실현되어야 하는 높은 수준의 이상이나 공익 목적을 위해 사용되어져야 한다고 했다. 그런 점에서 군주가 무조건적으로 수단과 방법을 가리지 않고 국가의 권력을 사용하는 사람은 아니다. 어디까지나 급박한 상황에서 시민의 삶이 유지되고 안전이 보장되도록 하기 위해 군주의 절대적인 권력이 사용되는 것이다. 이때의 절대적 권력은 때로는 배신과 인간성의 포기와 잔인함과 같은 악행까지도 서슴치 않기도 하지만, 마키아벨리는 평화의 시기라면 오히려 관대한 통치와 엄격성의 절제가 필요하다고도 했다.

이러한 내용을 담고 있는 마키아벨리의 『군주론』은 피렌체의 권력자

---

4 Machiavelli, Niccolò(2015). 강정인·김경희 옮김, 『군주론』, 까치.

로렌조 메디치(Lorenzo de Medici)에게 헌정되었기 때문에 책 내용의 의도와 그 해석에 논란이 있기는 하다. 통치자의 강력한 힘이 필요하다는 주장에 뒷받침이 될 수 있는 내용이기 때문이다. 어쩌면 권력자인 메디치로부터 발탁되어 출세할 수도 있는 길이었던 것이다. 하지만 그는 메디치에게 발탁되지 못했다.

실제적인 의도가 어떠하건, 마키아벨리가 설명하는 권력체의 절대적 속성은 분명하다. 그리고 그 절대성은 때로는 악행까지도 허용하는 것이었다. 그런 점에서 공공관리에서 말하는 외부메커니즘으로서 시장메커니즘의 도입을 고려하는 것은 쉽지 않은 일이다. 특히 제도적 측면에서의 절대성이라기보다는 군주에게 집중된 권력이라서 더욱 더 그렇다.

하지만 마키아벨리가 설사 권력체의 절대성을 강조하긴 했어도, 그 이유가 시민들의 자유와 안전과 평화유지를 위한 것이었다는 점은 훗날 권력체 내로 도입되는 시장메커니즘의 내용과 완전히 무관한 것이라고는 할 수 없다. 적어도 '개인의 자유'를 인지한 상태에서 권력체 작동이 이루어진 것이기 때문이다. 그리고 긴급하고 위급한 상황에서 군주가 강력한 힘을 발휘하는 것을 받아들이는 것은 현대 사회에서도 긴급하고 위급한 상황에서 과감한 개혁이 정치적인 리더에 의해 이루어지는 것과 큰 차이가 있는 것은 아니다. 시장메커니즘 기반의 여러 관리기법을 다소 '무리'하면서도 정부권력체 내로 도입하는 모습이 어쩌면 오늘날의 마키아벨리적 통치의 일면이라고도 할 수 있다. 마키아벨리가 제시하는 권력체의 절대성은 이후 이어지는 사상들에서 권력체의 절대성을 비교하는 데 도움이 된다.

2) 홉스의 권력체

사회계약론의 선구적인 사상가로서 토마스 홉스(Thomas Hobbes)는 사회계약에 따른 권력체의 속성을 말하고 있다. 홉스는 자연 상태에서 존재하는 인간들 간 투쟁과 혼란과 갈등 등을 조정하기 위해 권력체가 필요하다고 하였다. 홉스는 인간에 대해 자기이익을 추구하는 존재로 가정하면서 자기

이익을 추구하는 것은 곧 인간으로서 합리적인 것으로 여겼다. 그런데, 문제는 합리적인 행동으로서 자기이익을 추구하다 보면 다른 사람들과 지나친 경쟁이 생기기도 하고 그 과정에서 다툼이 벌어지기도 한다. 자기이익 추구 존재로서 인간은 합리적인 행위에 따라, 극단적으로는 자신의 이익을 위해서 상대방을 제압하고 굴복시키는 행동까지 하는 것이다. 소위 말하는 자연 상태에서 벌어지는 만인에 대한 만인의 투쟁(war of all against all) 상황이 벌어지게 되는데, 모두가 자기이익을 위해 어떠한 행동이건 하기 때문에 전쟁에 가까운 상태로까지 악화되는 것이다.

그런데 한편으로 인간은 이기심에 따라 자기이익 추구를 극대화하는 것을 합리적이라고 생각해서 다소 극단적인 행동으로까지 나아가긴 해도, 전쟁과도 같은 괴로운 상황과 혼란으로부터는 벗어나고자 하는 이성을 가지고 있는 존재다. 그리고 이기적인 존재로서 인간은 자기이익을 추구하기 위해서는 다른 사람과 경쟁 상황에서 다투는 것보다는 서로 협력하는 것이 더 이익을 추구하는 일일 수도 있다는 생각을 한다. 다른 사람들의 이익을 고려하지 않은 상태에서 자신의 이익만을 추구하는 것이 오히려 갈등과 마찰로 인해 더 큰 손해가 될 수도 있다는 것을 아는 존재다. 이익 추구자로서 인간이 이기적인 행동을 하는 것을 그대로 방치하면 모두에게도 이익이 되지 않을 뿐 아니라 사회 전체적인 혼란이 야기되어 더 큰 손실이 있을 수도 있다는 것을 알고서, 이익추구자로서 인간은 이익추구를 위한 합리적인 방안을 찾게 된다.

그것은, 자신의 권리를 향유할 때 다른 사람들에게 피해를 줄 수도 있는 자연 상태의 인간들이 그들의 안전과 보호를 위해 계약이라는 행위를 하는 것이다. 즉, 인간은 경쟁도 치열하고 험난한 자연 상태에서 벗어나서 안전하게 생활을 영위하기 위해 자연스럽게 계약의 필요성을 느끼게 된다. 안전과 평화의 갈구에 따른 이익추구라는 또 다른 이기심의 결과인 것이다. 이때의 계약은 그들의 안전을 위해 권력체에게 자신의 권리를 자발적으로 양도하는 것이다.

개인들로부터 권리를 양도 받은 권력체는 소위 말하는 행정과 입법과 사법 영역의 권한을 모두 소유하게 된다. 홉스가 볼 때 자연 상태에서의 인간들 간의 혼란은 이러한 권한을 보유한 절대적 권력체에 의해 막을 수 있다고 보았다. 사회적 혼란과 무질서와 다툼을 막기 위해 만든 권력체인 만큼 느슨한 힘이 아닌 강력한 힘을 가지는 것이 필요하다고 여긴 것이다. 리바이어던(Leviathan)으로서 절대적 권력은 말 그대로 절대적이기 때문에 권력이 영속적이고 무제한적이고 강제적이다. 이 권력체는 무질서한 공포로부터 개인의 안전과 평화를 지켜준다고 여겨져서 정당화된다.5 무엇보다도 사회구성원들이 무정부상태의 혼란을 벗어나기 위해 '자발적'으로 정통성을 부여했기 때문이다.

홉스가 제시하는 절대적 권력체는 시장메커니즘과 같은 외부메커니즘을 통치 기법의 한 방법으로 들일 가능성은 매우 낮고, 또 그 자체를 생각하지도 않는다. 따라서 홉스가 말하는 사회계약사상에서는 국정운영에서 공공관리를 가능하게 하지 않는다. 그럼에도 홉스의 이론은 사회계약사상의 출발점으로서 또 다른 형태의 사회계약론이 제시되고 비교되는 기준점으로서 역할을 하고, 그리고 권력체의 등장을 사회계약사상으로 설명하고 있다는 점에서 선구적인 이론으로서 의의를 지닌다. 또 무엇보다도, 비록 홉스의 리바이어던이 시장메커니즘을 적용하거나 도입할 정도의 여지가 거의 없긴 해도, 자기이익을 추구하는 존재로서 인간을 가정한 것은 시장메커니즘 작동의 가능성을 완전히 배제한 것은 아니라고 볼 수 있다. 다시 말해, 분명 홉스의 리바이어던의 절대적 권력체로서의 속성에 시장메커니즘이 비집고 들어갈 틈은 없지만, 자기이익 추구자로서 합리적인 개인을 가정한 것은 후세대 사상 발전에서 시장메커니즘 작동의 맥을 잇는 역할은 한다. 그리고 비록 자연 상태의 혼란함과 같은 상황은 아니지만, 사회혼란기나 침체기에 이를 극복하기 위해 시민들이 자발적 행위에 기초해서 권력체를 형성하고 그곳에

---

5 Hobbes, Thomas(2016). 최공웅·최진원, 『리바이어던』, 동서문화사.

시장메커니즘 적용 등과 같은 공공관리적 개혁에 따르는 모습을 상상할 수도 있다. 시민들의 자발적 행위에 기초한 강력한 개혁추진체 형성과 권한 행사의 모습을 홉스의 논의에서도 찾을 여지는 있다.

한편, 앞서 마키아벨리의 절대 권력체와 홉스의 권력체는 절대적 힘을 지닌 존재로서 시장메커니즘과 같은 외부메커니즘이 자리 잡을 여지가 거의 없다는 점에서는 공통적이지만, 다른 한편에서 볼 때 둘은 서로 일정한 차이를 보이고 있다. 마키아벨리는 권력체의 중심에 군주가 있다면,6 홉스는 사회구성원들의 계약에 의해서 만들어진 제도적 장치가 권력체의 형상을 띠기 때문에 사회구성원으로서 개인의 합의 자체가 권력체의 중심에 있다. 물론 중요한 것은, 두 사상가들 모두 권력체의 절대성을 강조하고 있다는 점이다.

2. 권력체의 제한된 권력: 로크와 몽테스키외와 루소

1) 로크의 권력체

존 로크(John Locke)도 홉스와 같이 사회계약론의 입장을 견지하고 있다. 자연 상태의 인간들이 계약을 통해 자신들의 권리를 권력체에게 위탁한다고 하였다. 홉스와 로크의 사회계약론의 차이 중 하나가 바로 여기에 있다. 홉스는 자연 상태의 인간들이 자신의 권리를 권력체에게 '양도'한다고 했지만, 로크는 '위탁'한다고 하였다. 로크에게 권력체는 시민들의 재산을 보호해주는 역할을 하는 것이지 시민들을 통제하는 절대적 권력자가 아니다. 천부인권론을 주장했듯이 아무리 국왕이라고 해도 시민의 기본 권리는 침해할 수 없다고 했다. 권력체는 단지 계약에 의해 인간의 기본권(생명, 자유, 재산)을 보호한다는 조건에서만 시민들의 권리를 위탁받은 것이다.

그래서 개인의 권리에 대한 규제도 홉스의 리바이어던처럼 자연 상태의 혼란을 방지하기 위한다는 목적에서 무제한적이지 않고, 계약에 근거해서

---

6 앞서도 언급했듯이 마키아벨리에게 군주는 국가의 의인화이기도 했다.

시민들의 동의에 의해서만 가능하다고 하였다. 홉스가 무정부 상태와 절대
적인 권력을 지닌 정부 사이에서 혼란과 무질서를 막기 위해 절대적인 권력
체로서 정부를 강조했다면, 로크는 상황에 따라 정부에 권력을 부여할 수도
있고 그렇지 않고 해체할 수도 있는 것으로 여겼다. 기본적으로 로크에게 정
부는 대체로 부정적이었는데, 자칫 권력체로서 정부가 개인을 억압할 수도
있다고 보았기 때문이다. 이는 정부라는 권력체의 절대적 필요성이나 권력
체 자체의 절대성에 제한을 두는 것을 의미한다. 그런 점에서 로크는 홉스가
가정한 무질서적인 혼란한 전쟁 같은 상황은 극단적이거나 예외적인 경우에
가깝고, 만일 그러한 상황이 발생되지 않는다면 시민들은 굳이 권력체로서
정부가 없다고 해도 스스로 문제를 해결하며 살아갈 수 있다고 말한다. 단
지, 이익추구자로서 사람들 간에 갈등이 생기기 마련이기 때문에 그에 대한
일종의 중립자로서 조정이나 심판을 해줄 수 있는 역할이 필요하여 꼭 전쟁
이 아니어도 정부가 필요하긴 하다고 여겼다. 이성을 가진 개인들이지만 이
들의 협력에 의해서도 해결할 수 없는 문제는 누군가가 해결해줄 필요가 있
고 그 누군가가 바로 정부와 같은 권력체라는 것이다.

그래서 로크의 사상에서 개인들은 그들이 가지고 있는 권리의 일부만을
권력체에게 위탁한 것이기 때문에 시민에 대한 권력체의 절대성은 존재하지
않는다. 권력의 절대성이 존재하지 않는다는 것은, 애초에 시민들의 사유재
산 권리를 보호하기 위해 계약으로 성립된 권력체가 사유재산의 권리 보호
를 위한 권력 행위 이외는 허용하지 않는다는 점을 의미한다. 이는 곧 권력
체의 통치 행위에 또 다른 방법이 함께 있을 수 있는 여지가 충분히 있다는
말이다. 만일 권력체가 시민들의 권리를 잘 보호하지 못한다면 시민들에 의
해 권력체를 부정하는 혁명이 가능하다고 인정하고 있다는 점에서도 알 수
있다. 즉, 로크는 시민들의 적극적인 저항권의 권리를 인정하지 않았던 홉스
와는 달리 시민들이 새로운 권력체를 재구성할 수 있는 저항권의 권리가 있
다고 하였다. 절대 권력을 가진 정부가 개인을 통제하는 방향이 아니라, 언
제나 독재의 위험을 지니고 있는 정부라는 권력체에 대해 시민 개개인이 항

상 통제해야 한다고 생각했다. 정부라는 권력체가 시민에 의해서 만들어진 만큼 정부에 대한 저항은 물론이고 정부를 해체해서 폐기할 수도 있고, 그래서 또 다른 정부를 만들 수도 있다.7

그런 점에서 로크는 최고 권력은 궁극적으로 시민들에게 있다고 하였다. 단지 시민들의 필요를 대행해주는 권력체가 있을 뿐이다. 로크는 그 권력체를 크게 두 기관으로 분리하고 있다. 하나는 자연법에 따라 법률을 제정하는 입법의 영역을 담당하는 기관이고, 다른 하나는 법률을 집행하는 행정과 사법의 영역을 담당하는 기관이다. 입법부(입법권)와 행정부(집행권)의 분리를 강조하는 것이다. 이때 사법은 행정의 일부로 여겨졌다. 오늘날의 삼권분립 원칙과 비교해서 본다면, 로크의 사상은 이권분립에 해당된다. 이와 같이 로크는 홉스처럼 사회계약 사상을 제시하였지만 홉스보다는 권력체의 절대성에 제한을 두었다. 권력체의 절대성에 대한 제한은 계약의 범위와 시민들의 저항권 그리고 이권분립의 장치들에서 구체적으로 알 수 있다.

이는 권력체의 절대성으로 인해 국정관리의 새로운 방식이나 방법의 도입을 전면적으로 막는 것과는 다르다. 권력의 절대성을 인정하지 않는다는 것은 국정관리의 새로운 기회와 여지를 두고 있는 것으로, 로크의 사상은 권력을 논의하는 정치사상에서 새로운 국정관리 방식의 도입 가능성을 말해주고 있다. 실제로 로크에게 인간은 수동적인 존재가 아니라 자신의 운명을 스스로 개척할 수 있고, 이성이 지속적으로 변하고 발전하다고 보았다. 이는 오늘날 공공관리가 정부라는 권력체의 영역 속으로 자리 잡을 수도 있는 상황에 대한 기초적인 생각이라고 할 수 있다. 절대적인 권력이 아니기 때문에 새로운 국정관리 방식에 대한 원천적인 거부도 아니고, 인간과 인간이 선택한 제도의 변화와 발전을 위한 노력도 강조되기 때문이다. 즉, 교육과 경험이 인간의 이성을 발전시키기 때문에 노력한다면 인간이 선택한 권력체도 발전적인 변화나 갱신이 가능하다. 그런 점에서 로크의 사상은 절대적 권력

---

7 Locke, John(1993). edited by Mark Goldie, *Two Treatises of Government*, London: Orion Publishing Group, Ltd.

에 제한을 가하는 것인 동시에 공공관리와 같은 국정관리의 새로운 도입의 가능성과 여지도 함께 보여주는 이론적 기초가 된다.

2) 몽테스키외의 권력체

몽테스키외(C. Montesquieu)는 오늘날 삼권분립으로 불리는 권력체 자체의 견제와 균형(check and balance)의 장치를 마련하는 데 큰 기여를 하였다. 절대군주제 시대에 살았던 몽테스키외에 따르면, 인간이라면 누구나 권력을 가지게 되면 남용하려는 경향이 있기 때문에 그것을 제한하는 것이 중요하다고 생각했다. 그렇게 해야 시민의 자유가 보장된다는 것이다. 인간의 기본권을 지키는 권력체 역시 자신이 보유하고 있는 권력이 절대적으로 되거나 한 곳으로 집중되면 인간의 기본권을 오히려 침해하게 되기 때문에 적절한 견제와 균형이 필요하다는 것이 몽테스키외의 주장이다. 어느 한쪽의 무한정 자유가 아니라 견제가 전제된 자유인 것이다. 그런 의미에서 볼 때 원하는 모든 것을 행사할 수 있는 권리로서 자유가 아닌 법이 허용하는 범위 내에서 모든 것을 행사할 수 있는 권리가 자유인 것이다.

이를 위해 그는 입법과 행정과 사법으로 삼권을 분립하는 것이 필요하다고 하였다. 앞서 로크의 이권분립에서 한 발 더 나아간 삼권분립인 것이다. 이는 권력체 내에서 세력들 간에 서로를 견제하게 하여 권력의 절대성을 내부 메커니즘으로 막는 방법이다. 권력분립의 방법으로 이권분립을 말한 로크가 입법부의 입법권이 행정부의 집행권보다 우월한 것으로 여겼던 것과는 달리, 몽테스키외는 입법부와 행정부 간 권력의 팽팽한 균형을 말했다. 그리고 재판권의 독립이 중요하다는 것까지 강조하여 권력분립을 더 세분화해서 제시했다. 사법이 행정의 일부였던 로크의 생각에서 한 발 더 나아간 권력분립인 것이다. 입법권과 집행권으로부터 재판권이 분리되지 않으면 시민들의 자유 보장이 어려우며 특히 어느 한 집단이 삼권을 모두 가지면 자유 침해는 심각하게 된다고 여긴 결과물이다. 이러한 권력의 분립 방법은 단순히 삼권분립에 한정되지 않고, 상원과 하원, 중앙정부와 지방정부, 정당, 이익집단 간에서도 중요하다고 하였다.8 그렇게 함으로써 처음 시민들이 권력체를 만든 이유와 목적에 부합할 수 있다는 것이다.

몽테스키외는 구체적인 삼권분립의 형태에 대해서도 대안을 제시하였는데, 특히 입법부의 경우 그 형태를 상원과 하원으로 구성되는 양원제를 제시하면서 상원은 귀족으로 구성할 것으로 제안했다. 반면 집행권은 군주가 그 중심이 될 것으로 제시했다. 그 이유는 집행권의 경우에는 즉각적인 행동이 필요한 경우가 있기 때문에 입법권과는 달리 한 사람에 의한 권한 행사가 더 적절한 것으로 여겼기 때문이다. 그리고 사법권의 권한을 평민(시민)에게 부여하였다. 절대군주의 왕권이 세 가지 기능을 모두 가지고 있는 것과는 달리, 세 개의 권력을 어느 한 집단이 모두 가지는 것이 아닌 모습을 제시했다.

이처럼 몽테스키외는 다원론적 시각에서 권력의 절대성을 인정하지 않고 혹시 발생할 수 있는 절대적 권력을 삼권분립 장치로 막으려 했다. 권력에 의한 권력의 억제인 것이다. 몽테스키외의 삼권분립의 원칙은 근대 헌법을 구성하는 핵심적 원리가 되었고(특히 미국의 헌법 제정), 이 헌법에 의해 구성된 오늘날 권력체들은 그 권력의 절대성에 대해 적어도 제도적으로는 제한되고 있는 것이다. 따라서 몽테스키외의 삼권분립 사상 역시 권력의 절대성을 제도적 장치로 방지함으로써 국정관리에서 절대적 권력에 의한 일방적이고 일방향적인 행위를 인정하지 않고 새로운 통치 및 관리 방식의 도입을 고려할 수 있는 여지를 보여주는 이론적 기초가 된다. 권력체의 권력을 약화시킬 수도 있는 공공관리의 도입에 대해서도 절대적 권력체가 하는 것처럼 부정적으로만 보는 것이 아니라 수용의 여지를 충분히 지니고 있다.

3) 루소의 권력체

루소(Jean-Jacques Rousseau)는 인간 이성의 발달로 만들어진 권력체에

---

8 Montesquieu, Charles De(2006). 고봉만 옮김, 『법의 정신』, 책세상.

부정적인 시각을 지니고 있다. 루소에게 인간이 만든 권력체는 통치를 위한 여러 사회 제도들과 법과 정부기구는 물론이고 정부 그 자체와 대의민주주의까지 포함된다. 넓은 의미에서 보면, 권력체와 그로부터 파생된 장치들은 자연 상태에서는 없었던 인위적인 것들에 해당되는 것으로, 문명의 발전으로 불리는 문화도 포함된다. 사회 자체도 인간에 의해 만들어진 역사적인 산물로서 권력 기반의 장치들이 그 구성물로 이루어진 것으로 여겨졌다. 루소는 이와 같은 권력체(관련 장치들)에 대해 인간에게 억압을 가하고 불평등을 조장하는 도구라고 비판하며 폐지되어야 하는 대상으로 생각했다. 그는 인간이 자유롭게 태어났지만 도처에서 사슬로 묶여 있다고 했다.9

　　사회적 구성물들과 국가를 비롯한 권력체가 비판과 해체의 대상이 되면서 루소는 자연 상태와 그 속의 인간에 대해 홉스와는 다른 입장을 제시했다. 홉스는 자연 상태의 인간 간 갈등과 다툼으로 무질서가 생길 수 있어서 정부와 같은 권력체가 필요하다고 봤고, 로크 역시 제한된 정부의 필요성도 주장하였다. 그러나 루소는 오히려 자연 상태에서 인간이 자유와 행복을 누릴 수 있다고 여기며 그곳으로 돌아갈 것을 주장했다.

　　루소는 기본적으로 자연 상태에서는 인간에게 자연적 감정으로서 자기애(amour de soi)가 있으며 이는 평화로운 관계를 만들어낸다고 하였다. 여기서 자기애는 자기보존에 관심을 두게 하면서 그 역할을 한다. 다시 말해, 루소는 자연 상태에서의 인간은 그 본성으로 자기보존 본능이 있으며, 자기보존을 위한 본능적인 자기애는 타인에 대한 동정심으로도 발현된다고 보았다. 그 한 예로, 인간은 자신과 같은 부류가 고통을 받는 모습을 보는 것에 대해 천성적으로 싫어한다는 것이다.10 그런 상황에서 인간이라면 타인의 고통이 수반되는 야성적인 자기애나 무조건적인 자기보존적 성향만을 채우지는 않는다는 것이다. 자기애는 일종의 공감적 감정이다. 그래서 자연 상태

9 Rousseau, Jean-Jacques(1994). edited by Roger Masters and Christopher Kelly, *The Collected Writings of Rousseau*, Vol. 4, Hanover, NH: Dartmouth College Press.

10 이병진(2002). 루소의 자연개념과 칸트의 자유이념, 『독일어문화권연구』, 11: 63-132, p. 68.

에서의 인간은 자유롭고 독립적이고 타인을 지배하려는 욕심도 지니고 있지 않다고 했다. 그는 자연 상태의 인간이 완전에 가까운 행복을 누리는 존재라고 생각했다.

그러다 인간이 불행하게 된 것은 이성을 이용해서 국가사회 시스템을 만들기 시작하면서이다. 사유재산은 인간을 경쟁과 질투와 시기와 다툼과 갈등으로 빠뜨렸고 생산성 향상을 위한 노동의 분화는 지배관계를 만들어서 그 관계를 더 견고히 했고, 이는 곧 불평등으로 이어지게 되었다. 자연 상태의 인간이 행복하지만 자연재해 등과 같은 상황이 때로는 배고픔을 야기하다 보니 인간의 이성을 통해 이런 저런 장치들이 생겨나게 되면서 자연 상태에서의 본성도 잊게 되고, 그러다가 지배관계의 고착과 불평등의 심화와 행복이 서서히 없어지게 된 상태가 된 것이다. 즉, 자연 상태에서는 어쩔 수 없는 외부 환경으로 인해 인간들 간 협력이 필요하다 보니 정치사회체제와 여러 사회제도들이 등장하게 되었지만, 그로 인해 사회 부조리와 같은 문제들이 나타나게 된 것이다.

물론 그렇다고 지금에 와서 사회를 구성하는 권력체로서 국가시스템 등을 완전히 폐기하고 자연 상태로 돌아가는 것이 현실적이지는 않다고 루소도 생각했다. 대신, 지금과 같이 인간을 억압하고 불평등을 야기하는 권력체와 그 파생 장치들을 완전히 폐기해버리고 자연 상태 구현이 가능할 정도의 조건을 만들 것을 주장했다. 그런 점에서 자연 상태로 돌아가자는 말이 정말로 자연 상태로의 회귀를 의미하는 것은 아니라는 것을 알 수 있다. 자연 상태에서의 인간이 가지는 감정인 자기애가 그 역할을 할 수 있는 여건을 조성하는 것이 중요하고, 그것을 위해 교육이 중요하다고 했다. 그런 점에서 루소에게 중요한 것은 자연 상태에서와 같은 인간이 누리는 자유와 평화가 사회제도와 정치사회 속에서도 가능하도록 만드는 방법이었다. 이를 위해 루소는 중요한 개념이자 원칙으로서 일반의지(general will)를 제시한다. 일반의지는 사회적 구성물이 필요하다는 것이 모든 사람들에게 받아들여지는 공동의 목적 및 이익이자 일반적인 원칙이다. 그런 의미에서 보면 사회계약은 일반의지를 위한 합의와 약속이 된다. 이러한 일반의지는 법과 제도와 같은 사회적 구성물로서 나타나기 때문에 입법자와 행정부의 역할이 모두 중요하게 된다.

　따라서 자기애를 실천하면서 공감 능력이 발휘되는 사회적 조건이 일반의지에도 부합되면서 형성되는 사회라면, 비록 원래의 자연 상태는 아니더라도 자연 상태에서의 개인이 누리는 평화와 행복도 증진할 수 있다는 것이 루소의 주장이다. 물론 일반의지가 전체주의적 사고와 연결될 수도 있다는 비판이 있고, 그로 인해 다양한 소수 의견에 대한 배제의 위험 등이 존재하기도 한다. 그러나 루소는 단순히 권력체의 제한된 권력 사용만을 강조하는 것이 아니라 잘못된 권력체의 폐기와 함께 진정한 자유와 평등 실현을 위한 여지를 제시하고 있다. 그런 점에서 공공관리와 같이 권력체의 권력 구조에 변화를 가할 수 있는 방법이 들어갈 수 있는 공간을 충분히 확보해주는 이론적 토대가 된다. 물론 이상적으로는 루소가 말하는 자기애와 일반의지가 제대로 구현되는 것이어야 한다는 전제가 따른다.

제3절　경제사상적 기초: 시장메커니즘의 효용성

　풍족하지 않게 주어져 있는 최소한의 자원을 어떻게 효율적으로 분배할 것인가, 혹은 잘 이용할 것인가는 사회적 동물로서 인간이 과거부터 지금까지 고민해오고 있는 중요한 과제 중 하나다. 이 고민에 대해 우리는 '정부로 대표되는 계획과 규칙에 의한 방법'과 '경제적 자유 기반의 시장원리 중심적 방법' 중 어느 하나, 혹은 둘 사이의 어느 지점에서 그 해결책을 찾고 있다. 공공관리에서는 정부의 계획과 규칙을 전적으로 부정하지는 않지만 시장원리 중심의 시장메커니즘을 정부영역에도 적극적으로 도입하고 있다. 이는 시장메커니즘의 효용성을 인정하고 이를 활용하려는 모습이다. 그런 점에서 시장메커니즘의 효용성에 관한 경제사상적 기초를 살펴볼 필요가 있다.

1. 고전적 자유주의의 시장메커니즘: 스미스와 마셜

1) 아담 스미스의 시장메커니즘

역사적으로 시장메커니즘의 유용성이 활발히 논의된 시대는 19세기 초·중엽 무렵이다. 약 17세기부터 시작된 고전적 자유주의 사상은 19세기에 이르러 무르익었다. 15세기까지는 오늘날의 시장에 해당되는 개념이 제대로 형성되어 있지 않는 중농주의 시대였고, 16세기부터는 정부의 역할이 중요했던 중상주의 시대였다. 중상주의 시대까지는 정부의 경제활동은 곧 공익을 위한 것이라는 관념이 경제사상가들에게도 별 무리 없이 수용되었다.11 그런데 이 공익이라는 것은 국왕들의 권력 유지와 영토 확장에 초점을 둔 것이었다. 이들에게는 금과 은 등이 필요했고 그것을 위해서는 중상주의와 보호무역을 더욱 강력하게 추진할 필요가 있었다. 이런 상황에서는 공익이라는 이름하에 시장메커니즘보다는 강력한 국왕 중심의 시스템이 더 유용하고 효용이 높으며 또 당연한 것으로 여겨졌다.

바로 여기에 반기를 든 아담 스미스(Adam Smith)는 시장메커니즘의 유용성을 주장하며 고전적 자유주의의 대표적인 사상을 꽃 피웠다. 그는 독점무역 중심의 중상주의를 통해 권력과 영토를 확장하려는 유럽 국왕들의 모습에 대해 "그것은 이웃을 가난하게 만들고, 소수 계층에게만 좋을 뿐 전체 국민들은 부유하게 하지 못한다."라고 비판했다. 그러면서 아담 스미스는 경제적 자유방임주의라고 불리는 사상을 강조하였다. 이 사상은 시장 경제의 수요자와 공급자가 각자의 판단과 책임하에 이기적 동기에 입각하여 행동할 때, 자유로운 경제활동이 보장된다면 '보이지 않는 손(invisible hand)'에 의하여 사적 이익과 공적 이익이 잘 조화되어 자원의 최적 배분이 실현된다는

---

11 소병희(2007). 『정부실패』, 삼성경제연구소, p. 44.

내용이다.12

　　이와 관련하여 자주 인용되는 내용으로, "우리가 저녁 식사를 기대할 수 있는 것은 정육점 주인이나 양조장 주인 또는 빵집 주인의 자비가 아니라 그들이 자신들의 이익, 즉 돈벌이에 관심이 있기 때문이다."와 "그는 공익을 증진시키려는 의도도, 자신이 그것을 얼마나 증진시킬 수 있는지도 알지 못한다. 그는 그 자신의 이익만을 추구할 뿐이며, 그리고 이런 경우에 다른 많은 경우에서처럼 자신이 의도하지 않은 목표를 증진시키기 위해 보이지 않는 손에 이끌린다."라는 사람들의 경제적 행위에서 그 원동력으로 이기심의 영향을 말해준다. 자유시장에서는 사람들이 자기 이익만을 추구하는 행동으로 사회 전체가 번성할 수 있다는 것이다. 아담 스미스는 사람들이 각자 다른 길을 가면서도 서로 조화될 수 있고 또 도움이 될 수 있다고 생각했으며, 이는 의도된 것이라기보다는 자연스러운 것이라고 보았다. 인간은 기본적으로 다른 사람들과 교환하고 교역하고 거래하려는 성향을 지니고 있어서 이러한 자연스러움은 더 잘 나타나게 된다. 그래서 아담 스미스는 국가의 부를 증대시키기 위해서는 인간의 자연적인 충동을 적극적으로 개발하고 활용해야 하며, 정부는 인간의 이기심을 억제하게 하거나 이기적인 인간을 억압해서도 안 된다고 주장했다.13

　　여기서 아담 스미스의 시장메커니즘에서 가정하는 인간의 이기심으로부터 한 가지 의문이 들 수 있다. 이기적인 인간들이 마냥 좋은 결과만 낳는 것일까? 자기 이익만을 추구하다 보면 홉스가 말하는 자연 상태의 무질서하고 혼란한 상황을 초래하는 것은 아닐까?

　　아담 스미스는 여기에 대해 공평한 관찰자(impartial spectator)라는 개념을 제시하며 답을 한다. 공평한 관찰자는 인간이 도덕적인 선택을 해야 하는 순간에 이르게 되면 그것에 대해 주의 깊게 생각하고 충고하는 역할을 한다.

---

12 정정길 외(2007). 『작은 정부론』, 부키, p. 27.
13 Buchholz, Todd G.(2009). 『죽은 경제학자의 살아있는 아이디어』, 김영사, pp. 65-67.

그 공평한 관찰자는 이기적인 인간의 마음속에 상정된다. 그래서 공평한 관찰자로부터 의견을 구하고 충고를 받아들이는 등의 모습으로 이기심만이 아니라 동정심에 기초해서 도덕적인 선택과 판단을 하게 된다는 것이다. 마치 우리가 타인을 보듯이, 그리고 자신에게서 물러서서, 또 아무런 이해관계를 갖지 않는 이를 바라보는 것처럼 공평하고 공정하게 관찰하는 것이다. 이는 프로이트의 초자아(super-ego)의 개념과 비슷하다. 우리에게 특정 행동을 못하게 하고 다른 사람의 말에 귀를 기울이지 않는 것에 죄의식을 갖게 하는 양심인 초자아처럼 공평한 관찰자도 비슷한 역할을 한다는 것이다.[14] 아담 스미스가 『국부론』에서 자유시장의 이론을 옹호하였지만 동시에 『도덕감정론』에서는 남을 배려하고 부양하는 사회의 필요성에 대해서도 강조한 것이 바로 이러한 주장이다. 각자 마음속의 공평한 관찰자를 두고서 보이지 않는 손이 작동되면 사회가 조화롭게 된다. 그런 점에서 아담 스미스가 비록 인간의 이기적인 동기의 중요성을 강조하긴 했어도 이기심만을 고려한 것은 아니다. 따라서 공평한 관찰자를 두어 동정심도 지니고 있는 인간의 이기적인 동기는 노동생산력을 높이고 국가 부를 증대하는 데 중요한 역할을 한다.

하지만 아담 스미스는 단순히 이러한 이기심이 노동생산력과 국가의 부를 증대시키는 모든 역할을 하는 것은 아니라고 했다. 중요한 것 중 하나가 노동의 분업(division of labor)이다. 그는 핀(pin) 공장 사례를 예로 들면서 분업이 가져오는 생산력 향상을 설명하였다. 이 역시 자주 인용되는 내용이다. 즉, "아무리 노력해도 하루에 핀 20개는커녕 이고 단 1개도 만들지 못할 것이다. 그러나 분업에 의해 핀 공장이 운영되는 방식으로는 훨씬 더 많은 핀을 생산할 수 있다. 핀 하나가 완성되기까지 약 18개의 공정을 거쳐야 하는데, 어떤 공장에서는 분업을 통해서 세분화된 공정을 사람들이 나누어서 한다. 이곳에서는 한 사람이 하루에 평균 4,800개의 핀을 생산했다. 그런데 만약 모든 공정을 혼자서 한다면, 하루에 핀 20개는커녕 단 1개도 만들지 못

---

14 Buchholz, Todd G.(2009). 『죽은 경제학자의 살아있는 아이디어』, 김영사, pp. 56-57.

할 것이다."의 내용이다. 철사를 잡아 늘리는 사람이 따로 있고, 또 다른 사람은 그것을 곧게 펴고, 다른 사람은 그것을 자르고, 또 다른 사람은 끝을 뾰족하게 만드는 등 공정별 분업화된 일을 하면 생산력의 향상이 훨씬 높아진다는 것이다.

그만큼 분업의 효과가 적지 않은데, 구체적으로 노동 분업으로 생산력을 높일 수 있는 세 가지 이유가 있다. 분업의 이점이라고도 할 수 있다. 첫째, 노동자는 분업을 통해 자신이 맡고 있는 일에 대해 숙련도를 높일 수 있다. 분업은 주어져 있는 한정된 업무를 반복적으로 담당하는 것이므로 전문성에 버금갈 정도로 일의 숙련도를 높여준다. 둘째, 노동자들이 작업 전환을 할 때 소요되는 시간을 줄일 수 있다. 분업화되어 있으면 작업복이나 공구나 위치 변화에 효율적이다. 한 명이 모든 공정을 다 맡게 되면 공정별 전환 시 작업복과 공구가 달라질 수 있는데, 그때의 시간이 많이 소요된다. 분업은 이를 최소화시키는 것이다. 셋째, 분업을 통해 발명을 낳을 수도 있다. 전문화된 노동자들이 매일 같은 작업을 반복하다보면, 작업의 효율을 조금이라도 더 높일 수 있는 방법이나 도구를 발명한다는 것이다. 실제로 분업화된 노동을 하는 사람들이 전문적인 엔지니어들보다도 더 많은 발명을 한다. 직접 현장에서 일을 하는 사람들이 불편을 정확하게 알고 그것을 개선하기 위해 이런 저런 고민을 하는 결과인 것이다.[15]

이와 같이 아담 스미스는 노동생산성을 향상시킬 수 있는 방법으로 분업을 제시하면서 분업을 통해 생산과정에서 효율성을 높일 수 있다고 보았다. 이는 조직 내는 물론이고 국가 간에도 적용될 수 있는 것으로, 특히 절대우위(absolute advantage)를 이용한 국가 간 분업 개념은 자유무역에 이르기까지 적용되면서 분업에 따른 시장메커니즘의 확대를 이끌었다. 어떤 상품이 어느 한 나라에서 생산하는 데 드는 비용보다 다른 나라로부터 수입하는 비용이 더 적다면 수입을 하는 것이 더 유리하다는 주장이 그것이다. 국

---

15 Smith, Adam(2010). 김수행 옮김, 『국부론』, 비봉출판사, pp. 11−13.

제적 차원의 분업인 것이다.

물론, 아담 스미스는 분업과 같은 반복된 업무만을 하게 되면 노동자들의 지능이 낮아지거나 우둔화되는 등 정신 건강에 좋지 않은 영향을 준다는 위험성을 인지하고 그에 대한 대응책으로 공교육을 제안하기도 했다. 공교육은 노동자들이 육체 노동을 하면서도 정신을 수양하고 발전시켜나갈 수 있게 할 것이라고 생각했다.

아담 스미스는 정부라는 권력체에 대해서는 외부의 적으로부터 침략이나 폭력에 대한 방어를 해주고, 사회 구성원이 기본적인 질서에 위배되는 불의와 억압을 받는 것을 보호해주고, 공공재를 생산해주는 정도의 역할이면 된다고 하였다. 그 외 나머지는 시장의 힘에 자유롭게 맡겨두면 된다고 했다. 보이지 않는 손에 의해 개인들은 각자 자신의 사적 이익을 추구하게 되고 그 결과 경제는 잘 돌아갈 것이라는 최소정부주의의 입장을 지니고 있었다.16 그러나 아담 스미스가 정부의 역할에 대해 무턱대고 무관심했다거나 소홀하게 다룬 것으로 볼 수는 없다. 국방, 법치를 통한 사회질서 유지, 도로, 수로, 교량, 교육제도 같은 공공시설 및 자원의 관리, 그리고 군주의 존엄 유지 등은 정부의 중요한 역할로 남겨 둔 것이다. 그 외 사회의 많은 부분은 시장메커니즘에 의한 작동이 유용하다는 주장이었다.

그래서 현재 정부가 담당하고 있는 많은 일은 아담 스미스의 시각에서 볼 때는 더 효용성을 높일 수 있는 시장메커니즘을 적극적으로 활용하는 것에 대해 고려해 보도록 한다. 정부의 역할도 분명 언급하고 있지만, 아담 스미스의 기본적인 생각과 입장은 시장메커니즘의 효용성에 더 기울려져 있다. 그런 점에서 공공관리에서 시장메커니즘을 적극적으로 받아들여 적용하고 활용하려는 것은 아담 스미스의 시장메커니즘에 대한 효용성 강조가 그 사상적 기초가 된다.

---

16 소병희(2007). 『정부실패』, 삼성경제연구소, p. 79.

2) 마셜의 시장메커니즘

시장에서 활동하는 주체가 어떤 행동을 한다는 것은 그 행동의 결정 행위가 먼저 이루어진 이후의 일이다. 시장의 참여 주체자로서 개인이건 기업이건 정부이건 의사결정을 하면 이어서 행동을 통해 시장에 참여하게 된다. 그렇다면 시장의 참여 주체들은 어떻게 의사결정을 하는 것일까? 시장에서 가격은 참여자들에게는 주요 신호로서 기능을 한다. 그래서 가격에 반응하며 적응해나가는데, 어떠한 형태의 의사결정이 가격에 대한 반응이나 적응을 이끌어 내는 것일까? 한계주의(marginalism)가 그에 대한 설명을 하고 있다. 한계주의는 시장에서 참여자들의 의사결정의 한 메커니즘으로 작동되고 있다.

한계주의에 대한 포괄적인 내용을 다루면서 시장을 분석하는 경제학 분야에 큰 영향력을 미친 사람은 앨프레드 마셜(Alfred Marshall)이다. 마셜은 한계주의의 발명가는 아니지만 오늘날 미시경제학에서 한계적 전통(marginal tradition)을 수립했다는 평을 받을 정도로 영향력이 크다. 마셜이 설명하는 한계주의에 기초한 경제주체들의 의사결정은 한계이익(marginal benefit)과 한계비용(marginal cost)을 비교하며 이루어진다.[17]

한계(marginal)이라는 말은 어떤 행동을 추가적으로 할 때 추가적으로 변화되는 것을 말하는데, 그때 추가적으로 생기는 이익이 한계이익이고 추가적으로 발생되는 비용이 한계비용이 된다. 예를 들어 여행을 하면서 추가적으로 며칠을 더 여행을 할지 말지를 결정할 때 하루 더 여행하면 추가적으로 생기는 이익이나 비용이 있을 것이고, 또 목이 마를 때 음료수를 추가적으로 한 잔 더 마시게 될 때 느끼는 쾌감이나 비용이 있고, 가게 문을 한 시간 더 연장할 때 추가적으로 발생되는 이익과 비용도 있다. 여기서 추가적으로 변화된다는 것이 바로 한계라는 말이고 그것이 이익이 되면 한계이익

---

17 Buchholz, Todd G.(2009). 『죽은 경제학자의 살아있는 아이디어』, 김영사, pp. 297 – 298.

이고 비용이 되면 한계비용이다. 바로 이 한계이익과 한계비용을 비교해서 의사결정을 한다는 것이다. 한계이익이 한계비용을 초과하는 한 행동을 계속하는 것이 유리하다는 내용이 한계주의의 주장이다. 그러다가 한계이익과 한계비용이 같아지면 비로소 행동을 멈추게 된다. 그 지점이 최적의 효율적인 상태가 되기 때문이다.

따라서 어느 정도까지 여행을 할 것인가를 고민할 때 하루를 더 여행하면서 얻는 이익이 비용을 초과하는 한 계속 여행을 하는 것이다. 한 시간씩 영업시간을 늘릴 때마다 얻는 이익이 비용보다 더 많다면 계속 늘리다가 어느 순간 늘어나는 이익과 발생되는 비용이 같아지면 더 이상 영업시간 연장은 하지 않고 그 시점에서 멈추는 것이다. 목이 마를 때 추가적으로 사먹는 음료수에 대한 의사결정도 같은 방법으로 한다. 비단 시장이 아니더라도 일상생활에서 우리는 어떤 행동의 추가적인 만족으로서 한계효용(marginal utility)을 생각하며 의사결정을 하는 경우가 많다. 이를 시장경제 전반으로 분석해서 시장메커니즘의 하나로 설명한 이가 마셜인 것이다.

하지만 시장에서 가격이 중심이 된 한계비용과 한계이익을 고려해서 의사결정을 하는 것이 사실은 충분하고 완전한 설명이라고는 볼 수 없다. 마셜도 소비자의 기호나 관습이나 선호나 소득이나 경쟁 상품의 가격 등이 수요와 공급과 관련한 의사결정에 영향을 미친다고 했다. 그래서 그가 제시한 방법이 '세테리스 파리부스(ceteris paribus)'라는 울타리였다.18 '다른 조건(요인)들이 모두 같다는 가정'하에 관심 있는 요인 중심으로 분석을 진행하는 것이다. 다시 말해, 관심 있는 요인을 중심으로 현상을 이해하기 위해 그 외의 다른 요인들이나 미처 생각하지 못했을 수도 있는 여타 요인들은 잠시 동안 고려의 대상으로 두지 않는 것이다. 다른 모든 조건이 같다면 내가 관심 있는 요인은 보다 수월하게 분석될 수 있다. 사실, 모든 것을 다 고려하는 것은 아무 것도 고려하지 못하는 것과 같다는 말처럼 핵심을 중심으로 현상을

---

18 Buchholz, Todd G.(2009). 『죽은 경제학자의 살아있는 아이디어』, 김영사, pp. 326-327.

파악하기 위해서는 이 방법이 유용하다. 물론 마셜이 세테리스 파리부스의 방법을 처음 제시한 것은 아니다. 경제학이나 통계학에서도 널리 사용되고 있었다. 그러나 마셜에 의해 자세한 논의가 이루어지면서 시장에서 작동되는 의사결정의 메커니즘에 대한 이해를 높였다.

　마셜은 탄력성의 개념을 통해서도 시장메커니즘에 대한 설명을 한다. 특히 시장에만 맡겨두어서는 안 되는 분야를 탄력성으로 설명하기도 했다. 탄력성(elasticity)은 반응성(responsiveness)의 의미로서 어떤 매개에 의해서 생기는 반응물의 변화를 말한다. 시장에서 주요 매개는 가격이 되고 그에 의한 반응은 수요나 공급이 된다는 점에서, 흔히 가격탄력성은 가격 변화에 따른 수요자들의 소비 변화를 말하거나 공급자들의 공급 변화를 말한다.

　수요의 가격탄력성을 예로 들면, 가격의 변화율에 대응하는 수요량의 변화율로 나타낼 수 있다. 두 변화율의 비 값이 탄력성의 정도를 나타내게 되는데, 그 값이 1보다 크다면 상품에 대한 수요가 가격 변화에 민감하다는 것을 의미하기 때문에 탄력적이라고 하고 만일 1보다 작으면 가격변화에 별로 영향을 받지 않는 것을 의미하므로 비탄력적이라고 한다. 예컨대 가격이 10% 변했을 때 수요의 변화율이 11%라면 이 상품을 탄력적인 상품이라고 하고, 만일 10% 가격 변화율에 대해 수요가 9% 변했다면 이 상품을 비탄력적인 상품이라고 한다. 일반적으로는 생필품의 경우는 비탄력적이고 사치품은 탄력적인 경우가 많다. 아무리 가격이 비싸진다고 해도 생필품은 사서 써야 하기 때문에 가격변화에 따라 수요 즉 소비량의 변화가 크지 않은 반면, 사치품은 가격이 오르면 굳이 사려고 하지 않고 가격이 내리면 더 사려고 한다. 물론 항상 그런 것은 아니다. 상품에 따라 다르다.

　마셜은 이러한 탄력성에 비추어 볼 때 수도와 전기와 같은 공익사업의 성격을 띠는 분야에서의 독점은 정부에 의해 가격이 규제되어야 한다는 입장이었다. 특히 자연 독점(natural monopolies)의 경우인데, 예컨대 여러 수도 공급 업체가 같은 도로를 두고 경쟁적으로 수도관을 매설하는 것은 효율적이지 않기 때문에 정부가 독점을 보장하되 가격규제를 하고 동시에 보조금을 지급해서 생산성을 높이도록 해주거나 적어도 적정 이윤을 보장해주는 것이다. 비단 자연독점이 아니라고 해도, 예컨대 인슐린을 공급하는 업체가 단 한 곳뿐이라면 그 업체는 독점이 되어 마음대로 터무니없는 가격까지 인슐린 가격을 높일 수 있다. 그런데 문제는 이 독점은 비탄력적인 소비자를 상대하고 있다는 점이다. 그래서 정부는 가격규제를 위해 시장에 개입하게 된다.

　사실 정부정책은 마셜에 의해 다듬어진 이 탄력성 개념을 염두에 두고 시행하는 경우가 많다. 예컨대 지하철 운영의 적자를 개선하기 위해 지하철 요금을 인상하는 대책을 수립하는 것은 수요의 비탄력성을 전제한 것이다. 지하철 이용에서 대중들이 가격변화에 대해 비탄력적으로 반응한다고 가정하기 때문에 요금 인상은 곧 수익 개선으로 이어질 것이라고 예상한 결과다. 그리고 흡연 인구를 줄이기 위해 담배 가격을 높이거나 담배세를 인상하는 것은 가격에 대한 수요의 탄력성을 전제한 것이다. 담배 가격이 높아지거나 담배세가 인상되면 담배 가격에 민감한 사람들이 덜 피우게 될 것이라는 생각에서 비롯된 대책이다. 대외 적자를 줄이기 위한 달러 가치 조정 대책도 마찬가지다. 외국 상품에 대한 국내 수요가 탄력적이라는 것을 전제하고 있다.[19] 이처럼 탄력성은 이미 정부정책에서 다양한 방법으로 적용되고 있다.

　마셜이 설명하는 여러 시장메커니즘의 작동 방법이나 원리는 이미 경제현상은 물론이고 정부와 시장 간 관계를 분석할 때 기본 도구로서 많이 활용되고 있는 것들이다. 그만큼 분석적 활동에서 시장메커니즘의 유용성을 보다 실제적으로 보여주고 있다. 물론 공공관리가 정부영역에 도입되면서 마셜의 시장메커니즘은 제도와 정책 속에 조금 더 다듬어지는 형태로 스며들게 된다.

---

19 Buchholz, Todd G.(2009). 『죽은 경제학자의 살아있는 아이디어』, 김영사, p. 336.

2. 신자유주의의 시장메커니즘: 하이에크

하이에크(Friedrich A. von Hayek)는 사회주의의 '방법'에 대비되는 자유주의의 '방법'을 설명하면서 자유주의에 따른 경제활동을 강조한다. 사회주의의 목적으로서 사회정의나 평등이나 안전 그 자체 보다는 중앙계획당국에 의한 계획경제(planned economy)의 방법을 비판하면서 자유주의 경제활동의 방법인 경쟁의 중요성을 주장한다.

그는 '계획'의 의미가 다양할 수 있다는 것을 미리 말해두면서, 사회주의의 방법으로서 계획은 "단일 계획에 따라 어떤 자원들이 어떤 목적을 위해 어떤 특정한 방식으로 쓰여야 하는지에 대해 의식적으로 지시하는 것"이라고 했다. 간단히 말하면, 모든 경제활동이 통제되는 중앙지시체제가 바로 계획인 것이다. 이 계획은 경쟁을 반대하며, 생산수단의 사적 소유를 철폐하고, 이윤추구의 기업가 대신 중앙계획당국이 핵심이 되는 일종의 군대식 병영화와 같다.[20] 그래서 계획경제는 단 하나의 중앙당국으로부터 모든 것을 지시받는다는 생각으로 공포심을 불러일으키기도 하고 때로는 전체주의로 빠지게 한다. 이를 위해 계획경제는 계획가가 제시하는 완전무결한 윤리규범과 같은 모든 사람들이 따라야 할 일정한 가치의 존재를 전제한다.[21] 물론 완전무결한 윤리규범의 존재가 현실성이 낮지만, 만일 이러한 것들이 작동되어 중앙집권적 명령체제가 지배하게 되면 우리는 노예로 가는 길(road to serfdom)로 들어서게 된다는 것이 하이에크의 주장이다. 중앙지시에 의한 계획의 불가피성을 주장하는 것은 근거 없는 주장이라고도 했다.

계획경제에 반대하는 하이에크는 자유주의의 경제활동의 방법인 경쟁이 중요하다고 강조했다. 자유시장의 경쟁을 하나의 원칙이자 원리와 기회로 여겼다. 그는 다음과 같이 말하며 경쟁의 중요성을 강조한다. "경쟁사회

---

20 von Hayek, Friedrich A.(2012). 김이석 옮김, 『노예의 길』, 나남출판, pp. 73−77.
21 von Hayek, Friedrich A.(2012). 김이석 옮김, 『노예의 길』, 나남출판, pp. 104−105.

에서 빈곤한 사람들에게 열려 있는 기회들은 부유한 사람들에게 개방된 기회들보다 훨씬 더 제약되어 있다. 그럼에도 불구하고 경쟁사회의 가난한 사람들이 이와는 다른 유형의 사회에서 더 큰 물질적 안락함을 누리는 사람보다 오히려 훨씬 더 자유롭다는 사실이 변하지는 않는다. 경쟁하에서는 가난하게 출발한 어떤 사람이 큰 부에 이르게 될 가능성은 유산을 가지고 있는 사람보다 훨씬 더 작은 것은 사실이다. 그러나 경쟁시스템에서는 가난하게 출발한 사람도 큰 부를 쌓는 것이 가능할 뿐만 아니라 큰 부가 자신에게만 달려있을 뿐 권력자(the mighty)의 선처에 달려 있지 않다. 경쟁시스템은 아무도 누군가가 큰 부를 이루려는 시도를 금지할 수 없는 유일한 시스템이다."22 비록 경쟁사회의 가난한 사람들이 같은 사회의 부유한 사람들보다 제약이 있다고는 해도 경쟁사회가 아닌 곳의 부유한 사람들보다는 오히려 더 자유롭고, 또 경쟁사회의 부유한 사람들보다 더 큰 부를 이룰 가능성이 적긴 해도 경쟁시스템은 가난한 사람들이 부를 이룰 가능성을 열어두고 있다는 것이다. 중요한 것은 가난한 사람들에게도 경쟁사회의 경쟁시스템이 더 유리하다는 주장이다.

하지만 그렇다고 해서 하이에크가 무조건 인간을 자유롭게 그대로 두어야 한다고 주장하지는 않았다. 중앙집권적 계획에 결코 해당되지는 않지만, 계획의 속성을 지닌 존재의 필요성을 완전히 부정하지는 않았다. 독단적 자유방임과는 달리 자유주의 입장에 따라 인간의 노력들을 조정하는 수단으로 경쟁을 그대로 놔두는 것이 아니라, 경쟁의 힘을 가능한 한 최대한 잘 활용하자는 입장을 지니고 있었다. 이는 경쟁이 제대로 작동되도록 하는 어떤 역할이 있을 수 있다는 여지를 보여준다. 유효한 경쟁이 창출될 수 있는 곳에서는 그 어떤 방법보다도 경쟁이 개별적인 노력의 좋은 길잡이가 되어 주기 때문이다. 자유주의의 방법은 바로 이 경쟁이 핵심인데, 경쟁이 유익하게 작동하려면 법적인 틀이나 화폐와 시장과 정보망과 같은 특정 제도들의 적절

---

22 von Hayek, Friedrich A.(2012). 김이석 옮김, 『노예의 길』, 나남출판, pp. 162-163.

한 조직화도 필요하다. 경쟁의 작동 여부는 경쟁을 유지하고 경쟁이 가능한 한 유익하게 작동하도록 하는 법적 시스템의 존재에 달려 있다는 것이다.[23] 이렇게 본다면, 시장은 그 자체로 항상 변함없이 효율적인 제도가 아닐 수도 있다. 시장질서의 효율성은 일정한 규칙의 성격에 달려 있게 된다. 하이에크도 시장경쟁에 대해 "적절한 규칙에 의해 제약될 필요"가 있다고 했다.[24]

그래서 국가가 해야 할 광범위한 분야에는 "경쟁이 최대한 효율적으로 작동할 수 있는 조건을 창출하는 일, 경쟁이 유효하게 서비스를 제공할 수 없을 때에만 비로소 경쟁을 대체하는 일, 그리고 아담 스미스의 말대로 거대 사회에 가장 유익하지만 어떤 개인이나 소수의 개인들이 그 비용을 보상할 수 있을 만큼 이윤이 나지 않는 성질의 서비스를 제공하는 일"이 해당한다. 하이에크는 특히 경쟁이 적절하게 작동하기 위해서는 사기나 기만을 방지하는 일이 중요하다고 했다. 하지만 경쟁의 원활한 작동을 위해 필요한 조건이 창출될 수 없어 당국의 직접적인 규제에 의존하게 되더라도, 이 사실이 경쟁을 억압해야 한다는 것을 의미하지는 않는다는 것이 하이에크의 입장이다.[25] 기본적으로 경쟁의 작동이 우선이지 계획의 역할이 우선되지는 않는 것이다. 이때의 계획은 경쟁에 반하는 계획(planning against competition)이 아니라 경쟁을 위한 계획(planning for competition)이다. 하이에크는 이러한 계획을 인정하고 있다. 단지 그가 더 강조하는 것은 경쟁을 혐오하고 지시경제(directed economy)로 표현되는 계획에 대한 비판이다.

하이에크는 1930년대와 1940년대에 일어난 소련의 스탈린과 독일의 히틀러가 자행한 비극적인 모습을 보고 이러한 주장에 더욱 더 확신을 가졌다. 그는 개인은 장기판의 말과 같이 되어버리는 사회주의나 전체주의 사회에서는 개인의 자유는 존재하지 않고 관리되고 조정될 뿐이며 결국은 위험과 비

---

23 von Hayek, Friedrich A.(2012). 김이석 옮김, 『노예의 길』, 나남출판, p. 80.

24 조필규(2013). 하이에크의 자생적 질서와 협조적 행위규칙, 『한국경제학보』, 20(2): 187-212, pp. 201-202.

25 von Hayek, Friedrich A.(2012). 김이석 옮김, 『노예의 길』, 나남출판, p. 81.

극을 초래하게 된다고 보았다. 그래서 그는 중앙당국에 의한 계획경제를 강하게 비판했다.

계획경제에 대한 비판은 제3의 질서로서 자생적 질서(spontaneous order)에 대한 강조로 이어졌다. 일반적으로 그동안 질서는 두 개로 생각되어 왔다. 계획된(인위적) 질서로서 조직(organization)과 자연적 질서(natural order)가 각각에 해당된다. 인간의 이성에 의해 계획해서 만든 질서가 계획된 질서이며 이는 데카르트, 홉스 등 구성주의적 합리주의(constructivistic rationalism)를 기반으로 하는 프랑스 계몽주의의 전통이다. 이후 신고전파 미시경제학과 케인스 전통의 거시경제학이 이어받는다. 사회질서는 계획하는 이성에 의해 인위적으로 조직해야 비로소 합리적이라고 생각하는 입장이다. 반면 자연적 질서는 인간의 본능에 의해 형성된 질서이거나 또는 물리적 현상과 같이 인간의 행동과 전혀 관련이 없는 질서를 말한다. 인간의 본능에서 형성된 자연적 질서에는 가족 또는 친지나 친구와 같은 제1차 집단 등이 해당된다.26

이와는 달리 제3의 질서가 있다. 바로 자생적 질서가 그것이다. 자생적 질서는 아담 퍼거슨, 아덤 스미스, 그리고 데이비드 흄 등 진화적 합리주의(evolutionary rationalism)를 기초로 하는 스코틀랜드 계몽주의자들이 발견했고 멩거와 하이에크 등 오스트리아학파가 발전시킨 질서 개념이다. 인간행동의 결과이기는 하지만 인간들이 의도해서 만든 질서가 아닌 것이 자생적 질서다. 인간들이 자신들의 이익을 추구하기 위해 자신의 지식을 투입하여 행동하는 과정에서 저절로 생성되는 질서다. 그 대표적인 것이 언어, 도덕, 또는 시장경제이다. 아담 스미스가 말하는 "정의의 규칙"이나 하이에크가 말하는 "정의로운 행동규칙"은 자생적 질서와 관련된다.27

하이에크가 비판한 계획된 질서인 조직은 자생적 질서와는 몇 가지 점에서 차이가 있다. 조직에는 사령탑이 있어서 그에 의해 계획이 미리 정해지

---

26 민경국(2012). 자생적 질서, 법, 그리고 법치주의, 『제도와 경제』, 6(1): 21−60, p. 32.
27 민경국(2012). 자생적 질서, 법, 그리고 법치주의, 『제도와 경제』, 6(1): 21−60, p. 32.

고 구성원들의 위치도 정해진다. 구성원들은 사령탑의 지시와 명령을 통해서 조정·지배·감시된다. 계획된 질서인 조직은 주로 계층적인 구조를 통해 지배와 복종의 관계로 구성되어 있다. 반면, 시장경제의 자생적 질서는 사령탑이 없을 뿐 아니라 구성원들이 공동으로 달성할 공동의 목적이 존재하지 않는다. 기업들이나 개인들이 제각기 추구하는 개별목표들만이 있을 뿐이다. 그리고 자생적 질서는 거대한 사회이다. 이 속의 구성원들의 복잡하고 다양한 관계들은 수평적이다. 개인들과 조직들은 제각기 자신들이 스스로 정한 목적을 위해서 자신이 스스로 습득한 지식을 이용하면서, 그들의 활동은 그들 스스로가 상호간의 적응을 통해 조정한다. 〈표 3-2〉는 자생적 질서와 계획된(인위적) 질서인 조직 간에 존재하는 차이점을 보여준다.28

오늘날 신자유주의의 이론적 기반이 되는 하이에크의 시장메커니즘에 대한 설명은 시장 기능의 긍정적인 측면을 활용하는 데 유용하게 사용되고 있다. 물론 부정적인 측면이 드러나면서 많은 비판이 있는 것도 사실이다.

〈표 3-2〉 자생적 질서와 계획된(인위적) 질서29

질서의 종류 / 특징	자생적 질서	계획된(인위적) 질서로서 조직
인식론	진화적 합리주의	구성주의적 합리주의
전통	스코틀랜드 계몽주의	프랑스 계몽주의
행동조정	자생적 조정	인위적 조정
목표	공동 목표의 부존, 다중심적 질서	공동 목표의 존재, 단일 중심적 질서
사례	시장질서, 도덕, 화폐, 법, 언어	중앙집권적 경제질서, 이익단체, 간섭주의 경제
법질서	법(정의의 규칙으로서 민법과 형법: 영미식)	입법(공법, 처분적 법, 사회입법)
열림성	열린사회, 거대한 사회	폐쇄된 사회
지배유형	법이 지배하는 사회	목적이 지배하는 사회

---

28 민경국(2012). 자생적 질서, 법, 그리고 법치주의, 『제도와 경제』, 6(1): 21-60, pp. 33-34.
29 민경국(2012). 자생적 질서, 법, 그리고 법치주의, 『제도와 경제』, 6(1): 21-60, p. 34.

하지만 시장메커니즘의 유용성에 기초한 공공관리의 이론적 배경으로 신자유주의는 중요한 사상 중 하나에 해당한다. 특히 고전적 자유주의를 보완해서 자유시장이 주는 본래의 긍정적인 면이 더 잘 작동되도록 하는 시장메커니즘을 보여준다는 점에서 더욱 그렇다.

3. 질서자유주의적 시장메커니즘: 오이켄

오이켄(W. Eucken)이 중심이 되어 독일에서 발달한 질서자유주의(Ordo-liberalismus)는 고전적 자유주의에 대해 비판을 하며 새로운 관점을 제시하였다. 고전적인 자유주의에서는 자연적인 질서에 기초한 경쟁 질서를 유일한 경제 질서로 간주한 자유방임적 특성을 강조하였다. 오이켄은 여기에 대해 시장경제질서가 본연의 기능을 잘 수행하면서 인간다운 경제 질서가 되기 위해서는 자연적인 상태를 그대로 내버려두지 않아야 한다고 했다. 시장경제 질서도 가꾸어야지 제대로 운영된다는 기본적인 생각을 가지고 있었던 것이다.[30]

물론 고전적인 자유주의에서 국가의 개입과 같은 역할이 전혀 없었던 것은 아니라고 오이켄도 말하고 있다. 다만, 국가의 정책적 행위가 법체계의 확립에 그치는 정도에서 머물러 있었다. 고전적인 자유주의에서는 법체계만 확립되면 올바른 경제질서는 자연스럽게 혹은 저절로 확립될 것으로 보았던 것이다. 법체계를 확립함으로써 개인의 자유와 다른 사람의 사회적 지위를 침해하지 않게 되면 전체의 복리에 기여할 것이라고 여김으로써, 고전적 자유주의자들은 법 테두리 내의 개별 요소들에 대해서는 중요시하였지만 요소들로 구성되는 전체 시스템에 대해서는 큰 관심이 없었다. 이들은 경쟁의 자발적인 유지 경향을 믿고 있었다.[31] 이처럼 오이켄은 고전적인 자유주의가

---

30 배진영(2003). 『경제질서의 이론과 정책』, 비봉출판사, p. 412.

31 배진영(2003). 『경제질서의 이론과 정책』, 비봉출판사, p. 412, p. 422.

비록 자유방임적 속성을 강하게 지니고 있다고 하더라도 법체계 확립과 같
은 국가의 역할이 없었던 것은 아니었다는 점은 분명히 인식하고 있었다. 문
제는, 그렇게 확립된 법체계와 보이지 않는 손(invisible hand)이 현실 속에서
바람직한 경제 질서를 저절로 만드는 것은 아니라는 점이다. 오이켄이 주목
한 점이 바로 이 점이다.

   오이켄이 주장하는 바람직한 경제 질서라는 것은 어디까지나 경쟁이 공
정하게 이루어지도록 보장되어 있는 시장경제질서를 말하는 것이었다. 공정
한 경쟁은 국가가 보장해주어야 하며 이는 국가가 법체계의 확립 이외에도
해야 할 또 다른 중요한 역할이라고 했다. 왜냐하면 경쟁은 스스로 붕괴되어
버릴 수도 있고 잘못된 경쟁의 경우 큰 문제를 야기하는 경우도 있기 때문
이다. 그래서 질서자유주의의 궁극적인 실천과제는 기존의 경제 질서를 어
떻게 하면 경쟁 질서로 바꿀 수 있는가 하는 것이었다.32

   그렇다고 해서 경제정책을 수행할 때 세밀하게 모든 것에 개입하는 것
은 아니다. 오이켄에 의하면 경제정책을 수행하는 이는 경제 질서의 일반지
침을 마련하고 이 지침에 기초해서 경제 질서와 관련된 문제를 검토하고 보
완 및 수정을 하는 데 그쳐야 한다고 했다. 일반지침을 통해서 원칙 없는 정
부개입주의가 배격되고 원칙에 입각한 경제정책이 수행될 수 있다는 것이
다. 이에 대해 오이켄은 4개 그룹(구성적 원칙, 규제적 원칙, 보완적 원칙, 국가
정책적 원칙)으로 나누어진 경제정책의 원칙을 제시한다.33 4개 그룹 속에 있
는 각각의 원칙들은 질서자유주의의 특징을 이해하는 데 도움을 준다.

   첫 번째는 구성적 원칙으로, 경쟁질서가 되기 위해 갖추어야 하는 원칙
을 말한다. 여기에는, '① 기본 원칙으로서 시장가격은 경쟁 과정에서 형성
되어야 한다.', '② 의사결정 권한의 배분 원칙으로서 개인 소유를 우선으로
한다.', '③ 계약 자유의 허용을 원칙으로 하되 그것이 경쟁 제한 목적으로

---

32 배진영(2003).『경제질서의 이론과 정책』, 비봉출판사, p. 413.
33 배진영(2003).『경제질서의 이론과 정책』, 비봉출판사, pp. 430-435.

사용되는 것을 방지해야 한다.', '④ 시장개방을 원칙으로 한다.', '⑤ 체결된 계약에 대해서는 반드시 책임지는 것을 원칙으로 한다.', '⑥ 가격 안정을 최상의 명제로 삼는 것을 원칙으로 한다.', '⑦ 경제정책의 투명성과 항상성을 원칙으로 한다.'가 포함되어 있다.

두 번째 원칙인 규제적 원칙은 경제과정이 잘못된 방향으로 나아가는 것을 막기 위한 원칙들이다. 주로 시장과정과 경제 순환과정을 감독하는 데 초점이 맞추어져 있다. 여기에는, '① 시장 힘의 제한과 수정을 원칙으로 한다.', '② 공급이 비정상적으로 반응할 때, 이의 수정을 원칙으로 한다.', '③ 외부효과의 수정을 원칙으로 한다.', '④ 투자에 미치는 영향을 감안한다는 조건하에서 소득분배의 수정을 원칙으로 한다.'가 포함되어 있다.

세 번째 원칙인 보완적 원칙은 구성적 원칙과 규제적 원칙을 보완하는 것을 그 내용으로 하고 있다. 여기에는, '① 정부의 재량적이고 세밀한 간섭을 지양해야 한다.', '② 경쟁 질서, 법의 제정 및 판결 그리고 행정은 상호 통합을 원칙으로 한다.', '③ 경기정책은 극심한 경기변동에 한해서만 사용되는 것을 원칙으로 한다.', '④ 부조는 스스로 일어날 수 있도록 하는 데 그치는 것을 원칙으로 한다.'가 포함되어 있다.

네 번째 원칙인 국가정책적 원칙은 국가 고유의 영역에 관한 것이다. 여기에는, '① 이해집단의 힘을 제한하는 것을 원칙으로 한다.', '② 새로운 과제를 수행하고자 할 때, 국가는 보조 역할에 머물러야 한다. 전체에 적용되는 질서정책이 개별 사안에만 적용되는 과정정책에 우선하는 것을 원칙으로 한다.'가 포함되어 있다.

이처럼 질서자유주의는 질서화된 규정과 규칙 안에서 자유를 허용하고 있다. 그것이 전체적으로 볼 때 공정한 경쟁을 이끄는 것이다. 중요한 것은 정합성이다. 모든 경제정책과 개별 법률은 질서 정합적이어야 하고, 질서정합성의 요구는 자의적인 국가 개입을 막아주는 일종의 여과장치의 역할을 한다. 다시 말해, 경제 질서를 형성하는 제반 요소들이 국가 목표의 실현에 정합적이어야 한다. 그런 점에서 법질서와 시장형태와 금융체계 등이 각각

제멋대로 형성되어서는 안 된다. 질서 자유주의가 고전적 자유주의의 사상을 받아들이지 않는 것이 아니다. 단지, 질서자유주의는 개인의 자유에 경제 질서가 요구하는 것도 고려되어야 함을 말하고 있을 뿐이다.34

　　사회적 시장 경제(social market economy)로 볼 수 있는 오이켄의 질서의 의미를 나누어 보면, 자생적 질서(gewachsene ordnung)와 제정된 질서(gesetzte ordnung)가 그것이다. 그는 자생적 질서를 역사적 사건의 진행 과정에서 의식적으로 결정되지 않고 형성되는 질서라고 하였고, 제정된 질서는 정부의 경제 정책적인 전체 결정에 기초하여 경제헌법에 의해 질서 원칙을 실현시키는 질서라고 했다. 여기서 자생적 질서의 의미는 하이에크의 자생적 질서(spontaneous order)와 유사한 개념이지만, 제정된 질서의 의미와 하이에크가 비판한 인위적 질서(artificial order)는 서로 개념적 차이가 있다. 인위적 질서나 제정된 질서 모두 인간의 이성에 근거해서 인위적으로 만들어지는 질서이다. 그러나 하이에크가 말하는 인위적 질서는 시장 질서와는 달리 인간의 자의적인 의지로 인위적으로 결정된 것으로 사회의 목적을 설정하고 이를 위해 계획적이고 의도대로 움직이게 하려는 질서인 반면, 오이켄의 제정된 질서는 자생적 질서인 시장질서가 잘 형성되도록 인위적으로 만들어낸 질서를 말한다. 제정된 질서는 일종의 시장 질서를 보조하는 질서인 것이다. 그래서 제정된 질서를 통해 자생적 질서는 더 진전된 형태로 체계적으로 실현될 수 있다. 따라서 오이켄의 제정된 질서는 중앙관리 경제 형태의 질서를 말하는 것이 아니다.35 오히려 자생적 질서인 시장질서와 시장 메커니즘의 작동을 위한 것이다. 시장메커니즘의 유용성과 효용성을 더 잘 발휘하기 위한 것으로서, 오이켄의 질서자유주의 역시 시장의 원칙과 시장 메커니즘을 강조하고 있는 입장이다. 그래서 질서자유주의를 신자유주의의 독일식 변형이라고 부르기도 한다.

---

34 배진영(2003). 『경제질서의 이론과 정책』, 비봉출판사, pp. 424-425.
35 정정길 외(2007). 『작은 정부론』, 부키, 2007, pp. 33-36.

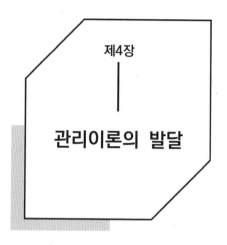

제4장

관리이론의 발달

과학적 분석을 시도한 관리법

1. 테일러의 과학적 관리

관리이론의 시작 시점을 어디에서부터 정할 것인가는 또 다른 논의거리가 될 수 있다. 하지만 오늘날 우리가 '관리(management)'라고 부르는 방법이 적어도 과학이라고 불리기 시작하며 등장한 것은 테일러(Frederick Taylor)부터라고 할 수 있다. 1856년에 태어나서 1915년에 사망한 테일러가 살았던 당시는 산업 혁명 이후에 잇따라 개량 및 개발된 다양한 산업기계들 덕분에 공장이 번성하던 때였다. 이런 상황에서 기존의 주먹구구식(rule of thumb method)의 관리 방법은 효율적이지 못했다. 그래서 보다 과학적인 분석에 기초한 작업관리가 필요했다. 테일러는 작업 현장에서 여러 실험과 분석과 연구를 통해 과학적이라고 불릴 수 있는 효율적인 관리방법을 제시했고, 그것이 『The Principles of Scientific Management』이라는 책으로 발간되었다. 책의 명칭 자체가 '과학적 관리법'인 것처럼 주먹구구식의 관리가 아닌 과학적인 관리를 위한 방법들을 소개하고 있다. 실제 그가 작업 현장에서 실시했던 분석과 실험의 결과들에서 얻은 교훈들이 책에 담겨 있다.

그는 작업 현장에서 시계를 이용해서 작업 시간을 분석하고, 작업 간 이동 거리를 자로 재기도 했고, 어느 정도의 양을 삽으로 퍼서 나르는 것이 가장 효율적인지에 대해서도 직접 실험을 했다. 시간 연구와 동작 연구를 해서 효율적인 작업 모델을 제시하려고 했던 것이다. 이는 곧 작업의 표준을 세우는 노력들이기도 했다. 그는 이 표준대로 일을 하면 효율성 향상을 통해 생산량의 증대를 가져온다는 것을 보여주었다. 실제 그가 제시한 표준에 따라 작업을 한 결과는 눈에 띄었다. 1인당 작업량이 약 3.7배 가량 늘었고 그에 따라 1인당 평균 임금도 약 63%가 증가하였다. 그리고 생산량에 따른 비용은 줄었다.[1]

이런 결과에 기초해서 제시된 과학적 관리법 다섯 가지는 다음과 같다. 첫째, 과업 관리(task management)를 하는 것이다. 관리자는 작업자에게 수행 가능한 매일의 과업량을 부여하는 것이 중요하다는 것이다. 이때 과업량은 정밀한 계산에 의해 공정하다고 할 만큼의 양이 된다. 작업자가 할당된 양만큼의 과업을 수행하면 그에 따른 보상을 적절하게 한다. 이것이 바로 과학적 관리를 가능하게 하는 과업 관리다. 둘째, 작업 연구(work study)를 하는 것이다. 효율적인 관리를 위해 시간 연구와 동작 연구를 통해 표준 시간과 표준 동작을 설정하는 것을 말한다. 이는 곧 불필요하고 쓸모없는 시간과 동작을 줄여서 항상 균일한 성과를 내도록 하는 방법을 제시하는 것이다. 특히 숙련이 덜 된 사람들을 가르치기 위해서는 숙련된 사람들의 실험에 의해 제시된 이런 표준이 중요하다. 셋째, 도구의 표준화(standardization of tools)

1 Taylor, Fredrick Winslow(2009). *The Principles of Scientific Management*, Book Jungle.

를 마련하는 것이다. 작업에 사용되는 도구들의 효율성을 위해 표준화된 도구를 제시하는 것을 말한다. 작업 환경에 최적화되고 표준화된 도구가 있다면 그것만 사용하면 된다. 예를 들어 한 삽에 들어갈 수 있는 최적의 양을 계산하면, 그 어떤 물체가 되건 한 삽으로 최적의 양이 되도록 삽의 모양을 표준화시키는 것이다. 최적의 양이 10Kg이라면 모래를 풀 때 한 삽으로 10kg이 되도록 하는 삽을 만들고, 돌멩이를 펼 때도 한 삽으로 10kg이 되도록 하는 삽을 만들어 놓으면 된다. 그렇게 하면 물체의 종류에 따라 표준화되어 있는 삽만 골라서 사용하면 된다. 넷째, 차등적 임금 제도(differential piece−rate system)의 적용이다. 표준화된 작업량을 제시하고 그것을 초과하면 그에 상응하는 성과급을 지급하되, 표준작업량에 미치지 못하면 낮은 비율의 임금을 지급하는 것이다. 이는 작업자의 의욕을 유인하기 위한 방법이 될 수도 있다. 다섯째, 기능별 감독 체제(functional foremen system)를 두는 것이다. 단독의 감독자가 아니라 기능별로 감독의 역할을 하는 사람들을 두는 것을 말한다. 이는 단순히 현장 감독을 하는 것이 아니라 각 기능의 임무가 효과적으로 이루어지도록 하는 일을 맡은 사람들을 두는 것을 말한다. 작업자들의 숙련도 향상에 중요한 역할을 하는 사람들로서, 예컨대 검사담당자나 속도담당자나 순서담당자들이 그에 해당한다.2

이러한 과학적 관리법은 한편에서는 비판을 받기도 했다. 인간을 기계로 여기는 듯한 작업 과정이나 기계적인 작업의 표준화 방법의 적용, 그리고 경제적 유인에 치우친 인간의 동기에 대한 가정 등에 따른 비판들이 그것들이다. 실제로 일명 테일러주의로 불리는 관리 방식으로 인해 노동자들이 비인간적인 근로 조건에 대한 불만으로 파업을 하기도 했고, 그 과정에서 노동자들은 테일러가 더 높은 생산력을 추구하기 위해 노동자들의 고통을 보여주는 자료와 증거를 숨기기도 한다고 주장하기도 했다.3

2 Taylor, Fredrick Winslow(2009). *The Principles of Scientific Management*, Book Jungle.
3 Soll, Jacob(2016). 정해영 옮김, 『회계는 어떻게 역사를 지배해왔는가』, 메멘토, p. 337.

　　그럼에도 불구하고 테일러의 과학적 관리는 주먹구구식에서 벗어나려
는 노력과 시도로서 의의가 있다. 전통적 관리 이론의 출발점을 여기에서 찾
는 것처럼 오늘날에도 과학적 관리법의 흔적은 곳곳에 남아 있다. 현재 이
글을 읽고 있는 독자가 관리를 하거나 관리를 받고 있는 상황에 있다면 쉽
게 이해할 수 있을 것이다. 내가 해야 할 일에 대한 표준 할당량의 존재나
내가 담당하고 있는 업무의 표준화된 매뉴얼이나 비록 샵은 아니더라도 표
준화된 도구(업무에 따른 다양한 종류의 컴퓨터 프로그램 등)로 일을 하고 있다
면 더욱 그렇다.

2. 포드의 포디즘

　　테일러의 과학적 관리법과 유사한 방식의 관리는 비슷한 시대를 살았던
포드(Henry Ford)에 의해서도 이루어졌다. 포드는 T형 포드를 개발하여 자동
차의 대중화를 이룬 업적을 남겼다. 자동차가 사치품이 아닌 대중들의 일반
적 재화가 되도록 했던 대표적인 인물이다. 그것을 가능하게 한 것은 테일러
의 과학적 관리법과 유사한 방법의 대량생산 방식 덕분이었다. 작업 시간과
작업 동작을 철저하게 분석해서 작업의 표준화를 만들고 분업을 통해 단순
작업들이 컨베이어 벨트에 놓여지게 하여 대량생산을 가능하게 만든 것이다.

　　일명 포디즘(fordism)으로 불리는 이 방법을 통해 작업 시간이 현저히
줄어들게 되었고, 효율적 생산에 따라 자동차 가격을 계속 인하해서 1925년
에는 T형 한 대의 가격이 260달러가 되기도 했다. 낮은 가격은 대중화의 핵
심으로서 포디즘은 자동차의 대중화에 분명 기여한 관리방식이었다. 그러나
다른 한편으로는 작업자들의 행동이 컨베이어 벨트로 이루어진 생산라인의
어느 한 부분에 서서 분업화된 단순 업무만 하는 기계나 다름없는 모습이었
기 때문에 그에 대한 많은 비판을 받기도 하였다.

　　포드의 포디즘을 지금 시점에서 보면 너무나 당연하게 받아들일 만한 작
업 방식처럼 보이지만, 당시에는 일대 혁명과도 같았다. 생산성에서 입증되

었고 사람들의 삶 속에 직접적인 영향(자동차 대중화의 결과)을 미치는 것이 확인되었기 때문이다. 그래서 1932년에 출판된 올더스 헉슬리(Aldous Huxley)의 소설『멋진 신세계』는 포드가 태어난 해인 1863년을 인류의 새로운 기원으로 삼을 정도였다. 일명 포드 기원(After Ford: A.F. 632)이다. 포드의 컨베이어 벨트에 의한 생산방식이 가히 혁명적인 변화를 이끌었다고 여겼기 때문이다. 물론 헉슬리는 포디즘적 기계적인 대량생산 방식에 의해 통제된 사회를 비판하고 있다. 그럼에도 불구하고 포디즘은 하나의 관리법을 넘어 사회적 차원으로까지 지대한 영향을 미친 것만은 분명하다.

제2절 관리 분야를 제시한 관리법

1. 페이욜의 주요 관리 분야

관리의 주요 분야이자 원칙으로도 볼 수 있는 관리 요소들을 제시한 학자로는 페이욜(Henri Fayol)과 귤릭(Luther Gulick) 등을 들 수 있다. 이들은 테일러나 포드의 한정된 관리 기법에서 나아가 보편적 관리 원리 및 원칙을 제시하는 데 초점을 두었다.

먼저, 페이욜은 최고경영자로서의 경력을 바탕으로 『Administration Industrielle et Generale』이라는 책에서 조직의 중요한 활동 여섯 가지를 분류했다.[4] 기술 활동(개발, 생산, 성형, 가공), 상업 활동(구매, 판매, 교환), 재무 활동(자본 조달과 운용), 보전 활동(자산과 종업원의 보호, 인사 및 총무), 회계 활동(재고 정리, 대차대조표, 비용 계산, 통계), 관리 활동(계획, 조직화, 명령, 조정, 통제)이 그것들이다. 이는 조직을 관리하는 데 필요한 주요 부문들이면서

---

4 Hayol, Henri(1949). *General and Industrial Management*, London: Pitman(*Administration Industrielle et Generale*의 영문판).

동시에 효과적이고 효율적인 조직 관리를 위해 노력해야 할 원칙 및 원리들 이기도 하다.

페이욜은 특히 상위 단계로 올라갈수록 그리고 조직의 규모가 커질수록 관리 활동의 비중이 커진다고 했다. 즉, 관리 활동의 다섯 가지 요소로 제시된 계획(planning), 조직화(organizing), 명령(commanding), 조정(coordinating), 통제(controlling) 활동이 더욱 중요해진다고 했다. 따라서 이 활동들을 잘 수행해야 한다는 것이 곧 관리의 주요 원리이고 원칙인 것이다. 예컨대, 효과적인 관리를 위해서는 미래 예측이나 경영 자원을 바탕으로 활동 계획을 잘 세워야 하고, 작업에 적절히 잘 부합하는 조직을 만들고, 사람과 물적 자원 등도 올바르게 제공되어야 하며, 부하직원들의 상황을 자세히 아는 가운데 생산성을 최대한 높여야 하며, 각종 활동 간의 균형과 타이밍을 잘 잡는 것도 중요하고, 피드백을 통해 실수 등을 줄여서 각 활동이 계획대로 수행되도록 해야 한다는 것이다. 조직을 관리한다는 것은 계획, 조직화, 명령, 조정, 통제라는 하나의 사이클을 작동시키는 것이며, 이는 모든 조직에서 보편적으로 적용된다는 것이 페이욜의 주장이다.5 지금도 이와 같은 관리의 주요 영역 및 원칙들은 여러 조직이나 기업 경영에서 유용하게 적용되고 있다. 정도의 차이와 구조 및 세부적인 모습에서 일부 차이는 있어도 페이욜이 제시한 다섯 가지 관리 활동은 여전히 유효하다.

페이욜은 앞서 살펴본 테일러와는 달리 관리의 범위를 보다 포괄적으로 삼았다. 테일러의 한정된 공장 현장의 실험보다는 훨씬 넓은 범위를 아우르는 내용들인 것이다. 그래서 페이욜은 조직에서 관리를 하려는 관리자라면 그가 제시한 관리의 주요 원칙들을 따라야 한다고 했다. 그것이 곧 관리의 원칙이자 원리이기 때문이라는 것이다. 이는 관리 원칙의 보편성 혹은 일반화를 강조하는 모습이다.

---

5 Mitani, Koji(2013). 김정환 옮김, 『경영전략 논쟁사』, 엔트리, pp. 49-51.

2. 귤릭의 주요 관리 분야

또 다른 주요 관리 분야는 귤릭(Luther Gulick)과 어윅(Lyndall Urwick) 등이 1937년에 공동으로 집필 및 편집한 책 『Papers on the Science of Administration』에서 찾을 수 있다.6 이 책에서 귤릭은 관리의 핵심 요소 혹은 기능으로서 일곱 가지를 들고 있다. 그것은 계획(Planning), 조직화(Organizing), 인사(Staffing), 지휘(Directing), 조정(Co-ordinating), 보고(Reporting), 예산 (Budgeting)이다. 각 핵심요소별 영문 첫 글자로 요약해서 'POSDCoRB'라고 한다. 그래서 귤릭의 관리 이론을 간단히 POSDCoRB라고 부르기도 한다. 조직의 관리자라면 이 요소들을 적절히 잘 발휘해야 효율적인 조직 관리를 할 수 있다는 내용이 귤릭이 말하는 바의 핵심이다. 이것들은 하나의 원리이 자 원칙이 된다.7

계획은 조직이나 기업이 목표 달성을 위해 수행하는 행동의 방법이나 혹은 수행되어야만 하는 것에 대한 일종의 포괄적인 아웃라인(outline)을 의 미한다. 조직화는 업무들이 작동되도록 권위에 기초한 공식적인 구조를 설 정하는 것이다. 인사는 조직구성원들의 임용이나 교육훈련이나 업무 수행과 관련된 여건의 조성과 유지 등이 해당된다. 지휘는 리더에 의한 지시와 일반 적 명령과 구체적 방향 제시 그리고 리더의 의사결정 등과 같은 업무들을 의미한다. 조정은 일의 다양한 분야들 간 상호관계적 업무를 말한다. 보고는 일을 하고 있는 상황이나 상태에 대해 상관에게 알리는 책임을 의미한다. 예 산은 재정계획이나 회계나 통제 등의 형태로 존재하는 다양한 재정관련 활 동을 의미한다.

앞서 페이욜이 제시한 주요 관리 분야나 귤릭의 주요 관리 분야는 서로 간 비슷한 부분이 많다. 용어의 차이에 불과할 뿐 유사한 의미를 담고 있다.

---

6 Gulick, Luther and Lyndall Urwick(eds.)(1937). *Papers on the Science of Administration*, New York: Institute of Public administration, Columbia university.

7 김민주(2017). 『정부는 어떤 곳인가: 행정학의 이해와 활용』, 대영문화사, p. 132.

그리고 이들 외에도 관리의 주요 분야는 많은 학자들에 의해 제시되었는데, 그 내용들도 서로 유사한 경우가 많다. 그런 만큼 그동안 다양하게 제시된 관리의 주요 분야들은 오늘날에도 여전히 고려되고 있을 정도로 관리활동에서 중요한 의의를 지니고 있다.

하지만 당시에 제시된 관리의 주요 분야들이자 원리들은 경험적 검증을 거친 것은 아니었기 때문에 다분히 원론적인 수준이었다. 다시 말해, 구체적인 현장에서 적용될 때 그 적합성과 유용성에는 한계가 있을 수밖에 없었다. 어디에서나 고려해야 할 원리로서 보편적 원리를 제시한 것이었지만, 정작 현장에서 얼마나 그대로 잘 적용될 수 있을 것인가는 의문이었던 것이다. 그리고 일부 내용은 서로 모순될 수 있는 것으로 보여지는 관리 원칙도 존재했다.

제3절 관료제에 의한 관리

1. 관리방식으로서 관료제의 기본 의미

관료 혹은 관료제라고 하면 정부조직만을 떠올리기 쉽다. 특히 정부조직이나 정부 관료의 부정적인 면들을 비판할 때 자주 사용하기 때문이다. 관료주의라는 말을 사용할 때도 같은 맥락이다. 하지만 관료제의 의미가 꼭 부정적이지 않을 뿐 아니라 다양하기도 하다. 가장 기본적으로 관료제(bureaucracy)의 문자적 의미는 '사무실이나 책상에서 일하는 관리들의 통치'를 말한다. 책상이나 사무실을 뜻하는 'bureau'와 통치라는 의미를 갖는 'cracy'가 합쳐진 데서 비롯된 단어다. 주로 귀족제나 군주제와는 대조되는 또 다른 통치 형태의 하나를 나타내는 데 사용되었다.[8] 그래서 흔히 관료제는 통치 형태로서 이해된다.

---

8 김민주(2017). 『정부는 어떤 곳인가: 행정학의 이해와 활용』, 대영문화사, pp. 135-136.

하지만 관료제의 의미가 그에 국한되는 것은 아니다. 실제로 관료제의 의미들로 사용되는 사례들을 살펴보면, '합리적 조직', '비능률적인 조직', '관리에 의한 통치', '중립적인 행위자로서의 행정', '관료에 의한 행정', '대규모 조직', '현대 사회 자체' 등으로 사용된다.9 행정학, 사회학, 정치학, 정책학, 경영학, 경제학, 조직학 등에서 두루 사용되면서 의미가 확장된 결과다. 이러한 의미의 확장은 주로 대상을 어떤 기준과 측면에서 고려하는가의 문제와 관련된다.

한 예로서, 관료제는 구조로서 이해되기도 하지만 과정으로 이해되기도 한다. 관료제에는 과업이 할당되고 역할이 배열되어 있어서 비교적 견고한 권위 구조가 형성되어 있는데, 이를 유지하기 위해서는 지속적인 관심이 필요하고 지배 양식들은 재생산되어야 하기 때문에 관료제의 장치들은 계속 작동되는 과정에 놓여 있게 된다.10 그런 점에서 관료제는 구조 자체와 같은 고정적 의미 이외에도 과정으로서 이해되는 것이다. 그런데, 과정으로 이해되면 무수히 많은 의미로 확장된다. 그래서 관료제와 같이 대명사에 가깝게 발달된 사회과학의 용어는 용어 본연의 뜻을 정확히 규명하는 것이 쉽지 않다. 어떤 면에서는 불가능하다. 복잡한 사회를 대상으로 해서 적용되는 용어들이기 때문이다.

하지만 관료제 의미의 확장은 관리 방식의 적용과 그 결과에 따라 이루어진 것들로 볼 수 있다. 효율성을 높이는 구조를 의미하건, 권력에 의한 억압 기제를 의미하건, 아니면 사회적 현상 그 자체로 일컬어지건 그 모든 것은 관리라는 행위를 한 결과에 기초한 의미 확장이라고 볼 수 있다. 그런 점에서 관료제는 관리이론의 하나로 다루어지는 것이 어쩌면 가장 기본이 된다. 이는 관리 활동을 전제한 관료제의 의미를 살펴보는 것을 말한다. 이 책에서는 책의 주제와도 부합하면서 동시에 관료제 의미의 가장 기본이 되는

---

9 김병섭·박광국·조경호(2008). 『휴먼조직론』, 대영문화사, p. 80.

10 Ferguson, Kathy E.(1984). *The Feminist Case Against Bureaucracy*, Temple University Press.

관리 측면에 초점을 두고 관료제에 대해 살펴본다.

따라서 관료제를 비교적 쉽게 규정하면, '합법적 권위에 기초한 대규모 조직'을 의미한다. 여기에 관료제의 특징을 함께 고려해서 다시 정의하면, '관료제는 합법적 권위에 기초해서 계층화, 분업화, 전임화, 문서화의 운영 원리 등을 갖춘 대규모 조직'을 의미한다.11 관료제의 특징은 이어서 살펴볼 베버의 이념형 관료제를 통해 더 자세히 확인할 수 있다.

이와 같이 관료제는 관리방식의 모델로서 관리이론의 한 부분을 차지한 다. 관료제의 특징이나 개념이 널리 적용되고 있는 오늘날의 현실을 고려하 면, 관료제가 관리이론의 단순한 한 부분이 아니라 현실의 관리 현상을 이해 하는 중요한 핵심이 되기도 한다. 그래서 한 가지 유의할 점은, 그 개념에서 도 알 수 있듯이 관료제가 반드시 정부조직에만 한정되는 것이 아니라는 점 이다. 합법적 권위에 기초한 대규모 조직이 반드시 정부조직만을 의미하는 것은 아니기 때문이다. 사회에 존재하는 수많은 조직들 중에서 관료제의 개 념이 가장 선명하게 확인되는 조직 실체가 정부조직이다 보니 관료제가 곧 정부조직을 의미하는 것으로 여겨진 결과일 뿐이다.

2. 베버의 이념형 관료제의 관리법

관료제에 대해 베버(Max Weber)만 연구를 한 것은 아니다. 이미 그 논 의는 18세기부터 시작되었다.12 하지만 베버가 제시한 관료제가 후세대에 상당한 영향을 미쳤기 때문에 관료제 논의에서는 주로 베버의 관료제 이론 을 대표로 삼고 있다. 여기서도 베버의 관료제를 중심으로 관료제의 관리법 에 대해 살펴본다.

베버는 관리의 효율성과 효과성을 높이기 위해 이념형(ideal type) 관료

---

11 김민주(2017). 『정부는 어떤 곳인가: 행정학의 이해와 활용』, 대영문화사, p. 136.
12 Albrow, Martin(1970). *Bureaucracy*, New York: Praeger, p. 16.

제를 제시했다. 이념형이란 관념 속에서 구성되어 개념적으로 통일된 형태 (모양, 모델)를 말하는 것이다.13 이념형은 현상의 복잡성과 유동성으로 인해 파악하기 힘든 대상을 비교적 쉬우면서도 정교하게 이해하는 한 방법이다. 관념을 통해 개념적으로 설정해서 제시하기 때문에 특히 앞서 살펴본 과학적 분석을 통한 관리 방식들과는 차이가 있다. 예컨대 과학적 관리법의 경우 현장의 근로자 대상의 실험을 통한 결과들이었다.

베버의 이념형 관료제는 다음과 같은 특징을 지니고 있고, 이 특징들은 관리의 방식들이기도 하다. 우선, 관료제는 권한과 관할 범위를 법규화함으로써 권한의 남용과 임의적 사용을 허용하지 않는다. 이를 위해 고정된 의무와 권한을 '사람'이 아니라 '직위'에 부여함으로써 규정에 기초한 권한 사용을 강조한다. 그리고 계층화를 통한 계서제적인 구조를 가지는 특징을 지니고 있어서 등급화된 권위와 위계가 질서로 자리 잡고 있다. 관료제가 흔히 수직적 체계의 모습으로 이미지화되는 것이 바로 여기서 비롯된 것이다. 그리고 관료제는 문서화의 원리를 강조하면서 의사소통을 표준화하고 있다. 이는 통제를 증가시키는 복잡한 문서 기록체계가 작동되는 것을 말한다. 또 관료제는 임수행의 비개인화(impersonality, 혹은 비인격성, 비인간성)의 특징도 지니고 있다. 업무처리에서 개인적 특성(친분, 연고, 선호 등)을 배제하는 것을 말한다. 관료의 전문화와 전임화도 관료제의 특징이다. 관료제 속의 관료는 주어진 업무에 전적으로 매진(전임)하면서 해당 업무에 대한 높은 전문성을 지닌 사람으로 여겨진다. 이는 한편으로는 조직이 요구하는 생활 방식에 구성원들이 전적으로 충성할 것을 요구하는 모습으로 나타나기도 한다. 그리고 관료제는 업무의 분업화를 강조한다. 조직이 담당해야 할 업무를 일정한 기준과 방법에 따라 나눈 뒤 해당 업무에 가장 적합한 사람을 위치시켜서 조직 전체의 효율성과 효과성을 높이고자 한다.14

---

13 김민주(2017). 『정부는 어떤 곳인가: 행정학의 이해와 활용』, 대영문화사, p. 134.
14 김민주(2017). 『정부는 어떤 곳인가: 행정학의 이해와 활용』, 대영문화사, pp. 136–137; Weber, Max(1964). trans. A. M. Henderson and Talcott Parsons, *The Theory of Social*

　　이러한 특징을 지닌 관료제에 의한 관리 방식은 여러 장점을 낳는다. 우선, 주어진 업무와 권한과 의무가 명확하고 표준에 따른 업무 수행으로 인해 조직구성원들의 행동에 대한 예측이 용이하고 업무에 대한 전문성을 높이는 데 기여한다. 그리고 관료제는 법 앞에 평등을 실현하는 하나의 모습이기도 하다. 친분이나 호감 및 정실이나 자의적 결정 등에 따라 사람을 차별적이고 개별적으로 대하는 것이 아니라, 규칙에 따라 누구나 동등하게 대우하기 때문이다. 또 관료제는 책임소재를 분명히 해주는 장점도 지니고 있다. 권한과 관할 범위가 법규화되어 있고 문서화의 원리와 계서제적인 구조로 인해 업무에 대한 책임소재를 명확히 하고 있기 때문이다.

　　물론 문제점도 있다. 규정과 절차에 지나치게 얽매이다 보면 목표와 수단의 대치(goal displacement) 현상이 발생하기도 하고, 변화에 대한 저항도 심한 편이다. 그러다 보니 경직된 구조가 더 견고해지고 결과적으로 변화에 대한 대응력이 낮다. 그리고 표준화된 절차 및 규정과 매뉴얼이 있고 그에 따라 엄격하게 업무가 이루어지기 때문에 때로는 인간성의 상실이 생기기도 하고, 굳이 혁신적이고 창의적인 행동을 할 필요가 없이 주어진 역할만 잘 수행해서 아무런 문제만 발생되지 않으면 된다는 생각으로 무사안일주의(無事安逸主義)에 빠지기도 한다.15 관리 방식으로서 관료제가 많이 적용되다 보니 이러한 부정적인 결과들은 관료제 자체의 비판으로 이어지게 되었다. 그래서 앞서 살펴본 바와 같이 관료제의 의미가 상당히 확장되어 사용되고 있는 것이다. 이는 오히려 오늘날 관료제에 의한 관리 방식이 널리 활용되는 것을 보여주는 하나의 반증(反證)이기도 하다.

---

and Economic Organizations, New York: The Free Press.
15 김민주(2017). 『정부는 어떤 곳인가: 행정학의 이해와 활용』, 대영문화사, pp. 137-140.

제4절 인간과 환경을 고려하는 관리법

1. 메이요의 인간관계론

메이요(George Elton Mayo)는 관리에서 인간이라는 요인, 즉 인간관계 요인의 중요성을 실험과 인터뷰를 통해 제시한 대표적인 연구자였다. 메이요는 1927년에 전화기 제조 회사인 웨스턴 일렉트릭(Western Electric Company)의 호손 웍스(Hawthorne Works) 공장에서 일명 호손 실험을 진행하게 된다. 메이요 이전에 이미 호손 공장을 대상으로 다른 연구팀이 실험을 하였고, 그 결과로 테일러의 과학적 관리법이 그대로 적용되지 않는다는 점을 발견하였다. 조명 밝기를 밝게 하거나 어둡게 하거나 혹은 바꾸지 않았을 때도 서로 간에 차이가 없이 모두 생산성이 향상되는 것으로 그 결과가 나타났는데, 이는 노동 환경이 생산성 향상으로 나타날 것이라는 가설과는 다른 결과였던 것이다. 여기에 메이요가 실험과 대규모 인터뷰를 진행하면서 노동 환경 혹은 노동 조건 이외에도 인간관계가 노동의 의욕을 높이게 하고, 그것이 곧 생산성 향상으로 이어진다는 점을 발견하였다.

메이요가 제시한 주요 내용은 "인간은 경제적인 대가보다는 사회적 욕구의 충족을 중시한다.", "인간의 행동은 합리적이지 않으며 감정에 크게 좌우 된다.", "인간은 공식적인 조직보다는 비공식적인 조직에 더 쉽게 영향을 받는다.", "인간의 노동 의욕은 객관적인 직장 환경이 좋은가 나쁜가 보다는 직장에서의 인간관계에 의해 더 좌우된다." 등이다. 여기서 비공식적 조직은 조직 내의 파벌이나 친목 집단 등이 해당되고, 인간관계의 대상은 동료나 상사들이다. 이런 결과를 놓고 볼 때 조직이 정한 시스템이나 규칙을 무작정 강요하는 것은 생산성 향상에 별 도움이 되지 않는다는 것을 알 수 있다. 오히려 관리자가 부하직원들의 고민과 고충을 듣고 그들의 상황에 귀를 기울

이는 것이 더 생산성 향상에 효과적일 수 있다는 점을 보여 준다.[16]

시기적으로 테일러 이후에 진행된 메이요의 실험 결과는 당시 시대상을 보여주는 측면이 있다. 테일러 시기의 사람들은 빈곤에서 벗어나기 위한 노력으로 인해 근로 의욕이 경제적 요인에 의해 크게 영향을 받던 '경제인'이었다. 반면, 포드의 포디즘으로 자동차 대중화와 같은 영향으로 풍요로운 대중이 나오게 되면서 이제는 다양한 욕구를 위해 살아가는 인간으로서 '사회인'이 등장하게 되었다.[17] 관리자가 부하직원을 경제인으로만 여길 때와 사회인으로도 함께 고려할 때는 관리 방식이 달라질 뿐 아니라 관리에 따른 생산성도 달라질 가능성이 있음을 메이요의 실험 결과에서 알 수 있다. 이제는 생산성을 향상시키기 위한 목적이라면 관리 과정에서 비공식적이고 사회심리적 요인을 간과해서는 안 되고 오히려 이를 더 중요하게 여겨야 한다는 것이 관리 지식의 하나가 되기에 이르렀다. 그러나 메이요가 발견한 관리에서의 인간 혹은 인간관계의 중요성은 인간의 존엄성을 위한 것은 아니었다. 어디까지나 관리를 통한 조직의 생산성을 높이려는 이유에서 비롯된 것이다.[18] 생산성 향상의 한 수단이나 방법을 고려한 수준에 머물러 있다.

사실, 당시에 메이요만 인간을 관리의 중요 요소로 생각했던 것은 아니었다. 앞서 살펴본 페이욜도 그의 14개 관리 원칙에서 인간적 요인을 고려해야 한다는 의견을 제시한 바 있다.[19] 그리고 드러커(Peter F. Drucker)도 1946년에 출간된 그의 책 『Concept of the Corporation』에서 GM은 작업자를 비용 개념으로 생각하지 말고 인간으로 바라보며 그들을 하나의 활용 자산 혹은 경영 자원으로 여겨야 한다고 했다.[20] 그리고 1954년에도 그의 책 『The Practice of Management』에서도 기업(경영)은 단순히 기계적인 내부

---

16 Mitani, Koji(2013). 김정환 옮김, 『경영전략 논쟁사』, 엔트리, pp. 40-43.

17 Mitani, Koji(2013). 김정환 옮김, 『경영전략 논쟁사』, 엔트리, p. 43.

18 김민주(2017). 『정부는 어떤 곳인가: 행정학의 이해와 활용』, 대영문화사, p. 143.

19 Mitani, Koji(2013). 김정환 옮김, 『경영전략 논쟁사』, 엔트리, p. 52.

20 Drucker, Peter F.(1946). *Concept of the Corporation*, New York: The John Day Company.

관리만을 하는 것이 아니라 인간적 기관으로서 사람을 생산적인 존재로 만들기 위해 존재한다고 했다.21 하지만 그럼에도 불구하고 페이욜이나 드러커에 비해 메이요가 더 직접적이고 중점적인 주제로서 인간과 인간관계의 중요성을 제시했기 때문에 오늘날 관리 이론에서는 인간관계론의 선구자로서 메이요를 들고 있다.

2. 셀즈닉의 외부 환경을 고려한 관리

관리를 한다는 것은 조직 내부에 한정된 것이 아니다. 하지만 그동안의 이론들은 외부 환경에 대한 관심이 적었다. 그러다 외부 환경을 고려할 수밖에 없는 역사적인 사건이 발생했다. 1930년대 세계의 경제 불황을 야기한 세계 대공황이 그것이다. 미국과 영국과 독일 등 전 세계적으로 경제 붕괴와 불황은 당장 기업들에게 영향을 미쳤다. 기업의 도산은 조직 관리에 대한 새로운 도전과 어려움을 야기하는 것이었다. 아무리 좋은 관리기법과 원칙을 적용한다고 해도 어쩔 수 없는 외부 환경이 도래하면 휘청거릴 수밖에 없다는 것을 깨닫게 된 것이다. 경제 대공황은 이를 절실히 보여주는 계기가 되었다.

그렇다면 방법은 한 가지다. 효과적인 관리를 위해서는 그동안 큰 관심을 두지 않았던 외부 환경을 고려하는 것이다. 특히 경제 대공황과 관련하여 경영 전문가로서 바너드(Chester Barnard)는 1938년 그의 책 『The Functions of the Executive』에서 경제 대공황 시대와 같은 외부 환경에 대한 관리자들의 역할이 기업의 명운을 결정할 수도 있을 만큼 중요하다고 했다.22 이제는 관리에서 외부 환경의 영향과 그 중요성에 대한 고려가 높아지기 시작했다.

조직이 외부 환경을 고려한다는 것은 조직이 환경에 적응한다는 의미이

---

21 Drucker, Peter F.(1954). *The Practice of Management*, New York: Harper & Row.

22 Barnard, Chester(1938). *The Functions of the Executive*, Boston, MA: Harvard University Press.

기도 하다. 환경을 무시하는 것이 아니라 환경을 고려해서 그에 적응함으로써 생존하는 것이다. 환경과 같은 외부 압력은 때로는 조직의 중심축인 목표 자체에 해를 가할 수도 있고 존재의 정당성을 흔들어버리는 경우도 있다. 따라서 환경에 대한 조직의 적응은 단순히 조직이 환경을 고려했다는 의미를 넘어 조직의 생존과 지속을 의미하는 것이며, 또 조직과 관리의 시야를 더 넓히는 일이 된다. 이에 대해 셀즈닉(Philip Selznick)은 『TVA and the Grassroots』의 책을 통해 환경에 대한 조직의 적응과 그 생존에 대해 구체적으로 설명하고 있다.[23]

그는 조직을 '적응적 사회구조(an adaptive social structure)'로 정의하였다. 이는 조직을 제도적 행렬(an institutional matrix) 속에서 활동하는 사회제도(a social institution)의 하나로 인식하는 것이다. 조직이 사회성을 띤다는 점에서 조직의 관리도 그에 부합되는 여러 활동을 하게 된다. 그중 하나로 조직은 위협에 대처하고 안전과 생존과 존속을 위해 조직에 영향을 주는 외부변수들에 대해 그것들을 조직 내로 받아들이는 것이다. 이는 일종의 흡수 혹은 포섭(cooptation)으로서 조직의 주요한 적응 장치 중 하나가 된다.[24] 포섭에는 공식적인 포섭도 있고 비공식적 포섭도 있다. 모두 외부 환경에 대한 적응의 방식들이다.

특히 그는 TVA(Tennessee Valley Authority)의 사례를 통해 테네시 계곡 개발과정에서 '풀뿌리주의(grassroots doctrine)'를 표방하며 계곡 근처의 단체들과 협력관계를 유지하는 것에 대해 설명하고 있다. 외부 단체들과의 협력관계 유지의 효과적인 방법 중 하나는 TVA 내로 이들을 끌어 들이는 것이다. 즉, 조직이 적응을 위해 필요하다고 판단되는 외부 환경요인을 조직의 정책결정 과정이나 리더십 과정에 흡수하는 것이다. 예컨대, 어떤 사업에 대해 격렬히 반대하는 단체(반대파 단체)라고 하더라도 그 단체의 대표자 위치

---

23 Selznick, Philip(1949). *TVA and the Grassroots*, *Berkeley*, California: University of California Press.

24 김민주(2017). 『정부는 어떤 곳인가: 행정학의 이해와 활용』, 대영문화사, pp. 143-144.

에 해당되는 사람이 TVA와 같이 반대의 원인을 발생시키는 어떤 조직이나 기관의 정책결정 과정 속으로 들어오게 되면 상황은 달라진다. 조직 내로 들어온다는 것은 흡수 혹은 포섭되는 것으로, 정책결정과정의 공식적인 참여자가 된다는 것이다. 이렇게 되면 반대파였던 포섭된 사람이 TVA와 같은 조직의 상황이나 사정에 대해 이해를 하게 되고, 나아가 나머지 반대파 구성원들의 반대를 줄이는 데 기여할 수도 있다. 반대파의 리더가 정책결정에 참여했다는 그 자체가 더 이상 반대를 하지 않게 되는 이유가 된다. 그 결정에도 순응할 가능성이 높아진다. 이렇게 되면 조직은 외부 환경에 적응한 결과로서 외부 위협을 최소화하게 된다.

이는 관리에 적응성과 지속성 및 영속성을 부여한 결과로서 조직을 제도로 보는, 즉 제도화의 모습으로 보는 한 사례이다. 조직을 외부 환경에 대한 고려 없이 조직 그 자체로만 보게 되면 조직이 추구하는 목표달성에만 초점을 둔 상태에서 관리 활동을 하게 되는데, 이때 더 이상 목표달성이 어렵게 되면 조직의 존재에 대한 정당성은 옅어지게 된다. 하지만 조직을 제도화하게 되면 외부 환경 조건이나 상황을 반영하면서 존속시킬 수 있다. 제도는 사회의 게임 규칙으로서 수정을 거듭해갈 수 있기 때문이다. 외부 환경을 고려하는 과정에서 목표달성이 용이해지기도 하고 환경에 부합한 목표수정도 이루어지는 것이다. 조직의 제도화 과정은 조직의 생존을 보장하는 한 방법이 된다. 따라서 적응적인 사회구조로서 조직은 사회제도의 하나로서 여러 환경(외부 단체, 사회적 정당성의 규범, 문화 등)에 적응해 나가게 된다.

이처럼 관리에서 환경에 대한 고려를 강조한 셀즈닉의 논의는 조직의 관리를 조직 내부에만 초점을 두는 데서 벗어나게 하는 데 중요한 영향을 미쳤다. 개방체제(open system)로서 조직을 인식하며 관리가 이루어지도록 만드는 결정적인 기여를 한 것이다. 그리고 조직의 생존과 영속을 외부 환경과의 관계에서 적응 기제를 통해 설명함으로써 조직 관리에 대한 새로운 시각을 제시한 점도 의의가 있다.

제5절   전략을 고려하는 관리법

1. 앤소프의 4가지 전략을 통한 관리

전략(strategy)이라는 말은 군사 용어에 해당된다. 그래서 과거에는 주로 군사 분야에서만 사용되었지만, 오늘날에는 관리 분야에서도 흔하게 사용하고 있다. 관리와 경영에서 흔하게 사용되다보니 일상에서도 어색하지 않게 사용하고 있다. 자기계발을 위한 조언에서도 전략이라는 말이 등장할 정도다. 이처럼 전략은 분야를 막론하고 널리 사용되고 있는 용어로서, 관리이론에서도 활발히 연구되어 다양한 관리 분야에서 널리 활용되고 있다.

관리이론의 역사에서 전략이라는 말은 앞서 살펴본 바너드가 그의 책에서 제시하였고, 이를 좀 더 구체적으로 다룬 사람은 경영자로서 경력과 학자의 경력을 지닌 앤소프(Igor Ansoff)다. 앤소프는 1965년에 발간한 그의 책『Corporate Strategy』을 통해 관리영역에서 '전략이란 현재와 미래를 연결하는 방침'이라고 했다. 여기서 미래는 기대하며 되고자(to be) 하는 상태이며 현재는 그에 미치지 못한 상태이기 때문에 이 두 시점 간에 차이(gap)가 존재하게 되는데, 이 차이를 좁히기 위한 의사결정의 결과가 전략인 것이다. 그런 점에서 전략(Strategy)에 대한 의사결정은 조직의 구조(Structure)와 시스템(System)에 대한 의사결정과 함께 3S 중에 하나에 해당되는 것으로 여겨졌다.

앤소프는 일명 앤소프 매트릭스(Ansoff Matrix)라고 불리는 2×2 매트릭스를 사용해서 4가지 전략을 제시했다. 2×2 매트릭스의 유형화는 분석하고자 하는 문제를 핵심변수에 초점을 두고 구체적인 틀(frame)을 재구성하게 해줌으로써 문제에 대한 심층적인 의미를 파악하게 해주기 때문에 다양한 사회현상을 이해하는 데 유용하게 사용된다.[25] 엔소프는 이러한 매트릭스를

---

25 Lowy, Alex and Phil Hood(2004). *The power of the 2×2 matrix: using 2×2 thinking to*

통해 제품과 시장 혹은 고객 대상의 사명에 따라 전략들을 제시한다. 매트릭
스의 한 축은 '기존 제품인가 아니면 신규 제품인가', 또 다른 축은 '기존 사
명(기존 시장 혹은 기존 고객 대상의 사명)인가 아니면 새로운 사명(새로운 시장
혹은 새로운 고객 대상의 사명)인가'의 여부이다. 4가지 전략은 〈표 4-1〉에
나타나있다.

〈표 4-1〉 앤소프의 4가지 전략

제품 사명	기존 제품	신규 제품
기존 사명 (기존 고객, 기존 시장)	시장침투(Market Penetration) 전략	제품개발(Product Development) 전략
새로운 사명 (새로운 고객, 새로운 시장)	시장개발(Market Development) 전략	다각화(Diversification) 전략

첫 번째 전략은 시장침투(Market Penetration) 전략이다. 기존의 고객 혹
은 시장에서 기존의 제품으로 승부하는 전략이다. 기존 제품으로 기존 고객
의 범위를 더 확대하거나 시장 점유율 등을 높이는 전략으로서, 여기에는 기
존 제품의 우수성을 널리 알리는 방법도 있고 제품의 비용 감소를 통해 가
격 경쟁력 등을 높이는 방법도 있다.

두 번째 전략은 시장개발(Market Development) 전략이다. 기존 제품으로
새로운 고객이나 시장을 개척하는 전략으로서, 새로운 지역이나 해외시장을
개척하는 방법들이 여기에 해당된다. 기업 입장에서는 만일 기존의 제품이
기존 시장에서는 더 이상 이익이 발생되지 않는다고 판단되면 이 전략을 사
용하게 된다.

세 번째 전략은 제품개발(Product Development) 전략이다. 기존 시장이
나 고객을 대상으로 새로운 제품을 개발해서 출시하는 전략을 말한다. 만일
충성도가 높은 고객이나 시장을 확보하고 있다면 이 전략은 효과적일 수 있

solve business problems and make better decisions, San Francisco: Jossey-Bass, 2004), pp. 2-3.

다. 기존 고객들의 수요를 파악해서 새로운 제품을 개발하여 출시하기 위한 다양한 방법들이 여기에 해당된다.

네 번째 전략은 다각화(Diversification) 전략이다. 새로운 제품을 개발해서 새로운 시장 혹은 고객을 대상으로 이익을 창출하려는 전략이다. 제품과 시장 혹은 고객이 모두 기존과는 다른 새로운 대상들이기 때문에 앞의 다른 전략들에 비해 위험(risk) 부담이 높은 전략이 될 수 있다. 이 전략에는 기존 제품과 어느 정도 관련된 제품을 새롭게 개발해서 새로운 시장이나 고객에게 선보이는 '관련 다각화' 방법이 있고, 기존의 제품과는 전혀 관련이 없는 새로운 제품을 개발해서 새로운 시장에 판매하는 '비관련 다각화'의 방법이 있다.

어느 조직이나 기업에서건 제품과 사명이라는 두 축으로 설명될 수 있는 요인들이 있다면 앤소프가 제시한 4가지 전략은 유용하게 사용될 수 있을 것이다. 그러나 한편으로는 매트릭스나 유형화 등의 방법으로 설명되는 모든 것들에 해당되는 한계점이 여기서도 해당되는데, 그것은 유형 분류를 위한 중심축의 설정이 제한적이라는 점과 도출된 유형들 간의 배타성이 얼마나 확보되어 있는가하는 점이다.

2. 챈들러의 전략과 조직에 대한 새로운 관점

챈들러(Alfred D. Chandler)는 조직과 전략의 상호관계에 대해 기존의 관념과는 다른 연구결과를 제시하였다. 그는 1962년 『Strategy and Structure』 책에서 조직 관리에서 분권관리의 한 형태인 사업부제 구조에 대해 자세한 연구를 진행하였고, 조직의 다각화(diversification) 전략이 조직의 구조에 변화를 이끈다는 결과를 제시하였다.[26] 이는 흔히 우리가 생각하는 것 중 하나인, 조직이 전략을 낳는다는 생각과는 반대되는 주장이다. 사업의 전략(다각

---

26 Chandler, Alfred D.(1962). *Strategy and Structure*, Cambridge, MA: MIT Press.

화 전략)이 조직에 영향을 미치는 현상(사업부제 구조)을 말하고 있기 때문이다. 하지만 단적으로 보더라도, 다각화 전략을 사용하게 되면 사업의 다양화가 생기고 그렇게 되면 집권적 관리(직능부제 구조)는 한계가 생길 수밖에 없기 때문에 효과적인 조직관리 차원에서는 사업부제 구조가 더 적절하다는 것을 알 수 있다.

　여기서 사업부제 구조란 직능부제 구조와는 구분되는 것으로 일종의 분권관리를 말한다. 직능부제 구조가 사업별이 아닌 제조·판매·재무·구매 등과 같은 직능별로 구분되어서 중앙의 통제에 의해 관리되는 것을 말하는 반면, 사업부제 구조는 조직을 제품별·지역별·시장별 등으로 구분해서 각 사업부를 만들어서 재량권을 부여하는 구조다. 개별적인 경영단위로서의 사업부를 만들고 각 사업부에 대폭적인 자유재량을 주는 분권관리의 한 형태인 것이다. 챈들러가 연구한 당시(1950~60년대)에는 사업의 다각화와 해외시장 진출에 따른 조직의 분권화 경향이 강하게 작용하고 있던 시기이기도 했다. 그래서 당시의 환경이 챈들러에게 영향을 주기도 했을 것이다. 한편, 챈들러의 이러한 연구결과는 조직의 확대가 분권화를 이끄는 것이 아니라 사업의 다양화가 분권화를 이끈다는 것을 보여주는 새로운 결과이기도 하다.

　챈들러를 통해 우리가 알 수 있는 중요한 점은 조직과 전략의 상호작용이다. 조직이 전략을 설정하거나 바꾸는 핵심적인 주체이기도 하지만, 전략이 조직 구조에 변화를 줄 만큼 큰 영향력을 지니고 있다는 것을 알 수 있다. 오히려 더 현실적인 것은 조직전략을 바꾸는 것보다 사업전략을 바꾸는 것으로 이루어지는 순서다. 조직전략의 변화는 큰 비용이 들 수 있지만 사업전략의 변화는 그보다는 비교적 비용도 적고 시도하기에도 수월하기 때문이다. 그래서 사업전략으로 조직구조가 변화되면 조직전략도 바뀌게 되는 것이다.

3. 험프리와 앤드루스의 내부·외부요인을 고려한 전략

관리를 위해서 고려해야 할 수많은 요소가 있겠지만, 그것들을 비교적 간편하게 보여줄 수 있으면서 관리를 위한 전략까지 제시해 줄 수 있는 것이 있다면 상당히 유용할 것이다. 여기에 대해 조직의 내부 요인과 외부 요인을 핵심으로 놓고 전략을 도출하는 방법에 아이디어를 제시한 사람이 험프리(Albert Humphrey)이다. 일명 SWOT 도구가 그것이고, 이것이 특히 널리 알려지게 된 것은 앤드루스(Kenneth Andrews)가 여러 저자들과 함께 출간한 1965년 책인 『Business Policy: Text and Cases』를 통해서였다.27

SWOT(Strength, Weakness, Opportunity, Threat) 분석 혹은 도구는 관리를 위해 고려할 요소로 기업의 내부 요인과 외부 요인, 즉 내·외부의 상황 및 환경을 고려해서 전략을 제시하는 데 도움을 준다. 우선 조직의 내부 요인 중 강점(strength)과 약점(weakness)이 무엇인지 그리고 조직의 외부 요인 중 기회(opportunity)와 위협(threat)은 어떤 것인지를 찾는다. 조직의 내부 요인과 외부 요인은 2×2 매트릭스가 되어 4개의 상황이 제시 된다. 조직 내부의 강점과 약점이 하나의 축이 되고 조직 외부에서 비롯되는 기회와 위협이 또 다른 축이 된다. 그래서 도출할 수 있는 4가지 조합은 전략이 된다. 〈표 4-2〉는 4가지 전략을 보여주고 있다.

첫 번째 전략은 SO전략(강점-기회전략)이다. 이는 내부의 강점과 외부의 기회 요소를 활용해서 강점을 바탕으로 기회를 포착하는 전략이다. 두 번

〈표 4-2〉 험프리와 앤드루스의 내부·외부요인을 고려한 전략(SWOT)

내부 요인 외부 요인	강점(S)	약점(W)
기회(O)	SO전략(강점-기회전략)	WO전략(약점-기회전략)
위협(T)	ST전략(강점-위협전략)	WT전략(약점-위협전략)

27 Andrews, Kenneth et al.(1965). *Business Policy: Text and Cases*, Homewood, III: Richard D. Irwin.

째 전략은 ST전략(강점 – 위협전략)이다. 강점을 바탕으로 위협 요인은 최소화 하거나 극복 혹은 회피하는 전략이다. 세 번째 전략은 WO전략(약점 – 기회전략)이다. 이는 내부의 약점을 보완하거나 극복해서 외부의 기회를 포착하는 전략이다. 네 번째 전략은 WT전략(약점 – 위협전략)이다. 내부의 약점을 보완하거나 극복해서 외부의 위협에 대비하거나 위협을 최소화하는 전략이다.

여기서 무엇보다도 중요한 것은 이 4가지 전략을 위해서 강점, 약점, 기회, 위협 요인 각각에 대한 철저한 분석이 선행되어야 한다는 점이다. 사실, 이 네 요인을 잘 분석하면 네 가지 전략은 비교적 쉽게 도출될 수 있다. 흔히 약점이나 위협은 부정적으로 인식되기 쉬운데, 이와 같이 SWOT 도구를 활용하면 약점이나 위협도 전략을 위한 하나의 자산이 될 수도 있다. 그런 점에서 험프리와 앤드루스의 내부·외부요인을 고려한 전략은 오늘날 여러 곳에서 유용하게 활용되고 있다. 비단 조직이나 기관 차원뿐 아니라 개인 차원에서도 자주 사용하고 있다. 물론 이 역시 앞서 언급한 대로 매트릭스나 유형화 등의 방법으로 설명될 때 발생하는 한계점이 그대로 적용된다.

4. BCG의 시장 성장·점유율 간 전략에 의한 관리

BCG(Boston Consulting Group)란 1963년에 브루스 헨더슨(Bruce Henderson)에 의해 설립된 보스턴 컨설팅 그룹이라는 회사를 말한다. 컨설팅 회사였던 만큼 고객(client)의 요청에 따라 문제를 해결해주는 일을 주로 했다. BCG는 여러 회사의 컨설팅을 해오다 1969년에 BCG 매트릭스로 불리는 시장 성장·점유율 간 전략을 개발하게 된다. 주로 'BCG의 시장 성장·점유율 매트릭스(growth – share matrix)'로 불리는데, 그 외에도 'BCG의 시장 성장·점유율 간 전략', 'BCG 매트릭스', '제품 포트폴리오 관리(PPM)' 등으로도 불린다.

BCG에서 개발된 매트릭스이지만 실제로는 입사한지 1년차 되는 리처드 록리지(Richard Lockridge)에 의해 만들어졌다. 록리지의 상관이 고객 회사의 요청을 받아서 록리지가 그 임무를 수행하면서 개발했다. 고객사의 요청 내용은 회사의 수십 개나 되는 사업을 한눈에 경쟁상대와 비교할 수 있도록 해달라는 것이었다. 그래서 록리지는 고객회사의 수많은 자료를 분석하면서 그것을 어떻게 정리해서 상대에게 설명해야 할지 이리저리 고민하게 된다. 그러다가 만든 것이 BCG의 시장 성장·점유율 매트릭스이다.[28]

이 역시 2×2 매트릭스로서 '시장 성장률'과 '상대적 시장 점유율'이 각각의 축을 이룬다. 시장에서 얼마나 성장될 수 있는지와 상대적인 점유율에 따라 4개의 유형이 나누어진다. 각 사업은 시장(예상)성장률과 상대적 시장 점유율에 따라 도출된 유형 중에 어딘가에는 위치하게 된다. 이는 곧 의사결정의 방향을 알려주는 것이 된다. 〈표 4-3〉은 4가지 전략을 보여준다.

〈표 4-3〉 BCG의 시장 성장·점유율 간 전략

시장 성장률 \ 상대적 시장 점유율	높다	낮다
높다	• 스타(Star) 사업 • 최대한 투자가 필요한 사업	• 물음표(Question Mark)사업 • 선택적 투자
낮다	• 캐시카우(Cash Cow) 사업 • 자금 창출원으로 역할	• 도그(Dog) 사업 • 철수가 필요한 사업

먼저, 상대적인 시장 점유율이 높고 시장 성장률도 높은 사업은 스타(Star) 사업으로 지칭된다. 이 사업은 시장 점유율이 높아서 수익 창출도 유리하고 미래의 성장 가능성도 높기 때문에 계속적인 투자와 확대 및 확장이 필요한 사업이다. 유망한 사업이자 성공적인 사업인 것이다.

다음으로, 상대적 시장 점유율은 높으나 시장 성장률은 낮은 사업은 캐시카우(Cash Cow) 사업으로 지칭된다. 일명 현금을 짜내는 젖소다. 이 사업은 시장 점유율이 높아서 현금이 생길 수 있는 수익은 창출되지만 성장률은 낮기 때문에 투자를 최소한으로 억제하면서 현금의 창출원으로 삼는다. 이미 성장할 만큼 성장을 다한 사업일 수 있기 때문에 새로운 투자를 하기 보

28 Mitani, Koji(2013). 김정환 옮김, 『경영전략 논쟁사』, 엔트리, pp. 131-137.

다는 자금의 원천 사업으로 여겨진다. 돈을 짜내는 젖소로 불리는 이유가 바로 그 때문이다. 여기서 생기는 자금은 앞서 설명한 스타 사업이나 이어서 설명할 물음표(Question Mark) 사업에 투자된다.

세 번째 물음표(Question Mark) 사업은 상대적 시장 점유율은 낮으나 시장 성장률은 높은 사업이다. 일종의 신규 사업일 수 있는데, 이 사업은 시장 성장률이 높은 만큼 잘만 된다면 스타 사업이 될 수 있다. 그래서 캐시카우 사업에서 생기는 자금이 여기에 투자될 수도 있다. 물론 만일 잘못된다면 이어서 설명하는 도그(Dog) 사업으로 될 수도 있다.

도그 사업은 네 번째 사업 유형으로서 상대적 시장 점유율도 낮고 시장 성장률도 낮은 사업이다. 이런 사업은 성장성과 수익성이 모두 낮기 때문에 철수하는 것이 더 낫다. 오래 유지하면 할수록 회사에 좋지 않은 영향을 미친다.

종합해서 보면, 스타 사업군에 있는 사업들에는 최대한 투자를 하고, 캐시카우에 있는 사업군은 자금 창출원의 역할을 하면서 스타 사업이나 물음표 사업 투자에 활용되도록 한다. 물음표 사업군에 있는 사업은 선택적 투자를 통해 스타 사업으로 만들 수도 있으나 자칫 잘못하면 도그 사업이 될 수도 있다. 도그 사업군에 있는 사업은 철수하는 것이 더 유리하다.

5. 하멜과 프라할라드의 핵심역량 전략

관리를 통해 수익을 창출하는 방법에는 여러 가지가 있으나 해당 조직이나 기업이 다른 조직이나 기업보다 유독 잘하는 것이 있다면 그것은 수익의 원천이 된다. 개인의 경우도 마찬가지다. 내가 남들보다 유독 잘하는 것이 있고 그로 인해 여러 성과를 낸다면 그것은 뛰어난 나의 강점이자 경쟁력이 된다. 만일 여러 개의 관련된 성과들이 연쇄적으로 발생된다면 더할 나위 없는 강점이 된다. 이것이 바로 핵심역량(core competence)이다.

핵심역량이란 경쟁 우위에 있는 능력을 의미한다. 경쟁 우위에 있다는 것은 경쟁 상대보다 더 뛰어나거나 흉내 낼 수 없을 정도라는 말이다. 단순히 경쟁 상대보다 뛰어난 것에 그치는 것이 아니라 그것으로 고객이 인정하는 가치를 창출할 수 있고, 또 다른 사업으로 전개할 수 있는 힘이 바로 핵심역량이다. 핵심역량은 기술일 수도 있고 채널일 수도 있고 인재일 수도 있다.[29] 중요한 것은 조직이나 기업이 지니고 있는 경쟁 우위의 특별한 능력으로서, 이것은 경쟁력의 원천이자 수익과 직결된다. 하멜(Cary Hamel)과 프라할라드(C. K. Prahalad)는 『Competing for the Future』라는 책을 통해 기본적으로 역량이 중요하지만 특히 핵심역량의 중요성에 대해 강조했다.[30]

예를 들면, 일본의 혼다(Honda)는 엔진 기술이 핵심역량으로서 그것을 통해 오토바이와 자동차부터 제초기와 제설기까지 사업을 전개했다. 그리고 샤프(Sharp)는 액정 기술이 핵심역량이었는데, 그러한 강점을 통해 액정 디스플레이와 가정용 비디오카메라(뷰캠)와 PDA 등의 사업을 전개했다. 페더럴 익스프레스(Federal Express, 페덱스)는 화물의 위치 추적 능력이 핵심역량으로서 이것이 물류 기업으로서 경쟁력의 원천이 되었다. 바코드 기술 등은 그 구성요소에 불과했다.[31]

이와 같이 핵심역량은 조직이 경쟁 우위에 있는 강점에 집중하면서 영역을 확장해 나가는 전략이다. 사실, 핵심역량이 강조되기 이전에 수익을 창출하는 중요한 방법으로 강조되었던 포지셔닝(positioning)도 핵심역량에 대한 분석과 판단에 따라 제대로 실행될 수 있다. 제품을 소비자의 마음속에 인식되도록 하는 것과 같이 시장에서 특정한 위치에 제품을 설정하는 일(포지셔닝)은 해당 기업이나 조직이 자신들이 지닌 최우선의 강점을 먼저 확인하고 그것을 발전적으로 활용해서 확장하는 정도에 달려 있기 때문이다.

이러한 핵심역량을 강조할 때 유의할 점은 미래지향적 관점을 전제한다

---

29 Mitani, Koji(2013). 김정환 옮김, 『경영전략 논쟁사』, 엔트리, p. 215.

30 Hamel, Cary and C. K. Prahalad(1994). *Competing for the Future*, Boston: Harvard Business School Press.

31 Mitani, Koji(2013). 김정환 옮김, 『경영전략 논쟁사』, 엔트리, p. 214.

는 점이다. 경쟁 우위를 확보하는 것은 현재의 경쟁이 아니라 미래의 경쟁을 위한 것이기 때문에 핵심역량도 미래의 경쟁을 위한 것이다. 하멜과 프라할라드도 당시의 조직들이 현재의 경쟁에만 초점을 두고 있는 것을 비판하며 미래의 경쟁을 위한 핵심역량을 확보하는 것이 중요하다고 했다.

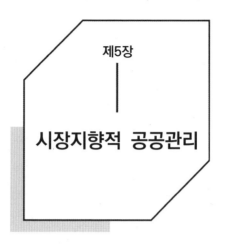

제5장

시장지향적 공공관리

시장의 속성

1. 시장의 개념과 발전

공공관리는 시장지향적 속성을 지니고 있다. 정부가 효율성과 성과 향상을 위해 시장메커니즘 기반의 관리방식 및 기법을 적극적으로 도입하는 새로운 패러다임이 공공관리이기 때문에 시장지향적 속성은 공공관리의 가장 기본이 된다. 따라서 시장에 대한 일반 지식과 그것이 공공관리로서 어떤 측면에 적용되는지에 대해 이해할 필요가 있다.

시장은 어떤 측면에서 보는가에 따라 다양하게 정의될 수 있다. 맨큐(N. Gregory Mankiw)와 같은 유명한 경제학자가 쓴 교과서에는 시장(market)이란 특정한 재화와 서비스를 사고파는 사람들의 모임이라고 정의하고 있다. 시장을 형성하는 것은 소비자들과 공급자들이며, 하나의 집단으로서 소비자(구매자)들이 상품에 대한 수요를 결정하고 공급자(판매자)들도 하나의 집단으로서 상품의 공급을 결정한다고 설명하고 있다.1 경제학과 관련된 조금의 이론이라도 학습했다면 이 설명은 쉽게 와닿는다. 아니, 이론적 학습을 굳이 하지 않아도 별 어려움 없이 이해되는 정의다.

실제로 많은 사람들은 관념적으로 시장이라고 하면 으레 물건을 사고파는 사람들이 모여 있는 곳으로 이해한다. 동서양을 불문하고 규모와 체계성과 공간의 차이가 있을 뿐이지 시장에는 물건을 사고팔면서 흥정을 하는 사람들로 가득차 있다고 생각한다. 어린 시절에 본 장날 풍경이나 오늘날 마트의 풍경이나 그 기본은 물건을 사는 사람들과 파는 사람들이 만나서 거래를 한다는 사실이다. 그런 점에서 시장이라는 관념 혹은 장소는 비교적 생각하기 쉽고, 또 오래전부터 사람들에게 생각되어 왔다고 볼 수 있다.

하지만 엄밀히 말하면, 시장은 과거부터 존재해왔지만 과거의 시장과 오늘날 흔히 말하는 시장은 서로 차이가 있다. 이 차이는 시장 자체가 존재했다는 것과 시장이 하나의 체제(system)로서 작동함으로써 사회의 한 축으로 기능한다는 것과의 차이이다. 시기적으로 보면 대략 17세기 전후가 과거의 시장과 오늘날 말하는 시장이 구분되는 시점이다. 17세기를 지나 현대로 오면서 비로소 지금의 시장체제가 뚜렷하게 탄생되었다.

물론 앞서 말한 바와 같이 시장은 유사 이래로 존재해왔다. 그 한 예로, 기원전 1400년경의 파라오와 레반트 지역 왕들 사이의 활발한 교역에 관한 기록만 봐도 그렇다. 기본적으로 교환이라는 개념이 자리 잡고 있어서 금과 전차가 노예 및 말과 물물교환의 모습으로 교환되었다. 하지만 당시에는 교환의 개념은 있었지만 그것이 '이익'의 개념에서 비롯된 것은 아니었다. 노동하는 인간이라면 스스로의 물질적인 안락을 위해 끊임없이 노력할 뿐 아니라 그렇게 하는 것이 마땅하다고 여겨지는 이익이라는 개념이 이집트와 그리스 로마와 중세의 대다수 하층 및 중산계층의 사람들에게는 생소한 개념이었다. 특히 중세시대에는 상인에 대한 부정적 인식이 있었다. 일반인들

---

1 Mankiw, N. Gregory(2009). 김경환·김종석 옮김, 『맨큐의 경제학』, 교보문고, p. 86.

에게 이익이라는 개념은 신성모독으로 여겨질 정도였다. 그래서 일부 왕족을 비롯한 몇몇 귀족 가문을 제외하고는 초기 자본가라고 볼 수 있는 돈과 같은 물질적 부를 지니고 있었던 이들은 오히려 사회에서 추방당한 자이거나 떠돌이와 같은 생활을 하기도 했다.2 군주나 귀족이나 종교지도자들에 의해 시장은 교육받지 못하고 탐욕적인 상인 계급의 영역으로 경멸의 대상이기도 했다.3 오늘날 자본주의 사회에서 자본가들이 사회의 한 축으로 역할을 하면서 그 힘을 발휘하는 것과는 대조적인 모습이다.

물론 당시 사회마다 상인의 존재가 곳곳에 있었지만 중요한 것은 사회 전체가 이익 개념에 기초해서 시장체제가 중심이 되는 사회는 아니었다. 시장 자체는 있었지만 그것이 사회 작동의 기본 체제로 확장되지는 못했다. 흙과 인간과 도구가 엄연히 존재했지만 그것이 오늘날과 같이 시장이 작동되기 위해 필요한 것들인 토지와 노동과 자본이라는 개념으로 발전한 것은 아니었던 것이다. 그래서 가장 기본적인 '생활비를 번다'는 생각도 존재하지 않았다.4 대략 17세기까지의 시장은 이와 같은 모습이었기 때문에 우리가 오늘날 시장이라고 여기는 그 시장의 모습은 아니었다. 따라서 공공관리에서의 시장지향적 속성도 당시의 이러한 시장의 모습을 의미하는 것은 아니다.

그러다 17세기 이후에 오늘날 말하는 시장의 모습이 점점 뚜렷해지기 시작했고, 서서히 사회작동의 한 시스템으로 자리 잡기 시작했다. 이는 이익을 추구하는 경제적 인간이라는 개념이 뚜렷해지면서부터이다. 경제적 인간의 개념이 뚜렷해지게 된 것은 몇 가지 사회적 변화에 따른 것이었다.5

첫째, 유럽에서 국민적 정치단위가 점진적으로 대두되면서 이익을 추구하는 경제적 인간의 개념이 점점 생겨났다. 초기 봉건주의가 농민전쟁과 왕의 정복이라는 소용돌이를 거치면서 중앙집권적 군주국가가 대두되었는데,

2 Heilbroner, Robert L.(2008). 장상환 옮김, 『세속의 철학자들』, 이마고, pp. 30-37.
3 Dryzek, John S. and Patrick Dunleavy(2014). 김욱 옮김, 『민주주의 국가이론』, 명인문화사, p. 134.
4 Heilbroner, Robert L.(2008). 장상환 옮김, 『세속의 철학자들』, 이마고, pp. 33-34.
5 Heilbroner, Robert L.(2008). 장상환 옮김, 『세속의 철학자들』, 이마고, pp. 42-45.

그때부터 국가정신이 태동하게 되었다. 그에 따라 왕실에서 선호하는 산업이나 여러 위성산업도 성장하게 되었다. 특히 상업을 위한 공통 법규나 공통 도량형이나 공통 화폐가 만들어졌고, 또 상업적 이익과 기회를 위해 해외로 모험과 탐험을 떠나기도 했다. 왕실이 중심이 된 국가 차원의 후원으로 선박 자본가들이 모험을 하면서 많은 양의 재화를 유럽으로 가져오기도 했다. 이익과 기회를 지향하고 자본을 추구하는 사회의 성격은 점점 짙어갔다.

둘째, 전통적인 종교적 정신이 점점 쇠퇴한 것도 경제적 인간 개념의 형성에 영향을 주었다. 특히 이탈리아에서 일어난 르네상스는 회의적·탐구적·휴머니즘적인 세계관을 통해 기존의 종교적 정신을 약화시키게 하였다. 생각하는 주체로서 인간이 중심으로 자리 잡게 되고 그들의 탐구에 의한 경제생활은 나쁜 행동이 아닌 것이 되었다. 이제는 현세의 생활이 더 중요해짐에 따라 사람들은 물질적인 기준과 일상생활의 안락을 중요하게 여기게 되었다. 기존의 로마 가톨릭교회가 상인을 불신의 눈으로 보았고 고리대금업을 죄라고 부르기를 주저하지 않을 정도였던 것과는 달라진 모습이다. 이제는 현실적으로 상인계급의 사회적 지위가 높아지면서 상인의 기능에 대한 재평가가 필요하게 되었다. 그래서 개신교 지도자들은 정신생활과 지상생활이 융합되는 길을 열어주었는데, 신으로부터 받은 재능을 매일을 살아가는 일에 최대로 이용하는 것이 신도다운 행위라고 설교했다. 이제는 상인이나 상업행위에 대한 부정적인 관념이 아니라 인간 중심의 탐구적 자세로 경제적 생활의 건전성을 인정하며 경제적 인간의 개념도 받아들여지게 되었다.

셋째, 도시의 성장과 연결이 경제적 인간이 되는 연습이 되기도 했다. 봉건시대에 약 1,000개의 도시가 성장했는데, 이 도시들은 나름대로 연결되어 있었다. 느슨한 상태의 연결이긴 해도 도시와 도시의 만남과 도시 내 도시와 농촌의 만남은 물건을 사고파는 생활방식을 가능하게 해주었다. 그 정도가 봉건시대를 지나면서 더 견고해지게 되는데, 특히 회계법의 발달이 그에 영향을 더하게 된다. 물론 12세기에 이미 베네치아의 상인들이 회계를 도입했지만, 당시 문제점은 대다수의 유럽 상인들은 계산 능력 자체가 그리

뛰어나지 못했다는 점이다. 그러다 17세기에 복식부기 방법이 표준적인 회계법으로 자리 잡게 되면서 돈을 합리적으로 계산하는 것이 가능했다. 그리고 널리 사용되기 시작했다. 도시 간 사람들 간 교역 혹은 국가 간 교역에서 합리적 계산 능력의 발달은 경제적 인간의 개념을 형성하는 데 영향을 주었다.

넷째, 인간의 과학적 호기심도 경제적 인간 개념에 영향을 주었다. 자본주의 시대 이전에 벌써 인쇄술, 제지 공장, 풍차, 시계, 지도, 그 밖에 수많은 발명품들이 등장했다. 이 발명품들은 생활의 편리함을 더하게 되어 사람들은 이제 실험과 혁신의 중요성과 필요성을 강하게 느끼게 되었다. 과학적 호기심은 단순히 편리함을 넘어 경제적 이익을 낳는 데도 유용하게 작용되어 시장에서 활동하는 경제적 인간을 더 뚜렷하게 해주었다.

물론 경제적 인간의 개념이 발전하면서 시장시스템이 사회의 핵심 시스템으로 단번에 자리 잡은 것은 아니다. 그래도 17세기부터 본격화된 시장에 기초하는 생활방식은 점점 널리 확대되어 갔고 그 가운데 여러 모습이 수정되고 보완되는 과정을 거치며 오늘에 이르고 있다.

2. 문제해결방법과 시장

그렇다면 시장을 어떤 관점에서 바라봐야 할까? 시장을 최고의 발명품이거나 최적의 사회 작동 시스템이라고 여겨서는 안 된다. 시장은 인간이 살아가는 문제해결의 방법 중 하나에 해당된다고 보는 것이 가장 적절하다. 더 먼 과거에서 현재까지 이어져오는 맥락을 고려하면, 여기서 말하는 문제해결은 생존문제 해결의 하나에 해당하는 것이 된다. 인간의 문제 혹은 생존문제를 해결하는 방법에는 몇 가지가 있다. 전통에 의한 방법, 명령에 의한 방법, 시장에 의한 방법, 자치에 의한 방법 등이 그것이다.

전통에 의한 방법은 인간이 전통에 따라 사회를 조직해서 영속성을 확보하며 살아가던 과거에 주로 사용되었다. 관습과 관례를 통해 당장의 생존문제도 해결하고 다음 세대의 생존도 보장받았다. 자신의 생존과 지속과 연속은 전통에 따라 보장받게 되어 있었다. 또 다른 방법은 명령에 의한 방법이다. 권위적인 통치에 의한 생존문제 해결이다. 막강한 힘과 권위를 지닌 명령의 주체가 생존문제를 해결해주는 것이다. 그리고 사회가 각 개인에게 스스로 보기에 적절한 방법으로 행동하도록 허용함으로써 생존을 확보하게 해주는 시장체제도 있다. 시장에서의 사람들은 전통에 의한 관습이나 권위의 채찍이 아니라 이익의 유혹으로 과업을 수행하게 되는 형태이다.6 이를 통해 생존의 문제와 여러 사회문제를 해결해 나가는 것이다. 그리고 자발성에 기초한 자치를 통해 해결하는 방법도 있다. 특정한 문제에 대해 가장 잘 알고 가장 많은 정보를 가지고 있는 당사자들에 의해 자발적으로 정해진 약속과 규칙을 통해 자치적으로 해결하는 것이다.7

인간이 살아가면서 워낙 다양한 문제를 접하기 때문에 어느 방법이 가장 효과적이고 효율적인지는 알 수 없다. 전통과 명령의 방법이 먼 과거의 방법이라고 말하기도 하는데, 이 두 방법 역시 오늘날에도 사회 곳곳에서 그 기능을 발휘하고 있기도 하다. 공공관리는 주로 시장에 의한 방법을 수용하는 것에 초점을 두고 있어서 여기에 중점을 두고 논의를 하지만, 나머지 방법들 역시 인간의 문제해결의 방법들로서 나름대로의 의의를 지니고 있다. 시대적 상황에 따라, 그리고 문제의 종류와 관련자들의 범위에 따라 효과적인 방법은 모두 다를 수 있다. 그리고 혼용되기도 한다.

6 Heilbroner, Robert L.(2008). 장상환 옮김, 『세속의 철학자들』, 이마고, pp. 24-25.
7 김민주(2015a). 공유자산의 자치적 관리 모델에 대한 비판적 검토: 부산 가덕도 대항마을의 숭어들이 사례를 중심으로, 『한국행정학보』, 49(3): 51-77.

제2절 시장작동의 기본

1. 가격

사람들 간 행동은 신호(signal)에 따라 반응하며 이루어진다. 시장경제에서 중요한 신호는 가격이다. 가격에 따라 생산자와 소비자는 반응하며 거래와 교환을 하게 된다. 우리도 일상생활 속에서 물건을 구입할 때 중요한 신호로서 가격을 보고 판단한다. 가격이 전부는 아니지만, 특히 자본주의 사회에서 가격은 의사결정에 결정적이다. 그런 점에서 가격시스템을 이렇게 표현하기도 한다. "가격시스템은 마치 기술자들이 계기판 위의 몇 개의 바늘을 주시하듯이, 기업가들이 비교적 소수의 가격동향만 주시하더라도 자신의 경제활동을 동료들의 경제활동에 조정할 수 있게 된다."[8] 계기판이 우리에게 신호의 역할을 하듯이 가격도 그와 같다는 것이다. 가격은 신호이자 행동의 유인이 된다.

가격시스템은 자동적 기록 장치(apparatus of registration)로서 지식의 분업을 이끄는 것과 같다. 개별경제주체들이 자유롭게 자신들의 활동을 하지만 그 가운데 각자의 지식에 기초한 계획들 사이에 상호조정이 필요한데, 이를 인위적으로 누군가가 하는 것이 아니라 바로 가격이 하는 것이다. 가격은 자동적으로 개별 행동들의 연관된 모든 효과들을 기록하게 되고, 그 기록치가 모든 개별결정들의 결과인 동시에 향후 의사결정에 안내자 역할을 하게 된다. 이는 경제활동을 하는 개인들 간 지식 분업의 결과로 만들어지는 하나의 비인적 정보전달 메커니즘과 같은 것이다.[9]

이때 중요한 것은, 이러한 가격시스템은 개별 생산자가 가격변화에 적

---

8 von Hayek, Friedrich A.(2012). 김이석 옮김, 『노예의 길』, 나남출판, p. 94.
9 von Hayek, Friedrich A.(2012). 김이석 옮김, 『노예의 길』, 나남출판, p. 94.

응해야 하고 이 변화들을 통제할 수 없는 상황과 같은 경쟁이 지배적일 때에만 제대로 된 기능을 발휘 할 수 있다는 점이다. 완전경쟁 상황에서는 개별경제주체들이 가격수용자(price taker)로서 가정되는 것이다. 하지만 현실에서 독과점과 같은 상황이 벌어지면 특정 개별경제주체는 가격결정자(price maker)가 되어 버리는 문제가 생기기도 한다.

이처럼 일반적으로 시장경제에서 말하는 가격은 하나의 신호가 되어 자원배분의 기능과 정보전달의 기능과 가격 표시의 기능을 하게 된다. 먼저, 가격은 재원배분의 기능을 한다. 만일 과잉 공급된 재화가 있다면 그 재화의 가격은 하락하게 되고, 반대로 공급이 부족한 재화가 있다면 그 재화의 가격은 상승한다. 그 결과 가격이 하락되었기 때문에 과잉 공급된 재화의 공급량은 감소하게 되면서 생산요소는 다른 재화의 생산으로 이동하게 되고, 반대로 공급이 부족한 재화의 가격은 상승하게 되므로 더 많은 생산요소가 이 재화에 투입되어 공급량이 증가하게 된다.[10]

그리고 가격은 정보전달의 기능을 한다. 쉽게 말해 가격이 시장 상황을 말해주는 역할을 하는 것인데, 소비자 입장에서는 누가 어떤 생산요소를 얼마에 구입해서 이 재화를 생산하는지 등에 대한 정보를 모두 알아낼 필요가 없다.[11] 가격에 그 정보들이 모두 담겨 있기 때문이다. 그런 점에서 가격은 재화에 대한 여러 정보들을 하나의 수치로 나타낸 것으로 여겨진다.

가격은 가치(value)를 표시하는 기능도 한다. 그래서 가격의 구체적인 구현물인 돈은 가치의 메신저(messenger)라고도 한다. 가격이 표시된 돈이 있기에 제품이나 서비스의 가치를 쉽게 표시할 수 있고, 또 쉽게 이해할 수 있고, 그리고 해당되는 대상에 대한 평가와 교환도 쉽게 할 수 있다.[12] 가격의 가치 표시 기능은 대상물의 존재를 인지하게 하는 데 도움을 주기 때문에, 특히 자본주의 사회에서는 비단 유형(有形)의 것이 아니더라도 무형(無

---

10 박찬정(2004). 제품과 서비스에 대한 가격결정모형, 『회계연구』, 9(1): 71–104, p. 73.
11 박찬정(2004). 제품과 서비스에 대한 가격결정모형, 『회계연구』, 9(1): 71–104, p. 73.
12 Ariely, Dan and Jeff Kreisler(2018). 이경식 옮김,『부의 감각』, 청림출판, p. 27.

形)의 것들을 가격으로 표시하기도 한다. 그리고 가치는 공유되고 공감하는 의사소통을 전제한다는 점에서 가격의 가치 표시 기능은 의사소통의 한 방법이기도 하다. 언어와 몸짓 이외에 가격이 표시된 돈을 주고받는 행위도 곧 의사소통의 방법이 되는 것이다.[13]

이 외에도 가격의 기능은 다양하게 존재할 수 있다. 그리고 반드시 이와 같은 기능이 제대로 작동되지 않을 수도 있다. 하지만 이 세 가지 기능은 시장에서 보여지는 혹은 기대되는 가격의 일반적인 모습이다.

2. 경쟁

경쟁이란 상대방과의 관계에서 우위를 확보함으로써 생기는 개인의 효용(utility)을 극대화하기 위한 인간의 우위 확보 노력을 의미한다. 쉽게 말해 다른 사람보다 더 앞서 가기 위해 하는 제반 행위로서, 상대를 전제한 상태에서 상대보다 더 나은 삶을 살기 위한 노력의 일환이다. 여기서 더 나은 삶을 위한 것이라는 점에서, 경쟁에 대해 반드시 물질적 부로서 돈을 더 벌기 위한 것으로만 연관 지어서 생각해서는 안 된다는 것을 알 수 있다. 경쟁하면 으레 그 목적으로서 더 많은 이윤 획득을 위한 것으로만 여길 수 있는데, 반드시 그렇지만은 않다. 직접적인 돈과 관련되지 않더라도 상대방보다 더 잘하려고 하는 무수히 많은 행위들이 있기 때문이다. 노래를 더 잘 부르려고 하고 학생이 발표를 더 잘하려고 하고 축구를 더 잘하려고 하는 것 등은 반드시 경쟁이 돈과 같은 물적 보상에 의해서만 생기는 것은 아님을 말해준다.[14] 그런 점에서 경쟁은 다양한 방면에서 우리의 소소한 일상 속에 이미 깊게 물들어 있다.

특히 시장에서는 행위자들의 경쟁 행위를 시장의 주요 작동 기제로 여

---

13 윤병철(2008). 화폐, 커뮤니케이션, 그리고 사회 체계, 『현상과인식』, 32(4): 82-109.

14 Buchholz, Todd G.(2011). *Rush: Why You Need and Love the Rat Race*, Hudson Street Press.

긴다. 중앙집권적 권력에 의한 중앙계획과는 달리 경쟁은 여러 개인들이 분산되어 있는 상태에서 만든 또 다른 계획과도 같아서 그것으로 사회가 작동되고 있다.15 다른 사람보다 더 앞서기 위한 나름의 행동들이 서로 간에 상호작용을 하면 그것이 어쩌면 일종의 계획이 되는 것이다. 주의할 점은 이때의 계획이 중앙권력에 의한 계획을 의미하는 것이 아니라는 점이다. 개개인들의 경쟁의식에서 비롯된 일종의 경쟁질서로서 경쟁에 의한 사회 작동을 말하는 것이다.

시장에서 이러한 경쟁의 중요성에 대한 강조는 앞서 제3장에서 하이에크의 주장을 통해 이미 이해했다. 하이에크는 경쟁사회가 빈곤한 사람들에게도 잘 살 수 있는 기회가 된다고 했다. 비록 가난한 사람이라고 해도 경쟁사회에 살고 있다면, 부를 더 쌓을 수 있는 가능성이 높다고 했다. 설사 부유한 사람이 가난한 사람보다 더 큰 부를 이룰 수 있는 가능성이 더 크다고 해도 경쟁사회 덕분에 가난한 사람 역시 부를 더 쌓을 수 있다는 것이다. 그런 점에서 가난한 사람에게도 경쟁사회의 경쟁시스템이 더 유리하다고 본다.

경쟁이 이루어지는 시장은 경쟁시장(competitive market)이라고 불린다. 경쟁시장이란 소비자와 판매자가 매우 많아서 개별 소비자나 판매자가 시장가격에 거의 영향을 미치지 못하는 시장을 말한다. 여기에 판매되는 재화들 간의 차별이 없다면 이를 완전경쟁시장이라고 한다. 완전경쟁시장에서는 소비자와 판매자는 가격수용자(price taker)가 된다. 이들이 가격을 결정하는 것이 아니라 시장에서 결정되는 가격을 받아들인다고 가정하기 때문이다.16

그러나 완전경쟁시장은 현실성이 매우 낮다. 소비자와 판매자가 많다는 것은 곧 다수의 행위자들을 의미하는데, 판매자가 한 명 혹은 소수인 공급독과점이 있는가 하면 반대로 소비자가 한 명 혹은 소수인 수요독과점도 존재한다. 독과점의 형태에서는 더 이상 소비자와 판매자가 가격수용자가 되지

15 von Hayek, Friedrich A.(1945). The Use of Knowledge in Society, *American Economic Review*, 45(4): 519-530.

16 Mankiw, N. Gregory(2009). 김경환·김종석 옮김, 『맨큐의 경제학』, 교보문고, p. 87.

못한다. 독과점 주체는 가격을 결정하는 주체가 된다. 그리고 여러 상황조건 들로 인해 완전한 경쟁 여건이 되지 못하는 경우도 있다. 상품의 질이나 관습이나 문화나 차별 그리고 운(luck)과 같은 요인 등이 있기 때문이다.

그럼에도 불구하고 전통적인 경제학 분석에서 완전경쟁시장의 상황을 가정하고 논의하는 것은 분석이 수월하기 때문이고, 그 과정에서 일종의 길잡이나 지향하는 바를 달성하는 데 교훈으로 삼을 수 있는 결과가 도출되기 때문이다. 하지만 현실성이 낮다는 것은 무시할 수 없는 한계점이다. 그리고 설사 완전경쟁이 이루어진다고 해도 경쟁에는 좋은 경쟁이 있는가하면 파괴적인 나쁜 경쟁도 있다는 점을 고려한다면, 완전경쟁시장이 규범적 차원에서도 한계가 존재하게 된다. 따라서 현실 속의 시장에서는 완전경쟁이라기보다는 일정한 제약이나 현실적 수준에서 이루어지는 경쟁에 가깝다. 그리고 공정한 경쟁이 기본이다. 공정한 경쟁은 신뢰에 기반하고 있을 수도 있고 규정 및 규칙에 기반하고 있을 수도 있다.

경쟁에 관한 그 어떤 논의도 가능하지만 중요한 것은, 상대방보다 앞서기 위한 노력을 통해 더 나은 삶의 결과가 생기는 것이 시장지향적 속성에서 말하는 경쟁이 되고 그 경쟁이 시장작동의 기본이라는 것이다. 경쟁 속에서 기술개발과 혁신과 아이디어 창출과 발명과 효율성 향상 등으로 스스로도 발전하지만, 그런 나를 보면서 혹은 그런 나보다 더 앞서기 위해 자극을 받는 상대방도 발전이 되고 그것이 사회적 차원으로도 확장될 수도 있다. 시장지향적 속성으로서 경쟁이 갖는 유익함은 바로 그런 것이다.

3. 자유

시장에서 행위자로서 각 개인은 자유로운 활동을 하는 주체로 가정된다. 개별행위자들은 강제나 강압에 의한 경제활동이 아니라 스스로의 자유에 의해 시장에서 판단하고 선택한다는 것이다. 그런 점에서 시장은 자유에 기초한 인간의 행동이 자유로운 경제활동으로 구현되는 곳이다. 이때 다른 경제주체들과 흥정하고 합의하는 자유로운 경제인은 적극적인 자유와 소극적인 자유를 모두 지니고 있는 것으로 여겨진다.

적극적인 자유는 스스로의 자기결정과 선택을 의미한다. 어떤 행동을 결정하는 것이 본인의 의사나 희망이나 의도 등에 의해 이루어졌다면 자유를 행하고 있는 것이 된다. 내 행동의 통제를 내가 할 수 있는 상태가 적극적인 자유이다. 적극적인 자유는 자신의 주인이 되기를 원하는 각 개인의 소망에 뿌리를 두고 있는 것을 말한다. 내 인생이나 결정이 나에 의해 좌우되고 스스로가 객체가 아닌 주체가 되는 것이다. 스스로 자신의 주인이 되는 것을 구성요소로 하는 자유가 바로 적극적인 자유이다. 흔히 자유라고 하면 이러한 적극적인 자유를 생각하는 경우가 많다.17 따라서 시장에서 경제인의 적극적인 자유란 재화와 서비스의 자기결정과 선택이 이루어지는 행위를 말한다.

그리고 소극적인 자유는 외부의 방해나 장애물 등으로부터 속박되지 않은 상태를 말한다. 타인으로부터 억압되거나 구속되지 않은 상태가 바로 자유의 상태이다. 타인이나 외부의 어떤 대상이 나를 지배하고 있다면 그러한 환경 자체가 자유롭지 못한 상황이다. 개인의 의지를 강제하는 일체의 속박이나 억압으로부터 벗어나는 것이 자유이다. 소극적인 자유는 다른 사람의 간섭 없이 스스로 할 수 있는 일을 할 수 있도록 하고, 또 외부의 강제 없이 스스로 할 수 있는 존재가 될 수 있도록 영역이 확보되어 있는 자유를 말한다. 소극적인 자유는 스스로의 무능에 의해 행하지 못하는 것을 의미하는 것은 아니고, 외부의 방해나 억압이나 강제에 의해 행하지 못하는 것에 초점을 둔다.18 시장에서 경제인 또한 이러한 소극적인 자유를 지니고 있기 때문에 외부의 강압적이고 강제적인 통제기구에 의해 구속받지 않고 행동한다.

---

17 Berlin, Isaiah(2006). 박동천 옮김, 『이사야 벌린의 자유론』, 아카넷, pp. 339-366; 김민주(2017). 『정부는 어떤 곳인가: 행정학의 이해와 활용』, 대영문화사, p. 77.

18 Berlin, Isaiah(2006). 박동천 옮김, 『이사야 벌린의 자유론』, 아카넷, pp. 339-366; 김민주(2017). 『정부는 어떤 곳인가: 행정학의 이해와 활용』, 대영문화사, pp. 77-78.

물론 이러한 자유가 그대로 구현되기 어려운 면이 있다. 자유 시장을 강조하는 이들도 기본적인 경제 질서 유지를 위한 규칙이나 시장의 토대로서 국가가 제공하는 치안과 국방 등의 활동을 인정하고 있다. 그럼에도 불구하고 그에 대한 인정을 전제로 할 때 개별 행위자들의 자유는 시장 작동의 기본이 된다. 자유가 인간의 본질적인 속성으로서 인간의 실존(existence)의 문제와 관련된다는 점에서 실존은 바로 자유를 가짐으로써 존재하는 인간의 존재 상황을 지칭하는 개념이라고 할 때,[19] 어쩌면 시장 속의 인간은 그것을 구현하고자 하는 주체일 지도 모른다. 그래서 경제적 영역에서 자유가 정치 영역에서의 자유까지 이어진다고 말하기도 한다.[20]

4. 계약

시장에서 자유로운 행위자들이 경제활동을 할 때 이루어지는 흥정과 타협은 일시적이며 순간적 결과로 끝나는 경우도 있고 계약이라는 또 다른 형태의 결과물로 지속되는 경우도 있다. 계약 역시 비교적 단기간에 이루어져 행위의 종결이 되는 것도 있고 비교적 오랫동안 지속되는 경우도 있는 등 다양하다. 이러한 계약은 일종의 약속으로서, 사람들이 이전에 존재하지 않았던 의무를 약속에 의해 스스로 부과한 결과에 해당된다.[21]

계약의 형태를 지닌 약속은 일정한 구속력이 존재한다. 우리가 일상적으로 친구들끼리 하는 약속과는 다르다. 계약으로서 약속은 그 구속력이 존재하는 것이 특징이다. 이에 대해 약속으로서 계약(contract as promise)을 논의한 이론에 따르면, "자유주의적 이상(liberal ideal)하에서는 인간, 재산 그

---

19 박이문(2006). 『나는 왜 그리고 어떻게 철학을 해왔나』, 삼인, p. 334.

20 물론 영역별 자유(경제적 자유, 정치적 자유)의 연관성 및 연계성에 대해서는 다양한 논의가 가능하다. Friedman, Milton(2002). *Capitalism and Freedom*, Fortieth Anniversary Edition, Chicago: University of Chicago Press.

21 김현수(2017). 약속으로서 계약이론: Charles Fried 이론의 학설사적 지위와 논지를 중심으로, 『재산법연구』, 34(2): 187-212, p. 188.

리고 타인의 선택이 존중될 것이 요구되지만, 다른 한편으로 자유로운 인간은 자신이 추구하는 목적을 이루기 위해 타인과의 협력을 필요로 하게 된다. 그리고 자유로운 인간이 스스로의 자유를 박탈당하지 않으면서도 각자의 목적에 이바지할 수 있도록 하는 중요한 '도덕적 발견(moral discovery)'이 있었고, 그것이 상호 간의 '믿음(trust)'이다. 그리고 이러한 믿음을 부여하는 가장 분명한 장치가 '약속(promise)'이라고 한다. 즉, 약속을 함으로써 우리는 타인의 수중(手中)에 그의 의사를 실현할 수 있는 새로운 힘을 주게 되는 것이다. 그리고 약속을 함으로써 이전에 도덕적으로 중립적이었던 하나의 선택을 도덕적으로 강제되는 것으로 변화시키게 된다."22라고 했다.

하지만 믿음과 도덕적 신뢰가 바탕이 된 약속 그 자체가 갖는 구속력 혹은 강제력은 사실 크지 않다. 계약자 간 정보 불일치는 언제든지 계약을 파기할 만큼의 유인을 지니고 있다. 주인과 대리인 간에 보이지 않는 행동(hidden action)에 의한 도덕적 해이(moral hazard)가 발생할 수 있기 때문이다. 그래서 계약을 약속 기반의 행위로만 두기에는 장치(dispositif)로서 기능을 제대로 한다고 보기 어렵다. 장치가 인간의 행동 등에 대한 지도나 규정이나 차단이나 제어나 보장하는 능력을 지닌 것이라고 할 때,23 믿음과 도덕성에 의한 약속 기반의 계약 역시 장치가 될 수 있으나 현대 사회의 수많은 이기심을 가진 인간들 사이에서는 강제력이 낮을 수 있다. 그래서 계약이 권위 있는 공식적인 장치로서 작동하기 위해서는 또 다른 장치가 필요하다. 실제로 오늘날 현실적으로 시장에서 이루어지는 계약은 다양한 법적 장치에 의해 통제되거나 보호되고 있다. 따라서 시장의 경제활동의 주체들은 권위가 부여된 계약이라는 약속에 의해 경제생활을 하고 있다.

---

22 김현수(2017). 약속으로서 계약이론: Charles Fried 이론의 학설사적 지위와 논지를 중심으로, 『재산법연구』, 34(2): 187−212, pp. 194−195.

23 Agamben, Giorgio and 양창렬(2010). 『장치란 무엇인가? 장치학을 위한 서론』, 난장, p. 33.

| 제3절 | 시장지향적 공공관리의 적용 |

1. 민영화: 매각과 계약

민영화(privatization)는 주로 1980년대 초에 그 논의와 실무 현장에서의 실행이 본격화되었다. 정부의 공공서비스 제공의 효율성 향상을 위한 목적에서 시작되어 정부 기능의 민간 영역으로의 이전, 정부 규모와 기능의 재조정 및 적정성 모색, 공공서비스 제공을 위한 민간 운영 방법 모색, 공공영역의 감축과 시장 기능 확대에 이르기까지 다양한 측면에서 민영화의 물결이 일었다. 오늘날 민영화는 공공서비스 제공을 위한 정부의 기능과 역할 및 자산을 줄이는 대신 민간이나 시장의 영역을 늘리는 활동을 일컫는 용어로 흔히 사용된다. 간단히 말하면, 정부의 역할을 줄이고 민간부문의 역할을 늘리는 형태로의 변화를 말한다.24

하지만 민영화 개념은 더 다양하게 정의되고 있다. 민영화란 "정부 기능의 축소", "공공서비스의 제공이나 이를 위한 재산의 소유에서 정부의 영역을 줄이고 민간의 영역을 늘리는 것", "서비스 생산주체가 정부기관에서 비정부조직으로 전환 또는 대체되는 것", "서비스의 수요자·규제자·기준설정자·정책결정자로서의 정부 역할을 축소시켜 주민들 자신이 그 서비스의 구입 여부와 대가 지불 여부를 필요에 따라 스스로 결정하는 것", "공공기관의 서비스나 운영을 민간조직에게 단순히 이전하는 서비스 이전, 정부자산의 매각이나 국영기업의 매각 그리고 전통적인 정부 책임 속에 사기업에 의해 서비스를 수행하게 하는 외부계약", "정부의 일정한 책임과 활동 그리고 자산을 처분하는 탈국유화", "공공부문의 서비스를 사적부문으로 위임하는

---

24 Savas, E. S.(2000). *Privatization and Public—Private Partnership*, Chatham House: Seven Bridges Press, p. 3.

것" 등으로 정의되고 있다.25

　　이 중 어느 하나의 정의가 가장 적절하다고는 볼 수 없다. 다만, 이 책에서는 이 정의들을 참고해서 보다 포괄적인 의미로서, "민영화란 공공서비스 제공을 위한 정부의 기능과 역할 및 자산을 줄이는 대신 그 대안으로 민간이나 시장의 영역을 늘려서 민간과 시장의 기능과 역할을 적극적으로 활용하는 활동"이라고 규정한다. 여기서 한 가지 전제할 점은 민영화는 정부로 대표되는 공공조직과 기관이 중심이 되어 '관리와 운영 측면'에서 '공공서비스 제공을 목적'으로 하는 활동과 관련되어 있다는 점이다.

　　민영화의 정의는 이와 같이 포괄적으로 할 수도 있고 협소하게 할 수도 있다. 그러나 협소한 정의보다는 포괄적 정의가 현실 사례로서 민영화를 이해하는 데 더 유용하다. 그 이유는 국가마다 혹은 정부기관마다 민영화에 대한 개념이 통일되어 있지 않는 것이 현실이기 때문이다. 예를 들어, 유럽의 경우 영국을 중심으로 이루어진 민영화는 주로 정부자산의 매각 방식으로 이루어졌다. 공공부문으로부터 민간부문으로의 정부자산 이전은 공기업 민영화를 통해 구현되었다. 이는 국영기업(state owned enterprise)의 보유를 전제한 것으로 영국을 비롯하여 유럽의 많은 나라들이 국영기업을 보유하고 있었기 때문이었다. 미국의 경우는 계약 방식에 의한 민영화가 주로 구현되었다. 지방정부를 중심으로 공공서비스 제공의 책임은 정부가 그대로 보유하고 있으나 서비스 수행은 민간 부문이 담당하도록 하는 형태이다. 미국은 유럽과 달리 국영기업의 존재가 많지 않았기 때문에 자산매각보다는 이러한 계약방식에 의한 민영화 모습이 더 친숙하게 여겨졌다.26 그래서 많은 연방기관은 민간 계약자들에게 상당부분 의존하고 있다는 주장도 있는데, 실제로 연방정부가 직접 고용한 공무원보다도 훨씬 많은 수의 민간 소속의 사람들이 정부와 계약에 의해 고용되어 일을 하고 있다는 연구결과도 있다. 이들

25 이상철(2012). 『한국공기업의 이해』, 대영문화사, pp. 163－165.
26 이상철(2012). 『한국공기업의 이해』, 대영문화사, p. 164.

은 그림자 정부(shadow government)에 고용된 사람들로 불리기도 한다.[27]

따라서 민영화의 개념은 국가별로 혹은 사례별로 다양한 형태를 보이기 때문에 그 개념을 보다 포괄적으로 정의하고, 대신 다양한 형태의 민영화 방식을 함께 이해하는 것이 더 적절하다. 민영화의 방식을 크게 두 가지로 나누면 매각과 계약으로 구분할 수 있는데, 이것들은 민영화의 방식이기도 하지만 민영화를 위한 수단이 되기도 한다.

1) 매각

민영화에서 매각은 주로 기관이라는 자산을 민간으로 이전시킬 때 사용되는 용어다. 특히 공기업이나 공공시설에 대해 정부의 소유권을 민간부문으로 이전하는 것을 말한다. 이때 소유권의 전부를 이전시킬 수도 있고 아니면 일부를 이전시킬 수도 있다. 소유권의 이전은 정부가 보유한 지분의 매각을 말하는 것으로, 많은 경우 공기업의 지배권을 이전할 때 지분 매각의 방법을 사용한다. 그래서 공기업의 민영화에 대해 정부 보유 지분을 민간에 완전 매각할 경우 이를 완전민영화라고 하고 일부를 매각하는 경우 부분민영화라고 하기도 한다. 지분을 매각할 때 그 매수자는 일반 국민이 되거나 종업원(해당 공기업의 종업원)이 되거나 법인이 될 수 있다. 과거에 우리나라의 경우 국가공기업 민영화를 국민주 방식을 통해 분산 매각으로 추진한 사례가 있다.[28]

2) 계약: 민간위탁, 리스, 프랜차이즈

계약(contractualization)은 상호 간 거래를 위한 권위 기반의 공식적인 약속을 말한다. 민영화에서 계약은 정부가 민간의 주체에게 공공서비스 제공이나 생산 등에 대해 권위 있는 공식적인 약속을 한 것을 말한다. 계약은

---

27 Crenson, Matthew A. and Benjamin Ginsberg(2013). 서복경 옮김, 『다운사이징 데모크라시』, 후마니타스, p. 358.
28 배용수(2015). 『공공기관론』, 대영문화사, p. 258.

소유권 자체를 이전하는 것과는 달리 소유권은 정부가 지니고 있는 상태에서 공공서비스 제공과 생산에 관한 사항만 이행하도록 계약을 하는 경우가 많다. 계약은 언제든지 그 효력이 다할 수 있기 때문에 소유권 자체가 이전되는 것과는 차이가 있다.

계약의 한 형태가 민간위탁(contracting-out)이다. 사실 민간위탁은 민영화의 방식으로 가장 많이 사용되고 있고, 또 그만큼 가장 보편화되어 있는 민영화 방식이기도 하다. 그래서 계약이라고 하면 민간위탁을 의미하는 경우도 많다. 즉, 계약방식의 서비스 제공 활동의 대표적인 방식이 민간위탁인 것이다.

민간위탁이란 정부가 민간과 계약을 맺어서 대가를 받게 되는 민간이 공공서비스를 생산하도록 하는 방식을 말한다. 현실에서 규정되어 있는 정의를 보면, 민간위탁이란 법률에 규정된 행정기관의 사무 중 일부를 지방자치단체가 아닌 법인·단체 또는 그 기관이나 개인에게 맡겨 그의 명의로 그의 책임 아래 행사하도록 하는 것을 말한다.29 혹은 각종 법령 및 조례, 규칙에 규정된 사무 중 일부를 법인·단체 또는 그 기관이나 개인에게 맡겨 그의 명의와 책임하에 행사하도록 하는 것을 말한다.30 현실의 규정 내용으로서 전자는 중앙정부와 관련된 규정 내용이고 후자는 지방자치단체와 관련된 규정 내용이다. 민간위탁 과정에서 정부의 권한에 속하는 사무 중 법인·단체 또는 그 기관이나 개인에게 위탁하는 사무를 '위탁사무'라고 하고, 정부로부터 권한을 위탁받은 법인·단체 또는 그 기관이나 개인을 '수탁기관'이라고 한다.

이처럼 민간위탁은 기본적으로 공공서비스의 생산자(producer)로서 업무는 민간이 담당하고 공급자(provider)로서 책임을 지는 주체는 정부가 되는 형태다.31 공급자로서 권한이나 책임까지 계약으로 인해 민간으로 넘어

---

29 「행정권한의 위임 및 위탁에 관한 규정」 제2조.
30 「서울특별시 행정사무의 민간위탁에 관한 조례」 제2조.
31 Savas, E. S.(2000). *Privatization and Public-Private Partnership*, Chatham House: Seven

가지는 않는다. 계약에 의해 민간은 공공서비스를 생산하는 역할만을 담당하는 것이다. 정부는 공급자로서 위치해 있고 계약에 따라 민간은 생산자로서 위치해 있는데 이때 민간은 생산을 해서 공급하는 행위까지 하기도 한다. 여기서 일부 독자는 여러 문헌을 보면서 민간위탁의 공급과 생산에 대해 다소 혼란스러운 경험을 겪었을 수 있는데, 그것은 민간위탁의 공급 행위와 공급자의 의미에 대한 혼돈 때문이다. 민간위탁에서 공공서비스 제공의 책임을 진다는 의미에서 정부가 기본적인 공급자로서 위치하고 있다는 것이고, 그럼에도 실질적인 공급행위는 생산을 하는 민간에 의해 이루어질 수 있다. 그래서 공급자라는 말과 공급 행위는 구분할 필요가 있다.

민간위탁은 정부 입장에서 볼 때 공공서비스를 제공하기 위해서도 이루어지고, 공공서비스를 획득하기 위해서도 이루어진다. 전자를 서비스 제공을 위한 계약(contracting for service delivery)이라 하고 후자를 조달을 위한 계약(contracting for procurement)이라고 한다. 민간위탁이 기본적으로 계약에 기초해서 시장영역의 기능을 활용한다는 점에서 이 모두가 민간위탁이 된다.

민간위탁은 외부의 다양한 기관이나 업체들을 활용해서 이루어지는데, 여기에는 쓰레기 청소, 경비, 연구조사, 건물관리, 주차단속, 복지시설 운영, 행사진행 등을 담당할 수 있는 기관들이 포함될 수 있어서 그 종류는 다양하다. 현재 우리나라의 민간위탁과 관련된 규정을 보면, 「정부조직법」 제6조에 "행정기관은 법령으로 정하는 바에 따라 그 소관사무의 일부를 보조기관 또는 하급행정기관에 위임하거나 다른 행정기관·지방자치단체 또는 그 기관에 위탁 또는 위임할 수 있다. 이 경우 위임 또는 위탁을 받은 기관은 특히 필요한 경우에는 법령으로 정하는 바에 따라 위임 또는 위탁을 받은 사무의 일부를 보조기관 또는 하급행정기관에 재위임할 수 있다."라고 명시하면서 동시에, "행정기관은 법령으로 정하는 바에 따라 그 소관사무 중

Bridges Press, p. 66.

조사·검사·검정·관리 업무 등 국민의 권리·의무와 직접 관계되지 아니하는 사무를 지방자치단체가 아닌 법인·단체 또는 그 기관이나 개인에게 위탁할 수 있다."라고 규정하고 있다.32 국민의 권리 및 의무와 직접적인 관계가 없다면 일반 법인이나 단체나 기관이나 개인에게 위탁 할 수 있도록 되어 있다.

비슷한 내용의 규정은 「지방자치법」에도 명시되어 있다. 「지방자치법」 제104조에 따르면, "지방자치단체의 장은 조례나 규칙으로 정하는 바에 따라 그 권한에 속하는 사무의 일부를 관할 지방자치단체나 공공단체 또는 그 기관(사업소·출장소를 포함한다)에 위임하거나 위탁할 수 있다. 지방자치단체의 장은 조례나 규칙으로 정하는 바에 따라 그 권한에 속하는 사무 중 조사·검사·검정·관리업무 등 주민의 권리·의무와 직접 관련되지 아니하는 사무를 법인·단체 또는 그 기관이나 개인에게 위탁할 수 있다."고 명시하고 있다.33 「정부조직법」의 규정은 그 주체가 행정기관으로 되어 있는 반면, 여기서는 지방자치단체로만 되어 있을 뿐 위탁할 수 있다는 내용은 유사하다.

그중 지방자치단체의 민간위탁은 다시 조례로 규정되어 있다. 그 한 예로 「서울특별시 행정사무의 민간위탁에 관한 조례」에 따르면, 조례의 목적을 "서울특별시장의 권한에 속하는 사무 중 법인·단체 또는 그 기관이나 개인에게 위탁할 사무를 정하여 민간의 자율적인 행정참여기회를 확대하고 사무의 간소화로 인한 행정능률 향상을 목적으로 한다."라고 명시하고 있다.34 여기서 민간위탁을 하는 이유를 찾을 수 있는 데, 그것은 민간의 자율적인 행정참여기회 확대와 사무의 간소화를 통한 행정능률 향상이다. 특히 사무의 간소화는 시장 혹은 민간의 기능과 역할을 활용해서 정부 내의 사무를 줄이는 것을 의미한다. 중앙정부의 「행정권한의 위임 및 위탁에 관한 규정」에서도 비슷하게 "행정 간여(干與)의 범위를 축소하여 민간의 자율적인 행정

---

32 「정부조직법」 제6조.
33 「지방자치법」 제104조.
34 「서울특별시 행정사무의 민간위탁에 관한 조례」 제2조.

〈표 5-1〉 서울시 민간위탁 사례[35]

위탁 업무	위탁분야	기관명	위탁기간	선정방법
서울시 소방학교 구내식당 운영	시설	(주)델리에프에스	2016. 7. 1.~ 2018. 6. 30.	공개입찰
서울시 치매관리사업	사무(보건의료)	서울대학교병원	2019. 1. 1.~ 2021. 12. 31.	재계약
산불방지 교육, 훈련 위탁	단순행정관리	한국산불방지기술협회	2016. 3. 24.~ 2016. 11. 30.	수의계약
위례터널 관리운영(동부도로사업소)	시설(도로교통)	(주)대보정보통신	2016. 5. 11.~ 2018. 5. 10.	공개입찰
동대문노인종합복지관	시설(복지)	(사복)동안복지재단	2012. 2. 25.~ 2015. 2. 24.	재계약
직장맘지원센터 운영	사무(여성가족)	(사)서울여성노동자회	2013. 4. 1.~ 2015. 12. 31.	공개입찰

참여의 기회를 확대하기 위하여 법률에 규정된 행정기관의 소관 사무 중 지방자치단체가 아닌 법인·단체 또는 그 기관이나 개인에게 위탁할 사무를 정함을 목적으로 한다."라고 명시하고 있다.[36]

서울시에서는 민간위탁을 하는 사무의 기준으로 '단순 사실행위인 행정작용', '능률성이 현저히 요청되는 사무', '특수한 전문지식이나 기술을 요하는 사무', '그 밖에 시설관리 등 단순행정 관리사무'를 들고 있다.[37] 이 기준들을 보면 민간에서 오히려 더 잘 할 수 있거나 더 효율적으로 할 수 있을 것으로 기대되는 일은 시장이나 민간에게 맡기고 정부는 더 핵심적인 업무에 초점을 두겠다는 의지를 읽을 수 있다.

물론 그렇다고 해서 일정한 검토 없이 민간위탁을 하지는 않는다. 민간위탁의 적정성을 검토하도록 규정하고 있는데, 그때 고려하는 사항에는 '다른 사무방식으로의 수행 가능성', '서비스 공급의 공공성 및 안정성', '경제적 효율성', '민간의 전문지식 및 기술 활용 가능성', '성과 측정의 용이성', '관리

---

35 서울시 자료(data.seoul.go.kr), 자료명: "서울시 민간위탁 사무현황".
36 「행정권한의 위임 및 위탁에 관한 규정」 제1조.
37 「서울특별시 행정사무의 민간위탁에 관한 조례」 제4조.

〈표 5-2〉 중앙행정기관의 민간위탁 현황[38]

구분	부처 수	민간위탁 건수
총계	36개	1,750건(100%)
개별법령에 의한 민간위탁	36개	1,693건(96.7%)
위임위탁 규정을 통한 민간위탁	15개	57건(3.3%)

및 운영의 투명성', '민간의 서비스공급 시장여건 등'이다.[39] 〈표 5-1〉은 서울시 민간위탁의 실제 사례들이다.

2016년도에 조사한 바에 따르면 현재 우리나라의 민간위탁 건수는 총 46개 중앙행정기관 중 36개 기관에서 1,750개 사무 건수를 민간위탁으로 수행 중이다. 그리고 수탁기관은 406개다. 민간위탁의 분야를 보면, 확인·조사(25%), 검사·승인(15.3%), 신고·등록(12.8%) 순으로 많다. 그리고 민간위탁을 하는 이유로는 전문성(55.4%), 효율성(15.2%), 서비스품질향상(4.4%), 비용절감(2%) 순인 것으로 나타났다.[40] 〈표 5-2〉는 중앙행정기관의 민간위탁 현황이다.

하지만 민간위탁 운영이 목적과 취지에 맞게 항상 잘 운영되는 것은 아니다. 부실하게 운영되는 경우도 있다. 〈사례 5-1〉에서는 민간위탁 운영의 부실 사례를 보여주고 있다. 수탁기관 선정의 부적절한 사례도 있고, 독점위탁에 따른 문제점도 있고, 관리 감독의 문제도 있다.

계약에는 민간위탁 이외에도 리스(lease)와 프랜차이즈(franchise) 등의 방식도 있다. 리스는 정부가 계약에 의해 민간의 시설이나 장비를 빌려서 사용하는 것을 말한다. 이때는 주로 민간의 대상자는 임대를 하는 개인이나 기업이 된다. 이들은 정부와 계약을 하고 일정 기간 동안 사용료를 받으면서 시설이나 장비를 임대해준다. 정부 입장에서는 일회적이거나 이벤트 성의

---

38 행정자치부(2017). "민간위탁 관리체계 대대적으로 손질한다: 「행정사무 민간위탁에 관한 법률」 제정안, 국무회의 통과", 4월 4일자 보도자료.

39 「서울특별시 행정사무의 민간위탁에 관한 조례」 제4조의 2.

40 행정자치부(2017). "민간위탁 관리체계 대대적으로 손질한다: 「행정사무 민간위탁에 관한 법률」제정안, 국무회의 통과", 4월 4일자 보도자료.

〈사례 5-1〉 민간위탁 운영 부실 사례[41]

□ 수탁기관 선정 부적절

사례1: 유기시설·기구(놀이기구)에 대한 안전성 검사 사무('13년 278개 사무)를 법정요건에 미달(기술인력 부족)하는 (사)한국종합유원시설협회에 위탁, 소관 중앙행정기관에서도 기술인력 보유현황 제대로 확인하지 않고 행정사무 위탁

사례2: 사업장의 크레인 등 위험기계(12종)에 대한 안전검사 사무를 사업장의 안전관리 대행기관인 (사)대한산업안전협회에 위탁(자기감독식 위탁)

□ 독점위탁의 관행적 장기화

사례1: 특수 의료 장비(MRI, CT 등)에 대한 품질검사 사무를 2004년 이래 한국의료영상품질관리원이 독점위탁하여 검사소요기간 단축 등 의료기관 편의증진 및 검사수수료 인하경쟁 차단

사례2: 국가가 설치·관리하는 항로표지인 철탑등대, 등주 및 부표의 제작·수리를 항로표지기술협회에만 독점위탁, 민간업체의 공공조달 참여가 막혀 가격·서비스 경쟁이 제한되고 있으며, 제작수리 품질 제고의 유인도 낮음.

□ 수탁기관 관리감독 부실

사례1: 시공능력 평가 사무를 위탁받아 수행하는 (사)한국정보통신공사협회에서 정보통신사업자의 위조된 공사실적증명서 및 전자세금계산서 등 허위 신고·등록한 내용을 제대로 확인하지 않고 그대로 인정

사례2: 철도안전전문인력 양성 및 자격관리 사무를 위탁받아 수행하는 (사)한국철도신호기술협회에서 미자격자에게 자격증 부여 등 부실업무 수행, 위탁기관의 제재조치 방안도 없음.

일을 할 때 비싼 장비나 시설을 구입하지 않게 되어 비용절감을 할 수 있다. 비용절감에는 단순 구입비용이 들지 않는다는 것도 있지만 장비나 시설의 유지 및 보수관리를 위한 비용이 발생하지 않는 것까지 포함된다. 물론 정기적이고 주기적으로 사용하는 장비나 시설의 경우 계속 빌려서 사용하게 되면 사용료 자체가 비용절감보다 더 크게 될 경우도 있어서 이때는 리스를 하지 않는 편이 더 효율적이다.

프랜차이즈는 계약을 통해 일정기간 동안에 상품이나 재화의 분배나 공급권을 특정 기관이나 사람에게 부여하는 제도를 말한다. 정부로부터 지정이나 허가를 받아서 특정 서비스를 제공하도록 하는 것으로, 주로 전기나 수도나 전화와 같은 공익사업과 케이블 TV나 도시가스, 공공버스, 공항터미널 서비스 등의 사업에서 볼 수 있다. 정부가 계약에 의해 일종의 독점판매권을

---

41 행정자치부(2017). "민간위탁 관리체계 대대적으로 손질한다: 「행정사무 민간위탁에 관한 법률」 제정안, 국무회의 통과", 4월 4일자 보도자료.

부여한 것이라고 볼 수 있는데, 이를 통해 정부는 공공성에 기초해서 상품시
장을 계속 지배하게 된다.[42] 즉, 프랜차이즈는 정부와의 계약으로 독점권이
나 허가권이 부여되는 것이기 때문에 정부가 서비스의 질을 통제할 수 있는
여지를 두되, 민간이 직접 소비자들로부터 서비스나 재화의 사용 대가를 요
금으로 받으며 운영한다는 점에서 민간 경영 방식이 직접적으로 적용되는
형태이다.

2. 민간활용 인사제도: 개방형직위제도와 민간근무휴직제도

1) 개방형직위제도

직업공무원제도(career civil service system)는 국가마다 운영되는 방법의
차이가 있기는 하지만, 기본적인 의미는 우수한 젊은 인재들을 공직에 유치
해서 정년까지 장기간 동안 근무하도록 하는 제도다. 이 의미에 따르면 젊은
인재들이 하위급에 임용되어 시간이 흐름에 따라 승진을 통해 상위급으로
이동하게 된다. 임용은 주로 젊은 인재를 중심으로 이루어지고, 이들이 정년
까지 일을 하게 되는 것을 일반적으로 여기기 때문에 다분히 폐쇄적 임용체
계의 특성을 보인다. 실제로 우리나라의 경우 2009년 이전까지만 해도 공무
원 시험의 응시 연령에 제한이 있었다. 물론 그 이후에는 연령의 제한이 없
어졌지만, 그래도 실제 합격자들의 대부분은 30대 중반 이하에 해당된다.[43]
이러한 직업공무원제도의 특성은 장점도 많지만 한편으로는 변화에 대
한 대응이 느리고 무사안일주의와 같은 부정적인 현상을 초래하기도 한다.
젊은 인재들이 공직에 들어와서 정년까지 보장된 삶을 살기 때문에 혁신을
주도할 유인이 크지 않고 반복적이고 안정적인 업무수행에 만족해버리기 쉽
다. 이렇게 되면 급변하는 현대에 공직사회가 가장 뒤처지게 되고, 이는 공

---

[42] 이상철(2012). 『한국공기업의 이해』, 대영문화사, p. 205.
[43] 김민주(2017). 『정부는 어떤 곳인가: 행정학의 이해와 활용』, 대영문화사, pp. 171-172.

직 내 생산성 저하는 물론이고 국가경쟁력 하락과 국민들의 삶의 질도 낮아
지게 된다. 따라서 정체된 공직사회의 인력운영 시스템에 자극과 변화를 주
기 위해 민간의 인력을 활용하는 방안이 논의되었고, 그 중 하나가 개방형직
위제도의 도입이었다.

　「국가공무원법」에 따르면, 임용권자나 임용제청권자는 해당 기관의 직
위 중 전문성이 특히 요구되거나 효율적인 정책 수립을 위해 필요하다고 판
단되어 공직 내부나 외부에서 적격자를 임용할 필요가 있는 직위에 대해서
는 개방형직위로 지정하여 운영할 수 있다.44 그래서 개방형직위제도란 고
위공무원단과 과장급 직위 중에서 특별히 전문성이 요구되거나 효율적인 정
책 수립을 위하여 필요하다고 판단되는 직위를 공직 내·외부에 개방하여 공
개경쟁을 거쳐 최적의 인재를 선발해서 임용하는 제도를 말한다. 즉, 공직의
일부 직위를 외부전문가들에게 개방해서 행정의 전문성을 강화하고 경쟁을
통해 공무원의 자질향상과 생산성을 도모하기 위한 제도인 것이다.

　개방형직위는 공직의 모든 직위가 아니라 일부 직위가 그 대상인데, 이
때 일부 직위란 고위공무원단과 과장급 직위 중 특히 전문성이 요구되거나
효율적인 정책 수립을 위하여 필요하다고 판단되는 직위인 것이다. 구체적
으로, 1급부터 3급까지의 공무원 또는 이에 상당하는 공무원으로 보할 수
있는 직위(고위공무원단 직위를 포함하며, 실장·국장 밑에 두는 보조기관 또는 이
에 상당하는 직위는 제외) 중 임기제공무원으로도 보할 수 있는 직위(대통령령
으로 정하는 직위는 제외)는 개방형직위로 지정된 것으로 본다.45 그리고 외부
전문가란 공직 내·외부를 불문하고 공개경쟁에 의한 선발시험을 통해 직무
수행을 갖춘 적격자를 말한다. 그런 점에서 외부전문가가 반드시 민간의 전
문가만을 의미하는 것은 아니지만 민간의 전문가에게도 공직을 개방한다는
점은 분명하다.

---

44 「국가공무원법」 제28조의 4.
45 「국가공무원법」 제28조의 4.

이처럼 특정 분야의 외부전문가가 임용되면 기존 공무원들에게는 부족했던 해당 분야의 전문성이 높아져서 전문적인 행정서비스가 가능해지고, 또 임용된 외부전문가들은 기존 공무원들에게 새로운 경쟁 상대가 되어 조직 내 변화와 혁신의 가능성을 높이기도 한다. 이를 기대하며 개방형직위제도를 운영하고 있다. 실제 2018년도 개방형직위 공개모집을 위한 공고의 예시를 보면 〈사례 5-2〉와 같다.

〈사례 5-2〉 개방형직위 공개모집 공고 예시(일부)[46]

- 선발 예정 규모: 총 21개 기관, 41개 직위(고공단 22, 과장급 19)
  ▷ 민간인만 모집하는 직위: 총 14개 직위(고공단 8, 과장급 6)
- 일정별 선발 계획

부처	직위	구분	모집대상
국가인권위원회	장애차별조사1과장	과장급	민간인
국무조정실	행정정책과장	과장급	민간인/공무원
기상청	정보통신기술과장	과장급	민간인/공무원
문화체육관광부	디지털소통제작과장	과장급	민간인
외교부	국립외교원 아시아·태평양 연구부장	고공단	민간인
통계청	경인지방통계청장	고공단	민간인/공무원
행정안전부	국립과학수사연구원 법의관	과장급	민간인
환경부	정보화담당관	과장급	민간인/공무원

물론 개방형직위제도가 도입되기 전에도 그와 유사한 제도가 없었던 것은 아니다. 개방형 전문직위제도가 있었는데, 이는 고도의 전문성과 특수기술이 요구되는 직위에 일정한 직무수행요건(학력·경력·자격증 등)을 설정하고 공직내외에서 적격자를 충원할 수 있는 제도였다. 하지만 개방형 전문직위제도는 직위지정이 저조하고, 외부충원시 계약직으로 채용이 가능하여야 함에도 「정부조직법」상 실국과장 직위에 계약직 임용이 불가능하였으며, 직무수행요건이 엄격하여 적격자 충원에도 애로가 있어서 실제 충원실적도 저

46 인사혁신처 홈페이지(www.mpm.go.kr).

조하여 형식적으로 운영된다는 비판을 받았다. 그에 따라 국민의 정부 출범
과 함께 국정 100대 과제의 하나로서 공직사회에 경쟁체제 도입과 함께 외
부 전문가 채용확대를 천명하면서, 이후 2000년에 개방형직위를 확대하는
개방형직위제도가 도입되었다.47

〈표 5-3〉은 개방형직위의 내·외부 임용현황을 보여주고 있다. 개방형
직위로 지정된 수는 점점 증가하고 있으며 충원 수도 대체로 증가하는 추세
다. 외부임용의 숫자와 비율도 증가하고 있다. 그런데, 여기서 말하는 외부
임용률은 개방형직위 임용자 중 민간인 또는 타부처 공무원 임용자의 비율
이고, 내부임용률은 개방형 직위 임용자 중 자부처 공무원 임용자의 비율이
다. 그런 점에서 외부임용률의 증가가 곧 순수한 민간인력의 임용 비율을 보
여주는 것은 아니다. 외부임용의 범위에는 타부처 공무원의 임용 실적도 포
함되기 때문이다. 물론 타부처 공무원의 임용도 해당 직위에 새로운 변화를
위한 시도라고 볼 수 있으나 공직 외부의 임용자보다는 자극의 강도가 덜
할 가능성이 있다.

〈표 5-3〉 개방형직위 내·외부 임용현황48 (단위: 명)

	2011년	2012년	2013년	2014년	2015년	2016년	2017년
직위지정 수	246	311	421	430	443	442	444
충원 수	194	235	227	288	300	341	334
내부임용	108	147	145	193	172	138	123
외부임용	86	88	82	95	128	203	211
(외부임용률, %)	44.3	37.4	36.1	33.0	42.7	59.5	63.2

그래서 실제 민간인의 임용 비율을 보면 〈표 5-4〉와 같다. 이 자료는
2018년 국정감사를 통해 공개된 자료로서 47개 중앙행정기관을 대상으로 조
사된 현황이다. 이에 따르면 민간인이 채용된 비율은 그리 높지 않다는 것을

47 행정안전부 홈페이지(www.mois.go.kr) 참고자료 코너, "개방형직위 도입배경".
48 e-나라지표(www.index.go.kr).

〈표 5-4〉 중앙행정기관의 개방형직위 민간인 채용현황49   (단위: 명)

구분	계	공무원	민간인	공무원 중 해당기관내부직원 채용 비율
2014년	148	115(78%)	33(22%)	106(92%)
2015년	124	70(56%)	54(44%)	57(81%)
2016년	164	68(42%)	96(58%)	53(78%)
2017년	96	53(55%)	43(45%)	45(85%)

알 수 있다. 특히 2014년의 경우에는 22%에 불과하다. 상대적으로 가장 높은 비율을 보인 2016년을 포함시키더라도, 민간 채용 비율은 평균적으로 보면 전체 개방형직위 채용인원의 절반에도 미치지 못한다. 대신 이미 공직사회에 있던 공무원들이 개방형직위에 채용이 되는데, 그것도 타부처 공무원보다 해당 기관의 내부직원이 채용되는 비율이 월등이 높다는 것도 알 수 있다.

2) 민간근무휴직제도

민간근무휴직제도란 정부영역의 업무 효율성과 전문성과 현장성을 높이기 위해 공무원이 일정 기간 동안 휴직을 한 후 민간 기업 등에서 근무하면서 민간부문의 업무수행 방법이나 경영기법 등을 습득하는 기회를 갖도록 해주는 제도이다. 민간 기업에 직접 채용되어 업무를 수행한다는 점에서 민간의 경영관리에 대한 경험과 체득이 그 목적인 제도다. 이를 통해 민간기업의 혁신사례와 경쟁력 제고 사례를 공직 내로 이식 및 확산하고, 정책현장의 경험을 통해 국민과 기업의 눈높이에 맞는 정책을 수립하는 데도 도움이 되는 지식과 정보를 습득하게 된다.

민간 기업 등에서 휴직근무를 할 수 있는 자격요건은 3급 이하 8급 이상(이에 상당하는 연구관·지도관 및 연구사·지도사 포함)의 공무원이면서 휴직 시행 연도말 기준으로 3급과 4급은 53세 이하이고 5급부터 8급까지는 48세

---

49 주승용 의원실(2018). "인사혁신처·중앙선거관리위원회·기타기관 국정감사", 10월 16일자 보도자료.

이하인 공무원으로서 휴직대상 공무원 추천 일을 기준으로 재직기간이 3년 이상인 공무원이다.[50] 민간근무를 위한 휴직 기간은 1년의 범위 내에서 할 수 있지만 근무실적 등 성과평가 결과를 반영하여 총 3년의 범위 안에서 인사혁신처장과 협의하여 휴직기간을 연장할 수 있다.[51]

　　물론 그렇다고 해서 민간근무를 위해 휴직한 공무원들이 모든 민간 기업에서 근무할 수 있는 것은 아니다. 근무 가능한 기업의 범위에 대한 관련 규정이 있고, 또 무엇보다도 휴직대상공무원은 휴직예정일 전(前) 5년 동안 소속하였던 부서의 업무와 밀접한 관련이 있는 민간 기업 등에 근무하는 것은 금지하고 있다.[52] 그리고 휴직공무원은 민간 기업 등에서 담당해서는 안 되는 업무가 있고, 또 근무하면서 부당한 행위도 해서는 안 된다. 즉, '휴직공무원이 소속하였던 중앙행정기관이 당해 민간 기업 등에 대하여 행하는 인·허가 등 처분, 감독, 검사, 점검 등에 관련된 업무', '공무원 신분 또는 휴직 이전의 지위 등을 이용하여 부당한 영향력을 행사하는 행위', '국가의 이익과 상반되는 이익을 추구하거나 공직자로서 품위를 손상하거나 그 밖에 공직자로서의 명예를 훼손시키는 행위, 민간 기업 등의 이사, 감사, 업무를 집행하는 무한책임사원, 지배인, 발기인 등 임원급이 되거나 이에 준하는 업무에 종사하는 행위', '민간 기업 등으로부터 보수외의 금전·물품·주식매수선택권(stock option) 등 특별한 혜택을 받는 행위', '본인 또는 휴직하여 근무하고 있는 민간 기업 등의 이익을 위하여 휴직 전 소속기관의 공무원에게 법령을 위반하게 하거나 지위 또는 권한을 남용하게 하는 등 공정한 직무수행을 저해하는 부정한 청탁 또는 알선을 하는 행위' 등이 그에 해당한다. 이와 함께 휴직공무원은 소속장관에게 반기별로 업무추진실적을 제출해야 하며, 민간 기업 등에서 근무 중 습득한 실무경험과 경영기법 등을 소속기관의 홈페이지에 게시하는 등 근무경험을 공유하기 위하여 노력하도록 요구받고

---

50 「공무원임용규칙」 제71조.
51 「공무원 임용규칙」 제75조.
52 「공무원임용령」 제53조.

있다.53

우리나라의 민간근무휴직제도는 2002년에 도입되어 처음 시행되었다. 하지만 로펌(law firm)이나 대기업에 간 공무원의 민관유착 의혹이 짙어지면서 2008년에 중단됐다. 이후 2012년에는 중견·중소기업에서만 근무하도록 제한을 두고 다시 시행됐다. 그러다 2015년에는 대기업으로 그 대상이 확대되면서 파견 공무원의 규모가 2012년에 7명에서 2016년에 57명으로 늘어났다. 하지만 이 중 절반 이상이 삼성(8명), 현대차(5명), SK(4명) 등 대기업으로 파견을 나간 것으로 알려지면서 대기업에 편중된 근무 행태에 대한 언론의 비판을 받기도 했다.54

3. 서비스 선택권 보장: 바우처

서비스 제공이 독점적이라면 생산은 경쟁적이지 못하고 소비에서는 선택의 자유가 없다는 뜻이다. 모든 공공서비스가 그와 같다고 할 수는 없지만 정부가 제공하는 많은 공공서비스가 독점적 공급으로 인해 국민들의 입장에서는 선택적 소비가 되지 못한다. 장점도 있겠지만 독점에 따른 자원의 비효율적 배분과 소비의 효용이 낮을 가능성이 있다는 문제점도 존재한다. 특히 정부의 공공서비스 혜택을 받는 국민 입장에서는 효용이 극대화되거나 만족이 최대화되는 서비스 수혜를 누리게 되는 것이 아니라 정부의 편의가 극대화되는 서비스만을 제공받게 된다. 그래서 여기에 대해 시장의 특성인 경쟁적 생산과 선택적 소비의 요소를 도입하려는 노력의 일환이 바우처 제도의 적용이다.

바우처(voucher)는 재화나 서비스로 교환 가능한 쿠폰(coupon)과 같은 일종의 증표(전자 증표 포함)를 말한다. 바우처는 제공자에 의해 구매력이 보

53 「공무원 임용규칙」 제78조.
54 아시아경제(2018). "공무원 민간 근무휴직제 내년 부활 … 떨고있는 재계 " 9월 7일자 기사.

증되기 때문에 제공 받은 자는 정해진 범위 내에서 그 구매력만큼 자유롭게 사용할 수 있다. 구매력은 제공자가 보증한다는 점에서 제공자에 의한 보조금의 성격을 지니기도 한다. 그래서 바우처란 제한된 재화와 서비스들을 개개인들이 선택할 수 있도록 해주는 보조금으로 정의되기도 한다.[55]

이를 제도적 차원에서 보면, 정부가 자격이 주어진 국민들에게 일정한 재화나 공공서비스를 직접 선택하도록 해서 소비에 따른 효용을 극대화시키기 위한 제도가 바우처 제도인 것이다. 통상적으로 바우처는 사회서비스에 적용하는 경우가 많아서 바우처 제도를 다음과 같이 정의하기도 한다. '정부가 다양한 취약 계층 이용자에게 현금이 아닌 사회서비스 이용권을 지급하고, 이용자가 서비스 제공기관으로부터 서비스를 제공받은 후 이용권으로 결제하면 정부가 그 대금을 정산·지급하는 제도'이다.

바우처는 국민들의 소비 선택권을 확대해서 효용을 극대화시키는데서 나아가 공급자들의 공급 경쟁을 유도하기도 한다. 바우처를 받은 국민들이 특정한 한 업체의 재화나 서비스만을 이용하는 것이 아니라 관련된 여러 업체들 중에서 선택할 수 있기 때문에 공급자들은 경쟁을 하게 된다. 예컨대 미국의 대표적인 바우처인 식료품권(food stamp)을 들고 정부가 지정한 여러 가게들 중 어느 한 곳에서 식료품을 살 수 있기 때문에 더 많은 바우처 소지자들을 유인하기 위해 가게들은 서로 간 경쟁을 하게 된다. 가격 비교도 생기고 품질 비교도 생기기 때문에 이 과정에서 공급자 간 경쟁과 함께 서비스의 질도 높아질 수 있다.

이처럼 정부는 보조가 필요한 사람들에게 바우처를 제공해서 수급자가 선택하게 하고 그 과정에서 경쟁이 유도되도록 해서 재화와 서비스의 질과 사용에 따른 효용을 높이기 위해 노력하고 있다. 하지만 사실, 바우처 시행을 통한 경쟁과 효용은 다소 제한적인 상태에서 이루어진다. 재화와 서비스

---

55 Steuerle, C. Eugen(2000). "Common Issues for Voucher Programs", In C. E. Steuerle, V. D. Ooms, G.E. Peterson and R.D. Reischauer (eds), *Vouchers and the Provision of Public Services*, Washington DC: Brookings Institution Press, p. 4.

를 제공하는 공급자가 정부에 의해 일정 정도 제한되어 있어서 소비자로서
수급자의 선택의 범위도 제한적이기 때문이다. 그래서 바우처 제도가 제대로
운영되기 위해서는 적어도 소비자들의 선택가능성을 낮게 해주는 정도의 경
쟁 여건 마련이 필요하고, 또 품질에 대한 정보 제공도 중요하고, 생산자가
생산의 유연성을 유지하도록 하는 것도 중요하다.56 물론, 이러한 요인들이
부족하다고 해도 바우처 제도는 전통적인 정부에 의한 일방적인 재화와 서비
스 제공과는 분명 차이를 보이는, 즉 시장적 요인이 가미된 제도에 해당된다.

　　현재 우리나라의 경우 노인, 장애인, 산모·신생아 등 사회서비스를 필
요로 하는 다양한 취약 계층에게 현금이 아닌 이용권인 바우처를 발급하고
있다. 복지정책의 증가에 따라 사회서비스 이용권(바우처) 보조금은 매년 증
가하고 있는데, 그 규모를 보면 2015년에는 1조 897억 원, 2016년에는 1조
3,203억 원, 2017년에는 1조 4,888억 원, 2018년에는 1조 6,334억 원이다.57
이런 가운데 〈사례 5-3〉과 같이 부정수급의 사례도 발생되고 있다.

〈사례 5-3〉 바우처 부정수급 사례58

유형	사례
허위·초과결제	• 장애인활동지원 제공인력 이○○은 이용자 배◇◇, 강□□, 민△△에게 서비스를 정상적으로 제공하지 않고 초과결제로 총 838건, 금액 26,173천 원 허위결제 • 장애인활동지원 제공인력 박○○은 이용자 조◇◇에게 '15. 9. 11. ~'18. 3. 23.까지 실제 서비스 제공 시간보다 초과 청구하는 방식으로 총 916건, 금액 18,485천 원 허위결제 • 지역사회서비스투자 제공인력 곽○○은 이용자 김◇◇와 '16. 5월 계약 후 한 달간 서비스를 제공하고 그 이후 '16. 6. 3. ~'18. 4. 24.까지 서비스 제공 없이 총 674건, 금액 14,925천 원 허위결제

56 Cave, Martin(2001). Voucher Programmes and their Role in Distributing Public Services, *OECD Journal of Budgeting*, 1(1): 59−88.

57 국무조정실(2018a). 『사회서비스 이용권(바우처) 보조금 부정수급 점검결과』, 국무조정실 정부합동 부패예방감시단.

58 국무조정실(2018a). 『사회서비스 이용권(바우처) 보조금 부정수급 점검결과』, 국무조정실 정부합동 부패예방감시단.

미등록·무자격자의 서비스 제공	• 산모신생아건강관리지원 제공기관 "○○○○맘"은 '18. 1. 5.~2. 28. 까지 미등록된 제공기관 제공인력 고△△ 외 25명을 허위로 등록하 고 서비스 제공, 지급받은 비용은 수수료를 제외하고 미등록된 기관에 송금하는 방식으로 총 409건, 금액 20,244천 원 허위결제 • 지역사회서비스투자 제공기관 "○○○○감"은 등록되지 않은 제공인 력 박△△이 서비스를 제공하고 결제는 실제 등록된 박ㅁㅁ의 카드 로 결제하는 방식으로 '17. 10. 10.~'18. 2. 9.까지 총 457건, 금액 17,064천 원 허위결제
바우처 이용제한 자의 결제	• 노인돌봄종합서비스 제공인력 우○○ 외 11명은 '17. 1. 31.~'18. 1. 15.까지 바우처/노인장기요양보험 중복하여 총 38건 1,121천 원 중 복결제 • 장애인활동지원 제공인력 권○○은 이용자 사망 후 총 12건 금액 392 천 원 허위결제 • 장애인활동지원 제공인력 김○○ 외 16명은 이용자 출국 중 서비스 제공 없이 총 21건 금액 927천 원 허위결제
제공인력 간 담합	• 장애인활동지원 제공인력인 김○○와 이◇◇은 이용자인 서로의 자 녀 바우처 카드를 바꿔 소지하면서 실제 서비스 시간 제공 없이 '15. 2. 6. ~'18. 3. 13.까지 총 616건, 금액 23,541천 원 허위결제 ※ 가족 돌봄은 보건복지부장관이 정하는 활동지원기관이 부족한 지역 에 거주하거나 활동지원인력이 부족한 경우 등에 한하여 신청에 의해 가능하고, 바우처는 월 한도액의 50%를 감산하여 생성하도록 규정

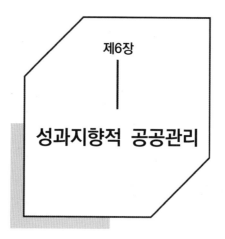

제6장

성과지향적 공공관리

1. 성과 개념의 차원

1) 성과의 강조와 개념

성과(performance)에 대한 강조는 오늘날 사회의 주요한 특징 중 하나에 해당한다. 특히 관리영역에서는 성과가 관리의 최종적인 그 무엇으로 가장 핵심적인 사항으로 강조되고 있다. 그래서 성과관리와 성과평가 등 성과에 대한 요구와 중요성이 강조되면서 성과는 이제 하나의 이데올로기가 될 정도에 이르렀다고도 한다.[1] 실제로 우리는 주변에서도 흔한 인사말로 "좋은

---

1 Bouckaert, Geert and John Halligan(2008). *Managing performance: International comparisons*, London: Routledge, p. 29.

성과가 있기를 바란다.”라고 하고 또는 어떤 것에 대해 평가를 할 때면 “성과가 미흡하다.”, “전혀 성과가 없었네.” 등으로 말하곤 한다. 성과가 없거나 특히 성과가 눈에 보이지 않으면 비판이나 비난의 대상이 된다. 성과를 위해 재원이 투입된 경우라면 더욱 그렇다. 어쩌면 성과가 지배하는 세상이라고 해도 과언이 아니다.

특히 공공부문에서 성과가 강조된 결정적인 시기는 1980년대이다. 당시 전 세계적으로 공공부문에서 성과에 대한 강조가 널리 퍼지게 되었다. 1990년대에 들어서는 보다 구체적인 실천으로 성과와 관련된 여러 활동들이 구현되었다. 당시의 개혁활동은 거의 대부분이 성과에 초점을 두고 있었을 정도였다.

그 한 예로 미국에서 1993년에 제정된 정부성과결과법(GPRA: Government Performance Results Act)을 들 수 있다. 이는 성과관리와 평가를 위한 기초가 되는 법이다. 그리고 이 법에 의해 이루어진 성과평가의 한계를 개선하기 위해 2002년 당시 부시 행정부는 프로그램평가측정도구인 PART(Program Assessment Rating Tool)를 도입하게 된다. PART는 GPRA에 따라 산출되는 연방정부의 프로그램 성과정보가 프로그램 관리나 예산 및 자원배분에 활용되는 경우가 적고, 성과지표도 모호하면서 의미 없는 지표들도 많다는 등의 비판에 따라 도입된 제도였다.2 이 제도는 성과와 예산과의 통합(budget and performance integration)과 연계를 강조한다. PART는 각 부처가 매년 소관사업을 자체평가하고 관리예산처(Office of Management and Budget, OMB)가 그 평가결과를 점검하여 예산편성에 활용하는 제도로서, 이 평가가 갖는 기본적인 목적은 연방정부의 각종 사업과 프로그램에 대한 성과 측정과 예산과의 연계와 그에 따른 책임성 강화이다. 철저하게 성과를 우선에 둔 제도였다.

그렇다면 과연 성과란 무엇인가? 무엇을 성과라고 할까? 성과에 대한 개념은 이 책의 제1장에서 이미 언급하였다. 즉, “성과(performance)란, 달성

---

2 Office of Management and Budget(2001). *The President's Management Agenda*, OMB.

하고자 하는 목표를 위한 활동의 인지적인 수행 실적(결실)을 의미한다. 활동의 실적으로서 성과는 투입(input)이 완료된 것일 수도 있고, 추진과정(process)의 실행이 될 수도 있고, 산출(output)이 될 수도 있고, 결과(outcome)가 될 수도 있다. 투입 활동의 완료 실적, 추진 과정의 실행 실적, 산출 도출의 실적, 결과 도출의 실적이 모두 일종의 성과가 될 수 있지만, 상황에 따라 성과의 의미에 더 잘 부합되는 정도는 각각 다르다. 가장 일반적인 의미의 성과란 '결과' 실적에 초점을 둔 인지적 수행 실적 혹은 결실을 말한다. 즉, 궁극적으로 이루고자 하는 바에 대한 성과를 달성했는가를 나타내는 것이 중요해진 오늘날에 성과의 의미는 주로 결과(outcome)에 초점을 두고 있다. 결과 중시의 성과가 주로 사용되는 것이다. 특히 공공관리에서는 더욱 그렇다. 그래서 많은 분야에서 거의 대부분 성과라고 하면 결과에 기반한 활동의 실적을 의미한다."라고 했다. 이 의미 속에는 투입, 과정, 산출, 결과라는 말이 들어 있는데, 이는 논리모형(logic model)을 활용했기 때문이다. 그런 점에서 논리모형은 성과에 대한 개념을 보다 구체적으로 논의할 수 있는 틀이 된다.

2) 논리모형과 성과 개념의 차원

논리모형은 시스템 이론을 바탕으로 전체를 구성하는 부분들 간의 상호관계를 인과관계로 보여주는 일종의 개념적 틀(frame)이다. 생물체를 비롯해서 정책 활동에 이르기까지 논리모형은 널리 활용되고 있다. 전체를 구성하는 부분들에는 크게 투입(input), 과정(process), 산출(output), 결과(outcome), 환류(feedback) 요소가 포함되어 있다. 이 중에서 투입, 과정, 산출, 결과가 성과에 해당되며 환류는 성과발생 이후의 후속 조치에 해당한다. 여기서 '결과'가 오늘날 성과 개념의 핵심이 된다. 하지만 기본적으로 투입 차원의 성과, 과정차원의 성과, 산출차원의 성과, 결과 차원의 성과로 구분할 수 있다.

투입이란 활동이 일어나는 데 소요되는 자원을 의미한다. 자원의 예에는 인적, 재정적, 물적, 시설, 시간, 기술, 정보 자원 등이 해당된다. 과정은 활동(activities) 그 자체를 말하는 것으로 투입자원을 사용하여 일정한 행위가 수행되는 것을 말한다. 일이나 업무가 추진되는 행위인 것이다. 예컨대 상품이나 제품을 생산하는 활동이나, 서비스를 제공하는 과정이나, 인프라를 구축하는 과정, 그리고 교육훈련을 실시하는 것들이 모두 여기에 해당될 수 있다. 산출은 활동이 일어나는 과정을 거쳐서 발생되는 가시적이고 직접적인 산물을 의미한다. 활동 이후에 나타나는 가장 기본적으로 확인 가능한 수행 실적이 바로 산출이다. 이 산출은 애초에 목표한 바를 이루는 데 토대가 되는 역할을 한다. 만들어진 상품이나 제품 그리고 건설된 고속도로 혹은 교육훈련을 마친 수강생들의 숫자가 그에 해당된다. 결과는 처음 의도한 목표가 달성된 것으로, 산출에 의해 대상 및 대상 집단에 나타난 변화를 의미한다. 그래서 산출이 '고객이 어떤 서비스를 받았는가'의 질문에 대한 답이라면, 결과는 '고객의 상황이 개선되었는가?'에 대한 답이라고 할 수 있다. 상품을 생산한 것에서 나아가 그 상품이 회사의 재무건전성에 기여했는지 혹은 회사의 가치를 높였는지 또는 고속도로를 건설해서 이용자들의 교통편의에 대한 만족이 높아졌는지 그리고 교육훈련을 받은 수강생들의 역량이 높아졌는지 등을 나타내는 것이 모두 결과에 해당된다. 오늘날 성과는 바로 이 결과를 달성했는가에 초점을 두고 있다. 실제로 성과를 나타내는 여러 차원에 대한 빈도 조사를 한 결과에 따르면, 결과가 가장 높은 빈도(68%)로 언급되고 있는 것으로 나타났다. 그 다음이 산출(66%)이고 투입(49%)과 과정(36%)은 그 보다 낮은 빈도를 보이는 것으로 나타났다.[3]

결과에 기반한 성과 개념이 가장 핵심적이고 중요하게 여겨지지만 그렇다고 해서 투입과 과정과 산출의 실적이 성과가 되지 못하는 것은 아니다. 분명 애초에 목표한 결과를 달성하는 것이 중요하긴 해도 결과가 도래하기까지의 수행 실적이 없었다면 결과가 도출되기는 어렵다는 점에서 이들 요소에 대한 실적도 하나의 성과로서 다루어질 필요가 있다. 특히 결과를 쉽게 확인하기 어려운 경우나 결과가 나오기까지 수년간의 시간이 소요되거나 특

---

3 Summermatter, Lukas and John Philipp Siegel(2009). Defining Performance in Public Management: Variations over time and space, *Paper for IRSPM*, XXIII: 1−34, pp. 7−8.

정한 요인이 아니라 복합적 요인에 의해 비로소 결과가 나오는 경우라면 투입이나 과정이나 산출에 초점을 둔 성과가 실질적인 면에서는 더 유용할 수 있다. 실제로 정부의 성과평가의 기본이 되는 「정부업무평가 기본법」에서 평가의 의미를, "일정한 기관·법인 또는 단체가 수행하는 정책·사업·업무 등에 관하여 그 계획의 수립과 집행과정 및 결과 등을 점검·분석·평정하는 것"으로 규정하고 있다.[4] 결과에만 한정된 성과 평가만을 의미하지는 않고 있다. 따라서 성과 개념의 차원을 〈표 6−1〉과 같이 구분해서 볼 필요가 있다.

〈표 6−1〉 논리모형에 기초한 성과 개념의 차원

논리모형의 요소	성과 개념의 차원	핵심 질문
투입	투입의 수행실적 (투입 기반의 성과)	투입 요소들이 실제 계획대로 투입되었는가?
과정	과정의 수행실적 (과정 기반의 성과)	규정된 절차와 방법으로 과정이 실행되었는가?
산출	산출의 수행실적 (산출 기반의 성과)	예상했던 산물이 도출되었는가?
결과	결과의 수행실적 (결과 기반의 성과) ※ 오늘날의 성과 개념	목표로 삼은 대상에 의도했던 변화가 생겼는가?

성과 개념의 차원은 조직과 집단과 개인 모두에 적용될 수 있다. 성과에 대한 강조가 조직이나 집단이 될 수도 있고 개인이 될 수도 있기 때문에 대상에 맞게 활용하면 된다. 그래서 조직의 성과관리와 집단의 성과관리 그리고 개인의 성과관리가 별도로 논의되기도 한다. 하지만 이들의 관계는 상호관련 될 수도 있고 그렇지 않을 수도 있다. 개인의 성과가 곧 조직의 성과로 이어질 수도 있고 그렇지 않을 수도 있듯이 성과 개념의 각 차원은 다시 성과 행위의 주체를 어디에 두는가에 따라 다양한 차원에서 논의될 수 있다. 이 책에서는 상황에 따라 조직 혹은 개인을 명시하며 성과에 대한 논의를 진행한다. 그리고 성과 개념의 차원에는 여러 가치들이 판단의 기준으로 사

4 「정부업무평가 기본법」 제2조.

용된다. 즉, 효율성, 효과성, 민주성, 합법성 등이 성과 개념에 부합되어 사용된다. 하나의 가치 기준이 적용될 수도 있고 여러 개가 적용될 수도 있다.

2. 성과의 정당성

성과에 대한 강조는 성과가 갖는 정당성에서 비롯된다. 성과가 지니는 정당성이 널리 받아들여진다면 성과를 강조하는 것도 자연스럽게 받아들여진다. 그렇다면 성과의 정당성은 어디에서 비롯되는 것일까? 그것은 바로 자원의 희소성 때문이다. 자원의 희소성은 자원 사용에 따른 결과물로서 성과를 강조하는 데 핵심적인 이유가 된다. 특히 복잡한 사회문제가 증가해서 더 많은 자원이 필요해질 때 성과가 더욱 더 강조되는 것도 바로 이 때문이다.

성과 개념의 여러 차원 중에서도 결과 중심의 성과를 강조하는 이유도 이와 관련된다. 투입 중심의 수행실적으로서 성과는 실질적인 문제해결을 낳는 것이 아니라 문제해결을 위한 가장 기초적인 의지를 보이는 행위에 그치는 것으로, 한정된 자원을 효과적으로 사용한 것이라 할 수 없다. 여러 복잡한 문제를 해결해야 하는데 한정된 자원을 단순히 투입의 수행실적으로만 사용해버리는 것은 결과를 낳는 수행실적보다는 그 효과성이 낮은 것이 된다. 따라서 오늘날 현대사회에서 성과 자체가 갖는 정당성은 현실적인 이유로서 자원의 희소성에서 비롯된다.

그렇다면 자원의 희소성이 곧바로 자원 사용자들에게 성과 도출의 중요성을 갖도록 만드는 것일까? 여기에 대해서는 자원의 사용자와 자원의 제공자 간 관계에 따라 달라진다. 둘이 별개가 아니라 동일한 경우라면 그럴 수도 있다. 다시 말해, 자원 사용자이자 자원의 제공자가 동일인이라면 한정된 자원이 자신이 원하는 결과를 낳는 성과가 도출되도록 노력할 것이다. 하지만 만일 그 둘이 독립된 존재로 서로 별개로 위치해 있다면 사정은 조금 달라질 수 있다. 자원의 제공자가 따로 있고 사용자가 사용만 하는 주체라면, 사용자 입장에서는 설사 자원의 희소성에 대해 알고 있고 이해하고 있다고 하더라도 성과를 도출하기 위한 노력은 덜할 수도 있다.

이 경우가 바로 공공영역에서 비롯되는 상황이다. 납세자로서 세금의 원천자가 별도로 존재하고 그 세금을 사용하는 사용자가 역시 별도로 존재하는 것이다. 주인과 대리인의 관계에서 흔히 발생될 것으로 우려되는 도덕적 해이(moral hazard)가 바로 그에 대한 문제이다. 희소한 자원을 사용자에게 맡겼는데 그것을 제대로 사용하지 않는다면 자원의 원천자 입장에서는 당연히 문제를 제기하게 된다. 따라서 이때는 대리인에게 강력한 책임을 묻기 위한 방법을 생각하게 된다. 그것이 바로 대리인이 수행한 실적을 평가하는 것이다. 성과를 측정하고 평가해서 그 결과에 따라 더 이상 자원을 사용하는 자가 되지 못하도록 하거나 사용하도록 했던 자원을 위법하게 사용했다면 처벌을 하도록 하거나 혹은 의도한 성과 이상을 낳았다면 적절한 보상을 하는 것이다. 이렇게 하면 성과의 정당성과 성과 도출이 중요하다는 점이 자원을 사용하는 자에게도 충분히 인식될 수 있다. 실제로 성과를 평가하는 것은 약속한 공공서비스를 얼마나 효과적이고 효율적으로 제공했는지에 대한 직접적인 정보와 자료를 제공하는 역할을 한다.[5] 그래서 이제 자원 사용자에게 성과는 자신에게 주어진 일에 대한 책임과 노력을 보여주는 것이 된다. 그리고 더 좋은 성과를 낳기 위한 유인이 되기도 한다. 따라서 자원 사용자에게도 성과 자체가 지니는 정당성이 강조된다.

그런 점에서 성과의 정당성은 기본적으로 자원의 희소성에서 비롯되고, 그에 따라 책임성을 확보하고 향상시키고자 하는 데서도 찾을 수 있다. 특히 공공영역에서 자원이 풍부한 경우는 거의 존재하지 않는다는 점에서 자원의 희소성의 이유에서 비롯된 성과의 정당성은 당연하게 받아들여지고 있어서, 오늘날 성과의 정당성은 책임성 확보와 향상 측면에서 주로 강조되고 있다. 무엇보다도 자본주의 사회이고 이익을 추구하는 경제인이 합리적 행위를 한

---

5 Greiling, Dorothea(2005). Performance Measurement in the Public Sector: The German experience, *International Journal of Productivity and Performance Management*, 54(7): 551－567.

다는 가정을 하면, 자신의 이익을 추구하는 일이 합리적인 일이 되기 때문에
자원사용에 따른 이익 보장을 위한 책임성 문제는 언제나 제기될 수 있다.
따라서 오늘날 어느 사회에서나 책임성을 높이기 위한 성과에 대한 강조를
하고 있다.

　　자원의 희소성과 책임성 확보라는 성과의 정당성은 여러 세분화된 성과
측정의 목적들로 구현되고 있다. 성과를 측정하는 목적은 크게 8가지로 나
눌 수 있다. '평가(Evaluate)', '통제(Control)', '예산(Budget)', '동기(Motivate)',
'홍보(Promote)', '치하(Celebrate)', '학습(Learn)', '개선(Improve)'을 위해서이
다.6 민간영역이나 공공영역 모두에 해당될 수 있는 목적들로서, 여기서는
공공영역의 공공기관을 대상으로 살펴보기로 한다.

　　우선 '평가'의 목적은 공공기관이 얼마나 업무수행을 잘 하고 있는지를
검토하고 확인하기 위한 목적이다. 의도했던 성과를 잘 도출하고 있는지를
보기 위한 것이 곧 성과측정의 목적인 것이다. 그리고 성과를 측정한다는 것
은 '통제'를 위해서이기도 한데, 그것은 부하직원이 올바르게 하고 있는지를
확인하기 위한 것이라는 의미다. 그리고 성과측정은 '예산' 사용에 대한 정
보를 제공해준다. 공공기관이 과연 어떤 프로그램과 사람과 프로젝트에 예
산을 사용하고 있는가를 이해하는 데 도움을 준다. 성과측정으로 예산이 어
디에 누구에게 제대로 사용하고 있는지를 알 수 있게 해주는 것이다. 성과는
'동기' 부여를 위한 목적도 있다. 성과를 측정함으로써 일선 직원을 비롯해
중간관리자와 비영리 및 영리 관계자들의 성과개선을 위해 어떻게 동기를
부여할 수 있는지에 대한 방법을 찾을 수 있다. 또 성과를 측정하는 것은 정
치지도자와 국회의원들과 이해관계자들과 언론인들과 시민들에게 공공기관
이 잘 하고 있다는 것을 확신시키기 위한 '홍보'의 목적에서도 이루어진다.
그리고 성과측정은 '치하'를 위해서도 이루어진다. 성과를 측정해서 업적에
대해 중요한 행사를 통해 축하와 격려를 하는 것이다. '학습' 역시 성과측정

---

6 Behn, Robert(2003). Why Measure Performance? Different Purposes Require Different
　Measures, *Public Administration Review*, 65(5): 586-606, pp. 588-593.

의 목적이 된다. 성과를 측정해서 왜 어떤 것은 잘 되고 어떤 것은 잘 되지 않는지 학습할 수 있다. 성과는 '개선'을 위해서 이루어지기도 한다. 성과를 측정함으로써 누가 무슨 일을 어떤 방식으로 해야 개선될 수 있는지를 알 수 있게 된다.

제2절　성과지향의 기본

1. 성과측정과 지표

1) 성과측정

성과는 측정(measurement)되는 것을 전제로 한다. 측정이란 관심 있는 대상의 속성이나 성질을 가시적이고 인지적으로 표현해내는 과정을 말한다.[7] 관심 있는 대상에 대해 관심 있는 사항을 대리(proxy)해서 내놓는 과정이 측정인 것이다. 대리물은 숫자일 수도 있고 다양한 기호나 문자일 수도 있고 그림일 수도 있다. 관심 있는 사람의 학습 역량을 측정하고 싶다면 학점이나 시험 성적으로 대리해서 내놓는다면 그것이 측정을 한 것이 되고, 오늘 날씨가 얼마나 따뜻한지에 대해 알고 싶어서 온도계를 이용해서 기온을 확인한다면 이 역시 측정을 한 것이 된다. 사과를 따러 과수원에 간 농부가 어떤 성과를 보였는지 알고 싶을 때도 수확한 사과 개수를 세어 보거나 그 사과를 팔아서 얼마를 벌었는지를 계산해보는 것이 곧 성과를 측정하는 일이 된다. 이처럼 성과는 측정을 기본으로 한다. 측정이 선행되지 않으면 성과를 확인할 수도 없을 뿐 아니라 성과 기반의 후속 행위들을 진행할 수도 없다. 성과에 기초해서 행해지는 수많은 일들을 생각하면 성과측정은 성과

---

7 김민주(2015b). 『행정계량분석론』, 대영문화사, p. 66.

를 통한 활동 혹은 관리의 기본이 된다는 것을 알 수 있다.

사실, 그동안 성과측정이라고 하면 주로 기업에서는 돈과 관련해서 생각을 많이 했다. 기업의 목표가 수익 창출이고 이익의 극대화인 만큼 궁극적인 결과가 돈으로 연결되기 때문이다. 그래서 전통적으로 돈, 즉 재무적 수치가 성과측정의 근거로서 가장 중요하게 여겨져 왔다. 재무적 수치는 가장 직접적으로 확인 가능하고, 특히 기업 입장에서는 수익이라는 목표가 재무적 수치 그 자체이기 때문이다.

그렇지만 오늘날에는 기업의 성과측정에서 재무적 요소는 물론이고 그 이외의 요소도 중요하게 고려하고 있다. 지금은 당연하게 들리지만 사실 이 점은 성과측정에 새로운 시각을 가지게 되면서부터 시작되었다. 그리 오래된 일이 아니다. 그런 점에서 비재무적 수치를 성과측정에 고려하게 된 사실을 성과측정의 혁명으로 부르는 사람도 있다. 이제는 성과측정에서 재무적 요소 뿐 아니라 비재무적 요소인 품질이나 만족도나 시장점유율이나 인적자원 등의 요소를 고려하고 있는 것을 자연스럽게 생각하게 되었다.[8]

성과측정에서 비재무적 요소까지 고려하게 된 이와 같은 시각은 단지 새로운 관점에서만 머물러서는 현실로 구현되지 않는다. 현실 구현을 위해서는 실행 도구가 필요한데, 여기에 결정적인 기여를 한 것으로 평가되는 것이 정보통신기술이다. 비재무적 요소들을 고려해서 성과를 측정한다는 것은 비재무적 요소들에 대한 정보가 있어야 한다는 것을 의미한다. 재무적 요소만을 고려한다면 회계장부 정도만 있어도 가능하다. 물론 규모가 큰 조직이라면 회계장부 자체도 복잡하겠지만 못할 것은 없다. 하지만 시장 점유율이나 고객들의 만족도나 상품의 품질에 대한 사항들은 회계 장부에서는 도출할 수 없는 정보들에 의해 알 수 있다. 그래서 이러한 정보들을 도출할 수 있게 해주는 장치가 마련되어 있는 것이 곧 비재무적 요소까지 고려한 성과측정을 가능하게 해주는 일이 된다. 그 역할을 하는 것이 바로 정보통신

---

8 Kaplan, Robert S. etc.(2009). 현대경제연구원 옮김, 『경영성과 측정』, 21세기북스, pp. 48-49.

기술이다.

그래서 정보통신기술이 성과측정의 혁명이 이루어지는 데 결정적인 역할을 했다고 말하기도 한다. 실제로 하드웨어 부문과 소프트웨어 및 데이터베이스 기술 분야의 발전으로 인해 기업들은 과거보다 더 많은 정보 원천에서 더 많은 정보를 보다 저렴하고 신속하게 처리·분석·보유하고 이를 훨씬 많은 사람들에게 제공할 수 있게 되었다.9 이 정보들은 성과측정에 밑거름이 된다. 특히 비재무적 요소에 더욱 그러하다. 정보통신기술이 발달되지 않았다면 비재무적 요소에 해당하는 수많은 정보들을 수집하고 분류 및 정리하고 편집하고 분석하기가 매우 어려웠을 것이다. 빅데이터 시대라면 더욱 그렇다.

2) 성과지표

그런데 사실 성과측정은 말처럼 그렇게 쉽지만은 않다. 측정은 인지적이고 가시적으로 보여주는 그 어떤 것으로 '나타내는 것'이기 때문에, 특히 눈에 잘 보이지 않는 사항을 측정을 하기란 더욱 어렵다. 사람마다 측정 대상에 대해 지니고 있는 생각의 범위나 틀도 다르기 때문에 명확히 측정한다는 것은 상당히 어렵다. 그래서 현실적인 이유로 측정 대상에 대한 조작적 정의(operational definition)를 이용해서 최대한 받아들여질 수 있는 측정을 하려고 노력하게 된다. 조작적 정의란 분석하고자 하는 대상(또는 개념)을 현실 세계에서 관찰이 가능하도록 수량화하기 위해 다시 정의하는 것을 말한다. 개념의 수량적 재정의인 것이다.10 성과는 가장 적절하고 현실적으로 가능한 조작한 정의를 하는 데서 측정이 시작된다. 그리고 이 조작적 정의는 지표로 구현되면서 성과지표가 만들어진다.

예컨대 문화예술기관을 건립해서 지역주민들의 문화향유의 질을 높이기 위한 사업을 한다고 하자. 여기서 조작적 정의가 필요한 것은 '문화향유

---

9 Kaplan, Robert S. etc.(2009). 현대경제연구원 옮김, 『경영성과 측정』, 21세기북스, p. 54
10 김민주(2015b). 『행정계량분석론』, 대영문화사, p. 66.

의 질'이 된다. 문화향유의 질이라는 것이 당장 쉽게 인지되거나 보여지는 것도 아니고, 사람마다 문화향유의 질이 무엇인가에 대해 모두 다르게 생각할 수도 있다. 그래서 문화향유의 질에 대한 조작적 정의가 필요하고 문화향유의 질을 측정할 수 있는 지표를 마련해야 한다. 문화향유의 질에 대한 조작적 정의를 '문화향유자들이 문화향유 후 느끼는 만족감'이라고 정하고, 그것을 측정하기 위한 지표로 '문화향유자 만족도'를 설정한다면 성과측정을 위한 지표가 마련된 것이라고 볼 수 있다. 만족도는 만족도 설문조사를 통해 인지적이고 가시적으로 확인된다. 따라서 문화예술기관을 건립하는 사업은 문화예술기관 건립에 따라 지역주민들의 문화향유의 만족도가 높아졌다면 성과를 보인 것이 된다.

물론 성과 개념의 차원이 다양하듯이 이 사례에서 예산이 투입된 투입 중심의 성과지표도 가능하고, 사업추진이 진행되는 진척에 따른 과정 중심의 성과지표도 가능하고, 건립이 완료된 문화예술기관 그 자체는 산출 중심의 성과지표로도 사용될 수 있다. 그리고 결과중심의 성과지표가 단 하나만 존재하는 것도 아니다. 문화예술기관 건립에 따른 성과는 문화향유자들의 만족도 향상 이외에도 더 있을 수 있다. 실제로 정부의 대규모 사업은 하나의 성과에 대해 여러 개의 지표로 측정되기도 하고, 여러 성과들이 여러 개의 지표로 각각 측정되기도 한다. 중요한 것은 성과측정을 위해서는 조작적 정의와 지표가 필요하다는 점이다.

이와 같이 조작적 정의와 지표는 성과의 명확성을 높이는 중요한 역할을 한다. 그런 만큼 한편으로는 여기에 대해 다양한 이견 있고 그로부터 갈등이 생기기도 한다. 성과측정과 평가에 따라 생기는 불만도 바로 성과에 대한 조작적 정의와 그 지표로 회귀되는 경우가 많다. 애초에 성과를 그와 같이 정의한 것부터가 잘못이고 그와 같은 지표로 측정한 것도 바람직하지 않다는 불만들은 곧 조작적 정의와 지표를 두고 하는 말이다. 사실, 성과측정을 두고 다양한 불만들이 있는 것은 당연하다. 사람마다 혹은 집단마다 모두 서로 다른 이해관계에 얽혀 있기 때문이다. 처한 환경도 모두 다르고 나름의 사정도 다 있기 때문이다.

　그럼에도 불구하고 성과측정 행위는 상당한 힘을 발휘한다. 성과측정에 따른 보상과 처벌이 강력한 법적 근거에 기반하고 있다면 더욱 그러하다. 이때는 비록 성과에 대한 조작적 정의와 지표에 불만이 있다고 하더라도 일단 따르게 된다. "단지 성과를 측정하기만 해도 사람들은 반응을 보인다."라는 미국의 한 공무원의 말이 그 단적인 예가 된다.11 측정에 사용된 지표는 하나의 지침이 되어 모두가 집중하게 한다. 비단 성과지표뿐 아니라 일반적인 평가에서 평가를 잘 받는 방법 중 하나는 철저하게 평가지표에 따르면 된다. 이는 하나의 권력 현상이기도 하다.12 지표는 행동의 방향을 정해주는 역할을 하는 것이다. 성과측정에서 핵심적인 활동으로서 조작적 정의와 지표를 잘 구성해야 하는 이유가 바로 이런 현상들 때문이다.

2. 분석과 평가

　성과는 분석과 평가 활동을 동반한다. 성과를 측정한 결과는 분석과 평가에 따라 유용한 정보가 된다. 측정하는 것만으로도 강력한 힘이 발휘되지만 분석과 평가 작업이 이루어지고 구체적인 결과가 눈으로 확인되면 그것은 더욱 직접적인 영향력을 발휘하기 시작한다. 특히 성과평가에 따라 순위가 부여된 결과는 그 자체가 의사소통의 행위가 되고 보상과 처벌의 정당성이 되고 통제의 근거가 된다. 그래서 성과분석과 평가는 공정성을 위해 객관적이어야 한다. 그 결과가 갖는 힘이 상당하기 때문이다.

　그런데 성과분석과 평가에서 객관성 확보는 분석가와 평가자의 양심에 의존하는 것만으로는 되지 않는다. 이기적인 인간과 비합리적이고 제한된 합리성을 지닌 인간에게 양심에 기대하는 것은 이상적일 수 있으나 현실적

---

11 Osborne, David and Ted Gaebler(1994). 삼성경제연구소 옮김, 『정부혁신의 길: 기업가 정신이 정부를 변화시킨다』, 삼성경제연구소, p. 188.
12 김민주(2016b). 『평가지배사회』, 커뮤니케이션북스.

이지는 못하다. 그렇다면 성과분석과 평가에서 객관성은 어떻게 확보할 수 있을까? 어쩔 수 없이 기대할 수 있는 한 가지 방법은 인간의 양심이 아닌 분석도구의 객관성과 합리성을 믿는 것이다. 결국 차선책으로 분석과 평가의 객관성 확보는 분석도구의 선택으로 대신 이루어진다.

그래서 실제로 성과분석과 평가는 다양한 기법들에 의해 이루어진다. 투입 중심의 성과는 단순히 체크리스트 수준의 확인으로도 가능하지만 결과 중심의 성과분석을 위해서는 여러 효과분석 기법들이 활용된다. 효과는 상당히 복잡한 요인에 의해 나타나는 것이기 때문에 그것들을 확인하는 기법들도 상당히 복잡하고 정교하게 만들어진 경우가 많다. 그래서 여러 학문에서 사용되는 방법들이 효과분석에 사용된다. 행정학, 통계학, 수학, 정치학, 경영학, 사회학, 경제학, 심리학 등 효과분석에 활용될 수 있는 학문의 지식들이 여기에 동원된다.

하지만 아무리 이러한 학문 기반의 정교한 기법들을 사용한다고 해도 공공영역에서 성과분석과 평가의 객관성은 성과분석과 평가의 정치성을 이겨내기에는 한계가 있다. 공공영역의 성과분석과 평가는 공공 혹은 대중이라는 다양한 이해관계자들이 관계되기 때문에 정치적 속성의 발현은 필연적이다. 성과는 정책이나 제도나 사업 등으로부터 기인하는 것인데, 정책과 제도와 사업은 정부의 가치배분의 활동이고 가치배분은 정치적 활동에 따라 이루어지기 때문에 가치를 주장하는 정치는 성과와 관련된 활동들에서도 나타난다.

예를 들어 성과측정을 위한 조작적 정의와 지표 구성에서부터 바람직하다고 생각하는 가치가 개입되고, 어떤 분석기법을 사용할 것인가를 결정하는 것 역시 더 적절하다고 생각하는 가치를 선택한 결과가 된다. 가치는 정답이 아니라 하나의 답이기 때문에, 일정한 가치로 나타내는 것은 가치를 주장하는 다양한 목소리들이 합의되거나 조정된 결과이다. 그래서 더 적절하고 바람직하다고 여겨질 수 있는 것으로 언제든지 바뀔 수 있다. 그것이 정치적인 것이다. 여기서 오해하지 말아야 하는 것은 정치적인 것이 나쁘다는 말이 아니다. 오히려 자신이 추구하는 가치를 주장하고 근거에 기반한 목소리를 당당히 내는 것은 민주적인 시민으로서 권장되어야 할 행동이다. 가치를 지닌 인간이라면 누구나 정치를 하고 있고 또 해야 한다.

성과분석과 평가도 철저히 정치적인 활동에 따라 이루어진다. 그런 점에서 앞서 "아무리 이러한 학문 기반의 정교한 기법들을 사용한다고 해도 공공영역에서 성과분석과 평가의 객관성은 성과분석과 평가의 정치성을 이겨내기에는 한계가 있다."라고 한 말은 꼭 부정적인 것을 의미하는 것이 아니다. 잘 못된 가치에 기반한 분석과 평가라면 그때의 정치성은 부정적이지만 그렇지 않다면 꼭 부정적인 것만은 아니다. 성과분석과 평가의 특성으로서 정치성을 강조하는 말로 이해하는 것이 적절하다.

따라서 중요한 것은 올바른 가치에 기반해서 성과분석과 평가가 이루어져야 하는 것이다. 편향된 가치를 마치 가장 바람직한 가치로 주장하며 그에 기반한 성과분석과 평가가 이루어진다면 이때의 정치성은 성과에 기반한 공공관리에 부정적인 영향을 주게 된다. 하지만 다양한 가치가 반영되어 모두가 받아들여질 수 있는 수준의 가치에 기초해서 분석과 평가가 이루어진다면 그때의 정치성은 분석과 평가 결과의 유용성을 더 높이게 된다.

그런 점에서 분석과 평가활동에서 다양한 요인들에 대해 다차원적 시도를 할 필요가 있다. 여기서 말하는 다차원적 시도란 요인들 간 결합적 사고(configurational thinking)에 기초한 결합관계를 분석하는 것이다.[13] 가치는 단편적이거나 단일의 것도 아니고 다양한 정도(degree)에 따른 복합적 요인들의 결합에서 비롯되거나 구현되는 경우가 많기 때문에 그것들을 고려해서 성과에 대한 분석과 평가를 한다면 보다 다양한 정보를 얻을 수 있을 것이다.

3. 환류

성과에 의한 공공관리에서는 성과 자체를 도출하는 것도 중요하지만 성

---

13 김민주(2014a). 정책평가의 방법론으로서 퍼지집합이론의 적용 가능성: 반부패성과 사례를 중심으로, 『한국사회와 행정연구』, 24(4): 313-338.

과분석과 평가의 결과를 환류(feedback)하는 과정이 상당히 중요하다. 처음부터 완벽한 성과를 낳기는 힘들기 때문에 점진적 개선이 현실적인데, 이 점진적인 개선은 바로 환류를 통해 이루어진다. 처음의 성과가 기대에 미치지 못하였거나 혹은 전혀 성과가 없었다면 그 원인이 무엇인지를 진단하고 진단의 결과를 이어지는 성과활동에 반영해야 한다. 따라서 성과측정과 분석과 평가에 의해 나타난 결과에 기초해서 성과개선을 위한 계획을 세우고 실제 그 계획을 반영해야 한다. 그 이후에는 실제 환류를 한 여부나 환류의 성과에 대해서도 측정과 분석과 평가가 이루어져야 한다.

그리고 환류는 새로운 개발 과정이어야 한다. 환류는 새로운 개발을 위한 정보나 기회를 제공하는 역할을 한다. 환류과정에서는 기존의 것을 개선하고 보완하는 작업과 함께 새로운 개발을 위한 노력도 병행해야 한다. 우리 주변에 보면 급부상하는 많은 신생 기업들이 인기 제품 하나만을 가지고 신규 상장했다가 순식간에 사라지곤 하는 사례가 의외로 많다. 그 이유 중 하나는 창업초기에 지니고 있던 자원(대개 창업 멤버인 엔지니어)에 기대어 성공을 이룬 신생 기업들이 인기 제품을 연달아 만들어낼 수 있는 프로세스 개발에 실패하기 때문이다.14 비록 처음의 성과를 성공적으로 이루었다고 해도 새로운 개발 과정은 계속되어야 한다. 특히 조직이 과거의 문제들과는 근본적으로 다른 새로운 문제와 마주할 경우 기존의 프로세스와 가치는 새로운 문제를 해결할 수 있는 역량이 되지 못한다. 조직의 역량이 주로 인적자원에 있는 경우 새로운 문제를 해결하기 위해 역량을 변화시키는 것은 상대적으로 간단하다. 인적자원을 교체하거나 새로 영입하면 되기 때문이다. 그러나 역량이 프로세스와 가치관, 특히 문화에 있는 경우 역량의 변화는 지극히 어렵다.15 그래도 변화가 필요하다면 변화를 시도해야 한다. 오히려 과감

---

14 Christensen, Clayton M. and Michael Overdorf(2015). 피터 드러커 외, 이한나·오재현 외 옮김, '전복적 변화에 대처하기', 『하버드 머스트 리드 에센셜』, 매일경제신문사, p. 20.

15 Christensen, Clayton M. and Michael Overdorf(2015). 피터 드러커 외, 이한나·오재현 외 옮김, '전복적 변화에 대처하기', 『하버드 머스트 리드 에센셜』, 매일경제신문사, pp. 22-23.

한 시도가 필요하다. 이러한 시도는 환류 과정에서 이루어질 수 있다. 환류는 기존 성과에 대한 한계를 극복하는 데 초점을 두기 때문에 환류 과정은 새로운 변화를 시도하는 데 적절한 시기가 된다.

성과지향적 공공관리의 환류 과정에서 또 중요한 것은 성과와 보상과의 연계이다. 기대했거나 목표한 성과를 달성했다면 그에 대한 보상은 필수적이다. 물론 공직에서 일하는 사람들 가운데 봉사하는 마음에서 비롯되어 주어진 공직 수행의 업무 그 자체에 의해 동기가 부여되는 경우도 있지만,16 유·무형의 구체적인 보상은 미래의 성과 향상에 중요한 영향을 미친다. 보상은 개인적 차원의 보상일 수도 있고 집단이나 조직 차원의 보상일 수도 있다. 보상의 종류는 보수, 인정, 승진, 예산 배정, 선택권 부여, 우선순위 기회 등과 같은 다양한 방법으로 이루어질 수 있다.

제3절 성과지향적 공공관리의 적용

1. 정부업무평가와 성과관리

정부영역에서는 성과에 대한 강조를 위해 정부업무평가를 시행해오고 있다. 정부업무는 수행 실적을 동반하는 것이기 때문에 정부가 성과를 기대하고 시행하는 일들이다. 이에 대한 평가는 곧 성과에 대한 검토가 된다. 그래서 우리나라에서 정부업무평가의 근거가 되는 「정부업무평가기본법」에서는 "이 법은 정부업무평가에 관한 기본적인 사항을 정함으로써 중앙행정기관·지방자치단체·공공기관 등의 통합적인 성과관리체제의 구축과 자율적인 평가역량의 강화를 통하여 국정운영의 능률성·효과성 및 책임성을 향상시

---

16 Houston, David J.(2006). "Walking the Walk" of Public Service Motivation: Public Employees and Charitable Gifts of Time, Blood, and Money, *Journal of Public Administration Research and Theory*, 16(1): 67 – 86.

키는 것을 목적으로 한다."라고 명시하고 있다.[17] 따라서 오늘날 성과는 이 법에 의해 강조되면서 다양한 방법으로 측정과 평가 등이 이루어지고 있다.

성과와 관련된 정부업무평가는 국정운영의 능률성·효과성 및 책임성을 확보하기 위하여 중앙행정기관이나 지방자치단체나 중앙행정기관 또는 지방 자치단체의 소속기관 그리고 공공기관이 행하는 정책 등을 평가하는 것을 말한다.[18] 정부업무평가에는 자체평가와 특정평가와 재평가 등이 있다. 자체 평가란 중앙행정기관 또는 지방자치단체가 소관 정책 등을 스스로 평가하는 것을 말한다. 특정평가란 국무총리가 중앙행정기관을 대상으로 국정을 통합 적으로 관리하기 위하여 필요한 정책 등을 평가하는 것을 말한다. 재평가란 이미 실시된 평가의 결과·방법 및 절차에 관하여 그 평가를 실시한 기관 외 의 기관이 다시 평가하는 것을 말한다.[19]

그리고 정부업무평가는 성과관리도 포함하고 있다. 성과관리의 의미는 정부업무를 추진할 때 기관의 임무, 중·장기 목표, 연도별 목표 및 성과지표 를 수립하고, 그 집행과정 및 결과를 경제성·능률성·효과성 등의 관점에서 관리하는 일련의 활동을 말한다.[20] 정부업무평가위원회에 따르면, "성과관리 란 각 기관이 그 임무달성을 위해 전략적 관점에서 계획을 수립하고, 한정된 자원을 효율적으로 활용하여 업무를 추진한 후, 조직의 역량과 성과를 정확 히 측정하여 그 결과를 정책의 개선이나 자원배분, 개인의 성과보상에 반영 함으로써 조직의 전반적인 효율성을 높이고자 하는 과정"으로 소개하고 있 다. 아울러 성과관리의 궁극적 목적은 일 잘하고 책임 있는 정부를 만들어 국민에게 질 높은 행정서비스를 제공하고자 하는 것이라고 밝히고 있다.[21] 이러한 성과관리의 기본 원칙은 '정책 등의 계획수립과 집행과정에 대하여

---

17 「정부업무평가기본법」 제1조.
18 「정부업무평가기본법」 제2조.
19 「정부업무평가기본법」 제2조.
20 「정부업무평가기본법」 제2조.
21 국무총리 정부업무평가위원회 홈페이지(www.evaluation.go.kr).

는 자율성을 부여하고 그 결과에 대해서는 책임이 확보될 수 있도록 실시하는 것'과 '정부업무의 성과·정책품질 및 국민의 만족도가 제고될 수 있도록 실시'하는 것이다.22

　　현재 우리나라에서 성과관리는 중앙행정기관의 경우 2007년부터 5년 단위의 '성과관리 전략계획'을 수립하여 기관의 임무와 비전 그리고 전략목표를 제시하고, 실행계획인 '성과관리 시행계획'을 수립하여 당해 연도의 성과목표와 달성을 위한 정책(사업)과 성과지표도 제시하고 있다. 국무총리 소속 정부업무평가위원회(국무총리·민간 공동위원장)는 중앙행정기관의 목표체계와 성과지표의 적절성을 검토 및 조정하는 등 계획 수립을 지원한다.24 〈그림 6-1〉은 성과관리계획의 체계를 나타내고 있다.

〈그림 6-1〉 성과관리계획의 체계23

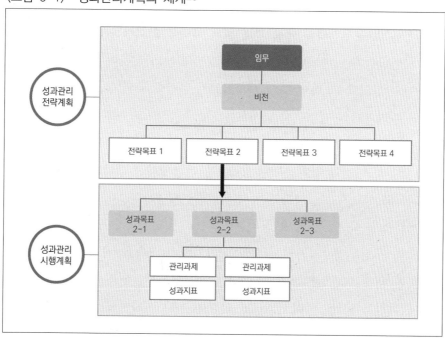

---

22 「정부업무평가기본법」 제4조.
23 국무총리 정부업무평가위원회 홈페이지(www.evaluation.go.kr).
24 국무총리 정부업무평가위원회 홈페이지(www.evaluation.go.kr).

성과관리계획의 체계에서도 알 수 있듯이 성과관리를 위해서는 임무 (mission), 비전(vision), 전략목표(strategic objective), 성과목표(performance target), 관리과제(task), 성과지표(performance indicator)와 같은 용어들에 대한 이해가 필요하다. 임무란 해당기관의 존재 이유(목적)와 핵심적 기능을 의미한다. 비전은 장기적인 목표와 바람직한 미래상으로 조직의 정책 추진 방향 설정과 구성원에 대한 동기부여 기능을 수행한다. 더 쉽게 보면, 비전은 미래에 그려지는 이미지로서 생각만 해도 기분 좋고 간절히 되고 싶은 모습을 말한다. 전략목표란 국정목표 및 기관의 임무와 비전 등을 감안하여 해당 기관이 최대 중점을 두고 지향하거나 주진해야 할 내용을 말하는 것으로 대체로 중장기목표에 해당된다. 성과목표는 전략목표를 구체화하는 하위목표로서 전략목표 실현을 위해 계획기간 내에 달성하고자 하는 내용을 담고 있는 것이다. 대체로 단기간 동안의 구체적인 실시 계획을 말한다. 관리과제는 성과목표 달성을 위해 추진하는 개별 정책 또는 사업을 의미한다. 성과목표는 정책이나 사업단위가 실행되면서 달성되기 때문에 성과목표 아래에 사업 단위들이 포함되어 있고 그 속에 다시 성과지표가 구성되어 있다. 성과지표는 성과목표와 관리과제의 정책추진 달성도를 양적·질적으로 제시해주는 지수로서 성과목표 달성을 확인할 수 있게 해주는 구체적인 수행 실적의 측정치를 말한다. 임무와 비전과 전략목표는 성과관리 전략계획에 해당되고, 성과목표와 관리과제와 성과지표는 성과관리 시행계획에 해당한다. <표 6-2>는 성과관리계획에서 사용되는 주요 용어를 정리한 것이다.

이러한 정부업무평가의 실시와 평가기반의 구축을 체계적·효율적으로 추진하기 위해 현재 국무총리 소속하에 정부업무평가위원회가 설치되어 있다. 이 위원회에서는 여러 심의 및 의결을 하고 있다. 국가 차원의 중장기 평가기반의 구축·운영계획의 수립 및 추진에 관한 사항, 정부업무평가기본계획 및 정부업무평가시행계획의 수립에 관한 사항, 정부업무평가의 기획·조정·총괄에 관한 사항, 정부업무평가제도와 관련된 성과관리에 관한 사항, 정부업무평가결과의 활용 및 평가제도 간 연계방안에 관한 사항, 정부업무

〈표 6-2〉 성과관리계획 체계의 주요 용어[25]

용어	내용	계획 구분
임무 (Mission)	• 해당기관의 존재 이유(목적)와 핵심적 기능	성과관리 전략계획
비전 (Vision)	• 장기적인 목표와 바람직한 미래상으로 조직의 정책 추진 방향 설정과 구성원에 대한 동기부여 기능을 수행 • 미래에 그려지는 이미지로서 생각만 해도 기분 좋고 간절히 되고 싶은 모습	
전략목표 (Strategic objective)	• 국정목표 및 기관의 임무와 비전 등을 감안하여 해당 기관이 최대 중점을 두고 지향하거나 주진해야 할 내용 • 대체로 중장기목표에 해당	
성과목표 (Performance target)	• 전략목표를 구체화하는 하위목표로서 전략목표 실현을 위해 계획기간 내에 달성하고자 하는 내용 • 대체로 단기간 동안의 구체적인 실시계획	성과관리 시행계획
관리과제 (Task)	• 성과목표 달성을 위해 추진하는 개별 정책 또는 사업	
성과지표 (Performance indicator)	• 성과목표와 관리과제의 정책추진 달성도를 양적·질적으로 제시하는 지수 • 성과목표 달성을 확인할 수 있게 해주는 구체적인 수행 실적의 측정치	

평가결과의 보고에 관한 사항, 평가관련 기관 간 협조 및 평가업무의 조정에 관한 사항, 특정평가계획의 수립 및 시행에 관한 사항, 자체평가제도의 운영·개선에 관한 사항, 자체평가계획의 조정에 관한 사항, 자체평가결과의 확인·점검에 관한 사항, 자체평가결과에 대한 재평가에 관한 사항, 평가제도 운영실태의 점검에 관한 사항, 새로운 평가제도의 도입에 관한 사항 등이다.[26] 〈사례 6-1〉은 실제 시행된 정부업무평가의 결과를 보여주는 사례이다.

---

25 국무총리 정부업무평가위원회 홈페이지(www.evaluation.go.kr)의 내용을 부분 수정과 보완.
26 「정부업무평가기본법」 제9조.

〈사례 6-1〉 정부업무평가의 결과 사례(일부)[27]

2017년도 정부업무평가 결과(요약)

1 평가 개요

□ 평가대상: 43개(장관급 23개, 차관급 20개) 중앙행정기관
□ 평가부문·방법
- (평가부문) 국정과제, 일자리 창출, 규제개혁, 정책소통, 국민만족도, 기타(현안관리, 갈등관리, 인권개선, 특정시책) 등 9개 부문 평가
- (평가방법) 정량(부문 주관기관)·정성평가(평가지원단) 병행을 통해 참여와 개방의 국정철학 구현 및 평가의 객관성·전문성·공정성 제고

평가부문	배점	세부항목	주관기관	평가지원단
국정과제	50	정책추진노력, 성과지표달성도, 정책효과(혁신관리 및 협업 가감점 ±2)	국조실	437명
일자리 창출	20	일자리 과제 추진 노력 및 성과 등	국조실	40명
규제개혁	10	규제개선, 규제개혁체감도 등	국조실	27명
정책소통	10	국정과제 국민소통 활동·성과 등	문체부	21명
국민만족도	10	국정과제에 대한 국민만족도 조사결과	국조실	* 일반국민 18,250명 대상
기타	±10	현안관리(±3), 갈등관리(±3), 인권개선(±2), 특정시책(±2)	국조실 등	12명(갈등관리)

□ 평가결과 산출
- 평가지원단에 대한 22회의 추진실적 설명회(11~12월), 9개 부문별 평가결과 수합 후 평가결과 도출
- 기관종합·부문별 평가결과를 장관급(23개)과 차관급(20개) 기관으로 분리하여 등급(우수 30%, 보통 50%, 미흡 20%) 산출

– 중간 생략 –

3 기관종합 평가결과

구분	장관급 기관(※ 직제순)	차관급 기관(※ 직제순)
우수	기재부, 과기정통부, 산업부, 복지부, 고용부, 국토부	관세청, 조달청, 통계청, 경찰청, 산림청, 특허청
보통	교육부, 외교부, 법무부, 국방부, 행안부, 문체부, 농식품부, 환경부, 해수부, 보훈처, 방통위, 공정위, 금융위	인사처, 법제처, 식약처, 국세청, 병무청, 문화재청, 농진청, 기상청, 새만금청, 원안위
미흡	통일부, 여가부, 중기부, 권익위	방사청, 소방청, 행복청, 해경청

---

27 국무조정실(2018b). "43개 중앙행정기관 2017년도 정부업무평가 결과 발표", 1월 30일자 보도자료.

2. 목표에 의한 관리(목표관리제, MBO)

1) 의미

목표는 달성을 전제로 하며 설정자가 그 결과를 위해 매진하는 타깃 (target)이다. 일정한 활동의 실적으로서 성과는 목표 달성의 핵심 조건이자 선행조건이 된다.28 성과 발생을 통해 설정된 목표달성이 이루어지기 때문이다. 목표달성이 곧 성과일 수도 있고, 설사 목표 달성은 하지 못하더라도 그 과정에서 여러 성과가 나오기도 한다. 기본적으로 목표는 인간의 행동에 영향을 주며 특히 활동에 대한 동기와 노력을 하도록 해준다. 나아가 목표는 달성을 위한 여러 방법 개발 등을 통해 더 발전적인 아이디어를 낳는데도 도움을 준다. 물론 목표가 하나의 제약일 수도 있지만 수행실적으로서 성과를 도출하는 데 기여하는 것은 분명하다. 실제 우리나라에서도 성과중심의 행정관리(performance-based management)를 실현하는 차원에서 목표에 대한 관심이 높아졌고, 그중 하나의 수단으로 1999년 당시 국민의 정부에서 정부개혁의 차원에서 도입한 것이 목표에 의한 관리(management by objectives, MBO)이다.29 주로 목표관리제 혹은 원어를 줄여서 MBO로 불린다.

목표관리제의 의미는 그동안 여러 측면에서 정의되었고 또 그 특징들이 제시되었다. 예컨대, "목표관리의 철학은 기본적으로 상사로부터의 지시나 통제보다는 자기통제, 목표와 일정을 상사와 부하가 서로 합의하는 협력적 과정, 명확한 목표설정 및 목표달성을 위한 효율적 과정, 개인의 능력과 책임이 충분히 발휘될 수 있는 조직관리 그리고 개인 및 조직의 목표가 공익과 조화를 이루는 원리에 그 바탕을 두고 있다.", "목표관리의 철학이 부하에 대한 단점보다는 장점과 잠재능력을 살려 근무성과를 높이게 하는 점, 판단자가 아니라 조력자로서의 상사의 역할, 통합과 자기통제에 의한 관리, 과

---

28 Locke, E. A.(1968). Toward a theory of task motivation and incentives, *Organizational Behavior and Human Performance*, 3: 157-189.

29 이창원·최창현(2011). 『새조직론』, 대영문화사, p. 452.

거의 행동보다는 미래의 행동을 강조하는 Y이론 지향성에 있다.", "MBO는 최상급의 관리자로부터 하급 감독자에 이르는 관리자들을 위해 계층적인 연간 목표를 설정하고 규정된 목표와 실제의 결과를 장기적으로 비교·통제하는 관리 체제다.", "목표관리의 철학이 상급자와 하급관리자가 서로 협의하고, 책임영역을 확정하며, 모두의 참여를 통해 성과와 동기의 증대를 도모하는 것에 있다.", "목표관리는 관리자를 위해, 그리고 관리자에 의해 1년간의 또는 기타 적정 기간 동안 목표가 설정되는 관리계획 및 평가의 한 접근 방법이다.", "참여의 과정을 통해 조직의 목표를 명확하고 체계 있게 설정하고, 그에 따라 생산 활동을 수행하도록 하며 활동의 결과를 평가·환류시키는 관리 체제이다.", "조직의 목표와 수단을 조직원들이 참여하여 결정하고 관리자들의 자기 통제를 통해 목표를 달성하고자 하는 방법으로 미래지향적이며 활동보다는 결과에 중점을 두고 조직구성원의 목표설정과 달성에 포괄적으로 이용된다." 등으로 다양하게 제시되고 있다.[30]

이 정의 및 특징들은 목표관리제에 대한 전반적인 개념을 이해하는 데 도움을 준다. 어디에 초점을 두었는가에 따라 다양하지만, 가장 기본적으로는 피터 드러커(Peter Drucker)의 말처럼 목표관리제는 '조직 전체의 목표달성을 위해 각 직무를 지휘하는 과정'인 것이다. 따라서 목표관리제는 조직목표를 달성하기 위해서 상급자와 하급자가 참여와 협력 과정을 통해 목표를 설정하고 각각의 목표달성을 위한 활동을 수행하면서 그 결과를 평가하고 환류하는 체계를 말한다.

이러한 목표관리제는 피터 드러커(Peter Drucker)의 1954년 저서인 『The Practice of Management』에서 목표설정을 강조하면서 하나의 관리방식으로 널리 활용되기 시작했다. 목표설정의 중요성이나 특히 관리과정에서 목표에 대한 강조가 그 전에도 없었던 것은 아니다. 과거 고전적 관리 이론에서도 목표는 강조되었다. 하지만 목표관리제는 단순히 목표만을 강조하는 것이

---

30 이창원·최창현(2011). 『새조직론』, 대영문화사, pp. 454–454; 박영강(2001). 지방정부의 목표관리제 평가, 『지방정부연구』, 4(2): 51–70, p. 52.

아니라, 관리 전반에 목표가 핵심적으로 다루어지고 특히 조직구성원들의 참여 기반의 목표설정과 관리가 강조되는 하나의 새로운 관리방식으로 받아들여진 것은 1954년 이후라고 할 수 있다. 미국의 경우 공공부문에서도 1973년에 연방정부의 주요 기관에 도입되었고 이후 지방정부까지 확산되었다.

2) 기본 단계

목표관리의 기본단계는 목표설정 단계, 실행계획 수립과 실천단계, 목표달성 평가단계, 환류단계로 구성된다.[31] 목표설정 단계에서는 조직구성원들이 각자의 역할과 임무에 맞는 목표를 설정한다. 이때 중요한 것은 독단적이거나 지시적인 목표설정이 아니라 각자의 수준과 현실을 반영한 목표를 설정한다. 그래서 부하직원들이 각자 목표를 설정해서 상관에게 제출하면, 상관은 목표 수준과 달성도 등에 대해 부하직원과 함께 의논하고 협의한다. 목표의 현실성과 적절성과 적합성을 중심으로 상호의견을 교류하는 것이다. 이때는 부하가 상관에게 제안하는 목표와 상관이 부하에게 제안하는 목표가 있기도 하다. 그 과정에서 합의가 된다. 참여를 통한 목표설정이 바로 여기서 이루어진다. 목표를 설정할 때는 하위목표가 상위목표를 달성하기 위한 수단적 관계라는 점을 인식하고, 상위목표 및 조직 전체의 목표 체계와 일관성을 유지하도록 한다. 상관과 부하 간에 권한과 책임을 명확히 해서 부하도 목표설정에 책임과 권한이 있다는 점도 인식하도록 해야 한다. 그리고 목표는 되도록 간결하면서 현실적이고 달성 가능해야 하고, 달성 수준을 측정할 수 있고 기대되는 결과를 구체적으로 확인할 수 있도록 해야 한다. 또 목표설정 시 반드시 참여의 과정을 통해 서로 협동적이고 상호 간 의사소통에 기반해야 한다. 그리고 조직이 조직구성원에게 부여하는 과업목표와 구성원 개인이 추구하는 개인목표가 조화를 이룰 수 있도록 해야 한다.

목표설정 단계 이후에는 실행계획 수립과 실천단계로 이어진다. 실행계

---

31 이창원·최창현(2011). 『새조직론』, 대영문화사, p. 456; Odiorn, G. S.(1965). *Management by Obgectives*, New York: Pitman, pp. 55–56.

획은 목표를 달성하기 위한 세부적인 계획이다. 세분화된 활동과 행동으로 나누어지며 구체적인 자원 투입과 현실적 제약 등을 고려해서 일정별로 구분한다. 이때는 전략계획과 성과계획을 세우고 일정별 성과목표 달성도를 마련해 놓는다. 향후 목표달성에 대한 평가 시기 등도 명확히 한다. 그리고 실천으로 이어진다. 이 과정에서는 상관에 의한 지지와 우호적인 분위기 형성이 중요하다.

목표달성 평가 단계에서는 계획된 목표달성 기간 동안 중간 평가 성격의 평가가 이루어지기도 하고, 기간이 종료되면 최종 평가가 이루어진다. 중간평가에서는 상관과 부하직원 간 상호소통을 통해 목표달성 시 애로점이나 추진실적 중심으로 보완 사항 등을 확인하고 점검하며 검토한다. 만일 부적절한 목표라면 폐기하기도 하고 필요한 만큼 수정하기도 한다. 그리고 가능하다고 판단되면 새로운 투입도 이루어진다. 최종 평가에서는 계획된 성과목표 달성 정도를 중심으로 평가를 하고 그 결과에 대한 의견교환을 한다. 부하직원 개개인의 목표 수행실적과 함께 조직 전체의 목표달성에 대한 성과평가도 한다.

최종평가 결과는 다음 해의 목표설정과 계획 수립 등에 반영되고, 부하직원의 성과평가와 보상과도 연동되어 환류된다. 특히 목표달성에 대한 미흡한 점이 있다면 개선을 위한 계획을 세운다. 그리고 그 계획이 실제 다음 목표설정 과정에 적극적으로 반영되도록 한다. 이처럼 목표관리제는 환류를 통해 계속 순환되는 구조를 지니고 있다. 환류는 반드시 최종평가 결과 이후에만 이루어지는 것은 아니고 목표설정 단계에서도 이루어진다. 목표달성을 위한 상호 조정과 합의와 협의가 되면서 환류도 수시로 이루어지는 것이다.

3) 특징과 운영 조건

목표관리제의 특징은 전통적인 통제에 의한 관리(management by control)와 비교함으로써 알 수 있다. 첫째, 목표관리제는 관리자와 직원이 함께 협의해서 목표를 설정한다는 점에서 특징적이다. 통제에 의한 관리는 관리자가 목표설정에 주도적인 역할을 했다는 점에서 목표관리제와는 차이가 있다. 둘째, 목표관리제는 통제에 의한 전통적인 관리와 달리 과업수행이 종료되고 난 뒤에만 평가를 하는 것이 아니라 목표수립 중이나 과업진행 중 그리고 종료 후 등 여러 과정에서 평가를 진행한다. 목표달성을 위해서 수행과정별로 평가가 이루어지는 것이다. 그리고 이 평가는 인사평정이나 다음 해의 목표계획 수립에 반영된다. 셋째, 관리의 형태와 관련해서 통제에 의한 관리가 집권적이었다면 목표관리제는 분권적이다. 목표관리제에서는 부하직원들의 참여과정이 필수적이기 때문이다. 넷째, 목표관리제는 지나치게 형식과 규칙에 치중하기 보다는 전략적 연간계획이나 우선순위를 더 중시한다. 목표달성에 보다 더 중점을 두고 있기 때문이다. 다섯째, 목표관리제는 문제해결을 위해 계획수립에서부터 문제의 근원을 따지는 '예방(prevention)'에 초점을 둔다. 전통적인 통제에 의한 관리에서는 문제발생 후 해결을 위한 '치료(cure)'에 중점을 두고 있다. 여섯째, 목표관리제는 결과지향적(result-oriented) 행동관리체제로서 결과와 성취에 초점을 두고 있다. 통제에 의한 관리가 활동에 초점을 두고 이래저래 그럭저럭(muddling through) 관리 해나가는 것과는 차이가 있다.32

목표관리제가 성공적으로 운영되기 위해서는 다음과 같은 조건들이 충족되어야 한다. 우선 조직의 목표가 명확하게 설정될 수 있어야 한다. 목표설정이 명확히 되지 않거나 달성 여부를 평가하기 어렵다면 목표관리제 시행은 어려울 수 있고, 설사 시행된다고 하더라도 운영에서 많은 난관에 봉착하게 된다. 그리고 능력 있는 중간관리자의 존재와 그 역할이 필요하다. 목표관리제가 활성화되기 위해서는 중간관리자의 전문성과 권한 확대가 필요하다. 조직구성원들의 참여과정은 중간관리자의 역할에 따라 달라질 수 있기 때문에 목표관리제를 정확히 이해하는 유능한 중간관리자가 필요하다. 그리고 조직몰입의 환경을 만들어주어야 한다. 여기서 몰입은 조직구성원이

---

32 김판석·권경득(2000). 한국 정부의 목표관리제(MBO) 도입, 『한국행정논집』, 12(3): 429-453, p. 432.

목표 수행에 몰입하는 것을 의미한다. 조직의 목표가 직원들에게 동일화 (identified)되고 내재화(internalized)될 수 있도록 해야 한다는 것이다.33 따라서 업무수행과정에서 목표달성에 방해가 되는 비효율적 근무환경을 없애는 것이 필요하고 불합리한 업무지시도 없어야 한다. 마지막으로, 목표관리가 가능한 체계적이고 공정한 시스템이 마련되어 있어야 한다. 목표관리를 위한 활동 자체가 또 다른 일이 되어서는 안 된다. 그러기 위해서는 추가적인 업무를 발생시키기 않는 효과적인 운영 시스템이 있어야 한다. 정보통신기술 등을 이용한 목표관리시스템의 구축과 운영이 그에 해당될 수 있다.

한편, 서울시 의회사무처의 『2018년도 목표관리제 운영계획』에 나타난 목표관리제의 실제 사례를 보면, 목표관리제를 통해 "4급 이상 공무원의 1년 동안 추진할 업무목표를 2018년 성과계획서와 연계하여 의정활동 실적으로 나타날 수 있도록 설정하고, 설정된 목표 달성도를 평가하여 성과연봉에 반영하는 등 성과와 실적중심의 업무체제를 구축하고자 한다."라고 명시하고 있다. 적용 대상은 '사무처장 및 4급 이상 공무원 19명(입법정책자문관 포함)'이고, 목표달성도 적용 시기는 2018. 1. 1.~12. 31.이고 평가 시기는 2019. 2~3월 중에 실시한다고 명시하고 있다. 평가결과는 공무원의 성과연봉 결정에 반영하고 점수는 근무성적평정의 점수로 활용할 것이라고 밝히고 있다. 운영은 성과관리계획 작성, 목표관리 운영계획 수립, 목표설정, 목표수행, 목표달성도 평가, 평가결과 활용으로 이어지는 체계로 되어 있다. 그리고 목표설정과 관련해서 목표설정방법에 대해 "목표내용의 적절성과 평가의 공정성을 위해 목표의 설정 과정에서 평가자와 피평가자가 협의하여 설정"한다고 명시하고 있다.34 〈그림 6-2〉는 서울시 의회사무처에서 사용한 목표설정표 양식이다.

---

33 김병섭·박광국·조경호(2011). 『휴먼조직론』, 대영문화사, p. 526.
34 서울특별시의회사무처(2018). 『2018년도 목표관리제 운영계획』, 서울특별시의회사무처, p. 1.

〈그림 6-2〉 목표관리제의 목표설정표 양식[35]

			목표 설정표								
① 소속		② 직책		③ 직급	④ 성명		⑤ 수행 기간				
							~				
⑥ 관점	⑦ 전략목표 ㉮ (가중치)	⑧ 성과목표 ㉯ (가중치)	⑨ 평가 지표								
			핵심성과지표	실적치		목표치		단위	비중		
				2016년	2017년	2018년	2019년				
의정 활동 지원	(%)	(%)									
		(%)									
		(%)									
정책 성과	(%)	(%)									
		(%)									
		(%)									
⑩ 서명	(목표수행자)		(평가자)								

3. 균형성과표(BSC)

1) BSC의 4가지 관점

조직의 성과를 가장 쉽게 확인할 수 있는 것 중 하나는 해당 조직의 재무적 성과를 보면 된다. 기업이라면 이윤 창출과 극대화가 가장 기본적인 목

---

35 서울특별시의회사무처(2018). 『2018년도 목표관리제 운영계획』, 서울특별시의회사무처, p. 5.

적이기 때문에 성과달성의 정도에 대해서도 직접적인 이윤을 확인할 수 있는 재무적 지표가 그 역할을 한다. 하지만 실제 기업에서 의사결정을 할 때는 재무적 지표만이 아니라 운영과정의 여러 측정(operational measures)의 결과들도 중요한 영향을 미친다. 특히 기업의 관리자를 비롯한 의사결정자들에게는 균형적 결과물(balanced presentation)이 중요하다. 이는 재무적 지표에 한정된 성과에 대한 인식을 더 넓힘으로써 균형 잡힌 성과의 중요성을 나타내는 말이다. 재무적 지표에만 치우치지 않고 다른 요인들을 함께 고려하는 것이 조직이나 기업의 성과를 제대로 이해하게 된다는 것이다. 여기서 말하는 재무 이외의 다른 요인들이란 고객(customer), 내부 비즈니스(internal business), 혁신과 학습(innovation and learning)이다. 이를 구체적으로 나타낸 것이 균형성과표(Balanced Scorecard)로서 주로 BSC로 불린다.[36]

따라서 BSC는 4가지 관점으로 나누어진다. 재무적 관점(financial perspective), 고객 관점(customer perspective), 내부 비즈니스 관점(internal business perspective), 혁신과 학습 관점(innovation and learning perspective)이 그것이다. 조직의 관리자에게 이 4가지는 중요한 관점으로서 4가지 기본 질문에 대한 답을 찾도록 해준다. 각 관점에서 제시되는 질문은 다음과 같다. 고객 관점에서는 "고객이 어떻게 우리를 보는가?(How do customers see us)", 내부적 관점에서는 "우리가 무엇에 탁월해야 하는가?(What must we excel at?)", 혁신과 학습의 관점에서는 "우리가 지속적으로 가치를 창출하고 개선할 수 있는가?(Can we continue to improve and create value?)", 재무적 관점에서는 "우리가 주주들에게 어떻게 보이는가?(How do we look to shareholders?)"의 질문들이 각각에 해당된다.[37] 재무, 고객, 내부과정, 혁신과 학습은 균형 잡힌 성과를 보여주는 관점이자 지표들이 된다. 〈그림 6-3〉은 균형성과표를

---

36 Kaplan, J. S. and D. P. Norton(1992). The Balanced Scorecard—Measures That Drive Performance, *Harvard Business Review*, 70(1): 71-79, p. 71.

37 Kaplan, J. S. and D. P. Norton(1992). The Balanced Scorecard—Measures That Drive Performance, *Harvard Business Review*, 70(1): 71-79, p. 72.

〈그림 6-3〉 균형성과표

재무 관점	
목표(goal)	측정(measures)
예) 생존	예) 현금흐름, 투자자본수익률, 프로젝트 수익률 등

고객 관점	
목표(goal)	측정(measures)
예) 신제품 출시	예) 총매출에서 신제품 매출의 비율, 고객만족도 지수, 시장점유율 등

내부 비즈니스(과정) 관점	
목표(goal)	측정(measures)
예) 제조경쟁력	예) 제조 사이클 시간, 안전사고 지수, 프로젝트 마감 주기

혁신(성장)과 학습 관점	
목표(goal)	측정(measures)
예) 기술적 리더십	예) 차세대 개발 소요 시간, 개선율 지수, 신규 서비스에 의해 발생한 수익률

나타낸 것이다. 각 관점별로 목표와 측정이 어떻게 이루어지는지 명시하도록 되어 있다.

균형성과표는 최초에는 성과측정의 균형 측면에서 강조되었지만 점차 조직의 전략과 연계되기 시작했다. 그래서 오늘날 조직의 임무와 비전을 위한 전략목표와 성과목표의 측정의 틀로서도 사용되고 있다. 이는 1992년에 카플란과 노튼(J. S. Kaplan and D. P. Norton)에 의해 제시된 균형성과표의 특징을 말해주는 것이기도 하다. 균형성과표는 이 둘의 연구 이전에 이미 존재했다. 1950년대에 미국의 GE사와 프랑스 국영기업들이 적용했던 사례가 있었다. 하지만 당시에는 업무추진 과정에서 지켜야 하는 단순 체크리스트 형식이었다. 그와는 달리 1992년 이후의 균형성과표는 경영전략과 연계되고 인과관계(비재무적 측정치와 미래 재무적 성과)를 포괄적으로 분석한다. 그래서 균형성과표는 업무수행상의 체크리스트라는 성격이라기보다는 경영전략의 구체적 수행방법으로서 포괄적 경영시스템이라고도 볼 수 있다.38 〈그림 6-4〉는 균형성과표와 전략의 연계성을 표현해 놓은 것이다. 각 관점은 비전과 전략과 상호 긴밀히 관련되어 목표와 측정지표로 구성된다. 이는 전략

38 권영범·정혜영(2001). 『CEO를 위한 신경영학 3: 재무회계 경영정보』, 무역경영사, p. 376.

〈그림 6-4〉 균형성과표와 전략39

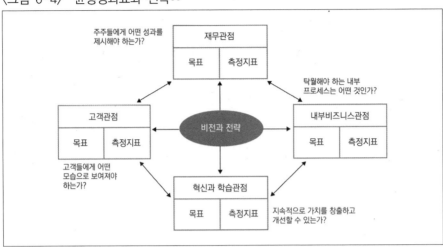

과 연계된 균형 잡힌 성과의 틀이면서 측정을 위한 세부적인 구성이기도 하다.

2) BSC 개발단계와 성공요인

균형성과표를 작성하면 조직이 비전 실현을 위해 4가지 부문에서 집중해야 할 핵심이 무엇인지를 알 수 있게 해주고 동시에 그것들과의 통합적 시각을 갖도록 해준다. 이러한 균형성과표를 이용한 성과 중심의 관리를 위해서는 BSC 개발 단계를 거쳐야 한다. BSC 개발 단계는 준비단계와 비전 해석단계와 성과 동인 파악 단계와 커뮤니케이션 단계를 거치면서 이루어진다.40

준비단계에서는 BSC에 적합한 사업단위를 결정한다. BSC의 4가지 관점에 적용될 수 있으면서 목표와 성과측정이 가능한 사업단위를 확인하고 결정한다. 비전 해석 단계에서는 조직 전체의 비전과 미션과 전략을 파악해서 이를 BSC 구축 단위와의 연계성에 대해 분석한다. 이 과정에서는 경영진

---

39 권영범·정혜영(2001).『CEO를 위한 신경영학 3: 재무회계 경영정보』, 무역경영사, p. 381의
　내용 일부 수정
40 이경중(2002). BSC 구축 프로세스 및 사례,『삼성 SDS IT REVIEW』, pp. 9－10.

과 고객과 주주 등 이해관계 집단과의 면담이 필요하다. 왜 BSC를 구축하고 적용해야 하는지에 대한 사전 설명이 이때 필요하다. 그리고 모든 직급의 모든 조직구성원들과도 BSC에 대한 정보와 조직의 비전과의 관련성 등에 대한 의사소통이 필요하다. 다음으로 성과 동인 파악 단계에서는 고객 관점과 내부 비즈니스 관점과 혁신(성장) 및 학습 관점에서 조직의 비전과 전략 목표를 달성하기 위한 구체적인 성과 동인에는 어떠한 것이 있는지 그리고 이들 성과 동인은 서로 어떤 인과 관계를 나타내고 있는지를 파악한다. 따라서 이때는 독립적 성과 동인을 파악하는 것을 의미 한다기보다는 성과 동인 간 상호 작용에 의해 조직의 최종 성과가 어떻게 영향 받는지를 파악하는 것을 의미한다. 시스템적 사고에 기초한 분석이 적용되는 것이다. 그리고 성과 동인을 어떻게 측정할 것인지에 대한 측정치도 잠정적으로 결정한다. 이어서 커뮤니케이션 단계를 거치게 된다. 이 단계에서는 측정지표가 잠정적으로 결정됨에 따라 조직구성원들과 함께 검토하고 합의를 도출한다. 지표의 타당성과 공정성 등에 대한 다양한 의견 수렴이 이때 이루어진다. 〈표 6-3〉은 BSC 개발단계를 간략히 정리한 것이다.

〈표 6-3〉 BSC 개발 단계

단계	내용
준비 단계	BSC 가능 사업 단위 확인
비전 해석 단계	비전과 BSC 연계성 파악과 필요성에 대한 설명 단계
성과 동인 파악 단계	조직의 비전과 전략목표 달성을 위한 성과 동인 파악과 인과 관계 분석, 그리고 성과 동인 측정지표의 잠정적 결정
커뮤니케이션 단계	측정지표에 대한 조직구성원들의 의견수렴과 검토 및 합의 도출

BSC의 성공적인 구축과 운영을 위해서 7가지 주요 요인을 들 수 있다. 첫째, BSC의 평가지표는 조직의 비전과 전략목표와 연계되어야 한다. 이때는 평가 항목과 지표 간에 기업의 성과 달성을 위한 상호 인과 관계를 분석할 수 있어야 한다. 둘째, 조직 전체 차원의 BSC가 하부조직 단위나 개인 단

위의 성과카드와 연계되어야 하고 통일성을 지녀야 한다. 조직 전체 차원의 BSC가 하부 조직 단위의 BSC와 동질성을 유지하면서, 동시에 조직구성원의 모든 수준에 걸쳐 적용될 수 있어야 한다. 예컨대, 조직 전체 차원의 BSC와 사업 부문 단위의 BSC, 부서 단위의 BSC, 팀 단위의 BSC 등 조직 단위의 BSC와 CEO의 BSC, 사업 부문장의 BSC, 부서장의 BSC, 팀장 및 팀원의 BSC 등 개인 단위의 BSC가 서로 연계되고 동질성 및 일체감이 있어야 한다. 셋째, BSC에서는 정량적인 정보만이 아니라 정성적 정보도 도출할 수 있어야 한다. 단순히 수치적 측정과 달성 여부만을 보는 데에 머무는 것이 아니라 담당자의 달성 여부의 난이도와 같은 정성적 평가도 함께 함으로써 조직성과 달성에 대한 공정한 평가를 해야 한다. 넷째, BSC는 적극적인 커뮤니케이션과 환류가 활발히 이루어지도록 해야 한다. 정성적 평가가 가능하기 위해서는 조직 전략에 대한 커뮤니케이션과 선순환적 피드백 루프(positive feedback loop)가 형성되어야 한다. 이는 조직구성원들에게 전략목표에 대한 동기부여가 되어 성과와 목표 달성에 자발적인 참여를 유도하게 된다. 다섯째, BSC는 효과적이고 효율적인 지원시스템이 마련되어 있어야 한다. 예컨대 통합적 정보시스템이 구축되어서 조직구성원들이 자신의 성과 목표가 어느 정도 달성되었는지 그리고 앞으로 달성 가능한지 등 자신에게 직접 필요한 정보를 쉽게 획득할 수 있어야 한다. 이는 BSC 운영이 조직구성원들에게 친숙하게 해주는 요인이 되기도 한다. 여섯째, BSC는 조직 전체에서 모든 계층에 걸쳐서 시행되어야 한다. 특정한 계층에 한정된 운영이 아니라, 조직의 모든 구성원들이 동일한 틀을 이용해서 동일한 전략적 용어를 사용하고 동일한 목표를 인식하고 목표 달성을 위해 노력할 때 진정한 성과가 나타나게 된다. 일곱 번째, BSC는 다른 시스템과 일체감 있게 구축되고 통합되어야 한다. 조직 내 기존 시스템이나 새로운 개발 시스템과 유기적으로 연결되어야 한다. 예컨대, 마케팅 담당자가 고객 유지율을 높이고자 할 경우 BSC 시스템에서는 현재 고객의 유지율이 어떻게 변화하고 있는지는 측정할 수 있어도, 왜 고객이 떠나는지에 대한 정보는 알기 어렵다. 이를 위해서는 보다 상세한 시장 정보 등을 분석해야만 한다. 이때 데이터 웨어하우스(data warehouse) 등을 이용하여 고객 유지 전략을 새로 수립할 수 있다.[41]

---

[41] 이경중(2002). BSC 구축 프로세스 및 사례, 『삼성 SDS IT REVIEW』, pp. 7-8.

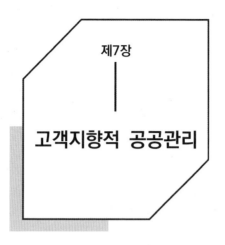

제7장

고객지향적 공공관리

제1절   고객과 국민

1. 고객의 속성

고객이라면 어떤 이미지가 떠오를까? 좀 더 친숙한 생활 언어로서 손님을 생각하면 된다. 손님하면 어떤 이미지가 떠오를까? "손님은 왕이다."라는 말이 그 단적인 이미지가 될 수 있다. 손님이 왕이 되는 것은 가장 중요한 한 가지 이유 때문이다. 손님이 주는 돈으로 기업이 생존하고 유지되기 때문이다. 손님의 주머니에서 돈이 나와야지 기업이 살아갈 수 있다. 이윤을 추구하는 기업은 손님이 없으면 이윤 활동 자체가 되지 않는다. 자금의 원천이 주주들이라고 생각할 수 있지만, 주주들도 손님이 많은 기업들에 투자하는 것이지 손님이 없는 기업에 투자하는 것이 아니다. 소위 말하는 시장 점유율이나 수익률이라는 것도 가장 기본적인 의미는 손님이 해당 기업의 상품을 얼마나 찾고 또 구입하는가를 말하는 것이다. 따라서 기업에서는 고객을 유치하고 확보하고 증가시키는 것이 매우 중요한 활동이 된다.

그렇게 하기 위해서는 고객의 마음과 생각이 어떤가에 대한 이해가 선행되어야 한다. 어떻게든 고객에 대해 알고 고객에게 다가가서 접촉해서 그 속성을 알아내려고 하는 노력도 바로 그 때문이다. 제록스사(Xerox Corporation)의 경우 모든 고위경영자는 한 달에 하루는 고객과의 전화 상담에 시간을 할애한다고 한다. 제록스사의 전(前) CEO는 "직접적 접촉을 대체할 만한 것은 없다. 그것은 관리자들을 정보에 민감하게 만들고, 늘 고객과 접촉하도록 만들며, 무엇보다도 그들을 정직하게 만든다."라고 말했다.[1] 고객은 기업에게는 존재의 이유가 되기 때문에 연구와 분석의 핵심적인 대상이 된다.

가장 기본적으로 볼 때, 인간으로서 고객은 자신이 지불하는 만큼의 만족을 중요하게 여긴다. 만족을 위해 돈을 지불하고 만족 때문에 다시 해당 재화와 서비스를 찾는다. 합리적인 경제인이 효용을 극대화하고자 하는 것은 곧 만족감을 극대화시키고자 하는 것과 같은 것이다. 이러한 고객의 가장 기본적인 속성인 재화와 서비스를 통한 만족 추구는 여러 행위로 나타나게 된다.

첫째, 고객은 만족에 따라 유동적인 특징을 지닌다. 만족을 하면 재화와 서비스를 다시 찾지만 만족하지 않다면 언제든지 떠난다. 둘째, 고객은 민감하다. 만족에 영향을 주는 상품이나 서비스 그 자체에도 민감하지만 판매자의 응대와 반응에도 민감하고 상품이 놓여 있는 환경에도 민감하다. 셋째, 고객은 충성 고객이 되기도 하고 불매의 선도자가 되기도 한다. 만족을 느끼면 충성고객이 되어 소위 말하는 단골이 되고 나아가 새로운 고객까지 만들어준다. 하지만 불만을 느끼거나 더 심한 불쾌감을 느낀다면 해당 상품을 불매하도록 하는 선도자가 되기도 한다. 넷째, 고객은 행동으로 보여준다. 고

---

1 Osborne, David and Ted Gaebler(1994). 삼성경제연구소 옮김, 『정부혁신의 길: 기업가 정신이 정부를 변화시킨다』, 삼성경제연구소, p. 215.

객은 만족을 주관적으로 느끼지만 그 느낌을 행동으로 표출한다. 앞서 말한 대로 해당 상품으로부터 이탈하든지 단골 혹은 불매의 선도자가 되든지 행동으로 표현되어 나타난다. 다섯째, 고객은 느낌이나 감정을 솔직하게 그대로 받아들인다. 고객은 상품을 사는 것이 자신의 돈을 지불하는 일이기 때문에 만족감에 대해 스스로에게 솔직하다. 해당 상품에서 만족을 하지 않는다면, 예의상 다른 사람에게는 만족하지 않는다는 것을 드러내지 않더라도 스스로에게는 솔직한 느낌에 그대로 따른다. 그래서 그 제품을 이용하지 않는다.

따라서 고객은 철저히 만족에 영향을 받는다. 고객이 자금의 원천이라면 그들의 만족을 향상시키기 위한 노력은 필수적이다. 흔히 말하는 고객지향적인 경영 혹은 고객지향적인 관리 또는 고객중심적 만족경영, 고객만족경영 등은 곧 고객의 만족을 향상시키기 위한 노력들이다. 최근에는 고객만족을 넘어 감동까지 하도록 하는 고객감동경영이라는 용어도 생겼다. 중요한 것은 고객의 기본적인 속성인 고객의 만족이 관리의 중심에 있다는 점이다.

2. 인식의 전환: 국민에서 고객으로

그렇다면 공공영역에서도 고객을 관리의 초점에 둘 수 있을까? 공공영역에서는 고객이라는 용어보다는 국민이라는 용어가 더 일반적으로 사용된다. 서비스 제공의 대상이 국민인 것이다. 기본적으로 공공영역의 기관들은 고객으로부터 자금을 조달하지 않기 때문에 고객과 국민이라는 용어가 더 명확히 구분된다. 기업은 고객들을 만족시켜서 상품을 더 많이 팔게 되면 매출액도 많아지고 수익률도 높아져서 자금의 조달도 훨씬 수월해진다. 하지만 공공영역의 기관들은 그렇지 않다.[2]

물론 엄밀히 말하면 공공영역의 자금이 공공서비스를 이용하는 국민들의 납세에 의한 것이라고 할 때 공공기관 역시 고객처럼 볼 수 있는 국민들

---

2 Osborne, David and Ted Gaebler(1994). 삼성경제연구소 옮김, 『정부혁신의 길: 기업가 정신이 정부를 변화시킨다』, 삼성경제연구소, p. 212.

이 자금의 원천이라고 볼 수 있다. 하지만 여기에는 중요한 차이가 존재한다. 바로 납세라는 강제성이다. 기업의 고객은 강제에 의한 것이 아니라 철저히 만족에 따라 돈을 지불하지만 국민은 납세의 의무에 따라 강제력에 의해 돈을 납부하는 형태이다. 그래서 공공영역에서는 기업처럼 고객을 만족시키려는 노력을 굳이 국민을 대상으로 하지 않더라도 자금의 원천이 마르거나 없어지지 않는다.

그 결과 기업이 제공하는 상품과는 달리 공공영역에서 제공하는 서비스는 만족이 덜하거나 전혀 만족스럽지 않은 혹은 전혀 개선되지 않은 상태의 서비스가 계속 제공되는 문제가 발생한다. 때로는 공공영역에서 관리자들이 만족시키려는 대상이 국민이 아니라 고위직 관료이거나 의회의 의원들이거나 심지어는 이익집단이 되는 경우도 발생한다.[3] 공공영역의 관리자 입장에서 볼 때 자신들에게 주어지는 당장의 직접적인 이득(승진, 예산 확보, 인정 등)은 국민들보다는 결탁을 맺은 그들로부터 나오기 때문이다.

이러한 문제는 인식과 관점을 바꾸어서 국민을 고객처럼 대하면 어느 정도 해결의 실마리를 얻을 수 있다. 비록 고객이 국민과 같지는 않지만, 국민을 고객으로 여겨서 기업이 고객을 위해 만족 향상 노력을 하듯이 공공영역에서도 국민을 만족시키기 위해 노력하는 것이다. 따라서 고객지향적 공공관리는 국민을 고객으로 완전히 대체시키자는 것이 아니라, 고객의 만족을 높이기 위해 노력하듯이 그것을 배워서 국민의 만족을 높이는 공공서비스를 제공하자는 의미이다. 그렇게 함으로써 공공영역에서 납세 기반의 강제력에 의한 자금 보장에서 비롯되는 나태함을 줄일 수 있고, 동시에 주인으로서 국민의 만족을 중요하게 여기게 된다.

어쩌면, 만족이라는 결과가 고객보다는 국민에게 더 근원적으로 해당되는 것일 수 있다. 국민은 공공영역의 수많은 기관들의 주인이기 때문이다. 국민들이 위임을 해서 운영을 맡긴 공공기관과 그 구성원들에게는 위임을

---

3 Osborne, David and Ted Gaebler(1994). 삼성경제연구소 옮김, 『정부혁신의 길: 기업가 정신이 정부를 변화시킨다』, 삼성경제연구소, p. 212.

한 주체로서 국민이 곧 주인이기 때문에 주인인 국민의 만족을 위해 노력하는 것은 당연하다. 그럼에도 불구하고 그동안에는 납세의 강제력 때문에 국민이 만족하건 그렇지 않건 으레 지급되는 자금이 있다 보니 국민들의 만족을 간과해왔던 것이다.

하지만 기본적으로 우리의 마음속 이미지에는 주인으로서 국민과 대리인으로서 공공영역의 기관들에 대한 관념이 형성되어 있다. 실제 연구에 따르면 시민과 정부에 대한 13가지 은유 이미지 중 시민과 정부 간 주인 – 대리인의 이미지가 상대적으로 높게 나타나고 있다. 그와 함께 시민을 고객으로 여기는 이미지도 어느 정도 높게 나타났다.[4] 그리고 주인으로서 시민과 고객으로서 시민이 같은 밑바탕 요인으로 묶이는 것으로도 나타났다.[5] 국민이 주인이지만 동시에 고객으로서 대하는 것이 전혀 생소한 것은 아닌 것이다.

따라서 고객지향적 공공관리는 인식의 전환이다. 국민을 고객으로 대체시키는 것이 아니라, 주인으로서 국민을 만족시키는 것은 당연하고 그 만족은 마치 기업이 고객을 만족시키는 정도의 노력으로 달성해야 한다는 것이다. 만족 향상이라는 뚜렷한 목표를 위해 국민을 고객처럼 여기는 노력이다. 그렇다고 해서 국민이라는 본질이 고객으로 변화되는 것은 아니다. 오히려 국민이라는 본질을 더 중요하게 생각하기 때문에 나타난 노력이므로 국민의 중요성에 대한 인식은 더 높아진다.

---

4 김민주(2016a). 시민과 정부는 어떤 이미지로 존재하고 있는가?, 『한국행정연구』, 25(3): 1 – 32.

5 김민주(2018). 『시민의 얼굴 정부의 얼굴』, 박영사, p. 137.

제2절   고객지향의 기본

1. 고객의 구분: 내부고객과 외부고객

흔히 고객이라고 하면 재화나 서비스를 최종적으로 구입해서 이용하는 사람을 생각한다. 공공영역에서도 직접적으로 공공서비스를 제공받는 국민이나 시민들이 고객이라고 생각한다. 이들이 고객인 것은 당연하지만, 이들만 고객은 아니다. 고객은 크게 외부고객과 내부고객으로 구분된다.

외부고객이란 조직이 생산하거나 제공하는 재화와 서비스를 구입해서 이용하는 조직 외부에 존재하는 사람들이다. 설사, 구입 행위가 따르지 않더라도 조직 외부에 존재하며 잠재적으로 조직의 생산물을 사용할 사람들이 모두 외부고객이 된다. 반면, 내부고객은 조직 내에서 다른 구성원들로부터 자원과 정보와 협업 및 협조를 구하며 업무를 수행하는 조직 구성원을 말한다. 과거에는 고객이라고 하면 주로 외부고객에 초점을 두었기 때문에 고객만족은 곧 외부고객만족을 의미하는 경우가 많았다. 하지만 오늘날 고객은 내부와 외부 고객을 모두 일컫기 때문에 고객 만족의 범위도 이 둘을 모두 아우른다.

그렇지만 내부고객 만족과 외부고객 만족은 구분된다. 본질적으로 접근 방식이 다를 수밖에 없기 때문이다. 내부고객 만족이라고 하면, 조직의 내부 구성원들이 자신들이 맡고 있는 직무와 그 환경에 대해 느끼는 만족의 정도가 된다. 그런 점에서 내부고객들 간 내부서비스의 품질은 내부 조직구성원들 사이에서 서로에 대해 지니고 있고 또 서로를 대우하는 태도가 된다.6 예컨대, 어떤 직원이 다른 부서의 업무 협조 요청에 응하게 될 때 다른 부서가

---

6 Heskett, J. L. and L. A. Schlesinger(1994). Putting the Service−profit Chain to Work, *Harvard Business Review*, 72(2): 164−174.

고객이 되고 그 직원은 내부고객을 응대하는 사람이 된다. 그 직원이 얼마나 업무 협조 요청에 친절하게 대하는지 혹은 정확하고 신속하게 응대하는지에 따라 내부고객인 다른 부서가 느끼는 만족은 달라진다. 그리고 이후 언제라도 그 직원은 다른 부서로부터 고객으로 응대를 받게 된다. 이런 상황에서 서로에 대한 만족이 높아지면 결국 이윤 창출의 원천이 되는 외부고객에 대한 만족을 높일 수 있는 환경이 된다. 내부 직원들끼리 불협화음이 있다면 외부고객에게도 친절하게 대응할 수 있는 여건이 되지 못한다. 외부고객이 하나의 상품을 구입한다고 해도 그 상품은 내부의 여러 직원들의 관심과 노력과 손길을 거쳐서 나오기 때문이다.

따라서 내부고객의 활동과 외부고객의 활동이 서로 별개의 활동으로 존재하는 것이 아니다. 내부고객 만족과 외부고객 만족은 서로 간 매우 유기적인 관계를 맺고 순환되는 구조로 되어 있다. 이 둘이 얼마나 유기적으로 좋은 순환관계를 유지하고 있는가에 따라 경영성과가 달라진다. 즉, 내부고객의 만족은 결국 외부고객의 만족으로 이어지고 최종적으로는 조직의 경쟁력 강화로까지 이어지게 된다. 이를 호감의 이전(good will transfer)이라고 한다. 조직원의 호감(good will)이 고객에게 이전되는 것이다.[7]

쉽게 말해, 조직 내 직원들이 만족해야 외부고객들에게도 만족스러운 서비스를 제공할 수 있는 것이다. 외부고객의 만족을 위해서 내부고객의 만족은 선행되어야 하는 조건이 된다. 실제로 스타벅스의 CEO인 슐츠(Howard Schultz)는 이런 말을 한 적이 있다. "스타벅스에서 가장 중요한 사람은 고객이 아니다. 가장 중요한 사람은 바로 우리 직원들이다. 회사가 직원들을 돌보면 직원들은 저절로 고객을 돌볼 것이다." 패더럴 익스프레스의 CEO인 스미스(Fred Smith)도 "우리의 고객 만족이란 직원 만족에서 시작한다."라고 했다. 여기서 말하는 고객은 외부고객이고 직원은 내부고객이 된다. 공공영역도 다르지 않다. 공무원인 내부고객의 만족은 바로 외부고객인 시민과 주민

---

7 박선영(2010). 경찰 내부고객만족도 영향요인 분석, 『정부학연구』, 16(1): 99–116, p. 101.

들에게 질 좋은 행정서비스를 제공하는 데 직접적인 영향을 미칠 수 있다.[8]

최근에는 아웃소싱을 통해 또 다른 내부고객이 생기기도 한다. 예컨대, 의료기관에서 전화예약 업무를 아웃소싱한 경우 해당 업무를 맡은 직원 역시 내부고객이 된다. 일반적으로 아웃소싱 직원은 정규직원에 비해 급여수준과 복지 등과 같은 근무조건이 열악하기 때문에 자칫 직무만족의 저하로 나타날 수 있다. 따라서 이들에 대한 만족도를 높이는 것은 곧 아웃소싱을 한 조직의 성과를 높이는 일이기도 하다.[9] 그리고 비단 의료기간의 예가 아니더라도 많은 서비스를 민간위탁의 형태로 운영하는 공공영역에서도 새로운 내부고객으로서 위탁기관 소속 직원들의 만족에 대해 중요하게 고려할 필요가 있다.

2. 고객의 만족과 불만족

고객에 대한 고려는 만족을 전제로 주로 논의되는 경우가 많다. 그만큼 만족은 고객지향적 혹은 고객중심적 관리의 핵심이 된다. 이미 앞서 논의한 내용들에서도 고객의 만족은 여러 번 언급되었다. 만족은 인간의 주관성에 기초한 느낌이다. 여기서 말하는 주관성이란 인식 주체가 가치나 신념 등에 기반을 두고 객체를 판단할 때 나타나는 인지 작용이다. 주관성은 개인적인 경험과 감정이 자연스럽게 받아들여지기 때문에 지극히 사적이다.[10] 고객만족에서 인식 주체는 고객이 되고 객체는 공공기관이나 공공영역에서 제공된 서비스나 재화 등이 된다. 따라서 고객지향적 공공관리에서 만족은 고객이 공공영역에서 제공되는 서비스에 대해 자신들의 주관성에 기초해서 인지하게 되는 느낌이다.

---

8 한형서·이종서(2013). 공무원의 내부고객만족도에 관한 연구,『한국정책연구』, 13(4): 217 – 235.

9 김성수(2008). IPA를 활용한 의료기관 아웃소싱 직원의 내부고객 서비스품질 인식차이,『보건정보통계학회지』, 43(1): 80 – 88.

10 김민주(2016b).『평가지배사회』, 커뮤니케이션북스, p. 42.

그런 점에서 만족은 공공서비스 제공의 판단 기준이 될 수 있다. 이때 드는 의문은, 흔히 판단이나 평가의 기준은 객관성을 강조하기 마련인데 만족은 주관성에 기초한다고 했을 때 공공서비스 제공의 판단 기준으로서 만족이 과연 적합한 것인가에 대한 의문이다. 이에 대해, 오히려 진솔하게 평가한다면 주관적 평가가 더 적절할 수 있고, 어쩌면 엉성한 객관적 평가보다는 더 객관적 평가가 될 수도 있다고 답할 수 있다. 다시 말해, 평가 대상에 대해 평가자가 평가 시점에 내리는 가장 진솔한 주관적 판단에 따라 만족도를 평가한다면 그것이 더 적절할 수도 있다는 말이다. 역설적으로 그것이 더 객관적인 평가라는 것이다.

물론 만족도 평가자가 평가대상에 대해 심한 편견과 선입견에 사로잡혀서 의도적으로 왜곡된 평가를 한다면 그것은 옳지 못하다. 여기서 말하는 것은, 만족도 평가자가 평가지표와 기준을 숙지하고 편견 없이 평가대상자를 진솔한 주관성에 기초해서 한 평가를 의미한다.[11] 인간이 합리적이지 않고 때로는 순간적이기도 하고 변덕을 부리기도 하는 존재라는 것을 받아들인다면, 비록 유동적인 결과가 나올지라도 주관적 만족 그 자체를 기준으로 만족의 정도를 판단하는 것이 더 현실적이다.

고객지향의 노력이 만족 향상이라고 할 때, 한 가지 더 고려할 사항은 만족과 불만족의 관계다. 만족하지 않다는 것이 불만족하다는 것일까? 불만족하지 않는다는 것이 곧 만족한다는 것일까? 만족과 불만족은 동전의 양면과 같지 않다. 만족하지 않는다고 해서 반드시 불만족하는 것이 아니며, 불만족하지 않다고 해서 그것이 곧 만족하는 것은 아니다. 만족과 불만족은 각각 다른 요인에서 비롯된 결과들이다.

따라서 고객지향적 공공관리에서 강조하는 고객만족을 위해서는 만족과 불만족이 서로의 반대가 아니라는 사실을 알아야 하고, 단순히 만족 요인만을 고려하는 데서 머물러서는 안 된다는 점도 이해하고 있어야 한다. 불만

---

11 김민주(2016b). 『평가지배사회』, 커뮤니케이션북스, pp. 45 – 47.

족을 야기하는 요인도 함께 고려해야 하는데, 자칫 만족만을 강조하다가 다른 측면에서는 오히려 불만족을 야기하는 일이 동시에 발생되지 않도록 하기 위해서이다.

그렇지만 만족과 불만족이 별개의 요인에 의해 비롯된다고 하더라도 서로 관련되어 상호작용을 하기도 한다. 특히 불만을 가진 고객이 있다면 이 고객을 오히려 만족을 더 갖도록 하여 충성고객으로 바꿀 수도 있다. 존 굿맨의 법칙(Law of John Goodman)이 그 예가 된다. 불만을 가진 고객에게 불만 해소를 위해 더 적극적으로 성의 있게 응대를 잘 하면 설사 불만족 요인이 사라지지 않더라도 응대의 방식과 과정에서 고객들은 만족감을 느낄 수도 있다. 이 고객은 오히려 충성고객이 될 가능성이 높아진다. 공공영역에서도 민원인의 경우 불만을 가진 민원인에게 더 적극적으로 성의 있게 응대를 잘 하면 보통의 민원인들 보다 오히려 그들이 더 큰 만족감을 느끼게 되어 해당 기관을 더 신뢰하고 좋은 이미지로 기억하게 된다. 따라서 만족과 불만족은 야기되는 요인이 서로 다를 수 있다는 점을 염두에 두는 것도 중요하지만, 동시에 불만족은 또 다른 측면의 만족을 향상시키는 기회로 작용될 수도 있다는 점도 이해할 필요가 있다.

3. 고객의 경험

고객은 '경험(experience)'을 하는 존재다. 고객은 만족을 중시하는 존재이기는 하지만 만족만 하는 존재는 아니다. 그동안 고객은 사용하는 재화와 서비스에 국한된 만족만을 느끼는 존재로 여겨져 왔지만 이제는 해당 재화와 서비스와 관련된 제반 사항에 대해 포괄적인 경험을 하는 존재로 여겨진다. 그래서 고객은 만족감 혹은 불만족의 감정이 아니더라도 재화와 서비스를 제공하는 주체로부터 겪게 되는 경험을 통해 판단을 하게 된다.

예를 들면, 만일 어떤 고객 A가 자신이 애용하는 볼펜을 만족스럽게 사용하고 있다고 하자. 이 고객은 해당 볼펜을 제조하는 기업의 충성고객이기 때문에 새로운 볼펜이 출시되면 곧바로 사기도 한다. 어느 날 이 고객은 한 음식점에 가서 식사를 하다가 다른 테이블에서 역시 손님으로 와서 식사를 하고 있는 볼펜 만드는 기업의 유니폼을 입은 직원을 보게 된다. 그런데 볼펜 만드는 기업의 직원이 음식점 주인에게 불합리한 이유로 무례하게 행동하는 것을 보게 되었다. 고객 A는 그때부터 자신이 애용하던 볼펜을 별로 사고 싶은 마음이 들지 않기 시작했다. 비록 볼펜을 사용하는 것은 만족을 주지만, 그 볼펜을 만드는 직원의 모습에 실망했기 때문이다. 고객의 경험이란 바로 이런 것이다.

경험은 총체적인 감정을 낳게 하는 것으로 이 감정을 관리하는 것이 고객경험관리(customer experience management)이다. 고객이 해당 기업 혹은 제품과 서비스를 접할 때 기능과 품질 이외에도 포장과 유통과 광고 그리고 기업의 외적 연관성을 지니는 사건 및 행위에 이르기까지 그 모든 것들로부터 느끼는 감정이 고객의 경험이 되며 이것을 관리하는 것에 대한 강조가 고객경험관리다. 특히 오늘날과 같이 수많은 미디어가 발달된 상황에서 고객의 경험발생 빈도는 더 높아진다. 고객이 해당 기업에 접하게 되는 지점(touch points)은 고객이 느끼는 경험의 최전선들이다.

따라서 고객지향적 공공관리는 고객 만족 중심의 사고에서 더 나아가 이제는 고객의 경험까지도 함께 고려해야 한다. 어쩌면 공공영역에 더 많은 접점들이 존재하고 있어서 다양한 곳에서 국민들의 경험 발생이 야기될 수 있다. 특히 공공영역에 대한 신뢰성과 투명성은 국민들의 경험 인지에 직접적인 영향을 줄 수 있기 때문에, 고객의 경험은 공공영역에서 더 중요하게 고려되어야 할 사항이다.

고객지향적 공공관리의 적용

1. 고객만족도 조사와 CS 교육

1) 고객만족도 조사의 의미

고객의 만족은 고객 스스로 느끼는 것이기 때문에 측정되어 표현되지 않으면 제3자는 알 수 없다. 고객 스스로도 만족을 느끼기는 하지만 만족감이 어느 정도인지 가시적으로 인지하지는 못한다. 다른 사람과 비교해서 어느 정도인지에 대해서도 알지 못한다. 하지만 고객을 응대하는 입장에서는 고객의 만족이 어느 정도인지 알아야 만족감을 높이기 위한 방법을 고민하고 찾을 수 있다. 기업처럼 고객이 수익을 발생시키는 원천이라면 고객의 만족에 대해서는 반드시 알아야 한다. 공공영역에서도 역시 납세의 원천이자 공공영역의 주인이라고 할 수 있는 국민들의 만족은 중요하다. 특히 선거에 의해 선출되는 정치적 리더에게 국민들의 만족은 더욱 중요하다. 따라서 만족의 정도는 측정되어 가시적으로 표현되어야 한다.

고객만족도 조사는 고객이 재화와 서비스를 이용하고 느낀 만족감을 측정하는 조사이다. 앞서 제2절에서 만족은 주관성에 기초한다고 했다. 따라서 만족도 조사도 주관성에 기초한 자료를 수집해서 분석하는 것을 의미한다. 주관성을 인식 주체가 가치나 신념 등에 기반을 두고 객체를 판단할 때 나타나는 인지 작용이라고 했을 때, 이를 고객만족도 조사의 정의에 적용해 보면 고객만족도 조사란 '고객이라는 인식 주체가 가치나 신념에 기반을 두고 공공기관이나 공공영역에서 제공된 재화 및 서비스를 판단할 때 나타나는 인지 작용의 결과를 측정하는 것'이 된다.

진솔한 주관적 느낌을 측정하는 것이 곧 재화와 서비스에 대한 정확한 평가가 될 수 있는 만큼 고객만족도 조사는 단순히 고객의 만족 정도를 알 수 있게 해주는 데서 나아가 유용한 관리 도구가 된다. 고객 중심의 관리를 위해서는 거의 필수적인 도구라고 할 수 있다. 그래서 오늘날 많은 기관들에서 고객만족도 조사를 빠짐없이 시행하고 있고, 또 기관 내에서도 사업별로 혹은 프로그램별로 만족도 조사를 진행하고 있다. 이는 법률에도 명시되어 있다. 「공공기관의 운영에 관한 법률」에 따르면, "국민에게 직접 서비스를 제공하는 공공기관은 그 공공기관의 서비스를 제공받는 국민을 대상으로 연 1회 이상 고객만족도 조사를 실시하여야 한다. 이 경우 기획재정부장관은 공공기관으로 하여금 고객만족도 조사를 통합하여 실시하게 하고, 그 결과를 종합하여 공표할 수 있다."라고 명시되어 있다.12

2) 만족도 조사와 분석 방법

만족도 조사는 조사 방법에 따라 인터뷰(면접) 조사, 설문조사, 포커스 그룹(focus group) 조사 등으로 측정할 수 있다. 인터뷰는 직접 대면하거나 전화를 통해 질문과 응답으로 이루어진다. 이때는 구조화된 질문을 할 수도 있고 비구조화된 질문을 할 수도 있다. 설문조사는 설문지를 측정도구로 이용하여 집합조사를 하거나 배포조사를 하는 등의 방법으로 이루어진다. 포커스 그룹 조사는 해당 재화나 서비스 이용자 중 소수의 사람들을 그룹으로 형성해서 심층적인 면담을 통해 이루어진다. 어느 방법을 통해서건 만족도 조사를 진행할 수 있지만, 그중에서도 가장 흔하게 사용되는 방법은 설문지를 통한 만족도 조사이다.

설문지를 통한 만족도 조사는 제공되는 재화나 서비스에 대한 전반적인 만족의 정도를 묻는 설문 문항과 요소별 혹은 부문별 만족 정도를 묻는 문항으로 구성되어 있는 경우가 일반적이다. 문항에 사용되는 척도는 명목척도(nominal scale), 서열척도(ordinal scale), 구간척도(interval scale), 비율척도(ratio scale) 등 상황에 따라 다양하게 사용된다. 측정하고자 하는 만족도에

---

12 「공공기관의 운영에 관한 법률」제13조.

대해서는 주로 서열척도가 많이 사용되는 편이다. 그리고 수치화된 점수 부여는 5점 척도나 7점 척도 등이 많이 사용된다. 5점의 서열척도가 특히 많이 사용되는데, 예를 들어 '아주 만족(매우 그렇다)'이면 5점, '만족(그런 편이다)' 이면 4점, '보통'이면 3점, '불만족(그렇지 않은 편이다)'이면 2점, '매우 불만족(전혀 그렇지 않다)'이면 1점을 부여하는 방식이 그 예가 된다. 〈사례 7-1〉은 기관고객 만족도와 내부고객 만족도 측정을 위한 설문조사의 설문지 예시이다.

〈사례 7-1〉 유형별 고객만족도 조사 설문지 예시[13]

Ⅰ. 기관고객 만족도

[문 1] 먼저 ○○○과의 업무처리 내용에 대해 질문 드리겠습니다. 다음의 각 질문에 대해 고객님께서 동의하시는 정도를 5점부터 1점까지 중에서 골라주시기 바랍니다. 평가는 업무처리 내용을 기준으로 동의하시는 정도가 클수록 높은 점수를 주시면 됩니다.

문번	평가내용	매우 그렇다 ⑤	그런 편이다 ④	보통 ③	그렇지 않은 편이다 ②	전혀 그렇지 않다 ①
1-1	담당자는 관련 업무의 취지와 목적을 잘 이해하고 있다.					
1-2	담당자는 업무와 관련한 전문적인 지식과 능력을 갖고 있다.					
1-3	담당자는 고객의 입장에서 업무개선을 위해 노력한다.					

[문 2] 다음은 ○○○과의 업무처리 과정에 대해 질문 드리겠습니다.

문번	평가내용	매우 그렇다 ⑤	그런 편이다 ④	보통 ③	그렇지 않은 편이다 ②	전혀 그렇지 않다 ①
2-1	업무처리 절차가 간편하고 체계적이다.					
2-2	업무 관련 정보를 얻을 수 있는 경로(인터넷, 안내책자 등)가 다양하다.					
2-3	담당자의 응대태도가 친절하다.					
2-4	과 방문이나 전화 연락 시 담당자와의 접촉이 용이하다.					

---

13 행정안전부 홈페이지(www.mois.go.kr).

[문 3] 다음은 ○○○과의 업무처리 결과 및 이미지에 대해 질문 드리겠습니다.

문번	평가내용	매우 그렇다 ⑤	그런 편이다 ④	보통 ③	그렇지 않은 편이다 ②	전혀 그렇지 않다 ①
3-1	담당자는 해당 업무를 형평성을 가지고 공정하게 처리한다.					
3-2	업무처리 결과는 믿을만하다.					

[문 4] 고객님께서는 앞에서 평가해 주신 ○○○과의 업무처리 내용, 서비스 전달과정, 결과(이미지) 측면들을 모두 고려할 때, ○○과의 업무처리에 대해 전반적으로 얼마나 만족하셨습니까?

    ① 매우 만족   ② 대체로 만족   ③ 보통   ④ 다소 불만   ⑤ 매우 불만

[문 5] 끝으로, ○○○과의 업무처리와 관련하여 불만 사항이나 개선할 점이 있다면 무엇이라도 좋으니 말씀해 주십시오.

DQ1. 고객님께서 요청하신 업무 내용은 수용(해결)이 되었습니까?

    ① 수용(해결)   ② 기각(미해결)   ③ 기타(부분해결 등)

– 중간 생략–

II. 내부고객 만족도

【기획재정담당관실】 귀하께서는 기획재정담당관실과 관련된 업무관계가 어느 정도나 있으십니까?

  ※ 해당 과와 업무관계가 없는(3, 4번 응답) 경우, 다음번의 과를 평가 해 주십시오.

    1) 많이 있다   2) 보통이다   3) 없는 편이다   4) 거의 없다

항목	매우 그렇다	그렇다	보통 이다	그렇지 않다	전혀 그렇지 않다
1. 기획재정담당관실은 요구사항에 대한 지원 및 처리가 신속하다.	⑤	④	③	②	①
2. 기획재정담당관실은 업무와 관련된 요구에 대응할 수 있는 지식과 업무능력을 가지고 있다.	⑤	④	③	②	①
3. 기획재정담당관실은 업무 관련 불편이나 부담을 줄이기 위해 노력한다.	⑤	④	③	②	①
4. 기획재정담당관실은 업무협조 의뢰 시 요구사항(업무내용)을 명확히 제시한다.	⑤	④	③	②	①

5. 기획재정담당관실은 업무협조 요구에 대한 응대태도가 친절하다.	⑤	④	③	②	①
6. 기획재정담당관실이 협조 및 요구사항을 이해하고자 노력한다.	⑤	④	③	②	①
7. 기획재정담당관실의 요청사항에 대한 업무처리 결과는 믿을 만하다.	⑤	④	③	②	①
8. 우리가 추진하는 업무에 대한 기획재정담당관실의 협조는 전반적으로 만족스럽다.	⑤	④	③	②	①
9. 불만 및 개선사항(자유롭게 적어주세요):					

– 중간 생략 –

【oooo】 귀하께서는 ooooo실과 관련된 업무관계가 어느 정도나 있으십니까?
　① 많이 있다　　② 보통이다　　③ 없는 편이다　　④ 거의 없다

– 이하 생략 –

◼ 바쁘신 중에도 오랜 시간 설문에 응답해 주셔서 대단히 감사합니다. ◼

　　　설문조사는 위의 양식대로 하는 경우도 있고, 중요도-성취도(Importance-Performance Analysis, IPA)분석을 위한 또 다른 설문지 양식을 사용하기도 한다. 여기서 performance는 만족을 야기하는 성취도를 의미한다. 그래서 중요도-성취도 분석, 혹은 중요도-만족도 조사, 영어의 약어 그대로 IPA분석으로도 불린다. 응답자가 해당 서비스에 대해 얼마나 중요하다고 생각하는지에 대해 응답을 하고, 동시에 같은 해당 서비스에 대해 얼마나 만족했는지에 대해서도 응답한다. 해당 서비스가 중요하다고 여기는 정도와 실제 그 서비스를 이용했을 때 어느 정도 만족했는지가 동시에 응답되면서 둘 사이의 차이(간격)을 알 수 있게 해준다. 즉, IPA는 특정 평가 영역에 대한 고객인 응답자들의 사전 기대치(perceived expectation) 대비 현재의 평가(만족)수준을 알 수 있게 해줌으로써 개선 사항이 무엇인지를 도출하는 데 유용하게 활용되는 분석 기법이다. 이를 통해 중요하다고 여기는 만큼 만족했는지, 중

요하다고 여기는 데 반해 만족은 덜 했는지, 중요하지 않다고 여기지만 만족은 했는지, 중요하다고 여기지 않고 만족의 정도도 낮았는지 등에 대한 정보가 도출된다. IPA 설문지의 예시는 〈사례 7-2〉와 같다. 여기서는 두 가지 유형(유형 A, 유형 B)을 제시하고 있다.

〈사례 7-2〉 IPA 설문지 예시

〈유형 A〉

1. ○○시설을 이용할 때 각 항목별로 얼마나 중요하게 생각하는지에 대해 '중요도'에 ✓를 표시하고, 해당 항목에 얼마나 만족하고 있는지에 대해 '만족도'에 ✓를 표시하시기 바랍니다.

항목	중요도 아주 낮음 ⇔ 보통 ⇔ 아주 높음					만족도 아주 낮음 ⇔ 보통 ⇔ 아주 높음				
	1	2	3	4	5	1	2	3	4	5
교통의 편리성										
시설 내 편의시설										
직원의 친절성										
운영 시간										
쾌적한 실내 환경										

〈유형 B〉

1. ○○시설을 이용할 때 각 항목별로 얼마나 중요하게 생각하는지에 대해 '중요도'에 ✓를 표시하고, 해당 항목에 얼마나 만족하고 있는지에 대해 '만족도'에 ✓를 표시하시기 바랍니다.

중요도 아주 낮음 ⇔ 보통 ⇔ 아주 높음					항목	만족도 아주 낮음 ⇔ 보통 ⇔ 아주 높음				
1	2	3	4	5	-	1	2	3	4	5
					교통의 편리성					
					시설 내 편의시설					
					직원의 친절성					
					운영 시간					
					쾌적한 실내 환경					

IPA 설문지는 IPA 분석을 가능하게 한다. IPA 분석은 항목별 중요도와 만족도(성취도)를 각각 X축과 Y축으로 해서 2차원 평면상에 4가지 영역으로 도출

〈그림 7-1〉   IPA 분석에 따른 4가지 영역

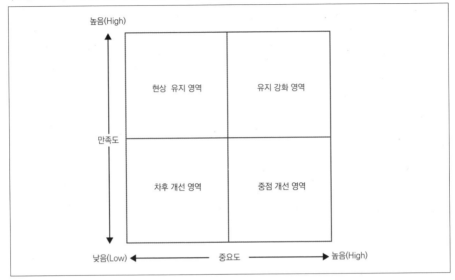

되도록 한다. 4가지 영역이 되는 이유는 각 축의 값의 평균을 기준으로 정도의 높고(high) 낮음(low)이 나누어지기 때문이다. 〈그림 7-1〉이 이를 보여준다.

〈그림 7-1〉을 보면 4개의 영역에는 현상 유지 영역, 유지 강화 영역, 차후 개선 영역, 중점 개선 영역이 해당된다. 현상 유지 영역은 중요도는 낮으나 만족도는 높은 영역으로 이 영역에 해당되는 항목은 현재의 수준을 유지하는 것이 필요하다. 유지 강화 영역은 중요도도 높고 만족도도 높은 영역으로서 현재의 모습을 유지하면서도 더 강화할 필요가 있는 항목이다. 차후 개선 영역은 중요도도 낮고 만족도도 낮은 항목으로서 당장 우선적으로 개선해야 할 영역이라기보다는 차후 개선 영역에 해당되는 항목이라고 볼 수 있다. 중점 개선 영역은 중요도는 높으나 만족도가 낮은 영역으로서 이 영역에 해당되는 항목은 중점적으로 개선되어야 할 항목이다. 상대적으로 비교할 때 그 어떤 영역보다도 고객 만족을 위해서는 우선 이 영역에 해당되는 항목들을 특별히 관리할 필요가 있다.

3) CS 교육

고객만족을 위해서는 만족도 조사의 결과를 다양하게 환류하며 활용한다. 제도 개선과 수정 등이 이루어지기도 하고 의식 향상을 위해서도 노력한다. 그리고 교육을 하기도 하는데, 이를 CS(customer satisfaction) 교육이라고 한다. 고객만족 향상을 위한 교육으로서 고객만족을 중시하는 거의 대부분의 기관들은 전(全) 직원 대상의 CS 교육을 정기적으로 실시하고 있다. 최근에는 공공기관이나 공기업 등을 평가할 때 직원들이 CS 교육을 받았는지 그리고 얼마나 적극적으로 CS 교육에 참여했는지 등을 평가 항목에 포함시키기도 한다.

CS 교육은 초기에 주로 친절 교육에 초점을 두고 진행되었다. 하지만 최근에는 내부고객인 조직구성원들의 감정 노동(emotional labor)에 대한 치유도 함께 이루어지고 있다. 따라서 CS 교육은 단순히 외부고객을 위한 친절교육 뿐 아니라 내부고객의 만족을 위한 치유와 공감 및 상호 이해 증진도 함께 고려하는 종합적인 교육이다. 〈사례 7-3〉은 실제 CS 교육 내용의 예시이다.

〈사례 7-3〉 CS 교육 내용 예시[14]

□ 서비스인의 정서관리 및 동기부여			
교과목	세부내용	학습방법	시간
1. 서비스맨의 행복을 위한 조건	• 행복의 조건은 무엇인가 • 긍정적인 삶의 태도가 행복한 삶의 정도를 조절한다.	강의/실습	2
2. 행복한 서비스맨이 되기 위한 방법	• 굳세어라 세라야(SERAYA) 6가지 방법 • 각 방법별 내용 공유 및 습득	강의/실습/동영상	5
3. 행복한 서비스맨의 미션	• 행복한 서비스맨이 조직에 미칠 영향 • 행복한 서비스맨의 역할과 책임	강의/실습	1
계			8

---

14 한국항공공사(2016). 『2016년 CS교육 시행계획』, 항공기술훈련원.

□ 설득 커뮤니케이션

교과목	세부내용	학습방법	시간
1. 설득의 이해	• 나의 설득역량은 어느 수준인가 • 지식/감성/행동 설득의 강·약점 비교	강의/동영상 스토리텔링	2
2. 설득의 법칙과 감정의 활용	• 설득의 6대 법칙 이해 및 설득에 작용하는 감정의 종류 • 설득력을 강화하기 위한 스토리 구성	강의/토의/ 실습/동영상	4
3. 설득! 현장 적용	• 내/외부 고객갈등 및 컴플레인 등 고객응대 시 스토리텔링 활용법 • 현장적용 상황별 설득 스킬 습득	강의/실습	2
계			8

□ 서비스 리커버리 및 긍정마인드

교과목	세부내용	학습방법	시간
1. 불만고객응대 개요 및 원인	• 고객의 기본욕구와 불만의 유형 • 직원의 불쾌한 태도란	강의	1
2. 불만고객 대처방안	• 고객불평응대 6단계 습득 • 문제해결에 대한 바람직한 이해와 사후 예방대책	강의/토의/ 실습/동영상	3
3. 긍정심리 이해 및 나의 생활 돌아보기	• 긍정심리 및 낙관주의 이해 • 나의 인생은 현재 어떠한가 • 내 인생 최고의 순간! 떠올려보기	강의/실습	1
4. 나와 타인의 강점 발굴하기	• 미덕과 강점의 이해 • 나와 타인의 강점 찾아보기 • 타인에게 강점 선물하기	강의/실습	3
계			8

2. 고객헌장

1) 의미

고객지향적 공공관리는 고객헌장을 통해서도 구현되고 있다. 고객헌장이란 공공기관이 제공하는 서비스의 기준과 내용, 제공방법 및 절차, 잘못된 서비스에 대한 시정 및 보상조치 등을 고객과 협의를 통해 구체적으로 정해서 공표하고 그 실천을 고객에게 약속하는 제도를 말한다. 쉽게 말해, 공공기관이 고객에게 제공하는 핵심적인 서비스에 대해 약속하는 것이 고객헌장이다. 이를 통해 고객입장에서 서비스를 제공하여 서비스의 품질을 향상시키고 신뢰를 제고하며, 일방적인 공급자 중심의 서비스 제공이 아니라 쌍방향 서비스 제공을 실천하려고 한다.15

고객헌장은 법률에도 명시되어 있다. 「공공기관의 운영에 관한 법률」에 따르면, 국민에게 직접 서비스를 제공하는 공공기관은 고객헌장을 제정하여 공표하도록 되어 있다. 고객헌장에는 기본적으로 '기본 임무', '제공하는 서비스의 내용과 바람직한 서비스의 수준', '제공하는 서비스에 대한 불만처리와 시정 절차 및 배상 등의 책임', '제공하는 서비스의 향상을 위한 노력 및 계획' 등이 포함되어야 한다.16 그래서 실제 고객헌장에는 고객서비스 제공 체제의 개선을 통해 서비스의 품질을 향상시키기 위한 노력이나, 구체적인 서비스 내용의 공표 및 이행으로 고객서비스 질을 제고하려는 노력, 그리고 고객서비스 제공과정에서 고객참여 활성화를 통한 고객우선주의를 실현하려는 노력 등이 담겨 있다.17

2) 고객헌장의 구성과 제정 절차

고객헌장은 크게 3개의 부문으로 구성되어 있다. '고객헌장전문', '핵심서비스이행표준', '고객응대 서비스이행표준'이 그것이다. 고객헌장 전문은 고객에게 고객만족을 위한 서비스를 제공하겠다는 일종의 선언적인 내용을 담고 있다. 핵심서비스이행표준은 고객헌장의 핵심적 구성내용으로 서비스 공급자인 공공기관이 이용자인 고객에게 제공하는 구체적이고 핵심적인 업무관련 서비스에 대한 약속이 담겨 있다. 고객응대 서비스이행표준은 방문, 전화, FAX 등을 통하여 고객과 접점을 이루는 과정에서 공공기관이 어떠한

---

15 기획예산처(2007a). 『고객헌장 및 서비스 이행표준: Guidebook』, 기획예산처, p. 1.
16 「공공기관의 운영에 관한 법률」 제13조.
17 기획예산처(2007a). 『고객헌장 및 서비스 이행표준: Guidebook』, 기획예산처, p. 1.

〈그림 7-2〉 고객헌장의 구성[18]

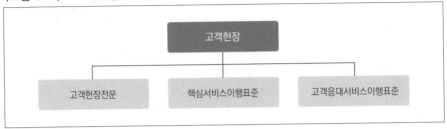

서비스를 제공할 것인가에 대한 약속이 들어 있다.[19] 〈그림 7-2〉는 고객헌장의 구성을 나타내고 있다.

여기서 핵심서비스이행표준을 작성할 때 지켜야할 4대 원칙으로는, 첫째, 고객에게 제공해야 할 핵심서비스를 알기 쉽게 표현하고, 둘째, 핵심서비스 내용의 구체적인 기준을 제시하며, 셋째, 측정할 수 있도록 계량화해야 하며, 넷째, 고객만족 수준의 서비스를 약속해야 한다. 예컨대, "여객열차의 96% 이상을, 정해진 시각보다 KTX는 5분 이상, 일반열차는 10분 이상 늦지 않도록 운행 하겠습니다." 등으로 나타내는 것이다. 그리고 고객의 의견을 수렴하여 서비스이행표준 수준을 설정하고 주기적으로 서비스이행표준 달성도 측정 및 결과 공표를 하도록 한다. 〈표 7-1〉은 이행표준 측정과 결과 공표의 예시이다.[20]

고객헌장에 포함되어야 할 핵심내용은 7가지이다. 첫째, 고객중심의 서

〈표 7-1〉 이행표준 측정과 결과공표 예시

이행표준	측정결과
교통사고율: 교통량 10만 대 당 0.4건 이하 유지	0.2건
도로 및 시설물: 파손시 10시간 이내에 100% 복구·소통	99.98%

18 기획예산처(2007a). 『고객헌장 및 서비스 이행표준: Guidebook』, 기획예산처, p. 2.

19 기획예산처(2007a). 『고객헌장 및 서비스 이행표준: Guidebook』, 기획예산처, p. 2.

20 기획예산처(2007b). "공공기관이 제공하는 서비스, 한눈에: 기획처, 고객헌장 및 서비스이행표준 가이드북 제작·배포", 6월 28일자 보도자료.

비스이다. 서비스는 고객의 입장과 편의를 최우선으로 고려하는 고객중심적이어야 한다. 둘째, 구체적인 서비스이다. 고객에게 제공되는 서비스의 기준은 고객이 쉽게 알 수 있도록 구체적이고 명확하게 작성되어야 한다. 셋째, 최고수준의 서비스이다. 공공기관이 제공할 수 있는 가장 높은 수준의 서비스를 제시하여야 한다. 넷째, 비용과 편익을 고려한 서비스 제공이다. 서비스 제공에 소요되는 비용과 고객의 편익이 합리적으로 고려된 서비스 기준을 설정하여야 한다. 다섯째, 체계적인 정보제공 서비스와 관련된 정보와 자료를 쉽고 신속하게 얻을 수 있도록 해야 한다. 여섯째, 시정 및 보상조치이다. 잘못된 서비스에 대한 시정절차와 보상조치를 명확히 해야 한다. 일곱째, 고객참여제도이다. 제공된 서비스에 대한 고객의 여론을 수렴하여 그 의견을 반영하고 서비스 질을 개선해야 한다.[21]

고객헌장의 제정절차는 7단계로 나누어진다. 고객헌장 제정을 위한 기초적인 준비 단계, 다양한 의견수렴, 초안작성 및 보완, 공표 및 홍보, 고객헌장의 실천, 평가 및 사후관리, 각종 개선 조치가 각 단계이다. 평가 및 사후관리와 개선조치 단계에서는 환류 작용이 함께 동반된다. 〈표 7-2〉에는 각 단계별 주요 내용이 나타나 있다.

〈표 7-2〉 고객헌장의 제정절차[22]

단계	주요 내용
제정을 위한 기초적인 준비	• 고객헌장 제정 필요성 등 검토 • 고객서비스의 종류와 실태 등 분석 • 고객서비스의 수요자(고객)규정
다양한 의견수렴	• 외국 민간 타기관의 사례, 현황 검토 • 공공기관 내부직원 의견수렴 • 고객 및 민간단체 등의 요구수준 조사
초안작성 및 보완	• 의견수렴 결과 종합분석 및 반영 • 고객헌장 초안(개정안) 작성 • 고객헌장 심의위원회 심의

---

21 기획예산처(2007a). 『고객헌장 및 서비스 이행표준: Guidebook, 기획예산처』, p. 3.
22 기획예산처(2007a). 『고객헌장 및 서비스 이행표준: Guidebook, 기획예산처』, p. 4.

공표 및 홍보	• 사내게시판 및 인터넷 등에 헌장공표 • 고객서비스헌장 선포식 개최 • 홍보(소식지, 유인물)
고객헌장의 실천	• 실천체제정비(교육, 예산확보 등) • 전담조직 설치 또는 전담인력 지정 • 운영상황의 주기적인 점검
평가 및 사후관리 → 환류	• 이행표준 달성도 측정 • 우수부서, 직원 인센티브 제공
각종 개선조치 → 환류	• 서비스제공방법, 절차 등의 개선 • 고객센터 등 서비스제공 환경, 시설 개선 • 서비스개선 장애요인 발굴, 개선

3) 사례

고객헌장은 모든 공공기관에서 제정하여 적용하고 있다. 그중에서 〈사례 7-4〉, 〈사례 7-5〉, 〈사례 7-6〉은 한국콘텐츠진흥원의 사례를 보여주고 있다. 각각은 고객헌장 전문, 핵심서비스 이행표준의 일부 사례, 고객응대서비스 이행표준의 사례이다.

〈사례 7-4〉 고객헌장 전문 사례[23]

> 여러분의 소중한 의견을 듣기 위해,
> 한국콘텐츠진흥원은 항상 열려있습니다.
>
> 한국콘텐츠진흥원은 고객헌장을 성실히 준수하고, 최고 품질의 서비스 제공을 위하여 부단히 노력하겠습니다.
> 한국콘텐츠진흥원은 우리 콘텐츠 산업 발전의 기반을 다지고 콘텐츠 제작 지원, 뉴콘텐츠 육성, 글로벌 시장진출 지원, 산업기반 강화, 콘텐츠 R&D지원 등을 통해 우리나라 콘텐츠 산업 발전에 공헌하도록 최선을 다하겠습니다.
> 한국콘텐츠진흥원은 고객 여러분께 최고의 서비스를 제공할 것을 다짐하며, 다음과 같이 '5대 서비스 정신'을 실천하겠습니다.

---

23 한국콘텐츠진흥원(www.kocca.kr).

5대 서비스 정신		
Kindness	K	우리는, 고객 한 분 한 분에게 정성을 다해 친절히 모시겠습니다.
Open-minded	O	우리는, 고객의 소리에 항상 귀를 기울여 이를 반영하겠습니다
Creativity	C	우리는, 진흥원에 부여된 사회적 책임을 성실하게 수행하겠습니다.
Clean	C	우리는, 투명하고 청렴하게 업무를 처리하겠습니다.
Ability	A	우리는, 부당하거나 잘못된 서비스를 바로 개선하겠습니다.

이와 같은 고객과의 약속을 지키기 위해 구체적 서비스 이행표준을 설정하고 이를 성실하게 실천할 것을 약속드립니다.

〈사례 7-5〉 핵심서비스 이행표준 사례(일부)24

서비스명	이행표준	관련부서
문화기술 연구개발 지원 서비스	• 문화산업 기술 강화를 위한 연구개발 지원 • CT bridge 프로그램 운영을 통한 사업화 지원	문화기술본부
제작지원 서비스	• 지원사업 설명회 연중 1회 이상 개최 • [콘텐츠지원제도가이드] 제작 및 배포 • 업체 의견청취 연중 4회 이상 개최 및 개선 의견 반영	게임산업팀 방송산업팀 애니메이션산업팀 캐릭터산업팀 만화스토리산업팀 음악산업팀 패션산업팀
정보제공 서비스	• 콘텐츠종합지원센터 평일 상시 운영(9:00~18:00) • 온라인 고객문의 7일 이내 회신(법정기간 준수) • 연구발간물 발간 후 24시간 이내 홈페이지 게시	심사평가지원팀 정책본부
콘텐츠 분쟁조정 서비스	• 분쟁조정 교육 및 자문단 연간 1회 이상 운영 • 분쟁조정 프로세스 매뉴얼 비치 및 배포 • 법정 콘텐츠분쟁조정의 해결기한 준수율 93% 유지	분쟁조정위원회 사무국

---

24 한국콘텐츠진흥원(www.kocca.kr).

〈사례 7-6〉 고객응대 이행표준 사례[25]

□ 진흥원을 방문하시는 경우
• 방문하신 고객이 1분 이상 기다리지 않도록 최선을 다하겠습니다.
• 방문하신 고객이 부서와 담당자를 쉽게 찾을 수 있도록 부서별 직원현황과 진흥원 안내 자료를 비치하도록 하겠습니다.
• 우리 직원은 항상 책임 있는 설명으로 고객을 응대하겠습니다.

□ 전화로 문의하시는 경우
• 전화를 주시면 직원의 신분을 정확하게 밝히고 친절하게 응대하겠습니다.
• 전화는 처음 받는 직원이 책임지고 응대하고, 문의하신 내용은 적극적으로 안내하겠습니다.
• 문의하신 내용을 즉시 답변드릴 수 없거나, 담당자가 부재중일 때에는 최소한 1시간 이내에 진행결과를 회신하도록 하겠습니다.

□ 고객의 시설 및 사업장을 방문하는 경우
• 진흥원 직원이 고객의 시설 및 사업장을 방문하는 경우에는 미리 방문 목적과 일시를 정확하게 공지하겠습니다.
• 몸가짐을 단정히 하고 약속 시간을 정확히 지키겠습니다.
• 항상 사원증을 제시하고 고객 편의를 위해 반드시 명함을 전달하겠습니다.

□ 고객 의견 접수 및 의견제시
• 민원 접수는 우편, 전화, 팩스, 엽서, 진흥원 홈페이지(www.kocca.kr), 콘텐츠종합지원센터 (1566-1114) 등 고객님이 편하신 방법으로 문의, 상담하실 수 있습니다.
• 고객께서 보내주신 팩스 및 우편물, 이메일로 접수된 민원은 신속히 담당자에게 전달하여 사흘 안에 답변을 받으실 수 있게 하겠습니다.
• 해당 민원을 회신할 때에는 담당자의 성명, 연락처, 이메일 등을 명시하여 책임 있는 답변이 되도록 하겠습니다.
• 고객님의 서비스 개선에 대한 좋은 제안은 심사를 거쳐 반영하도록 하겠습니다.
공공기관 고객만족도 조사에서 제기한 서비스 불편사항은 중점 개선토록 하겠습니다.

□ 서비스 이행 기준의 위반에 대한 시정조치
• 이상의 서비스 이행 기준에 대해 고객님께서 만족하지 못하실 경우 진흥원에 이에 대한 시정을 요청하시면 7일 이내에 이에 대한 성실한 답변을 드리도록 하겠습니다.
• 아울러 고객님의 요청사항이 최대한 빨리 처리될 수 있도록 최선을 다하겠습니다.
• 기타 서비스 향상을 위해 필요한 사항이 있을 경우에는 지속적으로 고객님의 의견을 반영하도록 하겠습니다.

---

25 한국콘텐츠진흥원(www.kocca.kr).

3. 총체적품질관리와 정책품질관리

1) 총체적품질관리(TQM)의 의미

기업의 경우 생존과 발전에 밑거름이 되는 이윤은 결국 고객으로부터 비롯된다. 쉽게 생각하면, 고객이 해당 기업의 재화나 서비스를 찾고 선택하고 구입하고 또 다시 찾아야 한다. 수익의 원천은 바로 고객인 것이다. 고객의 중요성은 이미 알려져 있지만 단순히 구호나 강조만으로는 효과가 없다. 그래서 고객이 중요한 만큼 조직 관리의 초점 자체를 고객에 두고 하는 방법이 있다. 기업이 생산하는 재화나 서비스의 품질도 고객 중심으로 정의해서 관리하는 것이다. 예컨대, 품질이란 '제품의 전(全) 기간 동안 고객의 욕구와 기대에 부응하는 것에서 더 나아가 욕구와 기대를 능가하는 것'으로 정의하는 것이다. 생산물의 품질을 이처럼 정의하면 더욱 직접적인 고객 중심의 관리가 이루어질 수 있다. 이를 구현해서 적용하는 대표적인 관리 사례가 총체적품질관리(Total Quality Management: TQM)이다. 전사적 품질관리 혹은 약어로 TQM으로 불리는 관리방식이다. TQM은 소비자의 만족에 부응하고 나아가 그 이상의 좋은 재화와 서비스가 될 수 있도록 조직의 각 부문에서 품질 향상과 유지와 개선을 위해 종합적인 노력을 하는 것을 의미한다.

TQM에서 총체적이라는 T(total)의 의미는 고객을 인지 및 확인하는 것에서부터 고객의 만족에 이르기까지 업무의 모든 측면에 고객 중심의 관리를 적용한다는 것이다. 여기서 말하는 모든 측면은 조직을 구성하는 모든 구성원과 모든 부서와 관계된 업체와 고객까지 모두를 포함한다. 품질인 Q(quality)는 고객의 기대에 부응해서 만족시키고 나아가 그것을 뛰어넘는 것을 뜻한다. 품질을 단순히 고객의 기대와 만족에 대한 서비스나 제품의 신뢰도 차원이 아니라 그 이상의 것으로 여겨서 종업원에 대한 품질까지도 포함한다. 보다 광범위하고 포괄적인 의미의 품질인 것이다. 관리의 의미인 M(management)은 품질을 지속적으로 개선하고 향상시킬 수 있는 능력의 개발과 유지를 의미한다.26 따라서 TQM은 고객의 요구와 기대 이상의 만족을 위한 총체적이며 종합적인 조직관리의 한 접근 방법이다.27

2) 기본 철학과 구성요소

TQM에 내재되어 있는 기본 철학은 다음과 같다.28 첫째, 품질을 결정하는 사람은 궁극적으로 고객이다. 조직이 생산하는 산출물의 품질이 비록 사전에 결정된 기준에 적합하다고 해도 고객의 요구에 부응하지 못하면 소용없는 것이 된다. 따라서 품질의 결정은 고객의 요구와 만족에 달려 있다. 둘째, 품질은 생산과정의 마지막 단계에서 부과되는 것이 아니라 생산과정의 첫 단계에서부터 설계되어야 한다. 산출물 생산에서부터 고객의 요구와 만족에 대한 철저한 고려와 설계가 시작되어야 한다는 점이다. 셋째, 품질은 개개인의 노력의 산물이 아니라 조직 전체의 구성원들로부터 창출된다. 조직의 모든 부문에서 그리고 모든 구성원들이 품질 향상을 위해 노력해야 한다는 것이다. 도출된 생산물이 어느 한 과정이나 한 사람에 의해서만 만들어지는 것이 아니며, 또 고객의 만족은 단지 생산물에만 한정해서 결정되는 것도 아니기 때문이다. 넷째, 품질은 투입과 작업 과정에서 계속적인 개선을 요구한다. 고객의 만족은 고정적인 것이 아니고 유동적이며 환경에 의해서도 영향을 받는다. 따라서 품질 개선은 지속적으로 이루어져야 한다. 다섯째, 품질개선 활동은 조직구성원들의 적극적인 참여를 바탕으로 한 조직의 총체적인 몰입이다. 품질은 모두가 함께 참여하려는 의지와 몰입이 중요한데, 이는 고객 만족 이상의 것을 의미하는 품질이 단순히 이벤트적 일회성 조치로만 향상되는 것이 아님을 말하는 것이다. 따라서 모두가 적극적으로

---

26 Cohen, Steven and William Eimicke(1994). Project-Focused Total Quality Management in the New York City Department of Parks and Recreation, *Public Administration Review*, 54(5): 450-456, p. 450.

27 Denhardt, Robert B.(1993). *The Pursuit of Significance: Strategies Managerial Success in Public Organizations*, California: Wadsworth Publishing Co., p. 15.

28 오세덕·이명재·강제상·임영제(2013). 『행정관리론』, 대영문화사, pp. 287-288.

참여해서 몰입하는 것이 중요하다.

TQM의 주요 구성요소에는 고객, 지속적인 개선, 참여, 리더십, 교육훈련을 들 수 있다.[29] TQM에서는 조직운영의 초점을 고객에게 두고 있다. 고객의 요구에 적극적으로 부응하고 만족 이상을 도출하는 것을 조직운영의 핵심철학이자 기본원칙으로 정하고 있다. 제품과 서비스에 대한 평가는 그것을 제공하는 조직이 하는 것이 아니라 고객이 하는 것이다. 고객이 곧 품질을 결정하는 주체인 것이다. 이를 위해 고객 만족의 정도를 측정하고 평가하는 체계가 필요하고, 그에 기반한 개선 노력이 지속적으로 필요하다. 그리고 여기서 말하는 고객은 조직외부의 고객 이외에 내부고객(internal customers)도 포함된다. 관리자들은 조직 내의 내부고객으로서 구성원들을 간과해서는 안 된다.[30] 사실 이들이 만족해야 외부고객에게도 만족스러운 대응을 할 수 있게 된다. 따라서 고객은 TQM의 주요 구성요소에 해당한다.

지속적인 개선 역시 또 다른 주요 구성요소이다. 품질의 완벽성이 어려운 과제라고 할 때 계속된 품질 개선이 최선일 수 있다. 품질 개선은 곧 변화에 대한 지속적인 대응이다. 고객의 만족이 품질이라고 할 때 고객의 만족이 항상 고정적이지 않기 때문에 그에 대한 지속적인 대응이 품질 개선으로 이어지는 것이다. 어떤 조직이 제공하는 제품과 서비스가 아무리 뛰어나서 좋은 품질로 인정받고 있다고 해도 지속적으로 생산 공정을 개선해 나가지 않으면 언젠가는 고객의 관점에서 보았을 때 품질성과에 문제점이 드러나게 된다. 고객들의 민감성이나 유행 그리고 기대는 언제라도 바뀔 수 있기 때문에 지속적인 개선을 위한 노력이 필요하다. 이를 위해 고객만족에 관한 객관적인 데이터 수집과 평가가 필요하고 그에 대한 환류 과정이 체계적으로 이루어져야 한다.

---

29 이희태(2008). 사회복지관의 TQM 도입 효과 분석, 『지방정부연구』, 12(2): 111-132, pp. 113-116.

30 Schein, L.(2005). "The Road to Total Quality", In Wendell L. French, Cecil H. Bell, Jr., Robert A. Zawacki(ed), *Organization Development and Transformation: Managing Effective Change*, Boston: McGraw-Hill/Irwin.

TQM에서는 조직구성원들의 참여 역시 주요 구성요소가 된다. 단순한 참여가 아니라 전 조직구성원들의 참여이고, 수동적인 참여가 아니라 적극적인 참여를 말한다. 재화와 서비스의 질 향상을 위해 전(全) 직원들이 책임의식을 가지고 공동의 노력을 기울일 필요가 있다. 전 직원들의 참여는 관리자가 미처 확인하지 못한 것이나 관리자가 갖추지 못한 지식과 정보를 제공해주는 역할을 함으로써 의사결정의 질을 높여준다.31 특히 현장의 고객에 대해서는 현장에 위치한 직원들에 의해 더 많은 정보를 얻을 수 있다. 이를 위해 필요한 것은 조직구성원들에게 권한을 부여(empowering)하는 것이다. 조직구성원들이 고객의 문제점에 대해 자발적으로 관심을 가지고 해결하려고 할 때 일정한 권한이 주어져 있어야 한다. 자율적이고 주도적인 행동은 그 결과의 효과성을 높인다. 따라서 TQM에서는 참여관리를 중요시 여긴다는 점에서 조직구성원들의 자발적 참여가 중요하고 이때는 적절한 권한부여가 함께 이루어져야 한다.

TQM에서 리더십 역시 주요 구성요소가 된다. TQM의 성공은 리더의 솔선수범과 리더의 관심과 지원에 큰 영향을 받는다. 무엇보다도 리더로서 최고관리자는 자신이 고객의 만족에 기반한 품질관리의 중요성이나 필요성을 명확히 인식하고 있어야 한다. 그리고 단순한 말이 아니라 행동으로 보여줄 때 전 직원들도 움직이게 된다. 조직구성원들의 참여는 참여에 따른 성과보상과 권한부여 등이 수반되어야 하는데, 이 역시 리더의 리더십에 의해 이루어질 수 있다. 총체적 관리는 조직 전반의 분위기에 의해 좌우될 수 있기 때문에 리더는 TQM이 적용되고 제 역할을 발휘할 수 있는 적절한 분위기와 환경을 조성하기 위해 노력해야 한다.

TQM의 또 다른 주요 구성요소는 교육훈련이다. 교육훈련은 조직구성원들의 역량 및 능력 향상을 목적으로 한다. TQM에서 조직구성원들의 자발적인 참여는 역량 기반을 전제로 하기 때문에 교육훈련은 중요하다. 자발적

---

31 오세덕·이명재·강제상·임영제(2013). 『행정관리론』, 대영문화사, p. 289.

이고 적극적이고 열성적으로 참여하려고 해도 역량이 뒷받침되지 않으면 오히려 좋지 않은 결과를 낳을 수도 있다. 따라서 조직구성원들에 대한 교육훈련을 통해 그들의 능력 향상을 도모해야 하고, 이는 TQM 적용 이전이나 적용하는 과정 그리고 그 이후에도 계속되어야 한다. 품질이나 고객만족 등의 성과 등은 고정불변이 아니기 때문에 수시로 그에 대한 적절한 대응이 필요하다. 여기서 말하는 대응은 곧 조직구성원들의 역량 향상에 따른 것이다. 특히 현장의 서비스 담당자들에 대한 교육훈련은 특히 중요한 역할을 한다. 고객들은 보다 직접적으로 이들에 의해 만족의 정도를 체감하기 때문이다.

3) 공공부문 적용: 정책품질관리

TQM은 1980년대에 민간부문에서 도입되기 시작하여 1980년대 중반에는 전 세계적으로 많은 기업에서 도입하였다. 1980년대 후반에는 정부부문에서도 도입하기 시작했다.[32] 미국의 경우 1988년에 공무원 1만 2,637명이 TQM 프로그램에 참가했고, 인사관리 사무국 내에 연방품질제안기구(Federal Quality Initiative)가 설치되기도 했다. 1992년에 미국 지방정부에서는 200건 이상의 '품질관련 의안 제출'이 있었다고 한다.[33] 우리나라의 경우 1990년대 중반에 시작된 지방자치와 더불어 TQM은 지방자치단체장들에게 새로운 조직변화 전략으로 인식되어 여러 곳에서 채택되었다. TQM을 처음 도입한 지방자치단체는 충청북도이며, 이후 제주도, 서울 강동구청, 경북 칠곡군청, 강서구청, 경기도, 충청남도 등으로 확산되었다.[34]

공공부문의 적용은 정부영역이나 기관별로 다양할 수 있으나 포괄적으로 정책품질관리제도의 형태로 구현된다. 우리나라에서 정책품질관리제도는

---

32 박세정(1999). 지방자치단체의 TQM 도입실태, 문제점, 그리고 향후방향, 『한국행정학보』, 32(4): 157–171, p. 160.

33 Micklethwait, John and Adrian Wooldridge(2000). 박병우 옮김, 『누가 경영을 말하는가』, 한국경제신문, p. 485.

34 송충근(2003). 지방정부 품질경영(TQM)의 성과와 영향요인, 『한국행정논집』, 15(1): 155–183, p. 159.

2004년 국무회의에서 도입의 필요성이 제기되어 2005년 1월에 열린 정부혁신추진토론회에서 구체적인 도입 방안을 논의한 이래로 2월에 국무총리 훈령으로 「정책품질관리규정」이 제정되고, 당시 재경부, 교육부, 행자부, 산자부, 정통부, 건교부 대상으로 시범실시가 되면서 전 부처로 확대되었다.35

정책품질관리제도에서는 정책품질을 "정부의 의사결정 과정을 포함한 일련의 정책과정을 통해 산출되는 사업이나 서비스를 당초 의도대로 성공적으로 실현시켜 국민의 만족도를 제고하는 정도"라고 정의하고 있다.36 「정책품질관리규정」에서도 "정부정책의 형성·홍보·집행 및 평가 등 정책추진과정에서 적용하여야 할 사항을 규정함으로써 정책의 원활한 추진을 도모하고 정책품질 및 정책성과를 높여 정부정책에 대한 국민의 신뢰와 만족도를 제고하고 국가경쟁력을 강화함을 목적으로 한다."라고 명시하고 있다.37 이를 위해 정부가 정책실패 및 부실정책을 방지하기 위하여 정책의 품질을 체계적으로 관리·개선하려고 행하는 총체적인 노력과 활동이 정책품질관리이다.38 기본적으로 정책품질관리제도는 정책을 통해 공공서비스를 제공받는 국민들에게 신뢰감과 만족감을 주기 위한 목적에서 이루어지는 것이다. 그것을 위해 정책관련 제반 사항에 대한 품질을 관리하는 것이다.

정책품질관리는 정책과정을 크게 4단계로 나누고 각 단계별로 주요 점검사항을 제시하고 그에 따라 관리하는 형태로 운영된다. 정책품질관리 매뉴얼에서 구분한 정책과정은 정책형성, 정책수립, 정책집행, 정책평가 및 환류이다. 각 단계별 주요 점검사항은 필수점검 사항과 자율점검 사항으로 구분된다. 4단계의 필수점검 사항을 모두 합하면 34개이고 자율점검 사항은 모두 11개이다. 여기에 더해 각 단계에 공통적으로 적용되는 활동으로 정책홍보 활동을 별도로 두고 있는데, 정책홍보 활동에서 점검되는 필수사항은

---

35 은재호 외(2007). 『현장중심형 정책품질관리 방안 연구』, 한국행정연구원, p. 2.
36 행정안전부(2008a). 『정책품질관리 매뉴얼』, 행정안전부, p. 2.
37 「정책품질관리규정」 제1조.
38 「정책품질관리규정」 제2조.

8개이고 자율점검 사항은 2개이다. 따라서 정책품질관리를 위한 점검사항은
필수점검은 42개이고 자율점검은 13개이다.

　　정책품질관리를 위한 각 단계별 점검은 결국 정책과정에 대한 절차적
관리를 통해 외부고객인 국민의 기대와 수요를 충족시키는 정책을 공급하고,
다른 한편으로는 내부고객인 공무원의 자율과 참여를 확대하여 정책형성 단
계에서부터 평가 및 환류단계에 이르기까지 상시 점검을 통한 보완체계를 구
축함으로써 총체적인 관리역량을 제고하는 데 그 목적이 있다.[39] 〈표 7-3〉
은 정책품질관리를 위해 정책과정별로 구분된 주요 점검사항들이다.

〈표 7-3〉　정책품질관리 단계별 점검사항[40]

정책단계	점검 사항 수	점검 사항
계	필수점검 42개 자율점검 13개	
정책형성	필수점검 4개 자율점검 4개	(필수) 정책현안의 현황과 실태는?
		(필수) 무엇이 문제인가, 문제의 원인은?
		(필수) 이 문제를 어떻게 하자는 것인가?
		(필수) 국내·외 유사사례는 있는가, 관련 통계 및 자료분석은?
		(자율) 외부로부터의 요구는?
		(자율) 정책현장 확인이 필요한가, 필요하다면 그 내용은?
		(자율) 정책추진을 지방에서 직접하는 것이 타당한가, 타당하다 　　　면 그 이유와 내용은?
		(자율) 지금까지는(과거에는) 어떻게 했나?
정책홍보 (모든 단계에서 적용)	필수점검 8개 자율점검 2개	(필수) 대상별 여론파악은?
		(필수) 홍보목표·전략, 메세지는?
		(필수) 예상쟁점 및 대응논리는?
		(필수) 단계별, 대상별 홍보방안은?
		(필수) 홍보효과 및 영향력 측정은?
		(필수) 정책발표 사전협의는?
		(필수) 정책발표 주체·형식·시기는?
		(필수) 언론 보도사항은?
		(자율) 사전홍보 방안은?
		(자율) 대책(홍보전략 수정/오보대응/건전비판 수용 등)은?

---

[39] 정윤수·장지호·김영민·박용성(2008). 정책품질관리제도 운영의 성과와 한계, 『지방정부연
　　구』, 11(4): 129-150, p. 131.

[40] 행정안전부(2008a). 『정책품질관리 매뉴얼』, 행정안전부, pp. 8-9.

정책수립	필수점검 15개 자율점검 6개	정책목표 설정	(필수) 도달하고자 하는 궁극적 목적은?
			(필수) 이루고자 하는 목표는?
		계획수립	(필수) 추진하려는 내용과 대상은?
			(필수) 추진방법과 기간은?
			(필수) 소요인력은 몇 명이며 동원방법은?
			(자율) 소요예산은 얼마이며 조달방법은?
			(자율) 기타 자원은 무엇이 필요하며 확보방안은?
		계획의 사전타당성 검토	(필수) 사회적 형평성이나 국민적 지지도는?
			(필수) 예상되는 부작용이나 충돌하는 국가적·사회적 이익은?
			(필수) 다른 대안은 충분히 검토하였는가?
			(자율) 예상되는 성과와 비용은?
		관계부처· 기관협의, 이견조정	(필수) 협의대상 부처 및 기관은?
			(필수) 협의과정에서 문제가 제기될 가능성이 있는 사항이나 요구사항은 무엇이며, 그 근거논리는?
			(필수) 문제가 제기되는 사항들은 어떻게 해결할 것이며, 언제까지 가능한가?
			(필수) 적극적으로 도와줄 기관은 어디이며 지원확보 방안은?
			(자율) 협의절차 및 이견조정
		갈등관리 및 정책영향 평가	(필수) 갈등관리 필요성이 있는가, 있다면 어떻게 하겠는가?
			(필수) 정부, 국가의 다른 목표, 권장사항(장애인 고용, 저소득층 지원, 지역균형 발전 등)은 충분히 반영하였는가?
			(필수) 정책의 집행(환경, 교통, 규제 등)으로 국민에게 미치는 영향평가 및 대책은?
			(자율) 찬성하는 사람들과 집단은 누구이며, 찬성하는 이유는?
			(자율) 반대하는 사람들과 집단은 누구이며, 이들이 반대하는 이유는 무엇이며, 요구사항은?
정책집행	필수점검 6개 자율점검 1개		(필수) 계획(일정)대로 추진되고 있나?
			(필수) 필요자원(인력, 예산)의 확보·투입상황은?
			(필수) 관계부처·기관과의 협조 상황은?
			(필수) 애로 및 장애요인과 극복 대책은?
			(필수) 중대한 여건변화와 정책의 수정·변경의 필요성은?
			(필수) 정책현장의 여론·만족도 등을 통해 평가하고 그 결과를 반영하여 집행계획을 수정, 보완하고 있는가?
			(자율) 정책추진 경과 및 운영실태를 정책현장에서 주기적으로 확인하고 있는가?
정책평가, 환류단계	필수점검 9개		(필수) 평가의 주체는?(내/외부)
			(필수) 평가시기는?
			(필수) 무엇을 평가할 것인가?
			(필수) 어떻게 평가할 것인가?
			(필수) 정책성과 달성도는?
			(필수) 잘된 점과 미흡한 점은?
			(필수) 평가결과 시사점은?
			(필수) 성과관리(인사·보수·예산 등)와의 연계는?
			(필수) 지식관리 활용방안은?

    정책품질관리를 위해 중앙행정기관의 장은 각 단계별 점검사항이 반영된 정책품질관리카드를 작성한다. 정책품질관리카드에는 정책실명제의 도입을 통한 행정의 책임성을 확보하기 위해 정책담당자와 정책단계별 정책추진내용 및 주요 실적 등을 기재하고 관련 자료를 첨부하도록 되어 있다.

    그리고 중앙행정기관의 장은 관리대상정책을 추진할 때 정책품질관리메뉴얼이 정하는 정책형성·홍보·집행 및 평가·환류 등 정책단계별 점검사항의 이행여부를 확인하고 다음 정책단계로 넘어갈 것인지 여부를 검토하게된다. 관리대상정책을 국무회의 또는 차관회의에 상정하는 때에는 정책단계별 점검사항에 대한 이행결과를 중앙행정기관의 장이 보고한다.[41] 그리고 중앙행정기관의 장은 관리대상정책을 추진할 때 이해당사자의 반응, 국민만족도, 정책집행상의 문제점, 정책품질에 대한 평가 등을 파악하기 위하여 정책형성단계부터 모니터링 실시계획을 수립하고 이행해야 한다. 그리고 모니터링을 실시한 결과 정책의 원활한 추진에 지장이 있거나 정책목적달성에 영향을 미칠 가능성이 있는 문제가 있음을 알게 된 때에는 지체 없이 필요한 조치를 취하고 그 내용을 정책품질관리카드에 기록하도록 되어 있다.[42] 〈사례 7-7〉은 정책품질관리카드의 작성 양식이다.

〈사례 7-7〉 정책품질관리카드 양식(예시)[43]

① 사업개요서			
사업명	(정책추진명)	관리번호	정책관리번호
수립연도	(최초 정책수립연도)	시행기간	(정책추진 총기간)
담당부서	(담당부서가 바뀐 경우 현재의 담당부서명 기재)	담당자	국장 (정책수립시부터 현재 까지의 담당자 모두 기재)
관련기관	(산하기관을 포함한 외부의 관련기관 모두 기재)		과장 (〃)
사업주요내용	(사업방법, 목표 등을 간략히 기재)		사무관, 주사 (〃)

---

41 「정책품질관리규정」 제9조.
42 「정책품질관리규정」 제10조.

사업계획변경 사유 및 내용	(정책추진과정에서 계획이 변경되었을 경우 관련사항 기재)

② **정책단계별 점검사항**
1. 정책형성 단계

점검 사항	추진 내용
(필수) 1.1 정책현안의 현황과 실태는?	
(필수) 1.2 무엇이 문제인가, 문제의 원인은?	
(필수) 1.3 이 문제를 어떻게 하자는 것인가?	
(필수) 1.4 국내·외 유사사례는 있는가, 관련 통계 및 자료분석은?	〈별첨〉 세부 설명자료가 있는 경우 별도로 첨부
(자율) 외부로 부터의 요구는? (누가, 무엇을, 왜, 어떻게 해달라는 것인가?)	
(자율) 정책현장 확인이 필요한가, 필요하다면 그 내용은?	
(자율) 정책추진을 지방에서 직접하는 것이 타당한가, 타당하다면 그 이유와 내용은?	
(자율) 지금까지는(과거에는) 어떻게 했나?	

4. 전자정부

1) 전자정부의 의미

정보통신기술의 발달은 사람들의 삶을 혁신적으로 변화시켰다고 해도 과언이 아니다. 시간과 공간의 제약을 줄여서 생활의 효율성을 높인 것은 물론이고 편리성과 수월성도 높였다. 공공영역의 예를 보면, 물리적 공간에 위치한 공공기관에 굳이 방문하지 않더라도 인터넷을 통해 손쉽게 행정서비스를 제공받을 수 있게 되었다. 국민들에게 공공기관의 접근성을 향상시켜서 마치 기업의 고객이 만족을 하듯이 국민들도 시·공간의 제약이 최소화되는 데서 오는 만족감을 느낄 수 있게 되었다. 이를 구현한 것 중 하나가 전자정부(E-Government)의 구축과 운영이다.

43 행정안전부(2008a). 『정책품질관리 매뉴얼』, 행정안전부, pp. 70-71.

전자정부란 정보기술을 활용하여 행정기관 및 공공기관의 업무를 전자화하여 행정기관 등의 상호 간 행정업무 및 국민에 대한 행정업무를 효율적으로 수행하는 정부를 말한다.[44] 전자정부는 1980년대 이후 컴퓨터와 인터넷 등 정보통신기술이 발달하면서 많은 국가들에서 정부혁신 작업에 이를 활용하면서 본격적으로 시작되었다. 특히 1990년대 이후 미국과 영국 등의 선진국들은 국가경쟁력 향상과 정부혁신을 위한 핵심 전략으로서 전자정부를 추진하기 시작하였다. 주로 정부혁신의 일환으로 전자정부 사업이 활용된 것이다.

그중에서도 미국 클린턴(B. Clinton) 행정부에서 1993년 '전자정부'라는 용어를 처음으로 사용했는데, 정부 재창조 차원에서 정보기술을 통한 정부 업무 재설계를 추진하면서였다. 당시 클린턴 정부가 출범하면서 "국민의 삶의 질을 향상시키고 경제에 활력을 불어넣는 데 정보기술을 사용하고자 한다."라고 발표한 데서 전자정부가 부각되었다. 이 발표의 의미는 '정부의 고객인 국민의 요구에 따라 국민과 상호작용하고 국민에게 봉사하는 데 정보기술을 사용하는 정부'를 만들겠다는 것이다.[45] 실제로 클린턴 행정부는 앨 고어(Al Gore) 부통령의 책임하에 NPR(National Performance Review)을 설립하고 연방조직의 기능을 전면적으로 재설계 한 전자정부 구현을 추진했다. 이후 부시 행정부는 2001년 대통령국정관리위원회(PMC: President's Management Council)를 통하여 대통령의 5대 국정의제(PMA: President's Management Agenda)의 하나로 시민중심과 결과지향 시장기반의 24대 전자정부사업을 확정하여 추진하였다. 영국 역시 블레어 수상이 1999년에 정부 현대화계획(Modernizing Government)의 일환으로 고객중심의 대민서비스 혁신을 위해 전자정부 사업을 추진하였다.[46]

이러한 측면에서 볼 때, 결국 전자정부는 정부가 행정서비스 제공에서

---

44 「전자정부법」 제2조.
45 명승환(2015). 『스마트 전자정부론』, 율곡출판사, p. 99.
46 행정안전부(2012). 『2011 경제발전경험모듈화사업: 전자정부제도 도입』, 행정안전부, p. 17.

고객중심의 편의 증진을 위한 노력의 일환으로 등장했다는 것을 알 수 있다. 즉, 정부개혁 차원에서 정부의 전자적 서비스(electronic service) 및 온라인 서비스를 공공서비스의 수혜자인 시민에게 보다 효율적이고 효과적으로 전달하고 동시에 환류 정보를 받고자 하는 고객지향적 정부를 구현하기 위한 노력이 전자정부 구축인 것이다.[47]

2) 전자정부 구현

우리나라의 전자정부는 1987년 행정업무 전산화를 통해 본격적으로 시작되었다. 국가기간 전산망 구축(주민, 부동산, 자동차, 고용 등)과 「전산망보급 확장과 이용촉진에 관한 법률」 제정 등이 당시 이루어졌다. 1995년에는 핵심 서비스 구축을 위해 전자정부 11대 과제(전자조달, 국가재정정보 등)를 추진하고 「전자정부법」을 제정하게 된다. 2001년에는 「전자정부 구현을 위한 행정업무 등의 전자화 촉진에 관한 법률」을 제정한다. 2003년에는 서비스 확산을 위해 전자정부 31대 로드맵 과제를 추진(통합전산 환경, 전자민원 고도화, 행정정보 공유 확대 등)하고 부처간 연계 및 통합 기반을 조성한다. 2008년에는 서비스 고도화를 위해 스마트 전자정부 계획을 발표하고 UN이 정한 전자정부 발전단계의 최고수준인 4단계에 진입하게 된다. 2013년에는 서비스 혁신을 위해 빅데이터 및 클라우드 기반의 선진 행정 구현을 추진한다. 2000년 이후 정권별로 제시한 주요 목표와 대표과제를 살펴보면 〈표 7-4〉와 같다.

지난 여러 정부들의 전자정부에 대한 노력들로 인해 공공부문의 업무처리 방식 및 대국민 서비스 방식 등에 많은 변화가 있었다. 특히 정보통신기술을 활용하여 정보들을 공유하고 그에 따라 국민의 편리함을 높이는 것뿐만 아니라, 언제 어디서든지 국민들에게 원하는 서비스를 제공하고, 국민들이 정책과정에 직접 참여하는 통로를 열어둠으로써 정부의 책임성을 높이고

---

47 이기식·이윤식(2004). 우리나라 전자정부정책의 총괄평가, 『한국정책연구』, 4(1): 155-182, p. 157.

〈표 7-4〉 정권별 전자정부의 주요 목표와 대표과제(2000년 이후)48

구분	시기	주요목표	대표 과제
국민의 정부	2001~ 2003년	• 전자정부 11대 과제 • 정부업무와 대민서비스의 전자적 처리	• 민원업무 단일창구 구축(민원24) • 인터넷 종합 국세서비스(홈택스) • 전자결재 및 전자문서유통 정착
참여정부	2003~ 2008년	• 전자정부 로드맵 31대 과제 • 다수 부처 서비스 연계 전자적 국민 참여 확대	• 온라인국민참여(국민신문고) • 국가관세종합망·국가복지종합서비스 • 형사사법통합정보체계 구축
이명박정부	2008~ 2013년	• 일 잘하는 지식정부 • 행정서비스 연계·통합	• 행정정보공동이용 확대 • 전자정부 표준프레임워크 • 범정부 정보기술아키텍처(EA)
박근혜정부	2013~ 2017년	• 정보개방·공유·협업 • 유능한 정부	• 원문정보 공개시스템 • 국가정보자원 개방 및 공공데이터포털 구축 • 행정서비스 통합제공(정부24)
문재인정부	2017~ 2022년	• 지능형 정부 구현	• 블록체인 기반 전자증명서 발급 추진 • 클라우드기반 업무시스템 확산 • 인공지능기반 보안시스템 구축

자 하는 노력들이 계속해서 진행되고 있다.49 그런 노력과 변화의 성과는 우리나라의 전자정부 수준을 통해 알 수 있는데, 국제적으로 비교할 때 그 수준은 상당히 높은 편이다. 〈표 7-5〉는 UN의 전자정부 평가에서 보인 한국의 역대 순위이다.

이제 우리나라의 전자정부는 해외컨설팅을 할 정도이다. 예컨대, 2017년의 경우 카자흐스탄에 오픈데이터 운용 확대를 위한 마스터플랜 수립, 코스타리카에 한국형 전자조달시스템 고도화 지원 컨설팅, 베트남에 스마트도시재난안전시스템 마스터플랜 수립 등에 컨설팅을 실시하였다.51 그래서

---

48 행정안전부 홈페이지(www.mois.go.kr).

49 이윤식·서영빈(2015). 우리나라 전자정부 사업의 성과평가연구, 『한국지역정보화학회지』, 18(2), 109-135, p. 110.

50 행정안전부(2018d). "UN 전자정부 평가, 韓 참여지수 공동 1위·발전지수 3위", 7월 23일 보도자료.

51 행정안전부(2017). 『전자정부 해외컨설팅 현황』, 행정안전부.

〈표 7-5〉 UN의 전자정부 평가의 한국 순위[50]

구분		'03	'04	'05	'08	'10	'12	'14	'16	'18
온라인 참여지수		16위	6위	4위	2위	1위	1위	1위	4위	1위
	온라인 정보제공	10점	80점	85점	93점	88점	75점	96점	97점	100점
	온라인 정책참여	13점	50점	60점	78점	79점	78점	82점	100점	100점
	온라인 정책결정	5점	46점	58점	94점	75점	100점	89점	86점	100점
전자정부 발전지수		13위	5위	5위	6위	1위	1위	1위	3위	3위
	온라인 서비스	18위	4위	4위	6위	1위	1위	3위	5위	4위
	통신인프라	10위	12위	9위	10위	13위	7위	2위	2위	3위
	인적자본	20위	15위	13위	10위	7위	6위	6위	18위	20위

※ 평가기관: UN DESA / 평가연혁: '02~'05년 매년 평가, '08년 이후 격년 평가.

우리나라는 전자정부의 날도 지정해두고 있다. 전자정부의 우수성과 편리함을 국민에게 알리고 국제적 위상을 제고하는 등 지속적으로 전자정부의 발전을 촉진하기 위해 매년 6월 24일을 전자정부의 날로 지정해서 기념하고 있다.[52]

전자정부를 구현해서 고객지향적 공공관리를 할 때 몇 가지 고려해야 할 점이 있다. 대민서비스의 전자화 및 국민편익의 증진, 행정업무의 혁신 및 생산성·효율성의 향상, 정보시스템의 안전성·신뢰성의 확보, 개인정보 및 사생활의 보호, 행정정보의 공개 및 공동이용의 확대, 중복투자의 방지 및 상호운용성 증진 등이다. 이에 대해서는 단순한 고려를 넘어 필요한 대책도 마련해야 한다. 그리고 행정기관 등은 전자정부의 구현·운영 및 발전을 추진할 때 정보기술아키텍처를 기반으로 하여야 한다. 상호간에 행정정보의 공동이용을 통하여 전자적으로 확인할 수 있는 사항을 민원인에게 제출하도록 요구해서도 안 되며, 또 행정기관 등이 보유·관리하는 개인정보는 법령에서 정하는 경우를 제외하고는 당사자의 의사에 반하여 사용되어서는 안 된다. 이는 전자정부의 원칙들이기도 하다.[53]

---

52 「전자정부법」 제5조의 3.
53 「전자정부법」 제4조.

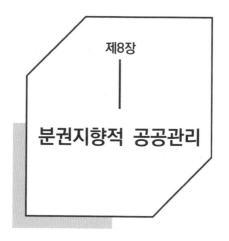

제8장

분권지향적 공공관리

1. 집권적 의사결정의 한계

집권적인 의사결정은 관리에서 유용한 면이 존재한다. 특히 합리성과 공정성에 기초한 통찰력이 뛰어난 집권적 의사결정의 주체가 추진력이 필요한 사안을 마주할 때이다. 긴급한 상황이라면 그 빛은 더욱 발한다. 하지만 집권적 의사결정은 비교적 사회가 덜 복잡한 시기에 더 유용할 수 있다. 오늘날과 같이 상당히 복잡한 사회이면서 문제 자체가 복합적일 때는 집권적 의사결정은 한계가 있다. 아무리 통찰력이 뛰어난 의사결정자라고 하더라도 모든 분야의 복합적 문제를 해결하는 데 한계가 따르기 마련이다. 4차 산업 혁명을 이야기하는 요즘에는 더욱 고도의 지식이 요구되는 문제들이 많다.

집권적 의사결정자를 특정한 사람으로 한정하지 않고 특정한 집단이나 조직으로 본다면 중앙집권적 관료제가 그에 해당될 수 있다. 공공영역에서 중앙중심의 관료집단이 집권적 의사결정을 행사하며 공공영역을 지배하는 모습이 집권적 의사결정인 것이다. 과거의 관료제에 대한 이미지는 이러한 모습에 가까웠다. 물론 현재에도 이런 모습으로 이미지화하는 경우가 적지 않다. 관료제의 실제 운영체로서 정부에 대해 감시자, 권위자, 지도자로 여기면서 동시에 시민에 대해서는 각각 피감시자, 순응자, 추종자로 여기는 것이다.[1] 하지만 이러한 인식이 여전하지만 현실적으로 볼 때, 특히 현대 사회에서 공공영역의 관리에서 관료제가 전적으로 모든 권한을 행사하는 경우는 드물다.

따라서 복잡한 사회의 복합적 문제를 해결하기 위해서는 여러 사람들이 함께 머리를 맞대는 것이 필요하다. 집권적으로 모든 것을 다 쥐고 있기 보다는 자신보다 더 잘할 수 있는 사람에게 기회를 주고 전적으로 맡기거나 아니면 공동으로 함께 참여해서 문제를 해결하는 것이 더 현명한 일이다. 비영리를 추구하는 집단에게 맡길 수도 있고 시장영역에 맡길 수도 있고 조직 내 하위집단이나 개인에게도 맡길 수도 있다. 이들에게 맡길 때 해당 결정에 대한 자율성을 높여주면 더 좋은 성과를 낳을 수도 있다. 이러한 과정은 집권적 의사결정이 분권적 의사결정으로 바뀌는 것을 의미한다.

집권의 한계가 비단 사회의 복잡성과 문제해결의 어려움에만 한정되지 않는다. 집권의 결정은 대상자들의 순응으로 이어져야 그 행위가 완성된다. 일반적으로 집권을 한다면 그 집권의 주체는 소수인 경우가 많고, 반면 순응의 대상은 다수가 해당된다. 이 다수들이 순응을 잘 해야 집권은 유지된다. 하지만 다양성을 기반으로 하고 시민의 의식과 지식 수준이 높아진 오늘날 다수의 시민들이 소수의 집권 세력의 의도대로 그대로 순응하는 경우는 드물다. 시민들의 의견과 입장은 매우 다양하기 때문에 더욱 그렇다. 따라서

---

1 김민주(2018). 『시민의 얼굴 정부의 얼굴』, 박영사.

중앙집권적 관료제가 복합적 문제를 매우 잘 해결했다고 하더라도 그 해결책이 다수의 시민들에게 받아들여지는 것과는 별개의 문제가 될 수 있다. 이런 상황에서 집권적 의사결정은 정당성의 문제에 직면하게 된다. 다수의 시민들의 의견이 반영되지 않은 집권적 의사결정은 순응 확보가 어려워지고 그로 인해 운영의 한계를 실감하게 되는 것이다. 그래서 이에 대한 방법으로 시민들의 참여를 확대할 필요성이 제기된다. 기본적으로 사람들의 대표 권력의 정당성은 그 사람들로부터 비롯되기 때문에 그들의 참여를 허용하고 확대하는 것이 중요하고, 또 의사결정에 시민들이 참여하게 되면 자신들이 직접 참여해서 결정한 사항에 대한 순응도 높아진다. 이는 곧 공공관리의 효율성을 높이는 일이기도 하다. 불응과 저항의 감소는 시간과 노력이 절약되어 자원의 효율성을 높이는 일이 되기 때문이다. 집권의 한계로 인한 분권의 확대가 바로 이러한 과정에서도 나타난다.

2. 분권과 규모

집권과 대비되는 분권을 생각할 때 흔히 규모를 떠올리는 경우가 많다. 집권은 규모가 큰 것으로 여겨지고 분권은 반대로 규모가 작은 적으로 여겨진다. 과연 그럴까? 집권적일 경우 규모가 큰 경우가 많지만 그렇지 않은 경우도 있고, 분권적인 경우에도 규모가 작은 경우가 많지만 오히려 규모가 큰 경우도 있다. 분권과 규모는 일률적으로 판단할 수 없다.

그럼에도 그동안 베버(Weber)가 제시한 관료제가 대규모 조직에 적용되면서 규모와 의사결정 권한의 집권적 모습이 함께 그려졌다. 대규모 조직은 곧 집권적인 행태를 보인다고 여긴 것이다. 하지만 현실의 다양한 사례들에서는 오히려 대규모 조직에서 분권적 경향이 더 강하다는 사실이 밝혀지기도 했다.[2] 규모가 확대되고 커질수록 중앙의 관리자는 관리의 효율성을 높

---

2 Hage, J., & Aiken, M.(1967). Relationship of centralization to other structural properties, *Administrative Science Quarterly*, 12(1): 72–92.

이는 차원에서 분권지향적 관리 방식을 취하기도 하는 것이다. 고도의 전문성이 필요한 분야라면 해당 전문가에게 전적으로 맡기는 형태를 취하거나, 아니면 별로 중요한 분야가 아니어서 자율적 관리 형태로 다른 사람에게 자율성을 부과해서 맡겨버리는 것이다. 조직의 하층부에 의사 결정에 대한 재량권을 확대시켜서 기존의 상층부에서 하던 결정을 줄이는 방식이다. 대규모 일수록 그 속에 분권화된 장치들이 더 장착되어 작동되는 것이다.

반대로 소규모에서 권력의 집권성이 더 강하게 나타날 수 있다. 부차적인 기능까지 맡게 되어 대규모가 되었다가 기관의 핵심적인 기능만을 두고 나머지 부차적인 기능을 없애게 되면, 이제는 소규모가 되고 핵심적인 기능만을 가지고 집권적 속성을 더 강화할 수 있다. 실제로 권력을 추구하는 상위직급 관료의 경우 자신의 권력을 강화하기 위해 오히려 소규모 핵심권력기관의 모습으로 만들기 위해 단순하고 반복적이고 일상적이고 번잡한 업무를 다른 기관으로 이관시켜버리기도 한다.3 작고 단단해진 소규모 조직은 그 속에 자신의 권력성을 높이기 위한 권력자에 의해 더 집권적 조직으로 변해 갈 수 있다.

따라서 집권과 분권은 규모의 문제로만 볼 수 없다. 그런 점에서 분권지향적 공공관리가 곧 규모축소를 의미하는 것은 아니다. 그보다는 의사결정의 권한이 상층부에 집중되어 있는지 하층부에 분산되어 있는지 그리고 의사결정과정에서 얼마나 다양한 사람들의 참여가 확보되어 있는지 등의 문제가 집권과 분권을 구분 짓는 것이 된다. 그리고 보충성의 원칙(subsidiarity principle)에 입각한 결정주체의 권한이 적용되는지 등이 핵심이다. 이는 분권지향적 공공관리의 기본 요소들이 된다.

---

3 Dunleavy, Patrick(1991). *Democracy, Bureaucracy and Public Choice: Economic Explanation in Political Science*, London: Prentice Hall; Dunleavy, Patrick(1985). Bureaucrats, Budgets and the Growth of the State: Reconstructing an Instrumental Model, *British Journal of Political Science*, 15: 299−328.

제2절 　분권지향의 기본

1. 권한부여

권한부여(empowerment)는 임파워먼트라는 원어 그대로의 뜻을 보면 힘을 부여하는 것을 의미한다. 여기서 힘은 주로 어떠한 권한을 말하며, 따라서 권한부여는 단어 그대로의 뜻대로 권한을 부여하는 것을 말한다. 권한의 종류가 다양하기 때문에 상황에 따라 다양한 권한부여가 있을 수 있다. 그래서 시대적 상황과 학문에 따라 권한부여의 의미와 개념은 다양하게 활용되고 있다.

초기에 권한부여의 개념은 1940년대 이후의 다양한 사회운동(시민권리운동, 노동조합 운동, 흑인투표권 저항운동, 성해방운동)과 같은 의식변화와 함께 등장하였다. 그래서 권한부여의 개념은 정치학과 사회학에서 주로 다루어졌고, 이때의 권한부여는 자신들을 억압하는 기존의 권력관계를 변화시키기 위해 힘을 갖춰야 한다는 정치적 측면이 강조된 개념이다.[4] 사회운동을 통해 지배적인 정치권력이 가지고 있던 권한이 사회운동 집단에게도 부여될 수 있도록 하는 것이 권한부여의 의미가 된다. 시민들의 권리와 노동자들의 권리 그리고 흑인과 여성의 권한부여는 그들이 정치권력으로부터 부여받지 못했던 권한을 부여받는 것을 말하는 것이다. 스스로 권한을 높이는 것은 곧 권한이 부여되도록 하는 것이므로 사회운동은 권한이 부여되도록 하는 행동인 것이다.

관리 및 경영 영역에서는 1980년대 중반 당시 기업에 만연하던 무력감(powerlessness)을 해소하고 구성원들에게 일에 몰입하면서 변화와 성과를

---

4 한국여성단체연합(2014). 『사회적경제조직 내 여성의 임파워먼트 조건에 관한 연구』, 한국여성단체연합, p. 25.

추구하도록 유도하기 위한 수단으로 강조되었고, 이후 1990년대에 널리 활용되었다. 주로 경영학에서 다루어지는 권한부여의 의미는, 조직구조 안에서 공식적인 권력(power)이나 권한(authority)의 이전을 말한다. 권력이나 권한이 많은 사람으로부터 적은 사람에게로 이전되는 개념인 것이다. 그리고 이와 함께 관리와 경영 영역에서 권한부여의 또 다른 의미는, 보다 많은 자율권이 포괄적으로 부여되고 본래 가지고 있는 권력을 자유롭게 해줌으로써 구성원의 역량이 증대되고 창조되는 것을 의미하는 개념으로도 사용된다.5 마지막으로는 의사결정과정에 참여 확대를 의미하기도 한다. 참여는 권한의 공유를 말하는 것으로 공유를 통해 권한이 부여되기도 한다. 이렇게 볼 때, 관리 및 경영의 영역에서의 권한부여는 '권한이 이전되는 것'이거나 '자율권을 부여하는 것'이거나 '의사결정에 참여를 통한 공유가 이루어지는 것'이 모두 해당될 수 있다.

이러한 권한부여의 개념은 한정된 권한을 나누어서 어느 한쪽의 권한이 많아지면 다른 쪽의 권한이 적어지는 제로섬(zero-sum)적인 현상을 말하는 것이 아니다. 양쪽 모두 권한이 더 많아져서 포지티브섬(positive-sum)이 되는 현상을 의미한다. 쉽게 말해, 리더가 한정된 권한을 부하에게 나누어 주어 리더의 권한이 더 적어지게 되는 것이 아니라, 리더가 부하에게 권한을 더 갖도록 해주어서 리더와 부하 모두의 권한이 더 증대되는 것을 말한다. 권한은 구성원들 간의 상호작용으로 더 커진다고 보는 것이다. 그래서 임파워먼트라는 용어는 단순히 권한위임(delegation)이라는 단어보다는 권한부여로 사용하는 것이 더 적절하다. 권한부여로서 임파워먼트는 더 넓은 개념이기 때문이다.6

따라서 권한부여는 집권적 결정을 중요시 하는 것이 아니라 분권적 결정을 중요하게 여긴다. 분권지향적 공공관리를 위해서는 이러한 권한부여가

---

5 한국여성단체연합(2014). 『사회적경제조직 내 여성의 임파워먼트 조건에 관한 연구』, 한국여성단체연합, pp. 25-26.

6 김민주(2015c). 문화정책의 이론적 논거와 유형, 『사회과학연구』, 31(3): 133-157, p. 138.

필수적이다. 권한부여를 함으로써 이전된 권한이나 부여된 자율권이나 공유를 위한 참여를 통해 분권화된 관리 모습을 구현할 수 있다.

2. 참여

권한부여의 의미 속에 참여가 포함되지만 관리과정에서 참여는 보다 세부적인 단계로 구분될 수 있다. 권한부여 수준의 참여가 있을 수도 있지만 그 보다 낮은 수준 혹은 더 높은 수준의 참여가 있을 수도 있다. 그 어떤 수준이 되건 참여는 집권이 아닌 분권지향적 공공관리의 한 요소가 된다.

우선 참여에는 소극적인 참여의 수준으로서 정보제공이나 의견수렴이 있다. 이 수준의 참여는 강력한 집권적 관리에서는 허용되지 않았던 참여를 허용하는 것이기는 하지만, 참여에 따른 영향력은 그리 높지 않은 수준이다. 정보를 제공하는 것이나 의견을 수렴하는 것을 형식적으로 이행한다고 해도 실질적 반영에 대한 보장은 확보되어 있지 않기 때문이다.

적극적인 참여의 수준에는 권한부여와 시민통제가 있다. 권한부여 형태의 참여는 의사결정을 할 수 있는 위치에 있는 상태이다. 참여자의 수나 참여자들 간의 영향력의 차이가 있을 수 있지만 결정에 직접 관여할 수 있다는 점에서 적극적인 참여가 된다. 시민통제는 참여에서 비롯되는 영향력의 정도를 넘어서 참여자인 시민이 해당 사안을 통제까지 할 수 있는 수준의 참여다. 참여를 통해 결정에 영향력을 미치는 것은 물론이고, 그 이상으로 해당 사안을 어떤 형태로 결정을 할 것인가 혹은 결정의 대상이 될 수 있는 것인가를 확정짓는 통제를 할 수 있는 수준이다.

사실, 소극적인 참여나 적극적인 참여나 수준의 문제인 것이지 중요한 것은 분권지향적 공공관리를 위한 요소가 된다는 점이다. 공공영역에서 참여의 수준을 일률적으로 적용하는 것은 오히려 불합리하기 때문에, 어쩌면 각 수준에 맞는 참여 방식을 도입해서 활용하는 것이 더 현실적이다. 그것이 현실에서 분권지향적 공공관리를 구현하는데 더 실질적인 역할을 한다.

3. 보충성의 원칙

보충성의 원칙(subsidiarity principle)이란 1992년에 유럽공동체(European Communities)의 회원국들 간에 체결된 유럽연합(European Union) 창설에 관한 조약인 마스트리히트 조약(Treaty of Maastricht)에서 도입된 원칙으로서, "하위 단위에 의해 만족할 만하게 추구될 수 있는 기능의 수행은 상위 단위가 담당해서는 안 되며, 하위 단위가 충분히 만족시킬 수 없는 기능의 수행에 대해서만 상위 단위가 행하는 것"을 의미한다. 보충성의 원칙이 EU에 도입된 이유는 EU의 제도적 변화 및 발전 과정에서 나타났던 중앙집권적 발전과정을 경계한 회원국들이 자국의 이익을 보호할 수 있는 제도적 장치를 마련하기 위해서였다. 유럽연합의 중앙집권적 움직임을 방지하려 했던 것이다.[7]

이 원칙은 분권적 원칙으로 해석되며 널리 인용되고 있다. 즉, 모든 정치, 경제, 사회적 행위에서 보다 작은 단위의 공동체가 우선권을 가지며, 상위의 공동체는 이들 하위단위체가 수행하지 못하는 영역에 한해서 보조를 해주는 원리로 이해되고 있다.[8] 조직 내 관리의 영역으로 볼 때 행동과 결정의 우선권이 조직 내 작은 단위에게 있고 작은 단위로 해결될 수 없는 사항에 한해서 차상급단위가 담당하고 차상급단위가 해결하지 못한다면 그 위의 상급 단위가 담당하는 것이다. 상급 단위의 관여는 하급단위가 충분히 수행할 수 없을 때에만 정당화되고 이때의 관여는 한정된 범위에서 보충적이고 보조적인 형태이다. 조직 내의 작은 단위들이 갖는 우선권이란 분권지향적 관리를 가능하게 하는 장치가 된다.

보충성의 개념은 이미 아리스토텔레스에서부터 프루동(Proudhon)과 토

---

7 문용일(2009). EU 권한분배와 보충성 원칙의 실제적 적용, 『세계지역연구논총』, 27(1): 219-253, p. 220.

8 문용일(2009). EU 권한분배와 보충성 원칙의 실제적 적용, 『세계지역연구논총』, 27(1): 219-253, p. 221.

크빌(Tocqueville)에 이르기까지 여러 학자들에 의해 사용된 것으로 알려지고 있다.9 이후 다양하게 활용되거나 그 의미가 재생산되며 이어지고 있는데, 중요한 것은 탈중앙집권적 원리가 된다는 점이다. 따라서 보충성의 원칙은 오늘날 공공영역에서도 분권지향적 공공관리의 한 요소가 된다.

제3절   분권지향적 공공관리의 적용

1. 책임운영기관

권한부여를 통한 분권은 그에 따른 책임도 함께 부과한다. 관리에 대한 전반적인 권한을 부여하되 확실한 책임을 요구하는 것이다. 공공관리에서 그 사례에 해당하는 것이 책임운영기관제도이다. 책임운영기관이란 정부가 수행하는 사무 중에서 공공성(公共性)을 유지하면서도 경쟁 원리에 따라 운영하는 것이 바람직하거나 전문성이 존재하기 때문에 그에 대한 성과관리를 강화할 필요가 있는 사무에 대해, 기관의 장에게 행정 및 재정상의 자율성을 부여하고 그 운영 성과에 대하여 책임을 지도록 하는 행정기관을 말한다. 책임운영기관은 소속책임운영기관으로 설치될 수도 있고 중앙책임운영기관으로 설치될 수도 있다. 소속책임운영기관은 중앙행정기관의 소속 기관으로서 대통령령으로 설치된 기관이고, 중앙책임운영기관은 청(廳)으로서 대통령령으로 설치된 기관이다.10 그런 점에서 책임운영기관은 정부부처로부터 기능적인 분화 형태로 존재하고 있으면서, 일반 정부기관보다는 자율성이 높지만 소속기관과는 여전히 연계되어 있는 구조이다.11

---

9 정창화·한부영(2005). 지방분권화의 이론과 원칙 탐색: 독일과 한국의 지방자치단체의 사무 배분을 중심으로, 『지방행정연구』, 19(2): 35–64, p. 40.

10 「책임운영기관의 설치·운영에 관한 법률」 제2조.

11 Pollitt, C. and G. Bouckaert(2011). *Public Management Reform: A Comparative Analysis*

책임운영기관은 기관이 소속된 중앙행정기관 또는 국무총리가 부여한 사업목표를 달성하는 데에 필요한 기관 운영의 독립성과 자율성이 보장되는 만큼, 기관의 장은 그 기관의 경영혁신을 위하여 필요한 조치를 하도록 법률로 규정하고 있다. 이때 소속중앙행정기관의 장은 책임운영기관의 장이 경영혁신을 위한 조치를 성실히 이행할 수 있도록 지원해야 한다. 이는 책임운영기관을 운영하는 원칙이기도 하다.12 따라서 책임운영기관은 자율 중심의 책임담보체제를 기반으로 설계된 대표적인 제도라고 할 수 있다. 정책-집행의 기능적 분화와 성과관리를 통한 책임성 담보, 그리고 탈규제적 운영원리는 책임운영기관 설계의 핵심요소가 된다. 물론 이와 함께 부여된 자율성이 남용되지 않도록 끊임없이 자율성과 책임성 간의 창조적 긴장관계(creative tension)를 유지할 수 있는 시스템을 함께 갖추고 있어야 한다.13

그래서 그 장치 중 하나로서 책임운영기관에 대한 종합평가가 실시된다. 즉, 책임운영기관제도의 운영과 개선, 기관의 존속 여부 판단 등을 위한 평가를 실시하며, 기관의 장은 그 결과를 기관 운영의 개선에 반영하도록 하고 있다. 실제 적용되고 있는 책임운영기관에 대한 관리 역량 평가지표에는 '리더십 및 전략(기관장 리더십, 사업계획의 적합성)', '조직 효율성(조직·인사관리의 적절성, 재정건전성 제고 성과, 업무프로세스 개선)', '성과 및 환류(국민·고객에 대한 서비스 제공실적, 전년도 개선요구사항 반영도, 자율성 활용 실적)'가 포함되어 있다.14

이러한 종합평가 결과를 바탕으로 기획재정부장관·행정안전부장관 및 소속중앙행정기관의 장은 해당 책임운영기관 운영에 필요한 행정상·재정상의 지원을 할 수 있다. 예컨대, 기관장의 성과연봉에 반영하기도 하고 성과창출에 대한 인센티브를 제공하기도 하고 성과확산 및 제도개선을 추진하기

(3rd ed.), Oxford: Oxford University Press.

12 「책임운영기관의 설치·운영에 관한 법률」 제3조.

13 문명재·이명진(2010). 책임운영기관의 조직 인사 자율성과 제도적 개선 방향, 『한국조직학회보』, 7(1): 39-63, p. 48.

14 행정안전부(2018a). 『2018년도 책임운영기관 종합평가』, 행정안전부, pp. 8-9.

〈표 8-1〉 연도별·부처별 책임운영기관 지정 현황15

설치연도	부처별	책임운영기관	설치연도	부처별	책임운영기관
2000년	과학기술정보통신부	국립중앙과학관	2006년	통계청	동남지방통계청
2000년	국방부	국방홍보원	2006년	경찰청	경찰병원
2000년	문화체육관광부	한국정책방송원	2006년	농촌진흥청	국립원예특작과학원
2000년	문화체육관광부	국립중앙극장	2006년	산림청	국립자연휴양림관리소
2000년	해양경찰청	해양경찰정비창	2006년	특허청	특허청
2001년	교육부	국립국제교육원	2007년	통계청	통계개발원
2001년	보건복지부	국립재활원	2007년	문화재청	국립문화재연구소
2001년	보건복지부	국립목포병원	2008년	농림축산식품부	한국농수산대학
2001년	국토교통부	국토지리정보원	2009년	과학기술정보통신부	국립과천과학원
2001년	농촌진흥청	국립축산과학원	2011년	환경부	국립생물자원관
2001년	산림청	국립산림과학원	2013년	행정안전부	국립재난안전연구원
2001년	기상청	항공기상청	2016년	통일부	통일교육원
2001년	통계청	충청지방통계청	2016년	국방부	국방전산정보원
2006년	행정안전부	국립과학수사연구원	2016년	행정안전부	국가정보자원관리원
2006년	문화체육관광부	국립현대미술관	2016년	문화체육관광부	국립아시아문화전당
2006년	해양수산부	국립수산과학원	2016년	고용노동부	고용노동부고객상담센터
2006년	농림축산식품부	국립종자원	2016년	국토교통부	항공교통본부
2006년	보건복지부	국립정신건강센터	2016년	해양수산부	해양수산인재개발원
2006년	보건복지부	국립나주병원	2016년	해양수산부	국립해양측위정보원
2006년	보건복지부	국립공주병원	2016년	국세청	국세상담센터
2006년	보건복지부	국립부곡병원	2016년	관세청	관세국경관리연수원
2006년	보건복지부	국립춘천병원	2016년	문화재청	국립해양문화재연구소
2006년	보건복지부	국립마산병원	2017년	산림청	국립수목원
2006년	통계청	경인지방통계청	2017년	기상청	국립기상과학원
2006년	통계청	동북지방통계청	2018년	환경부	화학물질안전원
2006년	통계청	호남지방통계청			

도 한다. 만일 종합평가 결과가 2회 연속 특별히 우수하다고 인정되는 기관에 대해서는 2년의 범위에서 종합평가를 유예할 수도 있다.16 이와 같이 책

---

15 공공데이터포털(www.data.go.kr).
16 「책임운영기관의 설치·운영에 관한 법률」 제51조, 제52조.

임운영기관은 부여된 자율에 대한 책임을 가장 직접적이고 가시적인 종합평가를 통해 검토 받게 된다. 〈표 8-1〉은 현재 우리나라의 연도별·부처별 책임운영기관의 지정 현황을 보여준다.

책임운영기관은 기관의 사무성격에 따라 유형이 구분되기도 한다. 해당되는 유형에는 조사연구형 책임운영기관, 교육훈련형 책임운영기관, 문화형 책임운영기관, 의료형 책임운영기관, 시설관리형 책임운영기관, 그 밖에 대통령령으로 정하는 유형의 책임운영기관 등이 있다.[17] 〈표 8-2〉는 현재 우리나라의 유형별 책임운영기관의 현황을 보여준다.

〈표 8-2〉 유형별 책임운영기관의 현황[18]

구분		소속책임운영기관	중앙책임운영기관
조사연구형 기관	조사 및 품질관리형 기관	국립종자원, 화학물질안전원, 국토지리정보원, 항공교통본부, 국립해양측위정보원, 경인지방통계청, 동북지방통계청, 호남지방통계청, 동남지방통계청, 충청지방통계청, 항공기상청	
	연구형 기관	국립재난안전연구원, 국립과학수사연구원, 국립생물자원관, 국립수산과학원, 통계개발원, 국립문화재연구소, 국립해양문화재연구소, 국립원예특작과학원, 국립축산과학원, 국립산림과학원, 국립수목원, 국립기상과학원	
교육훈련형 기관		국립국제교육원, 통일교육원, 한국농수산대학, 해양수산인재개발원, 관세국경관리연수원	
문화형 기관		국립중앙과학관, 국립과천과학관, 국방홍보원, 국립중앙극장, 국립현대미술관, 한국정책방송원, 국립아시아문화전당	
의료형 기관		국립정신건강센터, 국립나주병원, 국립부곡병원, 국립춘천병원, 국립공주병원, 국립마산병원, 국립목포병원, 국립재활원, 경찰병원	
시설관리형 기관		해양경찰정비창, 국방전산정보원, 국가정보자원관리원, 국립자연휴양림관리소	
기타 유형의 기관		고용노동부고객상담센터, 국세상담센터	특허청

---

17 「책임운영기관의 설치·운영에 관한 법률」 제2조.

2. 총액인건비제도

공공영역에서는 경직적인 인력 및 예산 운용방식에서 탈피하고 자율성을 토대로 성과향상 촉진을 위해 2007년부터 총액인건비제도를 도입해서 시행하고 있다. 총액인건비제도란 총액인건비 내에서 조직과 정원, 보수, 예산을 각 기관특성에 맞게 자율적으로 운영하되 그 결과에 책임을 지는 제도이다. 예산당국은 각 부처별로 인건비예산의 총액만을 관리하고, 각 부처는 정해진 인건비 한도 내에서 인력의 규모와 종류를 결정하거나 기구의 설치 및 인건비 배분의 자율성을 보유하고 그 결과에 책임을 강조하는 제도이다. 기본적으로 결과에 대한 책임을 중요하게 여기는 등 예산절감과 성과에 대한 강조를 하면서 동시에 부처의 재량 확대를 목적으로 하는 제도인 것이다. 그런 점에서 총액인건비제도는 인적자원관리 측면에서 자율과 경쟁이라는 새로운 패러다임의 도입을 의미하는 것이다.19

최초 총액인건비제도는 2007년에 도입되기 이전에 2003년 정부혁신지방분권 로드맵의 과제로 선정되면서 관심이 모아졌다. 이후 2005년에는 총액인건비제 도입방안에 대한 국무회의에 보고가 있었고, 같은 해에 시범운영 대상기관을 선정하게 된다. 당시 선정된 기관은 행자부, 노동부, 농림부, 예산처, 인사위, 특허청, 조달청, 통계청 등 8개 기관 및 23개 책임운영기관이었다. 이후 2007년에 전(숲) 중앙행정기관에 총액인건비제도를 전면 시행하게 된다.

총액인건비제도의 운영방향은 '기관운영의 자율성 제고', '성과와 보상의 연계강화', '자율과 책임의 조화'에 두고 있다. 그래서 총액인건비제도는 기관운영의 자율성을 제고하기 위해 도입된 것으로 특히 기구·정원 조정, 수당의 신설·통합·폐지, 절감 예산 등의 자율적 활용을 증진하는 데 도움을

---

18 「책임운영기관의 설치·운영에 관한 법률」의 [별표 1].
19 한국행정연구원(2010). 『총액인건비제 개선방안 연구』, 한국행정연구원, p. 1.

주고, 수당 등의 조정 및 예산절감으로 성과 인센티브를 확대하며, 기관운영 결과를 조직성과 평가 및 차년도 총액인건비 편성 등에 반영하여 자율과 책임이 균형을 이룰 수 있도록 하는 데 기여한다.[20]

현재 우리나라에서 총액인건비제는 행정안전부와 기획재정부와 인사혁신처가 총괄하는데, 각각 조직·정원(행정안전부), 예산(기획재정부), 보수(인사

〈표 8-3〉 총액인건비제 시행 전후 비교(일부)[21]

		총액인건비제 시행 전(前)	총액인건비제 시행 후(後)
조직·정원 분야	부처 정원 규모	• 정원 1인 증감의 경우에도 행정안전부의 승인 필요	• 행정안전부는 각 부처 정원 상한을 관리하고, 총액인건비 범위 안에서 총 정원의 일정비율 내의 증원은 부처 자율로 결정
	계급별 정원	• 행정안전부에서 계급별로 정원 관리하며 1인의 직급조정의 경우에도 행정안전부의 승인 필요	• 일정 직급 이하 정원은 부처 자율로 계급별·직급별 정원 관리 ※ 고위공무원단 정원은 별도 관리
	기구 설치	• 과(課)단위 기구신설시 상한 제한	• 국장급 이상 기구는 직제로 규정하나, 과(課)단위(팀 단위) 기구는 부처 자율 설치
보수 분야	자율 항목	• 초과근무수당, 연가보상비, 정액급식비, 특수업무수당 등에 대한 부처 자율적 운영권한 없음	• 수당 등의 신설·통합·폐지·조정 가능 • 절감재원으로 성과급 또는 맞춤형 복지 점수 추가 지급, 인력증원 등에 활용 가능 ※ 성과상여금은 감액 불가, 시간외근무수당은 규정대로 운영하되 지급시간을 줄이거나 늘리는 것만 가능
	운영 경비	• 운영경비 절감액에 대한 자율적 사용 제한	• 운영경비 절감재원으로 맞춤형 복지 점수 또는 성과급 추가 지급, 인력증원에 활용 가능 ※ 맞춤형복지 예산은 감액 불가
예산 분야	전용 관련	• 전용의 범위에 대한 부처 자율권 제한	• 총액인건비내 대상 경비간 전용은 각 기관의 장에게 원칙적으로 위임

---

20 행정안전부 정부조직관리정보시스템(org.mois.go.kr).

21 한국행정연구원(2010). 『총액인건비제 개선방안 연구』, 한국행정연구원, pp. 15-19의 내용 일부 수정.

혁신처) 운영에 관한 사항을 관장하고 있다. 각 분야별로 총액인건비제도가 시행되기 전과 후에 차이점을 보여주는 것이 〈표 8-3〉이다. 일부의 예시이지만, 이를 통해 총액인건비제 시행 전에 비해서 시행 이후에 각 부처의 자율적 결정권에 의한 재량이 더 확대된 것을 알 수 있다.

3. 수평적 조직구조

1) 팀의 의미와 특징

분권지향적 공공관리는 조직 내의 조직구조 변화에서도 나타난다. 기존의 집권적 구조 혹은 계층적인 구조를 수평적인 구조로 바꾸는 것이 한 사례가 된다. 팀(team) 형식의 구조가 그중 하나가 될 수 있다. 즉, 관리영역에서 팀제를 도입한 것은 집권적 모습에서 보다 자율적이고 수평적인 관리로의 변화로 볼 수 있다.

팀은 구성원들이 공통의 목적을 위해 상호 간에 다양한 상호보완적 역량(complementary skills)을 발휘하며 구체적인 성과를 함께 수행하면서 결과에 대해 책임을 공유하는 단위를 말한다. 다양한 상호보완적 역량에는 기술적이거나 기능적인 전문성(technical or functional expertise), 문제해결과 의사결정의 역량(problem-solving and decision-making skills), 그리고 인간관계의 역량(interpersonal skills) 등이 해당한다.[22] 따라서 팀에서는 상호작용이 중요하기 때문에 중요한 의사결정이 상관 개인이 아니라 팀의 구성원들에 의해 이루어진다. 성과목표를 위해서는 구성원 상호 간에 서로의 노력에 대한 보완과 협력과 의존이 필수적이기 때문이다.[23]

관리의 영역에서 팀이 수평적 체계를 지니고 있는 것도 바로 팀의 이러

---

[22] Katzenbach, John R. and Douglas K. Smith(1993). The Discipline of Teams, *Harvard Business Review*, 71(2): 111-120.

[23] 박원우(2007). 한국 내 팀제의 도입현황, 성과 및 개선방향, 『경영논집』, 41(통합호): 59-97, p. 62.

한 속성에서 비롯된다. 집권적 체계 내에서 위계적 질서에 기초한 지시와 명령으로는 대등한 관계에서 이루어지는 상호보완적 활동이 될 수 없다. 그런 점에서 팀은 과거의 피라미드 형태의 조직 구조에 대응되는 자율적 관리의 한 모습이기도 하다. 관리 영역에서 팀을 자율운영팀(self-managed team)의 의미로 도입하는 것도 같은 맥락이다.24 따라서 조직의 구조가 팀제의 형식으로 전환할 때 가장 큰 변화는 업무의 자율적 통제와 의사결정권한의 위임이다. 이때는 팀 구성원들의 능력과 자질이 무엇보다도 중요하게 된다. 위계질서에 기초한 계층적 통제와 관리가 제거된 상태이기 때문에 더욱 그렇다.25

지시와 명령은 지시자와 명령자의 능력이 가장 출중해야 하고 그 다음이 그에 따라 임무를 수행하는 이들의 기계적 순응의 충실성이다. 반대로 팀은 지시와 명령을 하는 상관을 별도로 두지도 않을 뿐 아니라, 중요한 것은 구성원들의 역량이다. 구성원들이 역량이 되지 않으면 상호보완이 되지 않아서 성과가 달성되기 힘든 구조이다. 물론 팀에도 팀리더가 있다. 이들은 지시적인 모습의 상관이라기보다는 같은 구성원의 일원으로서 자원제공과 코칭과 팀 밖의 다른 집단이나 조직과의 연계 역할을 하며 리더십을 발휘하는 사람이다.

집권적 관리에서 보다 자율적이고 수평적 관리로 변화를 이끌고 온 팀제 도입과 관련하여 많은 사람들이 가지고 있는 오해 중 하나가 이런 말이다. "미국의 기업조직은 원래 팀제의 성격이 강했고, 우리 한국기업은 문화나 조직형태면에서 그렇지 못했다. 따라서 미국과 달리 팀제가 한국에서는 성공하기에는 한계가 있다." 이는 사실과 다른 말로서 팀제를 미국식 제도라고 보는 것부터가 잘못된 생각이다. 미국은 1980년대 생산성과 품질 등에서 일본과의 경쟁이 심해지고 또 일본에 비해 경쟁력이 떨어지기 시작하자 질

---

24 이창원·최창현·최천근(2015). 『새조직론』, 대영문화사, pp. 228-229.
25 행정자치부(2005a). 『팀제운영 매뉴얼』, 행정자치부, p. 89.

적 관리(quality circle)에 관심을 기울이기 시작했다. 그중 하나가 팀제 운영
으로서, 구성원 전체가 함께 문제를 해결하고 품질 관리를 추진하는 방식이
었다. 이는 100여 년간 위계중심의 관료제하에 운영되며 길들여진 기존의
미국방식과는 상당히 거리가 있는 것으로, 자율성이 강조되며 수직적 조직
에서 수평적 조직으로의 이동을 의미하는 것이었다. 다시 말해, 미국의 경우
한편으로는 기존의 개인주의적 경영방식에서 나타나는 비효율성 즉, 테일러
주의의 한계를 극복하고, 다른 한편으로는 일본 혹은 독일의 팀조직 특성(협
력, 공동책임 등)의 수용을 추구하고자 팀제를 도입하였다. 이는 자율권 강화
를 통한 참여와 협력증진을 위한 것이다. 이렇게 본다면 미국이 '개인주의에
집단주의 성향의 가미'를 추구하고자 팀제를 도입한 것에 비해, 한국은 초기
에는 오히려 집단주의적 경영 방식에 따른 비효율성(예, 부서이기주의, 책임회
피, 의사결정 지연)을 경감시키고자 팀제를 도입하였다가, 한국 또한 외환위
기 이후에는 개인주의 심화 문제를 극복할 필요성이 제기되어 팀제의 중요
성이 부각되었다. 일본처럼 지나친 집단주의의 폐해 극복이 팀제를 통해 추
구되기도 하였다.26

　　따라서 팀제를 두고 어느 나라가 더 유리하다거나 그렇지 않은 것은 아
니며, 또 도입된 배경이 동일하지도 않다. 각각의 상황과 맥락이 다른 것이
다. 중요한 것은 기존의 조직관리 영역에서 집권적 관리의 모습이 팀 구성원
간 상호보완적 노력과 협력을 강조하는 수평적 관리를 중시하는 모습으로
되었다는 점에서 분권지향적 관리로의 변화가 생겼다는 사실이다.

2) 팀제의 적용

　　이제는 많은 분야의 조직에서 팀제를 도입하고 있다. 1994년 조사에 의
하면 포춘(Fortune) 1,000대 기업 중 91%가 어떤 유형이건 팀제를 도입하고
있는 것으로 나타났다고 한다. 팀제가 조직의 일반적 세부 작업단위형태가

---

26 박원우(2007). 한국 내 팀제의 도입현황, 성과 및 개선방향, 『경영논집』, 41(통합호): 59-
　97, p. 65.

되었다고 할 수 있다.27 공공영역에서도 팀제로 운영되는 경우가 많다. 실질적인 운영에 관해서는 차치하더라도 그 형태(특히 명칭)는 거의 대부분이 팀제의 모습이다. 실제로 우리나라의 경우에도 2005년 3월 행정자치부를 시작으로 많은 부처들이 팀제를 도입함으로써 2007년에는 총 26개의 중앙행정기관이 팀제를 도입하였다. 하지만 팀제에 대한 여러 비판과 정권교체에 따라 2008년에 단행된 정부조직개편 과정에서 정부조직의 팀제는 도입된 지 3년여 만에 사실상 폐지되었고, 다시 국·과제로 회귀하였다.28 물론 형태를 팀으로 두고 있는 기관도 여전히 존재하고 있다. 특히 공공기관들에서는 팀 단

〈표 8-4〉 중앙행정기관 팀제 도입 현황(2005년 당시)29

부처명	기구 변동 내역	
	개편전	개편후
행정자치부	1차관보 1실 1본부 7국 4관 1센터 45과	5본부 8관 1단 1아카데미 48팀
청소년위원회	1처 2국 9과	1처 3단 1관 13팀
기획예산처	3실 3국 9관 40과	3실 2본부 3단 7관 16팀 29과
조달청	2관 3국 24과	5본부 30팀 1담당관
국정홍보처	3국 13과(담당관)	3단 16팀(관)
민주평통사무처	1처 3국 10과	1처 3관 8팀
고충처리위	2국 1관 12과	3관 17팀
소방방재청	3국 1관 1상황실 18과	4본부 2관 1상황실 22팀
건설교통부	1차관보 2실 9국 1단 7관 59과	1실 6본부 13관 73팀 1센터
노동부	2실 4국 7관 31과	2본부 4국 7관 35팀 1단 1과
식약청	2국 2관 6부 43과	6본부 4국 48팀
보건복지부	2실 1본부 3국 11관 1단 52과	1실 4본부 11관 2단 56팀
특허청	5국 2관 51과	1국 1관 5본부 53팀
공정거래위	6국 3관 33과 3팀 1실	4본부 2관 2단 33팀 1담당관 1실

---

27 박원우(2007). 한국 내 팀제의 도입현황, 성과 및 개선방향, 『경영논집』, 41(통합호): 59-97, p. 66.

28 오시영·김병섭(2009). 정부조직 내 팀제운영의 실질성과 팀제의 효과성에 관한 연구, 『행정논총』, 47(1): 133-157, p. 134.

29 행정자치부(2005b). 『지방자치단체 팀제 운영 지침』, 행정자치부, p. 22.

〈그림 8-1〉 국·과제와 본부·팀제의 결재 단계(기획예산처 사례)[30]

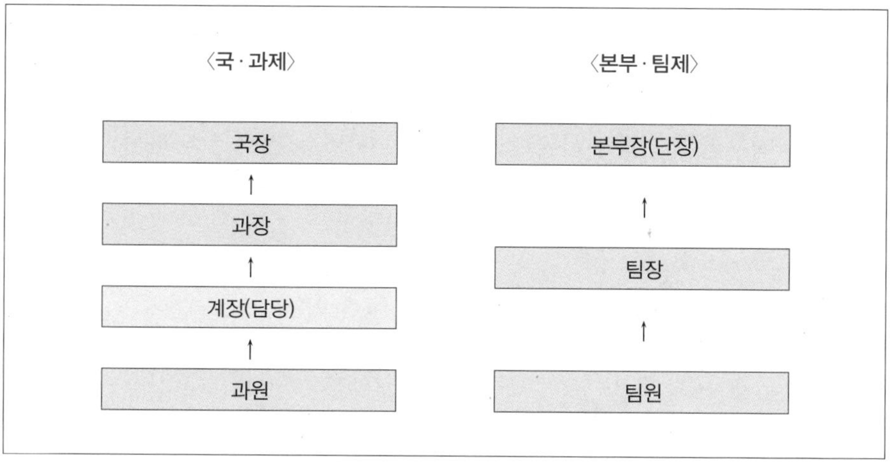

위로 구성되어 있다. 2005년 당시 팀제를 도입한 중앙행정기관들의 현황을 보여주는 것이 〈표 8-4〉이다.

팀제 도입 당시의 결재단계의 축소를 보여주는 기획예산처의 사례가 〈그림 8-1〉에 나타나있다. 설사 결재 단계에서도 실질적인 운영에서는 팀제 본연의 기능이 구현되지는 못했다고 하더라도, 형태는 팀제를 띠고 있어서 결재단계가 축소되었다는 것을 알 수 있다. 실제로 팀제를 도입하는 과정에서 각 부처는 위임전결규정 개정을 통해 대폭적인 권한위임을 실시하였다. 그래서 하부 계층의 업무상 자율성이 크게 신장되었다는 평가도 있다. 2009년의 연구에 따르면, 당시 행정자치부의 경우 팀장에게 65%, 팀원에게 20%이상의 결재권한을 위임하였고, 조달청은 팀제 이후 의사결정의 98.5%가 팀 내에서 결정되어, 청·차장 0.07%, 본부장 1.44%, 팀장이하 98.49%의 결재권 비율을 나타냈다. 노동부도 팀장의 전결권을 40.0%에서 49.9%로, 팀원의 전결권을 4.3%에서 26.5%으로 늘렸으며, 기획예산처 역시 위임전결규정 개정으로 장관 결재비율을 종전 8.0%에서 2.9%로 감소시키고 팀장의 결

---

30 오시영·김병섭(2009). 정부조직 내 팀제운영의 실질성과 팀제의 효과성에 관한 연구, 『행정논총』, 47(1): 133-157, p. 147의 내용 중 일부 수정.

재비율은 종전 45.4%에서 54.0%로 증가시켰다. 건설교통부의 경우에는 장
차관 결재권이 14.0%에서 5.9%로 낮아지기도 하였다.[31] 그리고 그 외 실질
적인 팀제를 실시한 부처들과 그렇지 않은 여타 부처들 간에 경쟁주의적 조
직문화와 직무만족도 등에서 유의미한 차이가 있는 것으로 나타났다는 연구
결과도 있다.[32]

4. 주민(시민)참여 제도

분권지향적 공공관리는 공공영역의 조직 내에서 참여를 확대하는 방향
으로 이루어지기도 하지만 공공영역 이외에 위치하고 있는 주체들에게도 참
여를 보장하고 확대하는 것도 해당된다. 그중 하나가 주민 및 시민참여제도
의 운영이다. 지역중심의 공공서비스 제공과정에서 해당 지역주민이나 시민
의 참여를 보장하고 그들의 실질적인 영향력이 공공영역 내에서 유효하게
발휘되도록 하는 목적을 지닌 제도가 주민참여제도이다. 주민참여제도에는
여러 형태가 있을 수 있는데, 그 중에서도 주민투표제도, 주민소환제도, 주
민감사와 소송제도, 주민참여예산제도 등이 대표적인 사례가 된다.

1) 주민투표

주민투표란 지방자치단체의 주요 정책 및 결정사항에 대해 주민투표를
통해 주민이 직접 결정하는 제도이다. 2004년도에 「주민투표법」이 제정 및
공포되어 시행되고 있다. 투표의 대상은 주민에게 과도한 부담을 주거나 중
대한 영향을 미치는 지방자치단체의 주요결정사항으로서 지방자치단체의 조
례로 정하는 사항이다. 그리고 국가정책에 관한 주민투표도 가능하다. 즉,

---

31 오시영·김병섭(2009). 정부조직 내 팀제운영의 실질성과 팀제의 효과성에 관한 연구, 『행정
    논총』, 47(1): 133−157, p. 148.
32 오시영·김병섭(2009). 정부조직 내 팀제운영의 실질성과 팀제의 효과성에 관한 연구, 『행정
    논총』, 47(1): 133−157.

중앙행정기관의 장은 지방자치단체의 폐치(廢置)·분합(分合) 또는 구역변경, 주요시설의 설치 등 국가정책의 수립에 관하여 주민의 의견을 듣기 위하여 필요하다고 인정하는 때에는 주민투표의 실시구역을 정하여 관계 지방자치단체의 장에게 주민투표의 실시를 요구할 수 있다.33

물론 주민투표에 부칠 수 없는 사항도 존재한다. 법령에 위반되거나 재판중인 사항, 국가 또는 다른 지방자치단체의 권한 또는 사무에 속하는 사항, 지방자치단체의 예산·회계·계약 및 재산관리에 관한 사항과 지방세·사용료·수수료·분담금 등 각종 공과금의 부과 또는 감면에 관한 사항, 행정기구의 설치·변경에 관한 사항과 공무원의 인사·정원 등 신분과 보수에 관한 사항, 다른 법률에 의하여 주민대표가 직접 의사결정주체로서 참여할 수 있는 공공시설의 설치에 관한 사항, 동일한 사항에 대하여 주민투표가 실시된 후 2년이 경과되지 않은 사항 등이 해당된다.34

주민투표는 지방자치단체 장이 주민 또는 지방의회의 청구에 의해서나 혹은 직권에 의해 실시할 수 있다. 비록 주민투표에 부칠 수 있는 주체는 지방자치단체의 장이지만,35 주민투표를 실시할 수 있도록 하는 주체는 주민이나 지방의회가 되기도 한다. 주민의 경우 19세 이상 주민으로서 일정한 자격에 의해 투표권을 지닌 주민투표청구권자 총수의 20분의 1 이상 5분의 1 이하의 범위 안에서 지방자치단체의 조례로 정하는 수 이상의 서명으로 지방자치단체의 장에게 주민투표의 실시를 청구할 수 있다. 지방의회는 재적의원 과반수의 출석과 출석의원 3분의 2 이상의 찬성으로 지방자치단체의 장에게 주민투표의 실시를 청구할 수 있다. 지방자치단체의 장이 직권에 의해 주민투표를 실시하고자 할 때에는 지방의회 재적의원 과반수의 출석과 출석의원 과반수의 동의를 얻으면 된다.36 이처럼 비록 일정한 조건에 의해

33 「주민투표법」 제8조.
34 「주민투표법」 제7조.
35 「지방자치법」 제14조.
36 「주민투표법」 제9조.

〈표 8-5〉 주민투표 운용 현황37

구분	지역	청구권자	투표일	주민투표명 (추진사유)	투표율 (%)	투표결과(%) (진행상황)
투표 실시 (8건)	전북 완주군	행정안전부 장관	'13.6.26.	완주·전주통합	53.2 ※ 사전투표 20.11%	통합 반대 (찬성 44.7, 반대 55.3)
	경남 남해군	남해군수	'12.10.17.	남해 화력발전소 유치동의서 제출	53.2	유치 반대 (찬성 48.9, 반대 51.1)
	(구)충북 청원군	행정안전부 장관	'12.6.27.	청원·청주 통합	36.8	통합 찬성 (찬성 79.0, 반대 21.0)
	경북 영주시 평은면 ※ 실시지역제한	영주시민 (1/9, 11%)	'11.12.7.	영주시 면사무소 이전 관련 (평은면사무소 이전 지역 선정)	39.2	평은리 일대 선정 (평은리 90.9, 오운리 8.2/유효표)
	서울시	서울시민 (1/20, 5%)	'11.8.24.	서울시 무상급식 지원범위	25.7	미개표 (투표권자 1/3 미만 투표)
	전북 군산시	산업자원부 장관	'05.11.2.	중·저준위 방사성폐기물 처분시설 유치	70.2	(찬성 84.4, 반대 15.6)	경주시 선정
	경북 포항시				47.7	(찬성 67.5, 반대 32.5)
	경북 경주시				70.8	(찬성 89.5, 반대 10.5) 경주시 선정
	경북 영덕군				80.2	(찬성 79.3, 반대 20.7)
	(구)충북 청주시	행정자치부 장관	'05.9.29.	청주·청원 통합	35.5	(찬성 91.3, 반대 8.7)	통합 반대
	(구)충북 청원군				42.2	(찬성 46.5, 반대 53.5)
	제주도	행정자치부장관	'05.7.27.	단일광역자치안	36.7	단일광역자치안 채택 (찬성 57.0, 반대 43.0)
미투표 종결 (2건)	경북 안동시	○○○ 외 69명	-	안동 임란문화공원 조성사업 반대	-	청구서 및 서명부 미제출로 각하('16.1.7.)
	경남	○○○ 외 3명	-	진주의료원 재개원 주민투표	-	청구요건 미달로 각하 ('15.10.16.)

주민투표가 실시되지만, 중요한 것은 주민투표를 실시할 수 있도록 하는 자격이 지역의 주민들이나 주민들의 대표자인 지방의회의 의원들에게도 주어져 있다는 사실이다. 우리나라에서 주민투표는 현재까지 총 8회가 실시되었

---

37 행정안전부 홈페이지(www.mois.go.kr).

다. 그 현황이 〈표 8-5〉에 나타나 있다.

2) 주민소환

주민소환은 주민들이 선출직 지방공직자에 대해 소환투표를 실시하여 그 결과에 따라 임기종료 전에 해직시킬 수 있는 제도이다. 주민들이 해당 지방자치단체의 장과 지방의회의원을 소환할 권리를 가지고 있음을 보여주는 제도라 할 수 있다.[38] 이를 통해 선출직 공직자들에 대해 주민들의 통제를 강화하고 책임성을 실현하는데 그 목적을 두고 있는 제도이다. 주민투표는 개별적인 정책 사안에 대한 평가와 판단으로 작동된다면, 주민소환은 현재의 공적 신분과 권한으로부터 배제(퇴출) 시키는 법적지위의 면탈을 가하는 것이기 때문에 비교적 총체적인 평가에 해당된다고 볼 수 있다.[39] 우리나라에서는 2007년부터 시행되고 있다.

주민소환의 구체적인 대상은 특별시장, 광역시장, 도지사, 시장, 군수, 자치구의 구청장, 그리고 지역선거구시·도의회의원 및 지역선거구자치구·시·군의회의원과 같은 지방의원(비례대표 지방의회의원은 제외)들이다. 이들에 대한 주민소환 청구 사유는 제한이 없다. 주민소환투표의 청구 요건은 특별시장·광역시장·도지사의 경우 당해 지방자치단체의 주민소환투표청구권자 총수의 100분의 10이상, 시장·군수·자치구의 구청장의 경우는 당해 지방자치단체의 주민소환투표청구권자 총수의 100분의 15이상, 지역선거구시·도의회의원 및 지역선거구자치구·시·군의회의원의 경우에는 당해 지방의회의원의 선거구 안의 주민소환투표청구권자 총수의 100분의 20이상일 때이다.[40]

주민소환 역시 분권적 관리를 위한 제도가 된다. 특히 합리적이지 못한

---

[38] 「지방자치법」 제20조.

[39] 심상복(2009). 현행 주민소환제의 문제점 고찰, 『법학연구』, 49(2), pp. 155-187, pp. 159-160.

[40] 「주민소환에 관한 법률」 제7조.

〈표 8-6〉   주민소환 운용 현황[41]

구분	대표자 증명서 교부일	지역	소환대상	투표일	추진사유	투표율 (%)	투표결과
투표 실시 (8건)	'11. 12. 1.	전남 구례	군수	'13. 12. 4.	법정구속으로 인한 군정공백 유발	8.3	소환 무산
	'12. 6. 26.	강원 삼척	시장	'12. 10. 31.	원자력발전소 건립 강행 등	25.9	소환 무산
	'11. 7. 19.	경기 과천	시장	'11. 11. 16.	보금자리지구 지정 수용 등	17.8	소환 무산
	'09. 5. 13.	제주특별 자치도	도지사	'09. 8. 26.	제주해군기지 건설관련 주민 의견 수렴 부족 등	11	소환 무산
	'07. 9. 21.	경기 하남	시 장	'07. 12. 12.	화장장 건립 추진 관련 갈등	31.1	소환 무산
			시의원			23.8	소환 무산
			시의원			37.6	소환
			시의원			37.6	소환
미투표 종결 (76건)	'16. 11. 10.	경기 포천	시의원	–	포천시민의 생명권 및 환경권 외면	–	서명부 미제출 ('17. 1. 21.)
	'16. 9. 12.	경기 김포	시장	–	장례식장 허가관련	–	서명부 미제출
	'16. 8. 23.	충남 예산	군수	–	도로개설에 따른 토지수용	–	서명부 미제출 ('16. 10. 21.)
	'16. 2. 4.	경북 상주	시장	–	상주인구 감소와 소상공인 경제파탄 유발	–	서명부 미제출 ('16. 6. 8.한)

총체적인 집권적 결정이 될 수 있는 여지에 대한 통제 장치로서 기능을 하게 되는데, 이는 유권자에 의해 선출된 공직자가 지니는 강력한 정당성의 영향력에서 비롯된다. 선거에 의한 선출은 유권자로 구성된 지지자가 곧 정당성이 되기 때문에 임기 동안은 그 영향력이 계속될 수 있다. 그러다 보니 효율적 관리를 간과할 수 있고 자칫 비정상적 집권적 결정이 이루어질 수도 있다. 주민소환은 그에 대한 통제력으로서 분권적 관리의 한 측면이 된다. 〈표 8-6〉은 주민소환의 운용 현황을 보여준다.

41 행정안전부 홈페이지(www.mois.go.kr).

3) 주민감사와 소송

주민감사와 소송 역시 집권적 결정에 대한 통제 권한으로서 분권지향적 공공관리의 모습이다. 주민들은 지방자치단체와 그 장의 권한에 속하는 사무의 처리가 법령에 위반되거나 공익을 현저히 해친다고 인정되면 감사를 청구할 수 있다. 시·도는 500명, 인구 50만 이상 대도시는 300명, 그 밖의 시·군 및 자치구는 200명을 넘지 않는 범위에서 해당 지방자치단체의 조례로 정하는 19세 이상의 주민 수 이상의 연서(連署)로 감사청구가 가능하다. 시·도에서는 주무부장관에게, 시·군 및 자치구에서는 시·도지사에게 감사를 청구할 수 있다.42

사무의 처리가 법령에 위반되거나 공익을 현저히 해치는 경우에 감사를 청구하지만 감사 청구의 대상에서 제외되는 사항도 존재한다. 수사나 재판에 관여하게 되는 사항, 개인의 사생활을 침해할 우려가 있는 사항, 다른 기관에서 감사하였거나 감사 중인 사항, 동일한 사항에 대하여 소송이 진행 중이거나 그 판결이 확정된 사항이다.43

주민소송은 지방자치단체의 위법한 재무회계 행위에 대하여 지역주민이 자기의 권리·이익에 관계없이 그 시정을 법원에 청구하는 제도이다. 주민의 개인적인 손해나 권리 침해와는 무관하게 지방자치단체의 잘못된 재무행정에 대한 시정조치 청구권을 의미한다.44 구체적으로, 공금의 지출에 관한 사항, 재산의 취득·관리·처분에 관한 사항, 해당 지방자치단체를 당사자로 하는 매매·임차·도급 계약이나 그 밖의 계약의 체결·이행에 관한 사항 또는 지방세·사용료·수수료·과태료 등 공금의 부과·징수를 게을리 한 사항을 감사청구한 주민은 경우에 따라 감사청구 한 사항과 관련이 있는 위법한 행위나 업무를 게을리 한 사실에 대하여 해당 지방자치단체의 장을 상대

---

42 「지방자치법」 제16조.
43 「지방자치법」 제16조.
44 행정안전부(2013). 『주민투표·소환·소송 업무편람』, 행정안전부, p. 171.

방으로 하여 소송을 제기할 수 있다. 여기서 말하는 소송을 제기하게 되는 경우란, 주무부장관이나 시·도지사가 감사청구를 수리한 날부터 60일이 지나도 감사를 끝내지 않은 경우, 감사결과 또는 조치요구에 불복하는 경우, 주무부장관이나 시·도지사의 조치요구를 지방자치단체의 장이 이행하지 않은 경우, 지방자치단체의 장의 이행 조치에 불복하는 경우 등이다.[45]

이때 주민이 제기할 수 있는 소송에는, 해당 행위를 계속하면 회복하기 곤란한 손해를 발생시킬 우려가 있는 경우에는 그 행위의 전부나 일부를 중지할 것을 요구하는 소송, 행정처분인 해당 행위의 취소 또는 변경을 요구하거나 그 행위의 효력 유무 또는 존재 여부의 확인을 요구하는 소송, 게을리한 사실의 위법 확인을 요구하는 소송, 해당 지방자치단체의 장 및 직원, 지방의회의원, 해당 행위와 관련이 있는 상대방에게 손해배상청구 또는 부당

〈표 8-7〉 주민소송 운용 현황[46]

구분	추진 지역	소송 제기일	소송 요지	소송결과 (진행상황)
진행 (3건)	강원도 고성군	'15. 4. 28.	고성군 지방상수도 통합위탁운영 관련 위법 확인	1심 계류
	충북 음성군	'15. 2. 17.	용산산업단지 해제 관련 손해배상 청구	3심 계류
	서울 서초구	'12. 8. 29.	공공도로 점용 및 건축허가 무효 확인	환송심 1심 주민승소 ('17. 1. 13.)
종결 (30건)	울산 울주군	'16. 1. 6.	영남알프스 케이블카 사업을 위한 공원계획 결정 무효 확인	종결(각하, '16. 10. 27.)
	충북 음성군	'15. 10. 20.	용산산업단지 해제 관련 손해배상 청구	종결(주민패소 '16. 12. 3.)
	경기도 안성시	'15. 8. 10.	하수시설 민간투자사업 협약내용 정보공개 거부처분 취소	종결(일부승소 '16. 10. 11.)
	경기 용인시	'13. 10. 10.	잘못된 수요예측으로 무리한 공사 강행 관련 손해배상 청구	종결(일부승소 '17. 1. 16.)
	서울 강동구	'10. 8. 10.	불법 의정비 인상분 환수 요구	종결(주민패소 '14. 5. 16.)

---

45 「지방자치법」 제17조.
46 행정안전부 홈페이지(www.mois.go.kr).

이득반환청구를 할 것을 요구하는 소송이 있다.47 〈표 8-7〉는 우리나라의
주민소송 운용 현황이다.

4) 주민참여예산

공공관리에서 예산은 관리를 가능하게 하는 원동력과 같다. 예산을 조
직의 피(blood)에 비유하듯이 조직이 움직이는데 예산은 필수적이다. 그런
만큼 영향력도 크다. 만일 한 사람이나 소수의 사람이 예산과정을 주도적으
로 이끈다면 그 사람의 영향력은 상당히 크다고 할 수 있다. 조직이나 기관
의 관리에서 집권적 결정의 여부는 이러한 예산과정의 모습으로도 확인된
다. 만일 공공영역에서 예산과정을 개방한다면 보다 분권지향적인 관리가
될 수 있다. 특히 공공영역 내에 속한 구성원 이외에 외부의 사람들이 예산
과정에 참여한다면 더욱 그렇다. 그 사례 중 하나가 주민참여예산제도이다.

주민참여예산제도는 1989년 브라질에서 최초 시작되었다. 브라질의 포
르투 알레그레(Porto Alegre)시는 주민들이 사업예산을 편성하는 과정에 직
접 참여하도록 했다. 2000년에 집계한 통계치에 따르면 주민참여예산에 참
여한 인원은 지속적으로 증가하여 전체 인구 120만명 중 4만5천명이 참여
했다고 한다. 그래서 그에 대한 긍정적인 평가를 통해 상파울루와 벨로리존
찌 같은 브라질의 대도시들로도 확산되었다. 이후에는 세계의 여러 도시들
에서도 적용하게 된다. 우리나라에서는 2003년 광주 북구에서 처음으로 시
작했고 이후 다른 지자체들도 점차 도입하였다. 주민참여예산제도 실시가
의무화된 것은 2011년 「지방재정법」의 개정을 통해서이다.

주민참여예산은 지방자치단체 장이 지방예산 편성 등 예산과정에 주민
이 참여할 수 있는 제도를 마련하여 시행하도록 규정하고 있다는 점에 근거
를 두고 있다. 따라서 주민참여예산이란 예산과정에 주민이 참여할 수 있는
절차를 마련하여 운영하는 제도를 말한다. 이를 위해 지방자치단체 장은 주

---

47 「지방자치법」 제17조.

민참여예산제도를 통해 수렴한 주민의 의견서를 지방의회에 제출하는 예산
안에 첨부해야 한다. 그리고 그에 대해 행정안전부장관은 지방자치단체의
재정적·지역적 여건 등을 고려하여 지방자치단체별 주민참여예산제도의 운
영에 대하여 평가를 실시할 수도 있다.[48]

　　예산편성과정에 주민이 참여할 수 있는 방법에는 주요사업에 대한 공청
회 또는 간담회, 주요사업에 대한 서면 또는 인터넷 설문조사, 사업공모, 그
밖에 주민의견 수렴에 적합하다고 인정하여 조례로 정하는 방법 등이 있다.
지방자치단체 장은 이렇게 수렴된 주민의견에 대해 검토하고 그 결과를 예
산편성시 반영할 수 있다.[49] 주민참여예산제도에서 핵심은 주민들의 의견을
수렴하고 반영하는 것인 만큼 지방자치단체장의 책무도 그와 관련해서 규정
하고 있다. 예컨대, 서울시는 주민참여예산이라는 용어 대신 시민참여예산이
라는 용어를 사용하면서 "서울특별시장은 예산을 편성하는 단계부터 시민이
충분한 정보를 얻고 의견을 표명할 기회를 가질 수 있도록 정보공개와 시민
참여 보장을 위해 노력하여야 한다. 시장은 시민참여예산위원회와 서울특별
시의회의 상호 협력을 위한 방안을 모색하여야 한다. 시장은 시민들이 예산
편성 과정에 참여하여 반영한 예산 편성내용을 공개하여야 한다."라고 조례
에 명시해 놓고 있다.[50] 행정안전부에서 각 지자체에 제시한 『주민참여예산
제 운영 조례 모델안』의 주요 내용도 그와 관련된다. 즉, 행정안전부는 주요
내용에 "주민에게 예산 편성단계에서부터 충분한 정보와 의견 표명의 기회
를 제공해야 하는 자치단체의 의무와, 예산편성 관련 의견을 제출할 수 있는
주민의 권리를 명시하고, 자치단체의 '주민참여예산 운영계획' 수립 및 공시,
'주민참여예산위원회' 설치 등 세부적인 주민참여 프로세스에 관한 지침을
상세히 규정하는 한편, 지방자치단체는 의무적으로 참여 주민들에 대해서
관련 교육과 행·재정적 지원을 제공하도록 하여, 보다 실질적인 주민참여

---

48 「지방재정법」 제39조.
49 「지방재정법시행령」 제46조.
50 「서울특별시 시민참여예산제 운영 조례」 제5조.

예산제도의 운영이 될 수 있도록 했다." 언급하고 있다.[51]

〈표 8-8〉은 참여예산사업의 편성 결과를 보여주는 사례로서, 서울시의 '2018년도 참여예산사업 편성 결과'이다. 총 747개의 사업에 약 541억원이 시민참여예산으로 편성되었다. 문화 분야에 사업수가 가장 많고, 사업비의 규모는 공원분야에 가장 많이 편성되어 있다.

〈표 8-8〉 참여예산사업 편성 결과 사례[52]   (단위: 건, 억 원)

구분		계	여성	경제·일자리	복지	교통	문화	환경	관광체육	도시안전	주택	공원
계	사업수	747	29	81	76	42	220	130	13	66	11	79
	사업비	541.8	45.7	56.3	41.5	43.9	55.1	74.1	47.3	52.4	25.2	100.4

5. 다면평가

1) 의미

흔히 평가라고 하면 평가자로서 상관을 생각하고 평가대상자로서 부하직원을 떠올린다. 상관이 부하직원을 평가하는 구조로 생각하는 것이다. 실제 많은 평가가 그러한 구조로 이루어진다. 평가가 지니는 권력적 속성은 이런 구조에서 더 강화된다. 평가라는 행위 자체가 평가자에게 권력을 부여하게 해주는데,[53] 조직의 서열상 애초에 권력을 더 많이 가지고 있는 상관이 평가자로서도 그 역할을 하게 되면 상관의 권력은 더욱 커지게 되는 것이다.

이런 상황에서 만일 평가를 중요하게 여기는 조직이라면, 부하직원들은 상관에게 어떻게 해야 좋은 평가를 받을 것인가가 중요한 고민거리가 된다. 기본적인 업무 역량도 중요하지만 상관에게 잘 보여야 되지 않을까 해서 오

---

51 행정안전부(2010). "주민참여 예산제 이렇게 만드세요: 행안부, 주민참여 예산제 운용 조례 모델안 마련 지자체 통보", 10월 31일 보도자료.

52 서울특별시 참여예산 홈페이지(yesan.seoul.go.kr).

53 김민주(2016b). 『평가지배사회』, 커뮤니케이션북스, p. 18.

히려 업무 역량이 떨어지는 결과를 낳기도 한다. 상관에게는 좋은 인상을 남기며 일하는 사람이 자신의 동료나 부하직원에게는 많은 불편과 피해를 주게 되어 조직 전체의 문제가 야기될 수도 있다. 이들은 상관과의 관계에서 지연과 학연의 정도를 따지기도 하는데, 실제 평가에 그러한 요인들이 영향을 주기도 한다.

근본적으로 이런 상황에서 문제의 핵심은 상관의 평가가 얼마나 부하직원의 역량을 제대로 평가하는가이다. 상관에게만 잘 보이려고 한다는 것까지도 평가에서 모두 드러날 수 있으면 된다. 하지만 상관에 의한 부하 평가와 같이 일방향적인 평가에서는 그런 모습이 잘 드러나기 힘들다. 따라서 복합적인 존재자로서 인간에 대해 상관의 평가 이외에 보다 다차원적인 평가가 함께 이루어진다면 더욱 더 객관적이고 공정한 평가가 될 수도 있다.

일방향적이고 단차원적인 인사평가의 문제를 최소화하려는 노력에서 등장한 것이 다면평가제이다. 다면평가제는 평가대상자에 대해 다양한 평가자가 다양한 수준과 다양한 측면에서 평가하는 제도이다. 우리나라에서는 1990년대 초반에 기업을 중심으로 도입되었다.[54] 공공영역에서도 1998년에 승진심사에서 다면평가제를 도입하였고 2002년에 「다면평가 운영요령」을 마련하여 2003년에 1~3급의 인사관리에 반영하게 된다.[55] 현재 「공무원 성과평가 등에 관한 규정」에도 "소속 장관은 소속 공무원에 대한 능력개발 및 인사관리 등을 위하여 해당 공무원의 상급 또는 상위 공무원, 동료, 하급 또는 하위 공무원 및 민원인 등에 의한 다면평가를 실시할 수 있다."라고 규정하고 있다.[56] 한 명의 평가자를 두고 상·하·좌·우에서 평가가 이루어지기 때문에 평가자를 다차원적으로 평가할 수 있게 된다.

따라서 다면평가는 집권적 평가관리의 방식을 분권화시킨 사례가 된다. 상관이 지니고 있는 평가권력을 분권화를 통해 동료와 부하직원에게도 허용

---

54 김민주(2017). 『정부는 어떤 곳인가: 행정학의 이해와 활용』, 대영문화사, p. 187.
55 행정안전부(2008b). 『다면평가 운영요령』, 행정안전부, p. 2.
56 「공무원 성과평가 등에 관한 규정」 제28조.

하고 있기 때문이다. 단순히 평가의 허용을 넘어 상관인 자신도 부하직원으로부터 평가를 받는다는 점에서 인사 분야에서 분권적 공공관리의 사례가 된다.

2) 적용

다면평가가 다양한 사람들에 의해 다양한 차원과 측면에서 평가가 이루어진다고 해서 평가대상자와 아무런 관련도 없는 사람이 평가에 참여하는 것은 아니다. 이 점은 다면평가가 지니고 있는 문제점이기도 했다. 일면식도 없는 사람이 자신을 평가하게 되는 경우가 생길 때 오히려 불합리한 평가가 될 수도 있다. 실제로 최초 다면평가 도입 시 업무유관성과 관계없이 무작위로 평가단이 구성되었다가 문제점이 드러나서 피평가자별 업무유관자로 평가단이 구성되는 것으로 개선되기도 했다.[57] 그래서 현재 규정에도 "다면평가의 평가자 집단은 다면평가 대상 공무원의 실적·능력 등을 잘 아는 업무관련자로 구성하되, 소속 공무원의 인적 구성을 고려하여 공정하게 대표되도록 구성하여야 한다."로 되어 있다.[58]

여기서 말하는 업무 관련자 혹은 업무 유관자의 선정 기준의 예시는 〈표 8-9〉와 같다. 공공영역에서 다면평가제는 제도의 장·단점에 따라 폐지되었다가 또 부활되는 등의 다소 혼선된 양상을 보이고 있는데, 지방공무원의 경우 운영지침을 별도로 두고 있어서 그에 기초해서 업무 유관자의 범위를 나타낸 것이 〈표 8-9〉이다. 이에 따르면 업무유관자의 범위에는 외부고객으로서 업무관련 민원인도 포함되고 있다. 민원인 대상으로 공무원 응대에 대한 만족도 조사의 결과 등이 여기에 활용될 수 있다.

다면평가에서는 평가자가 다양한 만큼 가중치를 다르게 두기도 한다. 한 예로 상사에 의한 평가를 40%, 동료에 의한 평가를 30%, 부하직원에 의

---

57 행정안전부(2008b).『다면평가 운영요령』, 행정안전부, p. 3.
58 「공무원 성과평가 등에 관한 규정」제28조.

〈표 8-9〉 업무유관자 선정 기준(예시)[59]

상급자	• 직근 상위 감독자 • 업무연관성이 높은 실·국장 등 상급자
동료 및 하급자	• 소속과(課) 직원, 동일 실·국 소속 부서 직원 • 업무 연관 부서 직원 및 전임자 • 인사, 심사평가, 국정과제 점검 등을 통해 피평가자의 업무 실적 등을 파악할 수 있는 직원
고객	• 외부: 업무관련 민원인 • 내부: 실·국·과간 업무 연관 부서 직원 ※ 기관사정이나 업무특성에 따라 고객 평가단 구성여부 결정

한 평가를 20%, 내부고객에 의한 평가를 7%, 외부고객의 의한 평가를 3%으로 둘 수 있다. 이러한 다면평가결과는 피평가자 이외의 제3자에게는 비공개를 원칙으로 해서 환류한 다음 개인의 능력개발에 도움이 되도록 활용한다. 다면평가에서 주의할 점은 감정적이고 인기투표식의 평가, 그리고 연고주의 등에 따른 평가가 되지 않도록 객관성과 공정성을 유지하는 것이다.

---

59 행정자치부(2013). 『지방공무원 다면평가 운영지침』, 행정자치부, p. 2.

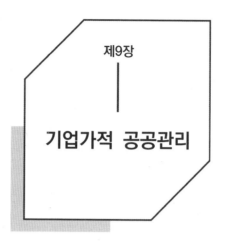

제9장

|

기업가적 공공관리

1. 기업가의 의미

공공관리 영역에서 기업가라는 단어는 이제 더 이상 새로운 단어가 아닙니다. 기업가적 정부, 기업가적 관리, 기업가적 정신, 기업가적 조직 등으로 정부의 비효율성을 극복하기 위한 노력의 일환으로 자주 언급되고 있다. 그렇다면, 여기서 말하는 기업가란 어떤 의미일까?

기업가(entrepreneur)라는 단어는 '착수하다(undertake)'와 '시작하다(com-mence)'라는 의미인 프랑스어 'entreprendre'에서 유래하였다. 그래서 그 뜻은 새로운 사업을 수행하는 사람이라는 의미다. 이 용어는 18세기 프랑스의 은행원이면서 경제학자인 칸티용(Richard Cantillon, 1680-1734)에 의해 처음 사용된 것으로 알려지고 있다. 그는 1755년에 『상업 일반의 본성에 관한 에세이(Essay sur la nature du commerce en *général*)』에서 기업가에 대해 '확실한(certain) 가격에 상품이나 원료를 구매하고 불확실한(uncertain) 가격에 제품을 판매하고, 지대와 이자와 같은 경비를 주고 나서 남은 소득으로 생활하는 상인·농부·장인' 등으로 언급하고 있다. 이들은 많은 돈을 벌 수도 있지만 한편으로는 크게 망할 수도 있으며, 이러한 점에서 당시 귀족에게 고용된 관리인과는 행동방식이 다른 이들이다. 칸티용은 이를 통해 기업가를 '위험부담을 지고 자신의 사업(risk bearing activity)을 하는 사람'으로 묘사하고 있다.[1]

　　그 이후에 기업가에 대해 세이(J. B. Say, 1767-l832)는, '기업가는 생산성이 낮은 곳에서 높은 곳으로 경제자원을 이전시켜 높은 수확을 올리는 사람'으로 정의하였고, 나이트(F. Knight, 1885-1972)는 '불확실성은 인간으로 하여금 기능을 전문화시키는데, 자신감이 있고 모험심이 있는 기업가는 위험을 떠맡고 대신 의구심을 갖고 소심한 자는 소득을 보장받으며 기업가의 지시를 받고 과업을 수행하는 것'으로 말하면서 기업가의 의미를 자신감과 모험심을 갖는 사람으로 보고 있다.[2]

　　기업가와 기업가정신이 대중에게 널리 각인되기 시작한 것은 오스트리아의 경제학자 슘페터(Joseph Schumpeter)에 의해서였다. 그는 1934년에 자본주의는 새로운 재화의 생산, 기존 재화의 품질향상, 새로운 생산방법의 도입, 신시장의 개척, 원료와 부품의 새로운 공급원 획득, 새로운 산업조직형성 등과 같은 생산요소의 새로운 결합(combination)에 의해 발전하며, 기업가는 이를 통해 '창조적 파괴(creative destruction)를 유발하는 혁신(innovation) 활동을 하는 자'로 정의하였다.[3] 구체적으로, 그는 기업가(entrepreneurs)란 기업화를 추진하는 사람을 말하는데, 여기서 기업화(enterprise)란 신결합을 추

1　이윤준(2014). 창조경제와 기업가정신, 『과학기술정책』, 24(3·4): 48-55, p. 49.

2　유동운(2009). 기업가정신의 역사와 현대적 의미, 『CFE Report』, 자유기업원, p. 4.

3　이윤준(2014). 창조경제와 기업가정신, 『과학기술정책』, 24(3·4): 48-55, p. 49.

구하는 것이라고 했다. 이때 신결합은 신상품이나 신품질의 상품 도입, 새로운 생산방법의 도입, 새로운 시장개척, 원재료의 신공급원의 확보, 산업의 재조직을 말하는 것으로, 경제발전은 이러한 신결합이 불연속적으로 일어나는 때에 이루어진다. 따라서 기업가는 '창조적 파괴'의 과정에 기여하는 자이고, 기업가의 기능은 신결합을 수행함으로써 생산방식을 혁신 혹은 혁명화하는 데 있다고 보았다.4 그래서 오늘날 슘페터를 참고해서 기업가에 대한 정의를, 기업경영에서 현재 상태에 만족하지 않고 실패의 위험을 감수하면서 미래의 가치에 진취적으로 도전하는 사람, 즉 창조적인 파괴를 낳고 동시에 창조적 파괴를 통해 끊임없이 새로운 가치를 창출하는 혁신가라고도 말하기도 한다.5

이러한 기업가의 의미에 대해 그동안 다양한 논의들이 이어져 왔는데, 그 과정에서 조직내 기업가의 성향은 크게 세 가지 차원으로 분류되었다. 혁신성(innovativeness), 진취성(proactiveness), 위험감수성(risk-taking)이 그것이다.6 혁신성이란 새로운 아이디어를 내고 새로운 제품 및 서비스 혹은 기술적인 과정을 도출하는 창조적인 행동 성향을 의미한다. 진취성은 미래의 시장 수요와 기회를 미리 예상하고 적극적으로 행동하려는 경향성을 의미한다. 위험감수성은 실패할 가능성이 높지만 사업 기회를 포착하기 위해 자원을 기꺼이 투입하려는 행동 성향을 의미한다.7 이 세 차원은 기업가의 의미를 규정할 때 중요한 역할을 한다.

그런데, 여기서 위험감수의 의미를 새롭게 이해하기도 한다. 위험을 감수한다는 것은 위험이 있어도 추진하되 그 위험을 가능한 줄여서 기회를 추

---

4 유동운(2009). 기업가정신의 역사와 현대적 의미, 『CFE Report』, 자유기업원, p. 4.

5 김준태(2014). 기업가정신의 본질이해 및 교육방안 탐색, 『사회과교육』, 53(4): 47-67, p. 49.

6 Covin, J. G., and D. P. Slevin(1989), Strategic Management of Small Firms in Hostile and Benign Environments, *Strategic Management Journal*, 10(1): 75-87.

7 윤현중(2015). 기업가적 지향성에 대한 이론적 동향 연구, 『벤처창업연구』, 10(5): 45-62, p. 47.

구한다는 의미라는 것이다. 위험을 받아들이되 그것을 줄이기 위해 노력하는 모습을 말한다. 피터 드러커(Peter Ferdinand Drucker)도 그가 아는 성공적인 사업가들은 단순히 위험감수자가 아니었고 감수해야만 하는 위험을 명확히 파악한 뒤 그 위험을 가능한 줄이려고 노력한 사람들이었다고 했다. 그들은 위험을 파악하고 그것을 줄이는 만큼 성공을 거두었다고 한다.8 그런 점에서 위험감수의 의미는 위험이 있어도 추진하되 위험을 줄여서 기회로 만드는 것으로 이해할 수 있다. 그리고 이때 위험이라는 의미도 반드시 심각한 그 무엇이 아니라 어렵게 다가오는 것들 모두가 해당된다.

따라서 기업가란, '현재 보다 더 나은 상태를 위해 진취적이고 도전적인 자세와 태도로 위험이 있어도 추진하되 위험을 줄여 기회로 바꾸며 새로움(혁신)을 추구하는 사람'을 말한다. 이를 요약해서 말하면 '진취적으로 새로움에 도전하는 혁신가'라고 할 수도 있다.

혹은 기업가는 앙트레프레너(entrepreneur)라는 원어 그대로 지칭되어 사용되는 경우도 많다. 어쩌면 번역이 담지 못하는 그 뜻을 모두 담아서 표현하는 방법은 단어의 의미를 그대로 살려서 사용하는 경우다. 그래서 기업가란 곧 앙트레프레너를 말한다. 앙트레프레너라는 원어를 그대로 사용하면 기업가라는 말에 '기업'이라는 단어 때문에 오해가 생기는 것을 방지할 수 있다. 기업가는 혁신을 일으키는 사람을 말하는데도 불구하고 기업이라는 단어로 인해 단순히 기업의 경영자나 회사의 주인이나 사업가나 제조업자나 상인으로만 떠올릴 수 있기 때문이다.9 따라서 기업가를 원어 그대로 앙트레프레너로 사용하기도 한다. 〈표 9-1〉은 기업가의 의미를 정리한 것이다.

---

8 Osborne, David and Ted Gaebler(1994). 삼성경제연구소 옮김, 『정부혁신의 길: 기업가 정신이 정부를 변화시킨다』, 삼성경제연구소, pp. 13-14.

9 Osborne, David and Peter Plastrik(1998). 최창현 옮김, 『정부개혁의 5가지 전략』, 삼성경제연구소, p. 461.

〈표 9-1〉 기업가의 의미

기업가의 일반적 의미	현재 보다 더 나은 상태를 위해 진취적이고 도전적인 자세와 태도로 위험이 있어도 추진하되 위험을 줄여 기회로 바꾸며 새로움(혁신)을 추구하는 사람
기업가의 간단한 의미	진취적으로 새로움에 도전하는 혁신가
원어 그대로 사용	앙트레프레너

기업가의 이런 의미는 수식어로서 기업가가 사용되는 모습을 보면서도 확인할 수 있다. 기업가적 회사조직(entrepreneurial firm)의 의미를 상품이나 제품 시장에서 적극적으로 혁신하고 위험한 모험도 기꺼이 감수하면서 진취적인 경쟁에 임하여 시장을 선도하고 이끌고자 하는 욕구를 표출하는 조직이라고 할 때,10 기업가의 의미는 혁신과 위험 감수와 진취적인 경쟁을 그 속성으로 한다는 것을 알 수 있다.

기업가의 의미는 기업가정신(entrepreneurship)으로 특정화되어 표현되는 경우도 많다. 기업가의 의미에 정신적 요인이 덧붙여져서 의미의 확장이 이루어지는 것이다. 실제 그동안의 연구들에서 사용된 기업가정신의 속성으로는, 새롭고 다른 것에 대한 욕구, 협동적이고 협조적인 팀플레이어 정신, 타인의 의견을 경청, 강한 자기확신 및 효능감, 미래에의 비전과 소망, 목표 설정, 새로운 아이디어와 전략, 창의성, 기회를 인식하고 분별하는 능력, 과업을 성공적으로 완수하고자 하는 결의, 인내와 과업지속의 부지런함, 구체화되고 계산된 위험을 감수하는 능력과 의향, 노력이 성공할 것이라는 낙관, 창의성, 지속적인 목표 추구, 미래를 내다보는 힘과 혜안, 실패로부터 배우려는 자세, 결과에 대한 책임의 자세 등이다.11 대체로 이 역시 기업가의 본의미에서 완전히 동떨어진 것은 아니다. 즉, 기업가정신을 미래의 불확실성과 높은 위험에도 불구하고 주도적으로 기회를 포착·도전하며 혁신 활동을

---

10 Miller, D.(1983), The Correlates of Entrepreneurship in Three Types of Firms, *Management Science*, 29(7): 770-791.

11 김준태(2014). 기업가정신의 본질이해 및 교육방안 탐색, 『사회과교육』, 53(4): 47-67, p. 49.

통해 개인적·사회적으로 새로운 가치를 창조하는 실천적 역량을 구현하는 정신으로 정의할 때,[12] 이 뜻에 포괄될 수 있는 정도이다.

그런데, 흔히 기업가라고 하면 최고영영자의 위치에 해당될 정도의 사람만 지칭하는 것으로 생각한다. 실제로 기업가정신에 관한 선행연구들에서는 기업가정신이 발휘되는 범위로 창업자, 기업경영의 최고의사결정자 그리고 최고경영자 개인 및 매우 제한된 범위의 그룹에 한정해서 전제하는 경우가 많다.[13] 하지만 기업가란 조직 내 그 누구든 될 수 있다. 그래서 기업가를 기업가가 하는 일 자체(an individual entrepreneur is what he or she does)로 보기도 한다. 혁신과 새로움을 창출해 낼 수 있다면 누구든 기업가라고 할 수 있고, 따라서 기업가는 가치창출자(value creator)로 정의되기도 한다.[14]

이러한 기업가라는 의미에서 비롯되는 기업가적 가치는 특히 신생 기업이나 조직에서 관심을 가지고 투자를 해야 할 가치로 여겨진다. 자원이 넉넉하지 않고 특별한 대안도 많지 않는 신생 기업 혹은 조직이라면 기업가적 가치에 투자하는 것이 조직의 생존과 지속을 넘어 성장에도 중요한 역할을 한다. 실제로 빠른 성장을 보이는 신생 중소기업들에게는 이러한 성향이 나타나는 것을 볼 수 있다고 한다.[15]

---

12 이윤준(2014). 창조경제와 기업가정신, 『과학기술정책』, 24(3·4): 48-55, p. 49.

13 김준태(2014). 기업가정신의 본질이해 및 교육방안 탐색, 『사회과교육』, 53(4): 47-67, p. 49.

14 성태경(2015). 기업가정신 정책의 이론적 측면에 관한 소고, 『벤처창업연구』, 10(3): 15-26, p. 16.

15 Wiklund, J.(1999). The Sustainability of the Entrepreneurial Orientation-Performance Relationship, *Entrepreneurship: Theory & Practice*, 24(1): 37-48; Miller, D.(1983), The Correlates of Entrepreneurship in Three Types of Firms, *Management Science*, 29(7): 770-791.

2. 공공영역에서 기업가와 혁신

기업가는 공공영역에서도 존재한다. '기업'이라는 단어로 인해 기업가가 마치 민간영역의 기업경영자만을 의미하는 것으로 생각할 수도 있다는 오해는, 앞서 기업가의 의미를 이해하면서 해소될 수 있다. 기업가의 의미를 고려하면 기업가의 존재가 민간영역이건 공공영역이건 영역의 문제가 아니라는 것을 알 수 있다. 현재 보다 더 나은 상태를 위해 진취적이고 도전적인 자세와 태도로 위험이 있어도 추진하되 위험을 줄여 기회로 바꾸며 새로움(혁신)을 추구하는 사람이 반드시 어느 한 영역에만 부합되는 것은 아니기 때문이다. 공공영역에서도 기업가의 역할은 필요하며, 특히 정부의 개혁과 혁신을 위해서는 더욱 필요한 존재가 기업가이다.

비단 기업가를 특정한 한 사람으로만 볼 필요가 없다는 점에서, 어쩌면 공공영역의 모두가 기업가가 되어 개혁과 혁신을 수행해야 한다. 물론, 민간영역에서 기업가의 역할은 궁극적으로 수익창출과 연결되는 것이기 때문에, 수익창출이 궁극적 목적이 되지 않는 공공영역에서의 기업가와 차이가 없는 것은 아니다. 하지만 기업가의 일반적인 행태와 역할은 민간영역과 공공영역 모두에서 보일 수 있다. 그래서 「공공기관의 운영에 관한 법률」에서도 "공공기관은 경영효율성 제고 및 공공서비스 품질 개선을 위하여 지속적인 경영혁신을 추진하여야 한다."라고 명시하고 있다.[16]

사실, 기업가라는 용어는 이미 정부정책 분야에서는 널리 사용되고 있다. 정책기업가(policy entrepreneur)라는 용어가 바로 그것이다. 정책기업가란 정책창도자 혹은 정책선도자 등으로 번역되어 불리는데, 그 의미는 정책과정에서 주도적인 리더십을 발휘하는 사람으로서 정책아이디어를 개발하고 대안을 제시하면서 새로운 정책의제를 만들어내고 제안하고 그것이 실제 현실에 구현되도록 열정과 노력을 다하는 사람을 말한다. 이들은 정책문제를

---

16 「공공기관의 운영에 관한 법률」 제15조.

새로운 프레임으로 정의하기도 하고 대안을 개발해서 여론을 동원하기도 하고 여러 사람들의 아이디어를 중개하는 역할을 하기도 한다.17

특히 정책기업가는 문제흐름(problem stream)과 정책흐름(policy stream) 그리고 정치흐름(political stream)이 만나서 정책의제가 설정되는 정책의 창(policy window)이 열리도록 하는 데 결정적인 기여를 하는 사람이다. 정책의 창은 독립적인 세 흐름인 문제흐름과 정책흐름과 정치흐름이 만나야 비로소 열리는데, 우연적 요인을 비롯해 여러 가지 요인들이 세 흐름의 만남에 영향을 주지만 특히 정책기업가의 역할은 결정적이다.18 정책기업가들은 정책문제에 대한 아이디어를 가지고 있고 또 열정적이고 추진력도 있기 때문에, 이들에게 기회(리더십 발휘, 의견제시, 토론 등)가 주어지면 정책의제형성의 가능성이 높아진다.

정책기업가의 존재는 정부 밖에서 존재하며 정책과정에 참여하기도 하고, 내부에 존재하며 참여하기도 한다. 이는 정책기업가의 정의와 범주를 어떻게 규정하느냐의 문제인데, 중요한 것은 정책기업가가 정책과정에 참여한다는 점이다. 그런 점에서 기업가의 용어에서 파생된 정책기업가는 그 활동영역이 정부영역인 것만은 분명하다. 이처럼 그 역할에서 알 수 있듯이 정책기업가는 비록 정부정책과정에 해당되는 활동가이지만 새로운 아이디어를 제시하고 그에 기초한 새로운 정책의제를 이끌고 변화를 주도하는 사람인만큼 기업가 본연의 뜻과도 관련된다는 것을 알 수 있다.

하지만 기업가의 의미를 고려할 때 반드시 기업가라는 용어가 사용된 것만을 공공영역에서 활용된 거라고 한정시킬 필요는 없다. 용어로서만 본다면 용어는 만들기 나름이기 때문이다. 이미 정치적 기업가(political en-trepreneur), 고위행정가적 기업가(executive entrepreneur), 관료적 기업가

---

17 Roberts, N. C., and P. J. King(1991). Policy entrepreneurs: Their activity structure and function in the policy process, *Journal of Public Administration Research and Theory*, 1(2): 147-175.

18 Kingdon, John(2003). *Agendas, Alternatives, and Public Policies*, second ed., New York: Longman.

(bureaucratic entrepreneur) 등과 같이 쓰이기도 한다.[19] 따라서 그 보다 더 중요한 것은 기업가의 의미가 공공영역에서 실천되거나 적용되는 모습 그 자체이다. 현재 보다 더 나은 상태를 위해 진취적이고 도전적인 자세와 태도로 위험이 있어도 추진하되 위험을 줄여 기회로 바꾸며 새로움(혁신)을 추구하는 사람의 역할이 드러나는 현실적인 모습이 있다면, 그것이 곧 공공영역에서 존재하는 기업가의 모습이 된다. 그런 점에서 공공영역에서 기업가의 모습은 정부혁신과정에서 나타나는 다양한 사람들이 될 수 있다. 비단 어느 개인에 한정하지 않더라도 정부혁신을 이끌거나 참여하는 이들이 바로 공공영역 중에서도 정부의 기업가가 된다. 정부혁신은 기업가의 활동과 모습이 가장 잘 드러나는 정부의 중요한 일이다.

그렇다면 정부영역에서 기업가의 역할이 잘 목격되는 정부혁신이란 무엇인가? 한자어로서 혁신은 가죽을 새롭게 한다는 혁(革)과 신(新)의 합성어로서 '살가죽을 벗기는 고통이 따르는 근본적인 변화' 혹은 동물 가죽을 다듬고 고쳐 새로운 재료를 만든다는 뜻으로 '고쳐서 새롭게 하는 것' 등의 의미다.[20] 정부가 그 대상이 되는 정부혁신은 정부의 근본적인 변화 혹은 정부의 문제점을 고쳐서 새롭게 하는 것을 말한다.

정부혁신이 유독 강조된 때는 1980년대이다. 정부의 역할과 기능이 비대지면서 비효율에 대한 비판이 증가하고 특히 재정적자는 그 비판을 더욱 거세게 했다. 경기침체와 복지재정의 부담과 정부규제 증대 등이 이런 비판들의 현실적 근거로 언급되면서 정부를 새롭게 변화해야 한다는 목소리가 정부혁신의 필요성으로 부각되었다. 이런 필요성에 대한 요구는 비단 국내의 정치인들과 국민들에게만 한정된 목소리가 아니라 국제기구들(OECD, IMF, IADB 등)에 의해서도 강조되었다. 그리고 정권 교체는 정부혁신이라는

---

19 Roberts, N. C., and P. J. King(1991). Policy entrepreneurs: Their activity structure and function in the policy process, *Journal of Public Administration Research and Theory*, 1(2): 147−175.

20 강정석(2005). 『정부혁신의 이해: 참여정부의 혁신전략과 실천논리』, 한국행정연구원, p. 38.

구호가 가장 잘 어울리는 상황을 만들어주었다.

정부혁신의 초점은 주로 비판적인 정부의 관료제적 속성에 맞추어져 있었다. 즉, 엄격한 위계질서와 최선이라고 생각하는 단일한 방법 고수, 직접적인 공공서비스 제공, 정치와 분리된 기계적인 집행 업무 수행, 관료의 업무 동기가 공익이라는 관념, 강력한 신분보장 장치, 상명하복에 따른 결과에 대한 약한 책임의식 등이 바로 그것이다.21 이러한 관료제적 속성에 대한 변화를 시도하는 것이 바로 정부혁신의 시작이 된다. 그런 점에서 정부혁신의 개념은 정부 관료제에서 비롯되는 다양한 문제를 확인하고 그 해결을 위해 기존 프로그램과 제도와 정책과 행정 등에 변화를 가하거나 새로운 도입을 시도하는 과정을 의미한다.

이러한 정부혁신은 결국 국가능력을 향상시키기 위한 것이다. 바람직한 국가 비전과 전략을 수립하고 국가전략을 효율적으로 집행할 수 있는 국가능력을 향상시키는 것이 정부혁신의 목적인 것이다.22 그래서 정부영역에서 혁신을 위해 노력하는 기업가는 정부의 능력과 더불어 국가의 능력을 높이기 위해 활동한다. 이 점은 민간기업의 기업가와 다소 차이를 보이는 점인데, 민간의 기업가는 혁신을 통해 수익을 창출하는 것이 중요한 목적이 된다. 물론 수익 창출을 위한 기업가의 노력이 곧 기업의 능력 증대와 무관한 것은 아니기도 하다.

---

21 Hughes, Owen E.(2003). *Public management and Administration*, third ed., New York: Palgrave Macmillan, pp. 17−43.

22 윤성식(2002). 『정부개혁의 비전과 전략』, 열린책들, p. 61.

기업가적 혁신창출의 기본

1. 창조적 파괴

혁신은 창조적 파괴(creative destruction)를 낳고, 창조적 파괴는 또 다른 혁신을 낳기도 한다. 혁신과 창조적 파괴는 연쇄적이다. 그런 점에서 창조적 파괴는 혁신을 이끄는 요인 중 하나이다. 슘페터(Joseph Schumpeter)는 "자본주의의 엔진을 움직이도록 만들고, 또 계속 움직이게 하는 근본적이 추동력은 자본주의 기업이 창조하는 새로운 소비재, 새로운 생산이나 수송방법, 새로운 시장, 새로운 형태의 산업조직에서 비롯된다."라고 하였다. 그리고 "부단히 경제구조를 내부로부터 혁명화하여 낡은 구조를 파괴하고 부단히 새로운 구조를 창조해야 하며, 이러한 창조적 파괴의 과정이야말로 자본주의의 본질적 사실"이라고 하였다.[23] 여기서 창조적 파괴는 기술혁신을 통해 기존의 낡은 것을 파괴하는 것이다. 새로운 것을 위한 과정인 것이다. 단순히 파괴적인 기술(disruptive technology)의 의미를 넘어 기존의 방식과 행위의 규범을 완전히 무력화해버리는 정도의 변화가 창조적 파괴다. 그래서 창조적 파괴는 점진적이라기보다는 다분히 단절적이다.

따라서 창조적 파괴를 이끄는 기술혁신(technological innovation)은 기존의 것(기술, 제품, 관행, 진부화 된 것)을 파괴하는 과정으로서, 여기에는 신기술을 발명하는 것은 물론이고 새로운 제품을 개발하고 발명하고 새로운 생산방법을 도입하고 새로운 시장을 개척하면서 새로운 재료를 찾고 조직을 새롭게 하는 것에 이르기까지 모두 해당된다. 그 결과 낡은 것은 파괴되고 새로운 것이 탄생하여 시장질서가 변하게 되면서 경기변동도 생기게 된다.

---

23 이영조(1991). 특집: 다시보는 자본주의-그 동태와 모순 혁신과 창조적 파괴의 동학, 『사회비평』, 6: 94-119, p. 99.

즉, 기술혁신이 경기변동의 중요 원인이 된다는 것이다. 하지만 혁신에 따른 창조적 파괴가 여기에 머물지 않는다. 연쇄적인 혁신을 낳고 또 창조적 파괴가 일어난다.

이러한 혁신과 창조적 파괴의 흐름은 가치창출에 대한 기존의 설명과 다른 설명을 하는 데 기여한다. 창조적 파괴를 통해 지속되고 연속되는 새로운 가치는 기존의 생산함수에서 말하는 자본과 노동에 따른 결과 이외에도 기술혁신에 의해 발생되는 가치를 강조하기 때문이다. 노동이 가치의 원천이라거나 자본이 가치의 원천이 되는 것과는 다른 설명인 것이다. 기업가정신을 무장한 기업가가 기술혁신을 통해 일으키는 창조적 파괴가 새로운 가치의 원천이 되는 것이다. 기업에게 새로운 가치는 곧 이윤이 된다. 창조적 파괴는 거시적으로는 자본주의의 동력이 되지만 기업에게는 이윤창출이 되는 것이다.

따라서 혁신의 한 요인이 되는 것이 창조적 파괴이다. 변화를 위해 관행화되고 진부해진 기존의 것을 기술혁신을 통해 과감히 파괴하여 새로운 질서를 만들고 이후 다시 낡게 된 질서는 계속된 기술혁신으로 단절적인 변화를 맞이하면서 혁신은 계속된다. 그렇게 함으로써 그 어떤 것이건 지속된다. 결국, 조직이건 개인이건 기업이건 정부건 생존과 진화와 적응과 발전은 혁신의 결과인데, 혁신은 창조적 파괴의 결과이며, 창조적 파괴는 기술혁신에서 비롯된다.

2. 재설계

재설계(redesign)는 일의 다양한 부문들에 변화를 주어 재조정하는 것을 말한다. 일의 과정이나 구조나 성격이나 분류기준 등을 새롭게 설계하는 것으로 해체와 재결합을 하는 것이다. 이는 배열과 패턴의 변화이기도 하다. 새로운 아이디어는 항상 있어왔던 배열과 패턴을 바꿔보는 데서 시작한다. 당연해서 그대로 받아들였던 것에 조금의 변화를 주면 그 전에는 보이지 않았던 새로운 것이 보인다. 항상 다니던 길이 아닌 길로 학교를 가보면 보이지 않았던 환경을 보게 되고 그것을 보면서 새로운 생각을 하게 된다. 항상 하던 일을 이렇게도 해보고 저렇게도 해보고, 저 사람과도 해보고 이 사람과도 해보고, 여기서도 해보고 저기서도 해보고, 이 일이 아니라 다른 사람의 저 일을 대신 해보고, 이 일의 정의와 범위를 다시 정해보고, 일의 처리 과정 순서를 바꿔보고, 처리 과정에 새로운 방법을 도입 하는 등이 모두 재설계의 모습이다.

재설계는 기존 질서에 대한 해체가 선행되어야 한다. 완전한 해체일 수도 있고 부분적인 해체일 수도 있다. 해체는 재결합으로 이어진다. 재결합은 새롭게 설계가 이루어진 재설계이다. 해체가 되지 않으면 재결합도 없고 재설계도 없는 것이다. 이 과정은 새로움이 기존의 토대에서 발생된다는 말을 전제하고 있다. 흔히 새로움의 의미에 대해 없었던 것을 만들어내는 것이라고 여기는 경우가 많은데, 사실은 있었던 것의 새로운 결합에 더 가깝다.

완전한 창조 혹은 완전한 창작이란 이미 있어 왔던 것에 변형과 조정을 가한 결과라는 말도 그와 같은 의미다. 쉬운 예로, 글을 쓴다고 할 때 그 행위는 이미 존재하는 것들을 활용한 결과이다. 즉, 글을 쓸 때는 이미 존재하는 문법과 개념과 어휘를 이용할 수밖에 없다. 아무리 상상력이 풍부한 작가라고 해도 그것들로부터 완전히 탈피하는 것은 불가능하다. 몇 개의 개념을 만들고 어휘를 만드는 것이 가능하다고 해도 문법 자체를 완전히 새롭게 만들기는 어렵고, 또 설사 새롭게 만든 개념과 어휘라고 해도 기존의 언어 질서 내에서 만들어진 것이다. 그런 점에서 창작이란 없던 무엇인가를 만들어낸다는 것이라기보다는 이미 만들어진 요소들을 이리저리 배치하고 편집하는 행위라고 할 수 있다.[24] 해체된 뒤 이루어지는 편집과정에는 전혀 다른 것(분야)과의 결합이나 기존 배열의 변화 그리고 범위를 넓혀서 통합을 시도하는 것이 모두 해당된다. 혁신을 낳는 새로움은 지속적인 해체와 구성 및

---

24 남경태(2013). 『한눈에 읽는 현대 철학』, 휴머니스트, pp. 322–325.

결합 그리고 재구성 및 재결합의 편집으로 구현되는 재설계로 가능하다.

조직에서는 사업의 구조를 새롭게 조정하는 리스트럭처링(restructuring)이
나 전략에 따른 업무과정과 방식을 재조정하는 리엔지니어링(reengineering)
의 활동이 그에 해당된다. 전자의 경우 사업구조의 개혁에 초점을 두고 있는
반면, 후자는 업무 프로세스 개혁에 초점을 두고 있다. 리스트럭처링은 모든
사업들을 놓고 사업구조에 대한 평가를 통해 축소할 사업, 철수할 사업, 더
투자할 사업 등을 조정하면서 혁신을 할 수 있다. 그리고 리엔지니어링은 업
무 프로세스에 대해 업무 단위를 단순화할 수 없는지, 지나치게 너무 많은
단위로 나누어진 것은 아닌지, 업무를 거치는 단계가 많지 않는지 등에 대한
검토를 통해 재조정을 하며 혁신을 한다.[25] 리스트럭처링과 리엔지니어링은
모두 혁신의 방법으로서 재설계의 활동을 의미한다. 비단 조직뿐 아니라 그
어떤 곳에서건 혁신은 해체와 재결합을 통한 재설계로 이루어진다. 민간의
기업과 정부도 마찬가지다.

3. 자율성

통제와 억압 속에서 새로움이 나오기는 힘들다. 자율성(autonomy)은 혁신
의 기본 토대가 될 만큼 새로운 아이디어가 나오는 데 핵심이 된다. 일상생활에
서도 그렇지만 직무 즉, 일과 관련해서도 새로운 아이디어는 그 일을 수행하는
데 얼마나 자율성이 주어져 있는가에 따라 담당자들의 창의적 사고는 달라진다.

직무수행에서의 자율성을 의미하는 직무자율성(job autonomy)은 일종의
재량권을 의미하는 것으로, 직무를 수행할 때 계획과 방법과 일정과 절차와
의사결정 등에서 얼마나 자유롭고 독립적이며 또 어느 정도의 결정권을 가
지고 있는가를 나타내는 말이다.[26] 이러한 자율성이 있다면 같은 일을 하더

---

25 Gates, Bill(2002). 안진환 옮김, 『빌게이츠@생각의 속도』, 청림출판, pp. 343－344.

26 Hackman, J. R. & G. R. Oldham(1976). Motivation through the design of work: Test of
a theory, *Organizational Behavior and Human Performance*, 16: 250－279.

라도 이런저런 고민과 해결책을 자유롭게 생각해내게 되고 그것이 곧 새로운 아이디어가 되어 혁신을 이끄는 단초가 된다. 실제 연구에 따르면 직무자율성이 높을수록 직무만족과 혁신적인 행동도 높게 나타났다. 직무에 대한 자율성이 혁신적인 행동에 직접적인 영향을 줄 뿐만 아니라, 직무에서의 자율성 지각은 직무 만족을 형성하게 되고 이러한 직무에 대한 긍정적인 태도는 혁신적인 행동으로 이어졌다.27

따라서 혁신을 위한 자율성은 필수적인 요인이 된다. 물론 자율성이 곧바로 혁신으로 이어지는 것은 아니다. 중간에 매개되는 요인이 있을 수 있다. 앞서 언급한 연구결과에서처럼 만족감이 될 수도 있고, 상상력이 필요할 수도 있고, 혁신을 이끌 또 다른 역량들이 있을 수도 있다. 그리고 어느 정도의 통제와 같은 역할을 하는 제약도 중간의 매개 요인이 될 수도 있다. 시간 결핍(scarcity)을 초래하는 마감시간과 같은 제약이 있다면 더 효율적이고 집중적으로 생각을 이끌어서 새로운 아이디어를 낳는 경우도 있기 때문이다.28 하지만 이 모든 것에서 핵심적인 전제가 되는 것은 자율성이 보장되고 자율성이 선행되어야 한다는 것이다. 자율성이 없는 곳에서는 생산적인 '진짜' 새로운 생각이 싹트기 어렵다. 모든 것을 철저히 통제하는 사회에서는 통제력에 따르는 '가짜'의 새로운 생각만 있을 뿐이다.

4. 숨은 손(hiding hand)

혁신은 새로운 도전이고 큰 변화를 야기하기 때문에 그 과정에서 많은 장애물을 만나곤 한다. 기득권층이 장애물로서 역할을 할 수도 있고 기득권층이 만들어 놓은 제도와 정책이 장애물이 되기도 한다. 이럴 경우 혁신 창

---

27 고득영·유태용(2012). 직무자율성과 혁신행동 간의 관계, 『한국심리학회지: 산업 및 조직』, 25(1): 215-238.

28 Mullainathan, Sendhil and Eldar Shafir(2014). 이경식 옮김, 『경핍의 경제학』, 알에이치코리아, p. 45.

출을 위한 활동의 폭은 상당히 제한될 수 있다. 그렇다면 혁신은 좌절해버리는 것일까? 그렇지 않다. 그래도 길이 있다. "나를 파멸시키지 못하는 것은 나를 더욱 강하게 만든다(That which does not destroy me, makes me stron-ger)."라는 말처럼 장애물을 맞닥뜨리게 되도 그로 인해 더 강해질 수 있다.29 일명 숨은 손의 힘(power of hiding hand)을 활용하면 더 나은 성과를 볼 수도 있다.

숨은 손이란 관료적인 혹은 정치적인 장애물들에 대한 의도적인 평가절하를 말한다. 추진하고자 하는 사업에 대한 장애물들이 많으면 그것들을 평가절하 해버리면 사업을 진전시키는 데 도움이 된다. 어떤 사업을 추진할 때 최초 원동력을 제공하기 위해 현재 마주하고 있는 모든 조건들이나 제한들의 균형을 깨뜨리고 무시하는 것을 말한다. 실행에 장애가 되는 요인들에 중점을 둔 제약들을 무시하고, 그 대신 추진하고자 하는 사업은 손이 닿는 데까지 추진하며 확장하는 것을 말한다. 그렇게 하면 발전과 혁신을 낳을 수 있다는 것이다. 이때는 자신의 창의적 능력이 발휘된다는 자신감에 기반하고 있을 때이다. 혁신을 낳을 만큼의 창의력에 대한 자신감과 확신이 든다면 장애물에 대한 과감한 평가절하는 혁신을 추진하는 데 중요한 역할을 한다. 실제 혁신을 이룬 사람들의 말에 따르면, "만일 내가 당시 하고 있던 일들이 무엇인지 알았더라면 아마도 나는 그러한 일들을 전혀 이루어내지 못했을 것이다.", "업무 성취에 대한 그의 시각은 결코 현실적인 문제들로 인해 흐트러지지 않았다.", "닥쳐올 어려움들을 정확하게 평가했더라면 그 어떤 것도 이루어낼 수 없었을 것이다."30 과감한 무시 전략은 위험을 감수해서 추진력을 다하는 앙트레프레너로서 기업가적 모습이다. 숨어 있던 창의력이 극대화되는 순간 과감한 시도가 가능해지는 상태가 바로 숨은 손이 작동할

---

29 강명구(2007). 알버트 허쉬만의 발전론 연구: "숨은 손"이 인도하는 여러 갈래의 길, 『한국정치학회보』, 41(4): 265-290, p. 279.

30 Levin, Martin A. and Mary Bryna Sanger(1996). 이언오·김선빈 옮김, 『선진행정의 길: 공공적 책임을 효율적으로 달성하는 행정』, 삼성경제연구소, pp. 165-166.

때이다.

숨은 손은 후진국이 발전할 때 주로 중요한 역할을 하는 것으로 알려져 있다. 후진국 발전을 위해 발전계획을 수행할 때면 여러 장애물들을 마주하게 되는데, 이 장애물들은 발전계획 자체를 무산시킬 정도의 난관들일 경우가 많다. 여기서 발전계획은 주로 선진국에서 경험한 성공적인 모델을 후진국에 도입하는 것이다. 그래서 선진국에서 성공한 경험을 후진국에서도 잘 실행될 것이라는 기대로 어려움들을 과소평가하는 우를 범하게 되는데(과업 난제 저평가의 오류), 막상 과업을 시행해 보면 도처에 수많은 난관이 산재해 있다는 것을 알게 된다. 그리고 실망에 빠진다. 하지만 인간은 필연적으로 자신의 창의적 능력을 과소평가하기 때문에 평소에는 그 능력을 잘 발휘하지 못하다가 어려움이 닥치게 되면 '닥치는 대로(willy-nilly)' 행하면서 숨겨진 창의적 능력을 발휘해서 과업 난제 저평가의 오류를 극복하게 된다. 과업 수행의 어려움에 대한 과소평가에서 닥친 난관을 과감히 추진하며 진행하는 것이다. 특히 선진국보다 후진국에서 이런 현상은 더 잘 나타난다. 발전계획 난관의 정도를 사전에 예측하기 쉬운 선진국보다는 자신의 창의력에 대한 확신의 정도가 낮은 (즉, 자기 비하의 정도가 높은) 개도국에서 더욱 유용한 것이 바로 숨은 손의 원칙이다.[31]

이와 같이 혁신을 추구할 때 장애물과 같은 어려움을 지나치게 과소평가하다가 맞닥뜨리게 된 어려움을 오히려 평가절하하며 과감히 추진하는 것이 중요하다. 특히 혁신과정에서는 예상치 못한 수많은 변수들이 등장하며 그것이 장애물이 되는데, 이때 쉽게 좌절해버리면 더 이상은 혁신은 없고 오히려 기존의 질서가 더 강화되어 버린다. 따라서 숨은 손의 힘을 발휘해야 한다. 다시 말해, 혁신창출 과정에서 문제해결을 위한 창의력이나 혁신을 낳을 만한 새로운 아이디어로서 확신이 든다면 장애물에 대한 과감한 무시 전략을 펼치며 추진력을 발휘하는 것이 필요하다.

---

31 강명구(2007). 알버트 허쉬만의 발전론 연구: "숨은 손"이 인도하는 여러 갈래의 길, 『한국정치학회보』, 41(4): 265–290, p. 278.

5. 혁신문화

혁신은 변화를 동반하기 때문에 변화를 싫어하는 사람, 즉 이미 현 상태에서 충분한 만족을 느끼고 있거나 부족함 없이 이익을 누리고 있는 사람은 굳이 애써서 혁신을 바라지 않는다. 단순히 바라지 않거나 싫어하는 감정을 넘어 혁신을 추구하려는 사람을 제재하기도 한다. 기업가는 이들에게 눈엣가시와 같은 존재가 될 수 있다. 이런 사람이 소수라면 문제가 덜 할 수도 있지만, 만일 대다수가 그렇다면 혁신은 더 이상 생길 수가 없다. 이는 개인 차원을 넘어 문화와 관련된 문제가 된다. 모두가 그렇게 생각하고 그렇게 행동하면 그것은 하나의 행동양식이 되어 문화로서 자리 잡게 된다.

조직이 되건 국가가 되건 혹은 어느 집단이 되건 혁신에 관대하지 않는 문화는 결코 혁신을 이룰 수 없다. 기존과 다른 새로운 생각을 위협이나 도전으로만 받아들이게 되면 기업가와 같은 혁신가는 더 이상 존재할 수 없고, 그렇기 때문에 혁신과 새로움도 없게 된다. 따라서 혁신을 받아들이고 기꺼이 권장하는 혁신문화는 혁신을 위한 중요한 요인이 된다.

일반적으로 문화는 크게 세 가지 의미로 나누어진다. '개인적이고 집단적인 지적·정신적 발달과 과정으로서 문화', '다양한 범위와 형태에 속한 사람들의 삶의 방식으로서 문화', '예술 활동이나 정신 및 지적 작업을 표현하는 과정이나 그 결과물을 창출하여 공유하는 것으로서 문화'가 그것들이다.[32] 이 중에서 혁신문화에서 말하는 문화는 두 번째의 의미에 해당한다. 어떤 집단이나 조직이나 대상이 속한 곳에 형성된 일종의 삶의 방식을 말한다. 사람들이 생활하는 모습을 전체적으로 보여주는 양식은 개인 행동에 일정한 제약이 된다는 점에서, 어떤 문화를 형성하고 있는가에 따라 혁신적 행동의 발현 가능성과 실현 정도는 달라진다.

이러한 문화는 다양한 모습으로 존재하고 있다. 여러 기준에 따라 그

---

32 김민주·윤성식(2016). 『문화정책과 경영』, 박영사, p. 12.

〈그림 9-1〉 문화이론에 기초한 문화유형

	집단		
	약한 집단(low group)	강한 집단(high group)	
	운명주의 (Fatalism)	계층주의 (Hierarchy)	강한 망 (high grid) 망
	개인주의 (Individualism)	평등주의 (Egalitarianism)	약한 망 (low grid)

모습은 다양하게 표현될 수 있는데, 그중 '집단(group) - 망(grid)' 기준은 문화의 모습을 네 가지로 나누어 볼 수 있는 틀을 제공해준다. 사회적 삶에서 개인의 행동과 양식의 다양한 모습을 집단과 망이라는 두 차원으로 볼 수 있는 것이다.33

　　여기서 말하는 집단은 개인이 특정한 집단에 한정되는 정도로써, 집단성이 강할수록 개인의 선택은 집단 결정에 가까워진다. 이와 관련된 질문은 "나는 누구인가?(Who am I?)"이다. 망은 개인의 삶이 외부적으로 부과된 규제에 의해 제약되는 정도를 말하는 것으로 규제의 정도가 강할수록 개인이 협상에서 자율성을 가지는 정도가 적어진다. 여기서의 질문은 "내가 무엇을 해야 하는가?(What shall I do?)"이다.34 집단과 망은 세부적으로 강한 집단(high group), 약한 집단(low group), 강한 망(high grid), 약한 망(low grid)으로 구분되며, 각각의 두 차원을 조합하면 4가지 삶의 유형으로 나누어진다.35 〈그림 9-1〉은 문화이론(cultural theory)에 기초한 문화유형을 보여주고 있다.

---

33 Douglas, Mary(1982). "Cultural Bias," In Mary Douglas, ed., *In the Active Voice*, London: Routledge & Kegan Paul. 여기서 다양한 모습이란 문화 양식을 결정짓는 사회적 관계 변수를 의미한다.

34 Grendstad, G. and P. Selle(1995). Cultural Theory and the New Institutionalism, *Journal of Theoretical Politics*, 7(1): 5-27.

35 Douglas, Mary(1982). "Cultural Bias," In Mary Douglas, ed., *In the Active Voice*, London: Routledge & Kegan Paul.

도출된 4가지 각각의 문화 유형의 특징을 살펴보면, 우선 개인주의 (individualism)는 약한 집단과 약한 망으로 구성되어 있기 때문에 집단의식 이나 외부의 규제가 미약한 대신 개인의 자율적 협상이 강조되는 문화유형 이다. 운명주의(fatalism)는 약한 집단과 강한 망으로 구성된 삶의 양식으로 써 규제가 강한 반면 개인의 자율성은 매우 낮은 상태를 보이는 문화유형이 다. 여기서는 개인들에게 집단 가입이 배제되지만 의무규정은 강제된다. 평 등주의(egalitarianism)는 강한 집단과 약한 망이 그 특징이며 강한 집단의식 을 가지는 반면 규제보다는 평등의식을 중시하여 상호 연대 의식을 강조하 는 문화유형이다. 계층주의(hierarchy)는 강한 집단과 강한 망으로 구성된 삶 의 양식이며 이들에게는 집단의식과 규제의 정도가 매우 강하여 개인보다 집단과 질서가 더 우선시된다.[36]

혁신은 이 네 가지 문화에서 각각 다른 정도로 나타날 것이다. 특히 계 층주의 문화에서는 혁신의 정도는 상당히 낮을 것이고, 개인주의 문화에서 는 비교적 혁신의 가능성이 높을 것이다. 그 사이에 운명주의 문화와 평등주 의 문화가 위치할 것이다. 혁신을 위한다면 망의 정도가 높지 않고 집단의 정도도 높지 않은 문화가 유리하다. 그런 점에서 볼 때 계층주의 문화에서 기업가는 많은 장애물에 걸리고 말 것이다. 규제와 같은 강한 망과 집단성에 대한 지나친 강조는 혁신적 사고를 위한 자유로움을 억제할 수 있기 때문이 다. 다만, 혁신 이외의 다른 관점에서 본다면 이 네 가지 문화유형에 대한 해석과 이해는 달라질 수 있다. 중요한 것은 혁신을 위해서 문화도 중요한 요인이 된다는 점이다.

---

36 박종민·김서용(2001). 신자유주의 정부개혁의 문화적 분석, 『한국행정학회 춘계학술대회 발 표논문집』, 한국행정학회; Hood, Christopher(1998). *The Art of the State: Culture, Rhetoric and Public Management*, Oxford: Oxford University Press, pp. 10－12; Thompson, M., R. Ellis and A. Wildavsky(1990). *Cultural Theory*, Boulder: Westview Press, pp. 5－11.

제3절　기업가적 공공관리의 적용

1. 정부혁신을 위한 계획수립

기업가적 공공관리는 정부영역에서 혁신을 위한 다양한 노력에서 찾을 수 있다. 특히 정부혁신을 위한 계획 수립은 정부가 혁신을 얼마나 지향하고 있는지를 보여준다. 혁신 그 자체를 위한 계획을 수립한 것이기 때문에 혁신의 의지를 나타내는 것과 동시에 전반적인 혁신의 방향을 제시해주고 있다.

정부혁신을 위한 계획은 혁신자로서 기업가를 특정한 사람으로 가정하고 있지는 않다. 정부라는 실체가 기업가이며, 정부조직의 구성원으로서 관료가 기업가이며, 리더십을 발휘하는 정치적 리더가 기업가이며, 정부가 하는 일이 국민과 상호작용하면서 이루어지는 일이 많다는 점에서 정부는 물론이고 국민도 함께 혁신을 추구해야 되기 때문에 국민 또한 혁신가로 상정된다. 정부혁신을 위한 계획에서는 사회 전체의 구성원 개개인과 집단 모두가 기업가로서 그 역할을 할 것을 기대하고 있다.

정부가 제시한 「정부혁신 종합 추진계획」은 〈사례 9-1〉에서처럼 정부혁신의 비전과 목표, 전략과 과제로 구성되어 있다. 정부혁신의 비전은 '국민이 주인인 정부의 실현'이며 목표는 '참여와 신뢰를 통한 공공성 회복'으로 설정되어 있다. 목표의 구체적인 내용은 'OECD 더 나은 삶의 질 지수 10위권', 'OECD 정부신뢰도 10위권', '부패인식지수 20위권 진입'이다. 이를 위한 3대 전략은 '참여와 협력, 사회적 가치 중심 정부, 신뢰받는 정부'이다. 그리고 3대 전략별 핵심과제 7가지를 제시하고 있다.

〈사례 9-1〉 정부혁신 종합 추진계획 예시[37]

○ 정부혁신의 비전: 국민이 주인인 정부의 실현

○ 목표: 참여와 신뢰를 통한 공공성 회복
  - OECD 더 나은 삶의 질 지수 10위권
  - OECD 정부신뢰도 10위권
  - 부패인식지수 20위권 진입

○ 3대 전략: 참여와 협력, 사회적 가치 중심 정부, 신뢰받는 정부

○ 핵심과제:
  ▷ 사회적 가치 구현
    - 과제1: 사회적 가치를 실현할 수 있도록 재정혁신 하겠습니다.
    - 과제2: 국민의 삶을 바꾸는 인사·조직·성과평가 체계를 구축하겠습니다.
  ▷ 참여협력
    - 과제3: 국민이 공감하는 정책, 국민과 함께 만들겠습니다.
    - 과제4: 정보를 낱낱이 공개하고, 자원을 공유하는 열린정부가 되겠습니다.
    - 과제5: 기관 간 장벽을 허물어 협력하는 정부를 구현하겠습니다.
  ▷ 신뢰받는 정부
    - 과제6: 국민이 원하는 공정하고 깨끗한 공직사회를 만들겠습니다.
    - 과제7: 국민중심 4대 행정혁신(데이터·창의·규제개혁·낭비제로)을 실현하겠습니다.

　　7개의 과제는 다시 세부적인 사업으로 구성되어 있다. 총 21개의 사업
이며 여기서 중점사업으로 10개를 별도로 제시하고 있다. 정부혁신 10대 중
점사업에 해당하는 것에는, ① 인권, 안전 등 사회적 가치 실현 사업 재정
투자 확대, ② 공공부문 여성 임용 목표제 10·20·40 도입, ③ 국민 토론 광
장, '광화문1번가' 상설 운영, ④ 예산·법령 등 핵심정책과정에 국민참여 강
화, ⑤ 주차장 등 공공자원 개방확대, ⑥ 범정부 협업 촉진을 위한 인사·조
직·평가·시스템 개편, ⑦ 채용비리·금품수수·부정부패 관용없이 '원스트
라이크 아웃', ⑧ 성희롱·성폭력 걱정없고, 보복에 대한 두려움없는 근무환
경, ⑨ 데이터 기반 디지털 행정서비스 혁신, ⑩ 낡은 관행과 선례를 깨는
창의 행정이다. 그 외 중점사업은 아니지만 정부혁신을 위하 11개의 사업들
이 있다. 〈사례 9-2〉는 정부혁신을 위한 10대 중점사업과 그 외 사업들을

---

37 정부혁신 홈페이지(www.innogov.go.kr).

보여주고 있다.

〈사례 9-2〉 정부혁신을 위한 사업목록38

〈사회적 가치〉
과제1: 사회적 가치를 실현할 수 있도록 재정혁신 하겠습니다.
　　1. 인권, 안전 등 사회적 가치 실현 사업 재정 투자 확대(☆)
　　2. 재정사업 심사·평가에 사회영향평가 요소 반영
과제2: 국민의 삶을 바꾸는 인사·조직·성과평가체계를 구축하겠습니다.
　　3. 공공부문 여성 임용 목표 10·20·40 도입(☆)
　　4. 경찰·소방차 출동시간 단축으로 안전 골든타임 확보
　　5. 사회적 가치 중심 공공부문 성과평가 전면 개편
　　6. 승진 및 성과평가에 사회적 가치 반영

〈참여협력〉
과제3: 국민이 공감하는 정책, 국민과 함께 만들겠습니다.
　　7. 국민 토론 광장, '광화문1번가' 상설 운영(☆)
　　8. 예산·법령 등 핵심정책과정에 국민참여 강화(☆)
　　9. 국민의 뜻을 섬세하게 살피는 열린정책 소통체계 구축
과제4: 정보를 낱낱이 공개하고 자원을 공유하는 열린정부가 되겠습니다.
　　10. 주차장 등 공공자원 개방확대(☆)
　　11. 누구나 알기 쉬운 '국민세금 사용명세서' 공개
　　12. 식품, 안전 등 국민 삶과 밀접한 정보 집중 공개
과제5: 기관 간 장벽을 허물어 협력하는 정부를 구현하겠습니다.
　　13. 범정부 협업 촉진을 위한 인사·조직·평가·시스템 개편(☆)
　　14. 칸막이 없는 '정부합동 원스톱 민원센터' 구축
　　15. 성과제고와 정부신뢰를 위한 부처내 부처간 협업 강화

〈신뢰받는 정부〉
과제6: 국민이 원하는 공정하고 깨끗한 공직사회를 만들겠습니다.
　　16. 채용비리·금품수수·부정부패 관용없이 '원스트라이크 아웃'(☆)
　　17. 성희롱·성폭력 걱정없고, 보복에 대한 두려움 없는 근무환경(☆)
과제7: 국민중심 4대 행정혁신(데이터·창의·규제개혁·낭비제로) 실행하겠습니다.
　　18. 데이터 기반 디지털 행정서비스 혁신(☆)
　　19. 낡은 관행과 선례를 깨는 창의 행정(☆)
　　20. 국민불편·부담을 야기하는 규제혁파 및 행정·민원 제도 개선
　　21. 불필요한 행·재정낭비 제로시대

☆ 표시가 된 사업은 10대 중점사업에 해당

---

38 정부혁신 홈페이지(www.innogov.go.kr).

이와 같이 정부혁신을 위한 사업의 내용을 보면 현재 우리사회에서 새
로운 변화가 필요한 분야가 어떤 것인지를 알 수 있게 해준다. 적어도 정부
가 이러한 분야들의 경우 혁신을 통해 현재보다 보다 더 나은 상태로 만드
는 것이 필요하다고 인식하고 있는 분야들인 것이다.

정부가 혁신을 위해 제시한 위와 같은 정부혁신 종합 추진계획은 각 부
처별로 실행계획으로 이어진다. 각 부처는 정부혁신 종합 추진계획과 연동
해서 부처 업무에 맞는 혁신계획을 수립하게 된다. 〈사례 9-3〉은 행정안전
부의 「정부혁신 실행계획」의 일부 예시이다. 중점사업들을 제시하고 있고
중점사업별 성과목표를 제시하고 있다. 현재 〈사례 9-3〉에서는 보이지 않
지만, 중점사업별로 성과목표 이외에도 관련 법령 및 지침 개정계획과 소요
예산과 추진일정 등도 함께 제시하고 있다. 행정안전부 이외에 정부의 모든
부처에서 같은 양식의 정부혁신 실행계획을 작성해서 실천을 위한 노력을
하고 있다.

〈사례 9-3〉 행정안전부의 정부혁신 실행계획의 예시[39]

[과제 1] 사회적 가치를 실현할 수 있도록 재정혁신 하겠습니다.
  1-1. 사회적 가치 실현 사업 발굴 및 투자 확대
  (중점사업 1) 지자체 예산편성기준에 사회적 가치 반영
  (중접사업 2) 사회적경제 기업 제품 우선구매
  (중점사업 3) 행안부 승용차 친환경차 60% 달성

□ 성과목표

중점사업	시행 전	시행 후
중점사업1	• 지자체 예산편성 시 사회적 가치실현을 위한 기준 부재	• 지자체 예산편성 시 사회적 가치 실현을 위한 기준 마련
중점사업2	• 사회적경제 제품 구매액 30억 원	• 구매액: ('17) 30억 원 → ('22) 80억 원(매년10억증)
중점사업3	• 친환경차 비율('18년): 44.8%	• 친환경차 비율('22년): 60%
중점사업4	• 승용차량 친환경차 비율 관리 부재	• 공공기관 승용차량 친환경차 비율('22년): 60% 달성

[39] 행정안전부(2018c). 『'국민이 주인인 정부'를 실현하는 정부혁신 실행계획』, 행정안전부.

실제 정부에서는 각 기관별로 혁신사례를 발굴하고 있다. 3대 전략인 참여와 협력, 사회적 가치 중심 정부, 신뢰받는 정부에 각각 해당되는 사례를 선정해서 공유하고 있다. 〈사례 9-4〉는 그 중 사회적 가치 전략의 우수 혁신사례로 선정된 경찰청의 혁신사례이다.

〈사례 9-4〉 혁신사례[40]

기관명: 경찰청

인권침해, 사후 구제에서 사전 예방으로
인권영향평가제 정부부처 최초 시행

1. 사례 소개
인권영향평가제는 국민의 인권신장을 위해 경찰행정의 침해요인을 사전 발굴하여 예방하는 평가 제도로, 정부부처 중 최초로 시행함

2. 인권영향평가제 시행으로 공정해지는 국민의 삶
경찰청은 2015년부터 관련 연구를 통해 인권영향평가제 도입을 준비해왔고 시민단체와 학계 등 시민사회와 함께 평가 체크리스트를 개발하였다. 일부 기초자치단체에서 인권영향평가제를 도입한 사례가 있으나 중앙정부 차원의 도입 선례는 없었다. 경찰청 인권영향평가제는 지난 6월 첫 시행 후 범죄수사규칙 개정안, 피의자 유치 및 호송규칙 개정안 등 국민의 인권에 영향을 미칠 수 있는 법령과 제도를 사전에 평가하여 유의미한 권고를 하였으며 향후 국민의 인권신장에 기여하기 위해 노력할 것이다.

3. 이렇게 바뀝니다.
그동안은 국민이 경찰에 의한 인권침해 피해를 입었을 때 국가인권위원회 진정을 통한 조사와 구제, 소송과 같은 사후적 방법이 유일한 해결책이었습니다.
앞으로는 경찰청이 시행하는 법령과 정책을 인권의 기준으로 사전 평가하여 인권침해의 요인을 최소화합니다. 또한 경찰이 추진하는 치안행정 전반을 인권 친화적으로 추진할 계획입니다

---

2. 아이디어 제안제도

혁신은 새로운 아이디어가 밑거름이고 새로운 아이디어는 사소한 아이디어에서 시작된다. 아이디어가 있어야 그것이 혁신을 이끌 수 있기 때문에 민간조직이나 공공조직 모두에서 내·외부적인 아이디어를 발굴하기 위해 노력한다. 공공영역에서 혁신적인 아이디어 발굴을 위한 제안제도는 크게

---

40 대한민국정부(2018). 『2018 정부혁신 첫 번째 우수사례집: 정부가 달라졌어요』, 대한민국정부.

공무원제안제도와 국민제안제도로 나눌 수 있다.

1) 공무원제안제도

공무원의 경우 「국가공무원법」과 「공무원 제안 규정」을 통해 제안제도를 실시하고 있다. 「국가공무원법」제53조에 따르면, 행정 운영의 능률화와 경제화를 위한 공무원의 창의적인 의견이나 고안(考案)을 계발하고 이를 채택하여 행정 운영의 개선에 반영하도록 하기 위하여 제안 제도를 두도록 되어 있다. 그리고 제안이 채택되고 시행되어 국가 예산을 절약하는 등 행정 운영 발전에 뚜렷한 실적이 있는 자에게는 상여금을 지급할 수 있고 특별승진이나 특별승급을 시킬 수 있도록 하고 있다.[41] 그래서 구체적인 제안 제도 운영을 위해 「공무원 제안 규정」두고 있는데, 여기서 공무원 제안의 의미를 "국가공무원이 자기 또는 다른 공무원의 업무와 관련하여 소관 중앙행정기관의 장에게 제출하는 창의적인 의견이나 고안"이라고 정의하고 있다.[42]

제안제도에서는 공모제안, 채택제안, 자체우수제안, 중앙우수제안의 용어를 구분하고 있다. 공모제안이란 중앙행정기관의 장이 과제를 지정하여 공개적으로 모집하는 경우에 제출하는 제안을 말한다. 채택제안이란 중앙행정기관의 장이 접수한 공무원제안 중 그 내용을 심사한 후 채택한 것을 말한다. 그리고 자체우수제안이란 중앙행정기관의 장이 채택제안 중 그 내용이 우수하다고 인정하여 행정안전부장관(국방·군사에 관한 제안의 경우에는 국방부장관을 말한다)에게 추천한 것을 말한다. 중앙우수제안이란 행정안전부장관이 자체우수제안 중 그 내용을 심사한 후 채택한 것을 말한다.[43]

현재의 공무원제안제도가 자리 잡기까지의 연혁을 보면, 1963년에 「국가공무원법」에 공무원제안 근거를 마련하였고, 1973년에 「제안규정」을 제

---

41 「국가공무원법」제53조.
42 「공무원 제안 규정」제2조.
43 「공무원 제안 규정」제2조.

정하고, 2006년에는 「공무원제안규정」으로 전부개정하게 된다. 이후 2007년에는 국민신문고인 공무원제안시스템을 개통하고 2017년에는 「공무원제안규정」을 전부 개정해서 시행하고 있다.[44]

　　모든 공무원은 제안을 제출할 수 있는데, 이를 위해서는 행정제도 및 그 운영의 현황과 문제점과 개선방안 및 기대효과 등에 관한 사항을 작성하여 방문·우편·팩스 또는 온라인 국민참여포털 등 인터넷을 통해 중앙행정기관의 장에게 제출하게 된다. 이때 중앙행정기관의 장은 장애인이 공무원제안을 쉽게 제출할 수 있도록 적절한 편의를 제공하도록 되어 있다.[45] 제출된 제안에 대해서는 제안의 채택여부를 결정하기 위해 심사가 이루어지는데, 그 기준이 되는 것에는 실시 가능성, 창의성, 효율성 및 효과성, 적용 범위, 계속성이다.[46]

　　제안이 채택되면 시상과 보상이 이루어진다. 채택제안의 경우, 중앙행정기관의 장은 채택제안의 제안자에게 포상을 하거나 예산의 범위에서 부상(副賞)을 지급할 수 있다.[47] 중앙우수제안의 경우에는, 중앙우수제안의 창안등급은 금상·은상·동상 및 장려상으로 구분되고 각 등급에 해당하는 공무원제안이 없는 경우에는 해당 등급의 시상을 하지 않는다. 지급되는 부상의 종류는, 금상의 경우 하나의 공무원제안당 500만 원 이상 800만 원 이하이고, 은상은 300만 원 이상 500만 원 미만이며, 동상은 100만 원 이상 300만 원 미만, 장려상은 50만 원 이상 100만 원 미만이다.[48]

　　그리고 인사상 특전도 있고,[49] 3천만 원 이하의 범위에서 상여금도 있다. 상여금은 제안 실시로 예산 절감에 직접적이고 현저한 효과가 있는 경우이거나, 제안 실시로 국고 또는 조세 수입 증대에 막대한 효과가 있는 경우,

44 행정안전부(2018b). 『2018년도 국민·공무원제안 활성화 추진 계획』, 행정안전부, p. 1.
45 「공무원 제안 규정」 제5조.
46 「공무원 제안 규정」 제7조.
47 「공무원 제안 규정」 제16조.
48 「공무원 제안 규정」 제17조.
49 「공무원 제안 규정」 제18조.

혹은 행정 업무 개선에 획기적인 효과가 있는 경우에 해당될 때이다.[50]

채택된 제안은 채택을 결정한 날부터 3년간 실시 여부의 확인 등 필요
한 관리를 해야 하고, 채택되지 않은 공무원제안에 대해서는 채택하지 않는
것으로 결정한 날부터 2년간 보존·관리하여야 한다.[51] 그리고 중앙행정기관
의 장은 채택한 공무원제안이 다른 중앙행정기관에서도 적용할 수 있다고
판단될 경우에는 다른 중앙행정기관에 그 공무원제안의 실시를 권고할 수
있다.[52] 공무원제안의 실적을 보면, 2017년의 경우 35,573건이 접수되었고,
그 중 4,307건이 채택되었다. 실시건수는 2,607건이었다. 〈사례 9-5〉는 중
앙우수제안의 사례이다.[53]

〈사례 9-5〉   중앙우수제안 사례[54]

- 혈흔 탐지용 신(新) 루미놀 시약 개발
  소속기관이 다른 두 제안자(경찰청, 행안부 국과수)가 8년간의 공동연구 끝에 해외 혈흔탐지 시
  약보다 우수한 시약을 저렴한 비용으로 개발, 수입대체 및 향후 수출가능성 개척

- 교통 과태료 사전고지서 발송요금 절감방안
  1인가구, 맞벌이가정 증가에 따라 (등기가 우편보다 수령률이 높다는)기존 관념을 뒤집고 등기
  로 발송하던 고지서를 우편으로 대체, 고지서 수령률을 높인 사례
  → 발송비용 절감, (고지서 수령률 증가 ⇒ 납부율 증가 따른) 세외수입 증가, 과태료 사전고지 납
  부시 납부액 할인에 따른 납부자 부담감소 등 1석 3조의 효과를 거둔 사례

2) 국민제안제도

국민제안제도는 「민원 처리에 관한 법률」과 「국민 제안 규정」에 따라
실시되고 있다. 「민원 처리에 관한 법률」 제45조에 따르면, 중앙행정기관의
장, 지방자치단체의 장 등 행정기관의 장은 정부시책이나 행정제도 및 그 운

---

50 「공무원 제안 규정」 제19조.
51 「공무원 제안 규정」 제23조.
52 「공무원 제안 규정」 제28조.
53 행정안전부(2018b). 『2018년도 국민·공무원제안 활성화 추진 계획』, 행정안전부, p. 2.
54 행정안전부(2018b). 『2018년도 국민·공무원제안 활성화 추진 계획』, 행정안전부, p. 2.

영의 개선에 관한 국민제안을 접수·처리하여야 한다고 규정하고 있다.[55] 그리고 구체적인 운영을 위해 「국민제안규정」을 두고 있는데, 이 규정의 목적에 대해 "국민의 창의적인 의견이나 고안(考案)을 정부시책이나 행정제도 및 그 운영에 반영함으로써 국민 참여를 활성화하고 행정 업무의 혁신을 촉진하기 위한 국민 제안 제도의 운영에 필요한 사항을 규정하기 위한 것"이라고 밝히고 있다.[56] 여기서 말하는 국민제안이란 "국민이 정부시책이나 행정제도 및 그 운영의 개선을 목적으로 중앙행정기관의 장, 지방자치단체의 장 및 교육감에게 제출하는 창의적인 의견이나 고안"이다.[57]

국민제안은 공무원제안제도보다 늦게 시작되어 정착되었다. 1997년에 「민원사무 처리에 관한 법률」 제정을 통해 국민제안의 근거를 마련하였고, 2005년에 국민신문고인 국민제안시스템이 개통되었다. 2006년에는 「국민제안규정」이 제정되었고, 2013년에는 국민신문고인 국민제안시스템을 확대·개편한 국민행복제안센터가 개통되었다. 이후 2017년에는 「국민제안규정」을 전부 개정하여 시행하고 있다.[58] 세부적인 사항들은 공무원제안제도의 운영과 대부분 유사하다. 2017년의 국민제안실적 건수를 보면, 접수건수는 83,676건이고 채택건수는 6,152이며 실시건수는 2,120건이다.[59]

3. 혁신전담 조직: 스컹크 조직

1) 스컹크 조직의 의미와 배경

혁신을 위해 혁신에만 집중해서 업무를 전담하는 방법이 있다. 혁신적

---

55 「민원 처리에 관한 법률」 제45조.
56 「국민 제안 규정」 제1조.
57 「국민 제안 규정」 제2조.
58 행정안전부(2018b). 『2018년도 국민·공무원제안 활성화 추진 계획』, 행정안전부, p. 1.
59 행정안전부(2018b). 『2018년도 국민·공무원제안 활성화 추진 계획』, 행정안전부, p. 2.

인 일을 할 때 필요한 자율성을 부여해서 오로지 그 일에만 몰두하게 하는 방법이다. 여기에 해당되는 예가 스컹크 워크(skunk work)이고 제도적으로 조직화된 것이 스컹크 조직이다. 스컹크 워크는 별도의 팀을 꾸려 집중적으로 수행하는 업무를 말한다.

스컹크 워크는 제2차 세계대전 당시 미국의 국방부가 방위산업체인 록히드(Lockheed)사에게 긴급하게 요청한 정찰기 개발업무를 수행하는 과정에서 보인 특징적인 현상에서 비롯된 말이다. 정찰기 개발 프로젝트는 긴급한 요구이면서 동시에 보안을 철저히 지키도록 되어 있어서, 프로젝트를 담당하게 되는 개발팀을 위해 별도로 공간을 마련해서 그곳에서 지내며 개발에만 집중하도록 했다. 그런데 당시 공간이 부족하여 텐트를 쳐서 그곳에서 개발 업무를 하게 되었는데, 그곳이 유독물질 공장 옆이었다. 그러다 보니 공장에서 나오는 악취는 개발팀원들에게 고통스러웠을 뿐 아니라 몸에도 그 냄새가 뱄다. 자연히 다른 부서 직원들은 이 개발팀 소속의 사람들이 다가오면 악취도 함께 나기 때문에 피하기 일쑤였고, 그것은 개발팀이 더욱 비밀스럽고 은밀한 업무를 하는 사람들로 여겨지도록 했다. 그래서 개발팀의 한 사람은 악취가 나는 자신들을 보며 당시 유행하던 만화에서 나오는 스컹크에 빗대어서 부르기 시작했다.

스컹크의 특징 중 하나가 위험에 처하게 되면 항문 근처에 있는 한 쌍의 항문선(肛門腺)에서 악취가 강한 노란색의 액체를 적의 얼굴을 향하여 3~4m까지 발사한다. 양쪽을 한꺼번에 뿜을 수도 있고, 한쪽만 뿜을 수도 있다. 그 악취는 고약하기도 하지만 맡으면 숨이 막힐 정도이고 눈에 들어가면 일시적으로 눈앞이 안 보이기까지 한다. 그래서 당시 개발팀은 악취가 나는 자신들을 스컹크와 같다고 해서 스컹크 워크라고 불렀던 것이다.

이후 이들은 미국 국방부가 요구한 기간보다 더 빠른 시일 내에 개발에 성공했다고 한다. 이때부터 이들은 별도의 신사업 발굴을 위한 혁신 팀의 사례로 인용되었고, 이것이 제도화되면서 스컹크 조직으로까지 발전하게 된다. 그래서 통상적으로 스컹크 조직은 혁신적인 일을 위해 소규모의 사람들이 자율성을 부여받아서 구성된 조직을 말한다.60 혹은 실험적이고 도전적인 기술과 상품개발만을 위해 별도로 모인 소수의 전문가 그룹을 말한다. 기업에서는 혁신적인 상품 개발을 위해 이러한 스컹크 조직을 만드는 사례가 많아졌다.

그 한 예로 비누와 세제 그리고 기타 가정용품 제조업체인 P&G(The Procter & Gamble Company)의 사례를 보면, 2000년에 새로운 성장엔진을 발굴하기 위해 만든 퓨처 웍스(future works) 조직이 그에 해당된다. 퓨처 웍스는 새로운 사업영역을 찾고 M&A 등을 통해 새로운 산업을 추진하는 역할을 했다. 퓨처 웍스는 CFO(Chief Financial Officer, 최고재무관리자)가 직접관리하는 P&G 혁신펀드에서 별도의 자금을 지원 받았다. 재정이 분리되었기 때문에 기존의 사업조직과의 충돌이나 간섭으로부터 자유로웠다. CFO가 전폭적인 지원을 했던 것이다.61

그리고 기업 컨설팅과 컴퓨터 하드웨어와 소프트웨어를 판매하는 미국 회사인 IMB(International Business Machines Corporation)도 신사업발굴을 위해 별도의 조직인 EBO(Emerging Business Opportunity)를 운영하고 있다. EBO는 전략담당부사장이 총괄하게 되는데, 우선 다양한 채널을 통해 사업 아이디어를 수집해서 그중 EBO에서 추진할 아이템을 선택한다. 아이템이 결정되면 사업경험이 풍부하고 가장 유능한 인력에게 EBO를 맡긴다. 그리고 사업성이 명확히 검증되기 전까지는 최소 인력으로 EBO를 운영한다. 그러다 어느 정도 사업이 가시화되면 파일럿 테스트(pilot test)를 통해 사업성을 검증하고 본격적으로 자금과 인력을 투입할 것인지를 결정한다. EBO가 도중에 설사 실패했다고 하더라도 그에 참여한 인력에게는 전혀 불이익이 없고 오히려 그 직원들에게는 원하는 부서를 선택할 수 있는 권리를 준다. 이들에게 책임을 묻게 되면 창의적 사고가 나올 수 없기 때문이다. IBM에서

---

60 Levin, Martin A. and Mary Bryna Sanger(1996). 이언오 · 김선빈 옮김, 『선진행정의 길: 공공적 책임을 효율적으로 달성하는 행정』, 삼성경제연구소, pp. 224-225.

61 DBR(2008). "新사업 '스컹크 조직'에 맡겨라", 3호(2월 issue 2).

는 현재 약 20개 이상의 EBO가 운영 중인 것으로 알려져 있다. 매출 4조 원 규모의 대형 사업부를 이끌었던 임원도 EBO에 투입할 정도로 IBM에서 EBO에 대해 들이는 노력은 대단한 것으로 알려져 있다.[62]

2) 스컹크 조직 운영의 핵심 요소

스컹크 조직은 단지 구성한다고 해서 끝나는 것이 아니다. 중요한 것은 어떻게 스컹크 조직을 만들고 운영하느냐의 문제다. 핵심적인 요소로 들 수 있는 것은, 우선 소규모 조직이어야 한다. 이는 인력의 수를 의미하는 것으로 지나치게 많지 않아야 한다는 것을 말한다. 맡게 될 혁신업무의 규모에 따라 달라 질 수 있지만 열 명을 넘지 않는 것이 적절하며, 초기 단계에서는 그 보다 훨씬 적은 수의 사람이 담당하는 것이 좋다. 초기에는 한 명으로 시작하는 사례도 있다. 둘째, 전문성을 지닌 사람들로 구성되어야 한다. 혹은 전문성에 버금갈 정도로 해당 혁신 업무와 관련된 경험을 지닌 사람이어야 하고, 또 높은 열정을 지닌 사람이어야 한다. 셋째, 과감한 자율성을 부여해야 한다. 혁신업무의 결과만을 도출하면 된다는 임무 이외에는 과감히 자율성을 부여해서 그 어떤 제약도 두지 않는 것이 좋다. 넷째, 충분한 재정이 뒷받침 되어야 하고 독립적으로 운영될 수 있어야 한다. 혁신 작업에 소요되는 재정이 충분해야 하는 것과 동시에 특정 부서에 소속된 재정으로 운영되지 않고 별도의 재정이 편성되도록 해야 한다. 다섯째, 활동의 결과에 대한 책임에서 자유롭게 해야 한다. 혁신은 말 그대로 새로운 아이디어를 창출하고 실현하는 것이기 때문에 실패가 동반되기 마련이다. 하지만 그 실패에 대해 책임을 부과하면 처음부터 위축될 수 있고 차후 아무도 혁신업무를 담당하지 않으려고 할 것이다. 여섯째, 조직 리더로부터 전폭적인 지지를 받아야 한다. 리더의 지지가 없이는 자율성과 재정과 책임성의 문제를 해결할 수 없다. 리더의 지지는 혁신업무 전담 인력의 사기와도 직결된다.

---

62 DBR(2008). "新사업 '스컹크 조직'에 맡겨라", 3호(2월 issue 2).

기업이나 민간 영역 이외에 공공영역에서도 스컹크 조직과 같은 업무를 할 수 있는 혁신전담 조직을 만들어서 활용할 필요가 있다. 이미 임시조직 형태의 테스크 포스(task force)를 운영하기도 한다. 테스크 포스는 특정 과업을 수행하기 위해 만들어지고 그 과업이 해결되면 해체되는 특징을 지니고 있다. 주로 일정 기간 동안에 주어진 문제에 대해 집중적으로 연구하고 검토해서 그 결과를 제시한다.63 하지만 정부영역에서 운영하는 테스크 포스나 그 외 임시조직 형태의 여러 위원회들은 모두 스컹크 조직에 해당되지 않는다. 공공영역에서도 스컹크 조직 본연의 기능과 역할과 권한을 부여해서 혁신적인 업무 수행을 담당하는 스컹크 조직을 만드는 것이 필요하다. 어쩌면 정부영역에서 제대로 된 스컹크 조직을 구성하고 운영하는 것 자체가 혁신일지도 모른다.

4. 혁신을 위한 문제제기

1) 악마의 변호인과 레드팀

생각은 자극을 통해 대역폭(bandwidth)이 넓어진다. 넓어진 대역폭은 새로운 아이디어를 낳을 가능성을 높인다. 그리고 새로운 아이디어는 혁신을 이끄는 데 중요한 역할을 한다. 앙트레프레너는 혁신가로서 새로운 생각을 창출해서 구현하는 데 앞장서는 사람이기 때문에 생각의 자극을 통한 새로운 아이디어 발현이 중요하다. 따라서 중요한 것은 생각에 대한 자극이다.

이를 위해 활용하는 방법이 악마의 변호인(Devil's Advocate)의 역할을 활용한 레드팀(red team)을 구성하는 것이다. 악마의 변호인은 로마 가톨릭교회에서 신앙의 촉진자(promoter of the faith)로 불리는 사람을 말한다. 가톨릭교회에서 성인(sainthood)으로 추대될 후보자들의 덕행이나 신앙심 등의 긍정적인 평가에 반대하는 의견을 집요하게 제시하는 역할을 하는 사람을

63 이창원·최창현·최천근(2015). 『새조직론』, 대영문화사, p. 439.

악마(devil)로 부르는 데서 유래한 것이다. 진짜 악마는 아니었고 악마의 역할을 한 것으로, 그 목적은 철저한 검증이었다. 이들은 선의의 비판자에 해당한다.

오늘날에는 그 의미가 확장되어 어떤 의견에 대해 의도적으로 반대의 입장과 관점에서 문제를 제기하는 사람을 지칭한다. 조직 내에서는 이런 역할을 하는 사람들을 별도의 팀으로 구성해서 운영하기도 한다. 레드팀이 그것이다. 레드팀은 미국이 냉전 당시 모의군사훈련에서 아군을 블루팀(blue team)으로 두고 이 블루팀의 취약점을 파악하고 분석하기 위해 가상으로 그 반대인 적군으로서 레드팀을 둔 데서 유래됐다. 오늘날 레드팀은 기본적으로 조직 내의 일상적인 업무 수행을 면밀히 검토하고 문제점을 지적하는 역할을 하는 것으로 지칭된다. 때로는 중요한 결정을 앞두고 한시적으로 레드팀을 구성해서 결정 사항의 반대 관점에서 문제를 제기하고 검토해서 결정에 유익한 정보를 제공하는 역할을 하기도 한다. 레드팀은 시뮬레이션을 하기도 하고 취약점을 조사하기도 하고 대체분석(alternative analysis)을 통해 조직이나 단체의 이익과 목적 및 한계능력과 잠재적 경쟁자를 더 잘 이해하기 위한 여러 활동을 한다.[64]

레드팀 활동은 조직의 전략과 절차의 운영 기준과 조직 구조 내에서 이루어지는 것이 아니라 그 밖에서 이루어진다. 조직이 규정하는 내용들을 준수하기보다는 그로부터 자유롭게 활동을 한다.[65] 그렇게 하는 것이 다른 관점과 시각에서 현상을 볼 수 있기 때문이다. 그래서 레드팀에 속한 사람들은 태생적으로 남다른 성향을 지닌 사람들이거나 통념을 깨는 훈련을 받은 사람들이다. 대부분의 인간은 존재적 편향(existence bias)을 지니고 있는 경우가 많은데, 레드팀의 구성원들은 존재적 편향을 많이 극복한 사람들이다. 존

---

64 Zenko, Micah(2018). 강성실 옮김, 『레드팀: 성공하기 원한다면 적의 입장에서 생각하라』, 스핑크스, pp. 10-11.

65 Zenko, Micah(2018). 강성실 옮김, 『레드팀: 성공하기 원한다면 적의 입장에서 생각하라』, 스핑크스, p. 49.

재적 편향은 무엇인가가 단지 존재하기 때문에 옳다거나 당연하다거나 도덕적으로 좋다고 믿는 인간의 자연스러운 경향성을 말한다. 인간은 자신도 모르게 현재 있는 그대로를 본질적으로 옳은 것이라 여기고, 그 결과 존재하는 전례나 현 상태를 과대평가하게 되어서 이성이나 원리보다는 단지 존재 자체를 기반으로 판단을 내리게 되는 경우가 많다. 존재적 편향이 강하게 있으면 새로운 측면에서 새로운 생각을 하는 데 제약이 많이 따른다.66 레드팀의 구성원들은 이러한 존재적 편향을 거의 지니고 있지 않은 사람들이거나 의도적으로 존재적 편향을 극복하기 위해 노력한 사람들이다. 레드팀 구성원들은 존재적 편향이 적은 사람이면서 동시에 조직의 규정과 같은 여러 제약으로부터 벗어나서 독립적 활동을 할 수 있는 권한을 부여받은 사람들이다.

따라서 레드팀은 조직이나 구성원들에게 끊임없는 생각의 자극을 제공하는 역할을 한다. 사람들이 흔히 긍정적인 면을 좋은 것으로 여겨서 부정적인 것은 가급적 멀리하고 긍정적인 것만을 추구하는 경향이 있는데, 그렇게 하면 생각이 온전하지(wholeness) 못한 것이 된다.67 긍정적이고 부정적인 면 모두가 우리에게 온전한 사고를 가능하게 해준다. 개인뿐 아니라 집단이나 조직도 마찬가지다. 그래서 긍정적인 면만을 생각하는 것은 온전한 생각이 되지 못한다는 점에서 레드팀은 조직 내 구성원들에게 생각과 사고의 균형을 이루게 하고 그 과정에서 참신한 생각을 하는 데 도움을 준다. 반대의 입장과 최악의 상황과 취약한 곳을 지적하는 것은 곧 새로워질 수 있는 방향을 제시하는 것과 같으며 보지 못한 부분을 보게 해주기 때문에 새로운 자극이 된다. 따라서 레드팀은 혁신을 위한 가장 기본적인 선행단계인 문제를 인식하고 제기하며 새로운 아이디어로 대안을 찾는 앙트레프레너로서 역할을 한다. 레드팀 자체가 앙트레프레너가 되기도 하지만 레드팀과 함께 움

---

66 Zenko, Micah(2018). 강성실 옮김, 『레드팀: 성공하기 원한다면 적의 입장에서 생각하라』, 스핑크스, p. 64.

67 Kashdan, Todd and Robert Biswas Dienere(2018). 강예진 옮김, 『다크사이드: 감정의 어두운 면을 전략적으로 사용하는 기술』, 한빛비즈.

직이는 조직 전체 혹은 조직 구성원 모두가 앙트레프레너가 될 수도 있다.

200여 명의 레드팀 요원 및 그들 동료들과의 인터뷰를 통해 알려진 효과적인 레드팀 운영원칙은 여섯 가지다.[68] 첫째는 상관이 동의하고 지지해야 한다. 반대의 관점으로 의견을 제시하는 레드팀에 대해 상관의 동의와 지지는 필수적이다. 상관이 인정해주고 적극적으로 지지해야 레드팀의 운영도 가능하고 레드팀이 제시하는 의견도 효력을 발휘 할 수 있다. 반대 중심으로 의견과 비판을 제시하는 사람이나 집단을 좋아할 사람은 그리 많지 않다. 따라서 상관이 레드팀의 지지자가 되어야 레드팀의 운영이 가능해지고 그 결과에 대한 효과도 높아진다.

둘째, 내부자로서 내부 사정을 잘 알고 있더라도 외부인과 같은 객관적인 시각을 유지해야 한다. 내부 사정을 잘 알면 문제 발생의 이유와 상황에 대해서도 이해할 수 있는 여지가 커진다. 그러다보면 문제 발생 자체에 대한 정당성이 받아들여져서 문제의 심각성이나 시급성을 잘 느끼지 못할 수도 있다. 레드팀은 철저히 문제를 찾아서 드러내야 하고, 또 잘 되고 있다고 생각되는 것에 대해서도 문제를 제기할 수 있어야 하기 때문에 외부인과 같은 시각으로 진단하는 대상을 바라봐야 한다.

셋째, 유별난 레드팀 구성원들을 인정해야 한다. 레드팀 요원들이 표준적인 행동을 하는 사람들이 모여서 표준적인 행동만을 한다면 굳이 레드팀을 만들 필요가 없다. 레드팀 구성원들은 다르게 생각하고 행동할 수 있어야 한다. 그렇게 해야 새로운 아이디어가 떠오를 수 있다. 튀는 행동과 별난 행동과 특이한 행동은 레드팀 구성원들에게 오히려 권장해야할 것이다. 이들의 행동을 인정해야 레드팀이 제대로 운영될 수 있다.

넷째, 필요할 때 꺼내 쓸 수 있는 여러 도구를 준비하는 것이 필요하다. 레드팀이 하는 것은 예측가능한 일상적이고 반복적인 일이 아니다. 레드팀이 예측가능한 일을 해서는 안 된다. 생각하지 못했던 문제제기와 반대 의견

---

68 Zenko, Micah(2018). 강성실 옮김, 『레드팀: 성공하기 원한다면 적의 입장에서 생각하라』, 스핑크스, pp. 39-40.

을 제시하는 것이 그들의 임무인 만큼 다양한 상황에서 대응할 수 있어야 한다. 그렇게 하기 위해서는 여러 도구를 준비해야 한다. 혁신적 변화를 위해 다양한 분석도구와 관점과 시각과 이론과 모형 등을 구비하고 있어야 한다. 이는 곧 레드팀 구성원들의 역량이기도 하다.

다섯째, 나쁜 소식을 듣게 되는 것을 겁내지 말고 적극적으로 대응하는 것이다. 레드팀은 좋은 소식이 아니라 나쁜 소식을 주로 전해주는 역할을 한다. 조직은 나쁜 소식을 달가워하지 않지만, 그렇다고 해서 그 소식을 무시해서는 안 된다. 이는 레드팀 활동 결과에 대한 수용과 활용 의지와 관련된다. 조직은 레드팀이 제시하는 나쁜 소식에 해당하는 것도 적극적으로 받아들이면서 그에 대응하는 것이 중요하다.

여섯째, 레드팀은 꼭 필요하지만 너무 자주 활용할 필요는 없다. 레드팀을 지나치게 자주 활용하면 조직과 구성원들의 스트레스 지수는 높아지고 사기도 꺾는 활동이 될 수 있다. 그리고 조직 차원의 전략과 계획을 돌이킬 수 없는 수준으로 망쳐버리게 할 수도 있다. 생산적이고 유용하게 운영되는 레드팀이라고 할지라도 필요이상으로 운영되어서는 안 된다.

2) 공익신고자

혁신은 문제를 해결해서 새로움을 추구하기 때문에 문제인식이 중요하다. 그런데 치부(恥部)가 되는 사항에 대해서는 문제로 인식하지 않는 경우가 있거나, 아니면 문제인 것은 알지만 의도적으로 드러내지 않으려고 한다. 적극적으로 숨기려고 하기도 하는데, 이는 자칫 문제를 더 심각하게 하는 원인이 되기도 한다.

공공영역에서는 문제에 대한 비난이 더 클 수 있기 때문에 더욱 더 문제를 잘 드러내지 않으려는 경향이 있다. 공공영역에서의 활동은 납세에 기반한 활동들이라서 납세자인 많은 국민들이 비난을 하게 된다. 하지만 꼭 비난 때문에 문제가 드러나지 않는 것은 아니다. 근본적으로 문제를 드러내거나 과감히 문제제기를 할 유인(誘引)이 그리 크지 않기 때문이다. 쉽게 말해,

공공영역에서는 기업과 달리 특정한 문제 때문에 당장 망하는 것도 아니고, 수익 창출이 목적도 아니기 때문에 설사 내버려 둔 문제가 곪아진다고 해서 직접적인 이득(봉급 등)에 손해가 가는 것도 아니다. 그러다 보니 공공영역에서는 비록 문제가 있다는 것을 인식하고 있어도 그 문제가 잘 드러나지 않게 되는 것이다. 누군가의 과감한 문제제기가 쉽지 않은 것이다. 굳이 문제를 제기해서 소란을 피울 필요가 없다고 생각하기 쉽다.

하지만 바로 여기서 과감한 문제제기를 하는 사람이 앙트레프레너다. 물론 문제제기만 한다고 해서 앙트레프레너라고 할 수는 없지만, 좀처럼 문제가 잘 드러나지 않는 공공영역에서는 과감한 문제제기부터 쉽지 않다는 점에서 문제제기의 행위가 앙트레프레너로서의 일면을 지닌다고 볼 수 있다. 문제제기가 발단이 되어 혁신까지 이어질 수 있는데, 그 과정에서 문제제기를 한 사람이 혁신을 이끌면서 앙트레프레너가 될 수도 있고, 또 다른 앙트레프레너가 등장해서 혁신을 추구할 수도 있고, 아니면 문제를 안고 있는 조직이나 집단의 구성원 모두가 앙트레프레너가 될 수 있다. 이러한 유형의 앙트레프레너를 볼 수 있는 현실의 사례는 공익신고자 혹은 내부고발자의 모습이다.

공익신고 혹은 내부고발이란 전·현직의 구성원이 조직 내의 불법적이거나 비도덕적이거나 비합법적인 행위와 관련된 문제를 다른 사람이나 기관 등에게 알리는 것을 말한다.[69] 공익신고는 'whistleblowing'으로 표현하는데, 이는 경찰관이 호루라기를 불어서 위법과 위험에 대한 경고를 하는 데서 유래되었다고 한다.

법률에서는 보다 구체적으로, 공익신고란 '공익침해행위가 발생하였거나 발생할 우려가 있다는 사실을 신고·진정·제보·고소·고발하거나 공익침해행위에 대한 수사의 단서를 제공하는 것'으로 규정하고 있다. 여기서 말하는 공익침해행위란 국민의 건강과 안전, 환경, 소비자의 이익, 공정한 경쟁

---

69 Near, J. P. & Miceli, M. P.(1985). Organizational Dissidence: The Case of Whistle—Blowing, *Journal of Business Ethics*, 4: 1–16.

및 이에 준하는 공공의 이익을 침해하는 행위이다.70 공공영역은 공익 추구를 위한 행동을 기본으로 한다는 점에서 공공영역에서 발생하는 불법적이고 비도덕적이고 비합법적이고 부정부패 등의 문제들은 모두 공익침해행위에 해당된다고 볼 수 있다. 물론 민간영역에서 발생하는 문제들도 마찬가지다. 민간영역의 경제활동도 소비자인 국민들에게 미치는 영향이 매우 크기 때문에 그것은 곧 공공의 이익과 관련된다. 기업이 저질 원료로 만든 식품은 국민들의 건강을 해쳐서 공공의 이익을 침해하는 것과 같은 것이다. 따라서 공익침해행위는 공공영역과 민간영역을 막론하고 어디서건 발생될 수 있다. 그런 점에서 공익신고는 '누구든지' 할 수 있다. 누구든지 문제제기를 할 수 있는 것이다. 하지만 대체로 전·현직의 구성원들이 신고자가 되는 경우가 많은데, 그것은 문제를 알 수 있을만한 위치에 있어야 문제를 제일 잘 알 수 있기 때문이다.

공익침해행위에 대해 신고를 하는 곳은 공익침해행위를 하는 사람이나 기관·단체·기업 등의 대표자 또는 사용자, 그리고 공익침해행위에 대한 지도·감독·규제 또는 조사 등의 권한을 가진 행정기관이나 감독기관, 그리고 수사기관, 위원회 등이다.71 이들은 공익침해행위와 관련된 문제를 해결할 수 있을 만한 위치에 있는 영향력을 지닌 사람이나 기관 등에 해당된다. 신고는 공익신고자의 이름, 주민등록번호, 주소 및 연락처 등 인적사항과 공익침해행위를 하는 자, 그리고 공익침해행위 내용과 공익신고의 취지와 이유를 적은 문서와 공익침해행위의 증거를 제출하면서 이루어진다.72

이러한 신고가 단지 신고로만 끝난다면 아무런 의미가 없다. 효과적인 공익신고(effective whistleblowing)가 되기 위해서는 신고자의 신고에 따라 조직 스스로 조사를 시작했거나 아니면 정부기관의 요구에 따라 조사를 시작했거나, 또는 신고에서 지적한 문제를 해결하기 위해 정책과정 등을 바꾸고

---

70 「공익신고자 보호법」 제2조.
71 「공익신고자 보호법」 제6조.
72 「공익신고자 보호법」 제8조.

문제행위를 없애기 위한 절차를 시작해야 한다. 그리고 합리적인 시간 내에 직접적으로 문제가 해결되어야 한다.73 이 과정에서 신고자가 앙트레프레너가 될 수도 있고 또 다른 앙트레프레너가 등장할 수도 있다.

하지만, 이때 중요한 것은 공익신고자인 앙트레프레너의 보호이다. 앙트레프레너는 위험을 인지하면서도 과감히 혁신을 위해 위험을 감수하는 자이기 때문에 신고행위라는 결단을 내린 이들이고, 신고 이후에도 적극적으로 문제해결에 참여할 사람이다. 하지만 공공영역에서 위험감수란 민간영역에서의 위험감수와는 차이가 있다. 기업에서 위험을 감수하는 것은 개인의 이익 극대화를 위한 것이다. 위험감수에 따른 막대한 이익은 그 개인의 것이다. 하지만 공공영역에서 위험을 감수하는 것은 개인의 이윤 극대화를 위한 것이 아니라 공공의 이익으로서 국민들의 이익을 위해서이다. 따라서 공공영역에서 공공의 이익을 위해 한 개인이 위험을 감수하는 것에 대해서는 제도적 장치로 보호가 이루어져야 한다.

우리나라의 「공익신고자보호법」이 그에 해당한다. 이를 통해 공익신고자는 비밀보장, 신변보호, 책임감면, 불이익 조치 금지, 보호조치 등의 보호를 받는다. 그리고 한편으로는 공익신고 보상금(공익신고로 국가나 지자체에 수입의 회복 또는 증대를 가져온 경우)과 포상금(직접적 재산상 이익을 가져오지 않아도 공익에 기여한 경우)과 구조금(공익신고자 등과 그 친족·동거인이 공익신고 등으로 인하여 피해를 받았거나 비용을 지출한 경우)을 받기도 한다.

문제제기를 하고 해결과정에 적극적으로 참여하는 공익신고자는 앙트레프레너이다. 위험이 있음에도 불구하고 과감히 문제를 제기하여 보다 더 나은 상태를 위해 혁신에 앞장서는 사람이기 때문이다. 누구든지 공익신고를 할 수 있다는 점에서 누구든지 앙트레프레너가 될 수 있지만, 문제를 가

---

73 Dworkin, T. M. & Baucus, M. S.(1998). Internal vs. External Whistleblowers: A Comparison of Whistleblowing Processes, *Journal of Business Ethics*, 17: 1281－1298; Near, J. P. & Miceli, M. P.(1995). Effective Whistleblowing, *Academy of Management Review*, 20(3): 679－708.

장 잘 알고 혁신적인 문제해결 방안의 현실성을 높일 수 있게 하는 데 보다 유리한 사람은 바로 공공영역 내에 존재하는 이들이다.

5. 주니어들의 혁신활동: 주니어보드

조직에서 오랫동안 근무하면 관리에 능숙해지고 숙련자가 된다. 경험이 많기 때문에 연륜에서 비롯되는 관리과정의 이점을 충분히 발휘할 수 있는 역량을 지닐 수 있다. 이들은 일종의 시니어(senior)다. 그런데 한편으로는 조직 내 시니어들은 변화에 대한 반응이 느리거나 변화를 거부할 수도 있다. 익숙해질수록 변화는 도전이 되거나 귀찮은 일이 된다. 기득권을 지닌 사람이라면 변화를 위협으로 느끼기도 한다. 조직에서 비교적 오랫동안 근무한 사람들일수록 혁신 추구를 위한 일에 소극적이게 되는 이유가 바로 그 때문이다. 그래서 때로는 혁신을 추구할 때 시니어들과 상대적 위치에 있는 주니어들의 역할이 중요하다. 여기서 말하는 주니어(junior)란 조직의 구성원이 된 기간이 비교적 길지 않은 사람들이다. 근무 경력이 짧은 사람들로서 주로 젊은 층이면서 고위직보다는 하위직에 해당되는 경우를 말한다. 조직의 상황을 어느 정도 이해하면서도 기득권으로서의 위치에 있지 않아서 참신한 생각과 변화와 혁신을 긍정적으로 받아들이는 사람들이 바로 주니어들이다.

이러한 주니어들의 혁신활동을 보장하기 위해 마련해주는 방법 중 하나가 주어니보드(junior board)를 설치하는 것이다. 주니어보드란 조직 내에서 중견 간부에 해당하는 과장급 이하의 직원들로 구성된 위원회로서, 조직의 전반적인 상황에 대한 의견 제시와 사안 검토와 아이디어 제시 및 교환 등을 수행하는 역할을 한다. 시니어들의 입장에서는 보지 않은 문제점이나 의견이나 아이디어를 제시하면서 조직의 결정 사항에 참여하는 형태를 띤다. 주로 의사결정의 핵심 계층이 중견 간부 이상이라는 점에서 그 이하 직급에게도 의견 제시 등의 방법으로 일정부분 참여의 기회를 준다는 데 의의가 있기도 하고, 참신한 생각과 새로운 의견과 또 다른 관점의 시각으로 혁신의 아이디어를 발굴하는 기회가 되기도 한다.

주니어보드는 과거 1932년에 미국의 식료품 포장판매회사에서 처음 시행되었고 이후 기업체를 중심으로 널리 활용되었다. 주로 과장급 이하의 직원들 가운데 젊은 청년 사원들을 청년중역으로 선발해서 회사의 여러 사안들에 대해 토의하고 제안하도록 하는 제도로 운영되었다. 회사의 실제 중역회의와는 별도로 운영되었다. 우리나라에서도 1990년대 이후에 대기업을 중심으로 널리 활용되었고, 공공영역의 조직에서도 도입하고 있다.

그 한 예로서 공정거래위원회의 주니어보드를 보면, 주니어보드를 '내부의 의사소통 활성화를 위하여 4급~9급까지 다양한 직급의 직원들을 선정하여 업무자문 및 중간의견수렴 창구로 활용하는 제도'로 정의하고 있다. 여기에 속할 수 있는 선발대상자는 '근무경력 1년 이상인 자로서 각 국별 직급을 대표할 수 있는 창의적이고 적극적인 직원 중에서 40명 이내로 선발하여 구성하며, 각 지방사무소 직원을 각 1인 이상 포함'하는 것으로 규정하고 있다. 주요 업무로는 '조직의 문화·인사·복지·업무프로세스 개선방안 등에 대한 의견 수렴 및 대안 제시, 이달의 공정인·우수제안 등에 대한 심사 및 청렴정책 수립, 청렴규정 제·개정 시 협의, 기타 직원들의 의견수렴이 필요한 현안에 대한 검토, 대외 홍보활동 참여' 등이다.[74]

주니어보드는 혁신적인 아이디어를 제시해서 더 나은 상태를 만들기 위해 노력한다는 점에서 앙트레프레너가 될 수 있다. 주니어보드의 구성원과 주니어보드 그 자체가 앙트레프레너로서 역할을 할 수 있다. 하지만 현실의 주니어보드의 경우 참고하는 의견의 성격을 지닌 자문의 역할에 머무는 경우가 많아서 진정한 앙트레프레너로서 역할을 하는 데는 사실 한계가 있다. 앞서 살펴본 스컹크 조직이나 레드팀과는 달리 혁신 작업의 추진력은 다소 떨어질 수가 있다. 이는 결국 해당 기구에게 얼마나 권한이 주어지는가의 문제인데, 주니어보드는 상대적으로 주어진 권한이 강하다고 볼 수 없다. 그러

---

74 「공정거래위원회 주니어보드 운영지침」 제2조, 제4조, 제5조.

나 주니어보드에서 제시하는 의견과 새로운 아이디어를 얼마나 활용하는 가에 따라 분명 주니어보드가 혁신을 추구하는 데 결정적인 기여를 할 수 있을 것이다. 따라서 주니어보드 자체나 주니어보드의 구성원이 앙트레프 레너가 될 수도 있지만 조직내 앙트레프레너가 주니어보드의 도움을 받을 수도 있다.

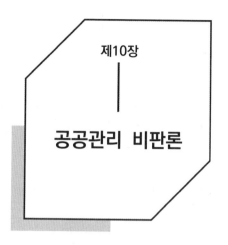

제10장

공공관리 비판론

1. 다차원성

공공관리가 이루어지는 곳은 공공영역이다. 정부가 효율성과 성과 향상을 위해 시장메커니즘 기반의 관리방식 및 기법을 적극적으로 도입하는 새로운 패러다임이 공공관리라고 할 때, 관리의 활동은 여전히 공공영역이다. 정부가 민간의 시장 영역으로 변환된다는 것은 아니다. 따라서 공공영역이 지니고 있는 기본적인 속성은 공공관리가 이루어진다고 해도 여전히 발현된다. 그 정도(degree)의 문제이지 사라지는 것은 아니다.

공공영역은 단일 차원보다는 다차원적(multidimensionality)인 특징을 보인다. 다차원성은 대응관계의 복잡성을 의미한다. 시장 속의 기업과 비교할 때 공공영역에서는 다양한 차원으로 구분 될 수 있는 기준들이 존재한다. 정부는 이윤 획득이라는 기준으로 고객 간 차별을 명확히 짓는 기업과는 다르다. 그리고 특정 상품으로 분야를 한정 짓는 기업과도 다르다. 정부는 시장을 포함한 거의 모든 분야에 관계될 수 있기 때문에 차원의 기준을 어떻게 제시하는가에 따라 새로운 차원이 생겨날 수도 있다. 권력이 작동되고 법규에 의한 질서가 엄격한 공공영역에서는 다차원적 속성들이 견고하기도 하다. 가격에 민감해서 언제든지 활동의 차원을 변화시킬 수 있는 시장과는 다르다.

무엇보다도 정부의 다차원성을 결정짓는 가장 큰 요인은 바로 복잡한 이해관계자의 존재이다. 정부와 대응관계를 형성하고 있는 수많은 이해관계자들은 각각의 이해관계에 따라 정부와 다양한 관계를 맺고 있다. 이들은 유권자가 되기도 하고 서비스의 수요자가 되기도 하고 공급자가 되기도 하고 여론가가 되기도 하고 납세자가 되기도 하고 수혜자가 되기도 한다. 그래서 비단 특정한 이해관계자로 분류되지 않더라도 개개인이 몇 개의 차원을 형성하며 정부와 대응하고 있다.

따라서 복잡한 다차원적 관계로 인해 공공관리에서 말하는 시장메커니즘 기반의 관리방식과 기법은 한계가 있을 수밖에 없다. 그러다 보니 공공영역의 제한된 범위 내에서 제한된 방식으로 공공관리가 작동하는 것이 현실이다. 그것이 최선이기도 하다. 어떤 분야에 어느 정도의 수준으로 공공관리를 적용할 것인가가 항상 고민인 이유가 바로 공공영역이 지닌 다차원적 속성 때문이다. 그렇게 본다면 공공관리는 정부의 모든 부문을 아우르는 패러다임이 될 수는 없다. 단지 더 잘 적용되는 분야가 있고 그렇지 않은 분야가 있을 뿐이다.

사실, 공공관리는 이 두 분야를 잘 구분하는 것이 중요한 과제이기도 하다. 억지로 모든 분야에 공공관리를 적용하면 반드시 부작용이 생긴다. 반대로 공공관리가 필요한 곳에 적용되지 않으면 행정의 비효율성은 걷잡을 수 없이 심각해진다. 공공영역의 다차원성을 고려해서 공공관리가 필요가 분야가 어디인지, 또는 제한되어야 하는 분야는 어디인지를 합리적으로 정하는 것이 중요하다.

2. 시간성

공공영역으로서 정부가 하는 많은 일 중에는 단기적으로 완성되는 일이 있는가 하면, 장기간에 걸쳐서 완성되는 일도 있다. 일이 완성은 되더라도 그 효과가 나타나기까지가 다시 오랜 시간이 걸리는 경우도 있다. 그리고 그 효과의 지속을 정확히 알 수 없을 만큼 장기적일 수도 있다. 이런 시간적 특성을 지닌 공공영역에서 단기적 효과를 확인해서 평가하는 시스템은 자칫 장기적 효과가 필요한 곳에 대한 관심을 두지 않게 만들어 버릴 위험이 생긴다.

성과를 예로 들면 쉽게 이해된다. 성과가 중요하다는 점은 민간영역뿐 아니라 공공영역에서도 충분히 인식하고 있다. 그런데 문제는 성과를 측정해서 그에 기초한 환류를 하는 기간을 어떻게 정할 것인가이다. 정부의 대규모 사업이 먼 미래의 효과를 낳는다면 그것들을 성과로 인정할 수 있을 만큼 충분한 기간이 고려될 수 있을까? 만일 단순히 해당 사업의 효과 이외에도 발생하는 외부효과(external effect)까지 성과로 고려한다면 이 역시 충분히 반영될 수 있을까? 정부 사업의 경우 외부효과가 많이 발생한다는 사실을 고려하면 외부효과의 존재를 무시할 수 없다.

공공영역에서 하는 많은 일들은 시간을 어떻게 고려할 것인가와 어떻게 반영할 수 있을 것인가가 중요한 일이 된다. 하지만 공공관리에서는 이에 대한 충분한 고려를 하기에는 한계가 있다. 그래서 이 역시 시간이 명확히 고려되고 반영될 수 있는 영역에 한정되어서 공공관리가 적용될 수밖에 없는 차선책을 적용하게 된다.

제2절 가외성과 비가시성

1. 가외성

자원의 희소성은 공공영역이건 민간영역이건 동일한 여건에 해당된다. 그래서 효율성은 거의 모든 영역에서 강조되고 있다. 효율성은 투입대비 산출의 비로 나타내면서 어느 한쪽에 군더더기 없이 최적으로 자원이 배분되어야 하는 것을 강조한다. 예산이 한정되어 있는 공공영역에서는 예산 사용의 효율성이 예산 사용의 정당성을 높여주는 당연한 가치로 받아들여지며, 실제로 공공기관의 예산효율성이나 운영효율성이 측정되기도 한다.[1] 하지만 무분별한 효율성에 대한 강조는 자칫 큰 위험의 발생 가능성을 높이게 된다. 특히 민간에서는 잘 담당하지 않는 위험 부담이 큰 일을 담당하고 있는 공공영역에서 더욱 그렇다.

그런 점에서 가외성(redundancy)은 효율성이 갖는 위험성을 감경시켜주는 역할을 한다. 가외성은 중첩되거나 중복되거나 초과되거나 여유분이나 잉여분과 같이 효율성 기준에서 볼 때 필요 이상의 불필요한 것을 의미한다. 그렇기 때문에 기존의 공공영역에서 가외성은 불필요하고 군더더기로서 개혁을 통해 언제나 제거되어야 하는 것이었다.[2] 최대의 이윤을 발생시켜야 하는 시장에서 가외성은 더욱 더 없애야 하는 것이 된다. 공공관리에서 강조하는 효율성도 같은 맥락이다. 더군다나 예산이 충분하지 않는 경우라면 효율성을 저해하는 필요 이상의 것은 낭비가 된다.

하지만 공공영역에서 가외성은 행정의 신뢰성과 안정성을 높이는 데 필

---

1 김민주(2010). 공공문화기관의 예산효율성 측정과 평가: 공공도서관 사례를 중심으로, 『한국 사회와 행정연구』, 21(3): 77−101; 김민주(2009a). 주민자치센터의 운영효율성 비교분석: 효율성 점수와 효율적 프론티어를 중심으로, 『정책분석평가학회보』, 19(4): 209−231.

2 백완기(2014). 『행정학』, 박영사, p. 166.

수적이다. 그리고 불확실성을 줄이기도 한다. 막대한 피해를 낳는 일에 대비해서 즉각적으로 대처할 수 있는 여분의 대비책이 마련되어 있어야 불안감이 줄어든다. 예컨대, 전쟁이 발생해야 사용될 수 있는 아주 비싼 전투기를 정비만 하면서 가지고 있는 것은 분명 비효율적이고, 사고가 잘 발생하지 않는 원자력 사고의 경우 발전소의 방호벽 두께를 더 두껍게 해두는 것도 효율적인 시각에서 보면 바람직하지 않을 수 있다. 하지만 전쟁이 발생하거나 원자력 관련 사고가 발생되면 어떤 일이 벌어질까?

가외성을 고려하는 것은 비록 현재는 비효율적으로 보이더라도 사고가 발생된다면 막대한 피해를 낳는 데 대한 대비책을 위한 노력이 된다. 어쩌면 가외성을 고려하는 것이 더 효율적이다. 사고 이후에 처리되는 비용은 지금 소요되는 여분과 잉여 자원보다도 더 많이 필요할 것이기 때문이다.

공공영역은 민간영역에서 담당하지 않는 소위 말하는 돈이 되지 않는 일을 하기도 하고, 민간에서 하기에는 안전상의 위험 때문에 역시 맡지 않으려는 일들을 한다. 공공재의 이름으로 생산되고 제공되는 여러 활동들을 공공관리에서처럼 시장메커니즘으로만 접근하는 데는 한계가 있다. 가외성은 가격으로만 환산되고 활동의 대상을 고객으로만 상정하고 단기간의 성과만을 강조하는 일들과는 어울리지 않는다. 공공관리가 적용될 때 자칫 가외성은 우선순위에서 밀려나는 가치가 될 수 있지만, 이를 간과한 정부는 더 큰 효율성의 대가를 치를 수도 있다는 점을 명심해야 한다.

2. 비가시성

관리를 할 때 모든 것이 가시적으로 관찰되고 측정되면 한결 수월하다. 어떤 상품을 얼마에 구입해서 얼마에 팔았고 얼마의 이윤을 남겼다는 정보가 가시적으로 주어진다면 의사결정도 수월해지고 확실한 경제적 동기도 생긴다. 성과는 가시적으로 제시될 때 확실한 정당성을 얻게 된다. 고객도 누구인지 명확히 보여질 때 확실한 대응을 할 수 있다. 어느 정도의 권한을 얼마만큼 줄 것인가에 대해서도 가시적인 확인이 된다면 분권도 수월하게 이루어질 수 있다. 혁신을 하려고 할 때에도 혁신의 대상이 명확히 인지되고 보여야 하며 그 결과도 가시적으로 드러나야 혁신의 결과를 말할 수 있다.

그러나 공공영역에서는 가시적 측정과 확인이 어려운 경우가 많다. 여론이라는 이름으로 고객에 해당하는 사람이 어렴풋이 인지는 되지만 뚜렷한 특정인이 드러나지 않는 경우가 많다. 법규에 명시된 권한 이외에도 제도적 제약과 정치적 제약이 내재되어 있거나 보이지 않는 영향력이 존재하기도 한다. 그리고 무엇이 혁신의 대상인지는 알고 있는 경우에도 그 문제가 가시적으로 드러나 보이지 않기도 한다. 설사 새로운 혁신을 했다고 하더라도 추상적인 질적 효과를 가시적으로 드러내기 힘든 경우도 많다. 따라서 공공관리에서 가시적 측정을 전제한 다양한 활동은 한계가 있을 수밖에 없다.

제3절 비가격성과 정치성

1. 비가격성

가격은 가치측정의 수단이 되기도 하고 유인책이 되기도 한다. 가격에 반응하는 사람은 가격을 보고 여러 의사결정을 한다. 상품을 사고 연봉을 더 받기 위해 일을 더 열심히 하기도 하고 때로는 연봉을 더 받기 위해 이직을 선택하기도 한다. 시장메커니즘으로서 가격은 여러 정보를 담고 있다.

하지만 공공영역에서는 가격이 가치측정의 수단으로 사용되기에 한계가 있다. 화폐가치로 측정되기 힘든 공공분야들이 있다. 국민들의 삶의 질이나 행복이나 건강을 어떻게 가격으로 환산할 것인가는 언제나 고민거리가 된다. 비용과 편익을 분석해야 효율성과 성과를 높일 수 있는 관리 활동을 할 수 있는데 문제는 화폐가치로 측정하기가 쉽지 않다는 것이다. 민원인들의 목소리는 얼마로 산정해야 할 것인가의 고민에 정답이 있을 수 없다. 정부의 예산이 포괄하지 못하는 부분이 생기는 것이 바로 그 때문이다. 정부의 활동은 예산이라는 가격으로 표시된 계획으로 실천되지만, 그렇다고 해서 예산으로 반영되지 못한 무수히 많은 활동을 하지 않는 것은 아니다. 시장메커니즘의 관점에서는 이는 별로 환영받지 못한 일이 될 수 있다.

설사 가격으로 잘 나타냈다고 하더라도 그 가격이 국민들의 반응을 얼마나 잘 이끌어 낼 것인가는 또 다른 문제가 된다. 실제로 가격이 유인책으로 잘 활용되지 않을 수도 있다. 쓰레기 종량제 봉투 값을 올렸다고 쓰레기 배출량이 줄어들 것인가? 가격 인상에 반응하는 정도가 그렇게 크지 않고, 의도한 효과인 쓰레기 발생량과 재활용품수거량에도 의미 있는 수준의 변화를 보이지 않는다는 실증 연구 결과도 존재한다.3 사례에 따라 다를 수 있지만 공공영역에서는 가격이라는 요인이 시장에서 작동하는 것만큼 기대한 효과를 낳지 않는 경우가 많다.

2. 정치성

공공영역에서는 정치적 활동이 일상적으로 일어난다. 정치는 희소한 자원의 권위적 배분을 의미한다. 이때 권위적 배분은 올바르다고 여겨지는 가치에 의해 이루어진다. 그런데 올바르다고 생각하는 가치는 사람마다 다르기 때문에 각자의 목소리를 내며 경쟁과 게임을 하게 된다. 이해관계가 복잡한 공공영역에서는 가치도 그만큼 다양하기 때문에 정치적 경쟁과 게임은 더욱 더 치열하다. 그리고 일상적이다.

그런 점에서 정치적 활동은 국회의원들의 활동만을 의미하는 것이 아니다. 누구나 정치를 할 수 있다. 누구나 가치를 주장하는 것은 자유이기 때문이다. 국민들이 공공영역에서 다양한 목소리를 내는 것은 지극히 자연스럽

---

3 김민주(2009b). 쓰레기종량제의 봉투 가격인상이 쓰레기발생량 및 재활용품수거량에 미치는 효과분석, 『한국정책학회보』, 18(3): 311-330.

다. 그러다 보니 그 목소리의 다양성으로 인해 생기는 정치적 활동이 워낙 많아서 단일의 시장메커니즘으로는 대응하기 힘든 경우가 생긴다. 애초에 시장메커니즘은 가치에 대한 합의가 잘 이루어진 민간의 기업들에서 활용되던 것이었다. 민간의 기업에서는 이윤추구와 관련된 가치에 대한 합의가 비교적 잘 이루어져 있지만, 공공영역에서는 전체주의 국가가 아닌 이상 가치에 대한 합의가 쉽지 않다. 그것이 민주주의 국가의 특징이기도 하다.

따라서 다양한 가치의 존재로 정치적 인간들이 정치적 활동을 하는 공공영역에서의 공공관리는 한계가 존재한다. 어쩌면 공공관리에 대한 비판은 이러한 정치적 목소리에서 가장 강렬하게 들리는 것일지도 모른다. 중요한 것은 공공영역의 저변에 일상적으로 흐르고 있는 정치적 물결을 배제한 공공관리는 계속 고장 날 수밖에 없다는 사실이다. 공공영역에서 이루어지는 관리라면 그 어떤 것이 되었건 반드시 정치성을 고려해서 적용해야 한다.

참고문헌

강명구(2007). 알버트 허쉬만의 발전론 연구: "숨은 손"이 인도하는 여러 갈래의 길, 『한국정치학회보』, 41(4): 265–290.

강정석(2005). 『정부혁신의 이해: 참여정부의 혁신전략과 실천논리』, 한국행정연구원.

고득영·유태용(2012). 직무자율성과 혁신행동 간의 관계, 『한국심리학회지: 산업 및 조직』, 25(1): 215–238.

국무조정실(2018a). 『사회서비스 이용권(바우처) 보조금 부정수급 점검결과』, 국무조정실 정부합동 부패예방감시단.

_____(2018b). "43개 중앙행정기관 2017년도 정부업무평가 결과 발표", 1월 30일자 보도자료.

권영범·정혜영(2001). 『CEO를 위한 신경영학 3: 재무회계 경영정보』, 무역경영사.

기획예산처(2007a). 『고객헌장 및 서비스 이행표준: Guidebook』, 기획예산처.

_____(2007b). "공공기관이 제공하는 서비스, 한눈에: 기획처, 고객헌장 및 서비스 이행표준 가이드북 제작·배포", 6월 28일자 보도자료.

김민주(2018). 『시민의 얼굴 정부의 얼굴』, 박영사.

_____(2017). 『정부는 어떤 곳인가: 행정학의 이해와 활용』, 대영문화사.

_____(2016a). 시민과 정부는 어떤 이미지로 존재하고 있는가?, 『한국행정연구』, 25(3): 1–32.

_____(2016b). 『평가지배사회』, 커뮤니케이션북스.

_____(2015a). 공유자산의 자치적 관리 모델에 대한 비판적 검토: 부산 가덕도 대항마을의 숭어들이 사례를 중심으로, 『한국행정학보』, 49(3): 51–77.

_____(2015b). 『행정계량분석론』, 대영문화사.

_____(2015c). 문화정책의 이론적 논거와 유형, 『사회과학연구』, 31(3): 133–157.

_____(2014a). 정책평가의 방법론으로서 퍼지집합이론의 적용 가능성: 반부패성과 사례를 중심으로, 『한국사회와 행정연구』, 24(4): 313–338.

_____(2014b). 『원조예산의 패턴』, 한국학술정보.

_____(2010). 공공문화기관의 예산효율성 측정과 평가: 공공도서관 사례를 중심으로, 『한국사회와 행정연구』, 21(3): 77–101.

_____(2009a). 주민자치센터의 운영효율성 비교분석: 효율성 점수와 효율적 프론티어를 중심으로, 『정책분석평가학회보』, 19(4): 209–231.

_____(2009b). 쓰레기종량제의 봉투 가격인상이 쓰레기발생량 및 재활용품수거량

에 미치는 효과분석, 『한국정책학회보』, 18(3): 311-330.

김민주·윤성식(2016). 『문화정책과 경영』, 박영사.

김병섭·박광국·조경호(2008). 『휴먼조직론』, 대영문화사.

김성수(2008). IPA를 활용한 의료기관 아웃소싱 직원의 내부고객 서비스품질 인식 차이, 『보건정보통계학회지』, 43(1): 80-88.

김준태 (2014). 기업가정신의 본질이해 및 교육방안 탐색, 『사회과교육』, 53(4): 47-67.

김판석·권경득(2000). 한국 정부의 목표관리제(MBO) 도입, 『한국행정논집』, 12(3): 429-453.

김현수(2017). 약속으로서 계약이론: Charles Fried 이론의 학설사적 지위와 논지를 중심으로, 『재산법연구』, 34(2): 187-212.

남경태(2013). 『한눈에 읽는 현대 철학』, 휴머니스트.

대한민국정부(2018). 『2018 정부혁신 첫 번째 우수사례집: 정부가 달라졌어요』, 대한민국정부.

명승환(2015). 『스마트 전자정부론』, 율곡출판사.

문명재·이명진 (2010). 책임운영기관의 조직 인사 자율성과 제도적 개선 방향, 『한국조직학회보』, 7(1): 39-63.

문용일(2009). EU 권한분배와 보충성 원칙의 실제적 적용, 『세계지역연구논총』, 27(1): 219-253.

민경국(2012). 자생적 질서, 법, 그리고 법치주의, 『제도와 경제』, 6(1): 21-60.

박선영(2010). 경찰 내부고객만족도 영향요인 분석, 『정부학연구』, 16(1): 99-116, p.101.

박세정(1999). 지방자치단체의 TQM 도입실태, 문제점, 그리고 향후방향, 『한국행정학보』, 32(4): 157-171.

박영강(2001). 지방정부의 목표관리제 평가, 『지방정부연구』, 4(2): 51-70.

박원우(2007). 한국 내 팀제의 도입현황, 성과 및 개선방향, 『경영논집』, 41(통합호): 59-97.

박이문(2006). 『나는 왜 그리고 어떻게 철학을 해왔나』, 삼인.

박종민·김서용(2001). 신자유주의 정부개혁의 문화적 분석, 『한국행정학회 춘계학술대회 발표논문집』, 한국행정학회.

박찬정(2004). 제품과 서비스에 대한 가격결정모형, 『회계연구』, 9(1): 71-104.

배용수(2015). 『공공기관론』, 대영문화사.

배진영(2003). 『경제질서의 이론과 정책』, 비봉출판사.

백완기(2014). 『행정학』, 박영사.

서울특별시의회사무처(2018). 『2018년도 목표관리제 운영계획』, 서울특별시의회사무처.

성태경(2015). 기업가정신 정책의 이론적 측면에 관한 소고, 『벤처창업연구』, 10(3): 15-26.

소병희(2008).『재정학』, 박영사.

_____(2007). 『정부실패』, 삼성경제연구소.

송충근(2003). 지방정부 품질경영(TQM)의 성과와 영향요인, 『한국행정논집』, 15(1): 155-183.

심상복(2009). 현행 주민소환제의 문제점 고찰, 『법학연구』, 49(2), 155-187.

아시아경제(2018). "공무원 민간 근무휴직제 내년 부활 … 떨고있는 재계" 9월 7일 자 기사.

안전행정부(2013). 『주민투표·소환·소송 업무편람』, 안전행정부.

오세덕·이명재·강제상·임영제(2013).『행정관리론』, 대영문화사.

오시영·김병섭(2009). 정부조직 내 팀제운영의 실질성과 팀제의 효과성에 관한 연구, 『행정논총』, 47(1): 133-157.

유동운(2009). 기업가정신의 역사와 현대적 의미, 『CFE Report』, 자유기업원.

유 훈(1995). 공공관리론의 의미와 전략관리, 『행정논총』, 33(1):19-35.

윤병철(2008). 화폐, 커뮤니케이션, 그리고 사회 체계, 『현상과인식』, 32(4): 82-109.

윤성식(2002). 『정부개혁의 비전과 전략』, 열린책들.

윤현중(2015). 기업가적 지향성에 대한 이론적 동향 연구, 『벤처창업연구』, 10(5): 45-62.

은재호 외(2007). 『현장중심형 정책품질관리 방안 연구』, 한국행정연구원.

이경중(2002). BSC 구축 프로세스 및 사례, 『삼성 SDS IT REVIEW』, pp.9-10.

이기식·이윤식 (2004). 우리나라 전자정부정책의 총괄평가, 『한국정책연구』, 4(1): 155-182.

이병진(2002). 루소의 자연개념과 칸트의 자유이념, 『독일어문화권연구』, 11: 63-132.

이영조 (1991). 특집: 다시보는 자본주의-그 동태와 모순 혁신과 창조적 파괴의 동학, 『사회비평』, 6: 94-119.

이상철(2012). 『한국공기업의 이해』, 대영문화사.

이윤준(2014). 창조경제와 기업가정신, 『과학기술정책』, 24(3·4): 48-55.

이윤식·서영빈 (2015). 우리나라 전자정부 사업의 성과평가연구, 『한국지역정보화학회지』, 18(2), 109-135.

이창원·최창현(2011). 『새조직론』, 대영문화사.

이희태 (2008). 사회복지관의 TQM 도입 효과 분석, 『지방정부연구』, 12(2): 111-

132.

장동익(2005). 롤즈 정의론,『철학사상』, 별책 제5권 제14호, 서울대학교 철학사상
    연구소.

정윤수·장지호·김영민·박용성(2008). 정책품질관리제도 운영의 성과와 한계,『지
    방정부연구』, 11(4): 129－150.

정정길 외(2007).『작은 정부론』, 부키.

정창화·한부영(2005). 지방분권화의 이론과 원칙 탐색: 독일과 한국의 지방자치단
    체의 사무배분을 중심으로,『지방행정연구』, 19(2): 35－64.

조필규(2013). 하이에크의 자생적 질서와 협조적 행위규칙,『한국경제학보』, 20(2):
    187－212.

주승용 의원실(2018). "인사혁신처·중앙선거관리위원회·기타기관 국정감사", 10월
    16일자 보도자료.

하연섭(2011).『제도분석』, 다산출판사.

한국여성단체연합(2014).『사회적경제조직 내 여성의 임파워먼트 조건에 관한 연구』,
    한국여성단체연합.

한형서·이종서(2013). 공무원의 내부고객만족도에 관한 연구,『한국정책연구』, 13(4):
    217－235.

한국행정연구원(2010).『총액인건비제 개선방안 연구』, 한국행정연구원.

행정안전부(2018a).『2018년도 책임운영기관 종합평가』, 행정안전부.

_____(2018b).『2018년도 국민·공무원제안 활성화 추진 계획』, 행정안전부.

_____(2018c).『국민이 주인인 정부』를 실현하는 정부혁신 실행계획』, 행정안
    전부.

_____(2018d). "UN 전자정부 평가, 韓 참여지수 공동 1위·발전지수 3위", 7월
    23일 보도자료.

_____(2017).『전자정부 해외컨설팅 현황』, 행정안전부.

_____(2012).『2011 경제발전경험모듈화사업: 전자정부제도 도입』, 행정안전부.

_____(2010). "주민참여 예산제 이렇게 만드세요: 행안부, 주민참여 예산제 운
    용 조례 모델안 마련 지자체 통보", 10월 31일 보도자료.

_____(2008a).『정책품질관리 매뉴얼』, 행정안전부.

_____(2008a).『다면평가 운영요령』, 행정안전부.

행정자치부(2017). "민간위탁 관리체계 대대적으로 손질한다:「행정사무 민간위탁에
    관한 법률」제정안, 국무회의 통과", 4월 4일자 보도자료.

_____(2013).『지방공무원 다면평가 운영지침』, 행정자치부.

_____(2005a).『팀제운영 매뉴얼』, 행정자치부.

_____(2005b).『지방자치단체 팀제 운영 지침』, 행정자치부.

「공공기관의 운영에 관한 법률」

「공무원 성과평가 등에 관한 규정」

「공무원임용규칙」

「공무원임용령」

「국가공무원법」

「공무원 제안 규정」

「공익신고자 보호법」

「공정거래위원회 주니어보드 운영지침」

「민원 처리에 관한 법률」

「서울특별시 시민참여예산제 운영 조례」

「서울특별시 행정사무의 민간위탁에 관한 조례」

「전자정부법」

「정부조직법」

「정부업무평가기본법」

「정책품질관리규정」

「주민소환에 관한 법률」

「주민투표법」

「지방자치법」

「지방재정법」

「지방재정법시행령」

「책임운영기관의 설치·운영에 관한 법률」

「행정권한의 위임 및 위탁에 관한 규정」

공공데이터포털(www.data.go.kr).

국무총리 정부업무평가위원회 홈페이지(www.evaluation.go.kr).

서울특별시 참여예산 홈페이지(yesan.seoul.go.kr).

서울시 자료(data.seoul.go.kr), 자료명: "서울시 민간위탁 사무현황"

인사혁신처 홈페이지(www.mpm.go.kr).

정부혁신 홈페이지(www.innogov.go.kr).

한국콘텐츠진흥원(www.kocca.kr).

행정안전부 정부조직관리정보시스템(org.mois.go.k).

행정안전부 홈페이지(www.mois.go.kr)

e-나라지표(www.index.go.kr).

Adams, Scott(1996). *The Dilbert Principle*, New York: HarperCollins.

Agamben, Giorgio and 양창렬(2010). 『장치란 무엇인가? 장치학을 위한 서론』, 난장.

Akerlof, George(1970). The Market for 'Lemons': Quality Uncertainty and the

Market Mechanism, *Quarterly Journal of Economics*, 84(3): 448−500.

Akerman, Johan(1974). *Political Economic Cycles*, Kyklos 1: 107−117.

Albrow, Martin(1970). *Bureaucracy*, New York: Praeger.

Andrews, Kenneth et al.(1965). *Business Policy: Text and Cases*, Homewood, III: Richard D. Irwin.

Ariely, Dan and Jeff Kreisler(2018). 이경식 옮김, 『부의 감각』, 청림출판.

Arrow, Kenneth(1963). Uncertainty and the Welfare Economics of Medical Care, *American Economic Review*, 53(5): 941−973.

Barnard, Chester(1938). *The Functions of the Executive*, Boston, MA: Harvard University Press.

Behn, Robert(2003). Why Measure Performance? Different Purposes Require Different Measures, *Public Administration Review*, 65(5): 586−606.

Berlin, Isaiah(2006). 박동천 옮김, 『이사야 벌린의 자유론』, 아카넷, pp.339−366

Bouckaert, Geert and John Halligan(2008). *Managing performance: International comparisons*, London: Routledge.

Bozeman, B.(1984). Dimensions of 'publicness': An approach to public organ−ization theory, In B. Bozeman, and J. Straussman(Eds.), *New Directions in Public Administration*, Monterey, CA: Brooks−Cole.

Buchholz, Todd G.(2009). 『죽은 경제학자의 살아있는 아이디어』, 김영사.

_____(2011). *Rush: Why You Need and Love the Rat Race*, Hudson Street Press.

Butler, Eamonn(2012). *Public Choice*, London: The Institute of Economic Affairs.

Cave, Martin(2001). Voucher Programmes and their Role in Distributing Public Services, OECD *Journal of Budgeting*, 1(1): 59−88.

Chandler, Alfred D.(1962). *Strategy and Structure*, Cambridge, MA: MIT Press.

Christensen, Clayton M. and Michael Overdorf(2015). 피터 드러커 외, 이한나 · 오재현 외 옮김, '전복적 변화에 대처하기', 『하버드 머스트 리드 에센셜』, 매일경제신문사.

Cleveland, Harlan(1985). *The Knowledge Executive: Leadership in an Information Society*, New York: Truman Tally Books.

Cohen, Steven and William Eimicke(1994). Project−Focused Total Quality Management in the New York City Department of Parks and Recreation, *Public Administration Review*, 54(5): 450−456.

Covin, J. G., and D. P. Slevin(1989), Strategic Management of Small Firms in Hostile and Benign Environments, *Strategic Management Journal*, 10(1): 75−87.

Crenson, Matthew A. and Benjamin Ginsberg(2013). 서복경 옮김, 『다운사이징 데모크라시』, 후마니타스, p.358.

Crozier, Michel(1998). 박기찬 옮김, 『국가경영 혁신전략』, 서울경제경영, pp. 12−15.

DBR(2008). "新사업 '스컹크 조직'에 맡겨라", 3호(2월 issue 2).

Denhardt, Robert B.(1993). *The Pursuit of Significance: Strategies Managerial Success in Public Organizations*, California: Wadsworth Publishing Co.

Douglas, Mary(1982). "Cultural Bias," In Mary Douglas, ed., *In the Active Voice*, London: Routledge & Kegan Paul.

Drucker, Peter F.(1946). *Concept of the Corporation*, New York: The John Day Company.

Dryzek, John S. and Patrick Dunleavy(2014). 김욱 옮김, 『민주주의 국가이론』, 명인문화사.

Dunleavy, Patrick(1991). *Democracy, Bureaucracy and Public Choice: Economic Explanation in Political Science*, London: Prentice Hall.

_____(1985). Bureaucrats, Budgets and the Growth of the State: Reconstructing an Instrumental Model, *British Journal of Political Science*, 15: 299−328.

Dworkin, T. M. & Baucus, M. S.(1998). Internal vs. External Whistleblowers: A Comparison of Whistleblowing Processes, *Journal of Business Ethics*, 17: 1281−1298.

Easton, David(1965). *Asystems Analysis of Political Life*, New York: John Wiley and Sons.

Ferguson, Kathy E.(1984). *The Feminist Case Against Bureaucracy*, Temple University Press.

Friedman, Milton(2002). *Capitalism and Freedom*, Fortieth Anniversary Edition, Chicago: University of Chicago Press.

Gates, Bill(2002). 안진환 옮김, 『빌게이츠@생각의 속도』, 청림출판.

Gordon, Robert(1975). The Demand for and Supply of Inflation, *American Journal of Political Science*, 24: 698−714.

Greiling, Dorothea(2005). Performance Measurement in the Public Sector: The German experience, International *Journal of Productivity and Performance Management*, 54(7): 551−567.

Grendstad, G. and P. Selle(1995). Cultural Theory and the New Institutionalism, *Journal of Theoretical Politics*, 7(1): 5−27.

Gulick, Luther and Lyndall Urwick(eds.)(1937). *Papers on the Science of Administration*, New York: Institute of Public administration, Columbia university.

Hackman, J. R. & G. R. Oldham(1976). Motivation through the design of work: Test of a theory, *Organizational Behavior and Human Performance*, 16: 250−279.

Hage, J., & Aiken, M.(1967). Relationship of centralization to other structural properties, *Administrative Science Quarterly*, 12(1): 72−92.

Hamel, Cary and C. K. Prahalad(1994). *Competing for the Future*, Boston: Harvard Business School Press.

Hayol, Henri(1949). *General and Industrial Management*, London: Pitman (*Administration Industrielle et Generale*의 영문판).

Heidenheimer, Arnold J.(1989). "Perspectives on the Perception of Corruption", In A. J. Heidenheimer, Micheal Johnston, and V. T. Levine(eds.). *Political Corruption: A Handbook*, Transaction.

Heilbroner, Robert L.(2008). 장상환 옮김, 『세속의 철학자들』, 이마고.

Heskett, J. L. and L.A. Schlesinger(1994). Putting the Service−profit Chain to Work, *Harvard Business Review*, 72(2): 164−174.

Hobbes, Thomas(2016). 최공웅·최진원, 『리바이어던』, 동서문화사.

Hood, Christopher(1998). *The Art of The State: Culture, Rhetoric, and Public Management*, Oxford: Oxford University Press.

_____(1991). A Public Management for All Season?, *Public Administration*, 69(1): 3−19.

Houston, David J.(2006). "Walking the Walk" of Public Service Motivation: Public Employees and Charitable Gifts of Time, Blood, and Money, *Journal of Public Administration Research and Theory*, 16(1): 67−86.

Hughes, Owen E.(2003). *Public Management and Administration*, third edition, New York: Palgrave Macmillan.

Kaplan, J. S. and D. P. Norton(1992). The Balanced Scorecard−Measures That Drive Performance, *Harvard Business Review*, 70(1): 71−79.

Kaplan, Robert S. etc.(2009). 현대경제연구원 옮김, 『경영성과 측정』, 21세기북스.

Kashdan, Todd and Robert Biswas Dienere(2018). 강예진 옮김, 『다크사이드: 감정의 어두운 면을 전략적으로 사용하는 기술』, 한빛비즈.

Katzenbach, John R. and Douglas K. Smith(1993). The Discipline of Teams, *Harvard Business Review*, 71(2): 111−120.

Kingdon, John(2003). *Agendas, Alternatives, and Public Policies*, second ed., New York: Longman.

Krueger, Anne O.(1974). The Political Economy of the Rent—Seeking Society, *American Economic Review*, 64(3): 291–303.

Kuhn, Thomas S.(1992). 김명자 옮김, 『과학혁명의 구조』, 동아출판사.

Levin, Martin A. and Mary Bryna Sanger(1996). 이언오·김선빈 옮김, 『선진행정의 길: 공공적 책임을 효율적으로 달성하는 행정』, 삼성경제연구소.

Locke, E. A.(1968). Toward a theory of task motivation and incentives. *Organizational Behavior and Human Performance*, 3: 157–189.

Locke, John(1993). edited by Mark Goldie, Two Treatises of Government, London: Orion Publishing Group, Ltd.

Lowy, Alex and Phil Hood(2004). *The power of the 2x2 matrix: using 2x2 thinking to solve business problems and make better decisions*, San Francisco: Jossey—Bass.

Machiavelli, Niccolò(2015). 강정인·김경희 옮김, 『군주론』, 까치.

Mankiw, N. Gregory(2009). 김경환·김종석 옮김, 『맨큐의 경제학』, 교보문고.

Micklethwait, John and Adrian Wooldridge(2000). 박병우 옮김, 『누가 경영을 말하는가』, 한국경제신문.

Miller, D.(1983), The Correlates of Entrepreneurship in Three Types of Firms, *Management Science*, 29(7): 770–791.

Mitani, Koji(2013). 김정환 옮김, 『경영전략 논쟁사』, 엔트리.

Montesquieu, Charles De(2006). 고봉만 옮김, 『법의 정신』, 책세상.

Montgomery, Scott L. and Daniel Chirot(2018). 박중서 옮김, 『현대의 탄생』, 책세상.

Mullainathan, Sendhil and Eldar Shafir(2014). 이경식 옮김, 『결핍의 경제학』, 알에이치코리아.

Nas, Tevfik F., Albert C. Price, and Charles T. Weber(1986) A Policy—Oriented Theory of Corruption, *American Political Science Review*, 80(1): 107–119.

Near, J. P. & Miceli, M. P.(1985). Organizational Dissidence: The Case of Whistle—Blowing, *Journal of Business Ethics*, 4: 1–16.

Niskanen, William A.(1971). *Bureaucracy and Representative Government*, Chicago: Aldine—Atherton.

Nordhaus, William(1975). The Political Business Cycle, *Review of Economic Studies*, 42: 169–189.

Nye, J. S.(1967). Corruption and Political Development: A Cost—Benefit

Analysis, *American Political Science Review*, 61(2): 417−427.

Odiorn, G. S.(1965). *Management by Objectives*, New York: Pitman.

Office of Management and Budget(2001). *The President's Management Agenda*, OMB.

Osborne, David and Peter Plastrik(1998). 최창현 옮김,『정부개혁의 5가지 전략』, 삼성경제연구소.

Osborne, David and Ted Gaebler(1994). 삼성경제연구소 옮김,『정부 혁신의 길: 기업가 정신이 정부를 변화시킨다』, 삼성경제연구소.

Ott, J. Steven, Albert C. Hyde, and Jay M. Shafritz(eds)(1991). *Public Management: The Essential Readings*, Chicago: Lyceum Books.

Parkinson, Northcote(2010). 김광웅 옮김,『파킨슨의 법칙』, 21세기북스.

Peltzman, S.(1976). Toward a More General Theory of Regulation, *Journal of Law and Economics*, 19: 21−240.

Peter, Laurence J. and Raymond Hull(1968). *Peter Principle: Why Things Always Go Wrong?*, New York: William Morrow.

Pierson, Paul(2000). Increasing Returns, Path Dependence, and the study of Politics, *American Political Science Review*, 94(2): 251−267.

Pollitt, C. and G. Bouckaert(2011). *Public Management Reform: A Comparative Analysis*, (3rd ed.). Oxford: Oxford University Press.

Roberts, N. C., and P. J. King(1991). Policy entrepreneurs: Their activity structure and function in the policy process, *Journal of Public Administration Research and Theory*, 1(2): 147−175.

Rose−Ackerman, Susan.(1999). *Corruption and Government: Causes, Consequences, and Reform*, Cambridge: Cambridge University Press.

Rousseau, Jean−Jacques(1994). edited by Roger Masters and Christopher Kelly, *The Collected Writings of Rousseau*, Vol. 4, Hanover, NH: Dartmouth College Press.

Savas, E. S.(2000). *Privatization and Public−Private Partnership*, Chatham House: Seven Bridges Press.

Schein, L.(2005). "The Road to Total Quality", In Wendell L. French, Cecil H. Bell, Jr., Robert A. Zawacki(ed), *Organization Development and Transformation: Managing Effective Change*, Boston: McGraw−Hill/ Irwin.

Selznick, Philip(1949). *TVA and the Grassroots, Berkeley*, California: University of California Press.

Smith, Adam(2010). 김수행 옮김, 『국부론』, 비봉출판사.

Soll, Jacob(2016). 정해영 옮김, 『회계는 어떻게 역사를 지배해왔는가』, 메멘토.

Steuerle, C. Eugen(2000). "Common Issues for Voucher Programs", In C. E. Steuerle, V.D. Ooms, G.E. Peterson and R.D. Reischauer (eds), *Vouchers and the Provision of Public Services*, Washington DC: Brookings Institution Press.

Stigler, Gorge(1971). The Theory of Economic Regulation, Bell *Journal of Economics and and Management Science*, 2(1): 3−21.

Stiglitz, Joseph E.(1988). *Economics of the Public Sector*, second edition, New York: W. W. Norton & Company, Inc.

Summermatter, Lukas and John Philipp Siegel(2009). Defining Performance in Public Management: Variations over time and space, *Paper for IRSPM*, XXIII: 1−34.

Taylor, Fredrick Winslow(2009). *The Principles of Scientific Management*, Book Jungle.

Thompson, M., R. Ellis and A. Wildavsky(1990). *Cultural Theory*, Boulder: Westview Press.

Tullock, Gordon(1967). The Welfare Cost of Tariffs, Monopoly, and Theft, *Western Economic Journal*, 5(3): 224−232.

von Hayek, Friedrich A.(2012). 김이석 옮김, 『노예의 길』, 나남출판.

_____(1945). The Use of Knowledge in Society, *American Economic Review*, 45(4): 519−530.

von Mises, Ludwig(2012). 황수연 옮김, 『관료제』, 지식을만드는지식.

Weber, Max(1964). trans. A. M. Henderson and Talcott Parsons, *The Theory of Social and Economic Organizations*, New York: The Free Press.

Wiklund, J.(1999). The Sustainability of the Entrepreneurial Orientation− Performance Relationship, *Entrepreneurship: Theory & Practice*, 24(1): 37−48.

Zenko, Micah(2018). 강성실 옮김, 『레드팀: 성공하기 원한다면 적의 입장에서 생각하라』, 스핑크스.

찾아보기

ㄱ

가격   80, 127

가격결정자   128

가격수용자   128

가외성(redundancy)   310

가치   128

감정 노동   209

개방체제   109

개방형직위제도   145

개인주의   282

결과   9, 10, 157

경로의존성(path dependency)   55

경쟁 우위   117

경쟁   84, 86, 90, 129

경쟁시장   130

경제사상   60

경제성   10

경제적 경기순환(economic business cycle)   46

경제정책   45

경험   200

계약   65, 133, 137

계층주의   282

계층화   103

계획   84, 86

계획경제   84, 87

고객   191

고객경험관리   201

고객만족도 조사   202

고객헌장   210

공공   1, 2, 13

공공관리   1, 3, 5, 6

공공선   5

공공성   3, 5

공공재   26, 27

공공행정   17

공기업   136

공무원   17

공무원제안제도   288

공익신고   300

공직자   7

공평한 관찰자(impartial spectator)   76

과업 관리   94

과정   157

과학적 관리론   20

과학적 관리법   94

과학혁명의 구조   14

관료   32, 100

관료제   3, 11, 100, 101, 102

관료주의   100

관리   1, 2, 13, 17

관리과제   174

관성   57

관청   36

관청형성   36, 37

국민   193

국민제안제도   290

국부론   77
군주   62, 63
군주론   63
권력체   61
권한부여(empowerment)   235
규제   40
균형성과표   184
굴릭(Luther Gulick)   97, 99
그림자 정부   137
기업가   263
기업가정신   264

ㄴ

납세   25
내부고객   196
내부고발   300
내쉬 균형(Nash Equilibrium)   28
논리모형   157
니스카넨(William Niskanen)   32, 35

ㄷ

다각화(Diversification) 전략   112
다면평가제   260
다차원성   307
단절   15, 16
담합   46
대리인   51, 52
던리비(Patrick Dunleavy)   35
도그(Dog) 사업   117
도덕감정론   77
도덕적 해이(moral hazard)   51
도시국가   63
독과점   130
독점   43, 44
동기   32, 36

동맹   42
동작 연구   94
드러커(Peter F. Drucker)   106
딜버트의 법칙(Dilbert's Principle)   49

ㄹ

레드팀(red team)   295
로그롤링(log-rolling)   46
로비   42, 43
로크(John Locke)   67
록리지(Richard Lockridge)   115
루소(Jean-Jacques Rousseau)   71
리바이어던(Leviathan)   66
리스   142
리스트럭처링(restructuring)   276
리엔지니어링(reengineering)   276

ㅁ

마셜(Alfred Marshall)   80
마스트리히트 조약(Treaty of Maastricht)
   238
마키아벨리(Niccolò Machiavelli)   62
만족   192, 198
망   281
매각   137
맨큐(N. Gregory Mankiw)   121
메디치(Lorenzo de Medici)   64
메이요(George Elton Mayo)   105
명령   125
목표   177
목표관리제   177, 178
몽테스키외(C. Montesquieu)   70
무능력   48
무사안일주의   104
무임승차   27

문서화   103
문화   280
문화이론   281
물음표(Question Mark) 사업   117
민간근무휴직제도   148
민간기법   19
민간기업   3, 8
민간위탁(contracting − out)   138, 139
민영화   135, 136

ㅂ

바너드(Chester Barnard)   107
바우처(voucher)   150
백색부패   53
베버(Max Weber)   102
벤치마킹   18
보이지 않는 손(invisible hand)   75
보충성의 원칙(subsidiarity principle)
  238
복식부기   125
부분민영화   137
부정부패   53
분권   233
분권관리   112, 113
분석   167
분업   77, 78
분업화   103
불만족   199
블루팀(blue team)   296
BCG(Boston Consulting Group)   115
BSC   184
비공식적 조직   105
비전   174

ㅅ

사상   59
사상가   59
사업부제 구조   112, 113
사회   59
사회계약론   64, 67
사회주의   84
산출   9, 10, 30, 157
삼권분립   70
생산성   10
선거   45, 46
성과   5, 9, 10, 155, 157
성과관리   172
성과목표   174
성과지표   165, 174
성과측정   162, 163
세금   26
세테리스 파리부스(ceteris paribus)
  81
셀즈닉(Philip Selznick)   108
소극적인 자유   132
수확체증   55
숨은 손   278
슘페터(Joseph Schumpeter)   264
스미스(Adam Smith)   75
스컹크 워크   292
스컹크 조직   292
스타(Star) 사업   116
승진   48
CS 교육   209
시간 연구   94
시장   8, 121, 122
시장개발(Market Development) 전략
  111
시장메커니즘   8

시장실패　7
시장침투(Market Penetration) 전략
　111
신공공관리　19
실업률　45

ㅇ

IPA분석　206
아이디어　287
악마의 변호인(Devil's Advocate)　295
앙트레프레너(entrepreneur)　266
앤드루스(Kenneth Andrews)　114
앤소프(Igor Ansoff)　110
양도　66
어윅(Lyndall Urwick)　99
SWOT　114
NPR(National Performance Review)
　227
MBO　177
역선택(adverse selection)　51
예산　25, 31
예산극대화　33
오이켄(W. Eucken)　89
완전경쟁시장　130
완전민영화　137
외부고객　196
외부효과　309
운명주의　282
whistleblowing　300
위탁　67
유권자　30
의회　42
이권　43, 44
이권분립　69
이기심　65, 76

이념형　103
이익집단　40, 42
인간관계　105
일반의지(general will)　73
임무　174

ㅈ

자기애(amour de soi)　72
자생적 질서(spontaneous order)　87
자연 상태　64
자연법　69
자연적 질서(natural order)　87
자유　131
자유주의　84
자율성　276
자치　125
작업 연구　94
작은 정부　9
장치　134
재량　53
재설계(redesign)　274
재정적자　3, 4
재정정책　46
재정지출　45
저항권　68
적극적인 자유　132
전략　110
전략목표　174
전문화　103
전사적 품질관리　217
전임화　103
전자정부　226, 227
전통　125
절대우위(absolute advantage)　78
점진　15, 16

정당성   12

정보 비대칭   51

정보통신기술   164

정부   61

정부규제   40

정부실패(government failure)   44

정부업무평가   171

정부예산   32

정부혁신   227, 271, 283

정책   45, 47, 55

정책기업가(policy entrepreneur)   269

정책독점(policy monopoly)   56

정책품질   222

정책품질관리제도   221

정치   12

정치사상   60

정치성   168

정치인   45

정치적 경기순환(political business cycle)   46

제3부문   6

제3의 질서   87

제도   55

제안제도   287

제정된 질서(gesetzte ordnung)   92

제품개발(Product Development) 전략   111

제한된 합리성   61

조세부담   45

조작적 정의   165

조직   87

존 굿맨의 법칙(Law of John Goodman)   200

주민감사   255

주민소송   255

주민소환   253

주민참여예산제도   257

주민참여제도   250

주민투표   250

주어니보드(junior board)   303

주인 대리인 이론(principal-agent theory)   51

주인   51, 52

준지대(quasi-rent)   43

중간관리자   181

증세   30

지대(rent)   43

지대추구   42

직능부제 구조   113

직업공무원제도   144

질서자유주의(Ordo-liberalismus)   89

집권   232

집단   281

ㅊ

창조적 파괴(creative destruction)   273

책임운영기관제도   239

챈들러(Alfred D. Chandler)   112

철의 삼각(iron triangle)   42

초자아(super-ego)   77

총비용   33

총액인건비제도   243

총체적품질관리   217

총편익   33

최소정부   9

최적산출량   33

측정   163

ㅋ

캐시카우(Cash Cow) 사업   116

ㅌ

탄력성   82
테일러(Frederick Taylor)   20, 93
테일러리즘   20
토마스 쿤(Thomas S. Kuhn)   14
투입   9, 10, 30, 157
투표   46
TQM   217
TVA(Tennessee Valley Authority)
  108
팀   245

ㅍ

파킨슨(Northcote Parkinson)   38
파킨슨의 법칙(Parkinson's Law)   38
패러다임   14
페이욜(Henri Fayol)   97
페이욜리즘   20
평가   167, 259
평등주의   282
포드(Henry Ford)   96
포디즘(fordism)   96
포지셔닝   118
포크 배럴 정치(pork barrel politics)
  47
포획   40
포획이론(capture theory)   41
품질   217
프라할라드(C. K. Prahalad)   118
프랜차이즈   142, 143

PART(Program Assessment Rating
  Tool)   156
POSDCoRB   99
피터의 법칙(Peter's Principle)   48
핀(pin)   77

ㅎ

하멜(Cary Hamel)   118
하버거의 삼각형(Harberger's Triangle)
  44
하위 정부(subgovernment)   42
하이에크(Friedrich A. von Hayek)
  84
한계비용   34
한계주의(marginalism)   80
한계편익   34
한계효용(marginal utility)   81
핵심역량   117, 118
행정   17
행정가   17
험프리(Albert Humphrey)   114
혁신   271
호손 실험   105
호손 웍스(Hawthorne Works)   105
홉스(Thomas Hobbes)   64
환경   108
환류   170
회색부패   53, 54
효과성   10
효용   32
효율성   5, 10, 20, 30
흑색부패   53, 54

저자소개

김민주(金玟柱)

현재 동양대학교 북서울(동두천)캠퍼스 공공인재학부 교수다. 고려대학교에서 2012년에 행정학 박사학위를 취득하고, 2013년 3월부터 동양대학교에서 교수로 재직 중이다. 저서로는 『시민의 얼굴 정부의 얼굴』(2018), 『정부는 어떤 곳인가』(2017), 『문화정책과 경영』(2016), 『평가지배사회』(2016), 『행정계량분석론』(2015), 『원조예산의 패턴』(2014)이 있다. 현재 공공인재학부장이며, 행정안전부의 지방공기업평가 위원, 여성가족부의 청소년정책평가 위원, 경기도 동두천양주교육지원청의 공적심사위원회 위원, 동두천시의 재정운용심의위원회 위원·지역사회보장 대표협의체 위원·정보공개심의회 위원·성별영향분석평가위원회 위원·금고지정 심의위원회 위원·인구정책위원회 위원 등으로 활동 중이다. 관심 분야는 재무행정, 평가, 정책, 관리, 계량분석 등이다.

공공관리학

초판발행   2019년 2월 15일

지은이   김민주
펴낸이   안종만

편 집   강민정
기획/마케팅   이영조
표지디자인   조아라
제 작   우인도·고철민

펴낸곳   (주) **박영사**
                서울특별시 종로구 새문안로3길 36, 1601
                등록 1959. 3. 11. 제300-1959-1호(倫)
전 화   02)733-6771
f a x   02)736-4818
e-mail   pys@pybook.co.kr
homepage   www.pybook.co.kr
ISBN   979-11-303-0714-5   93350

copyright©김민주, 2019, Printed in Korea

정 가   22,000원